愛の法則

親しい関係での絆と均衡

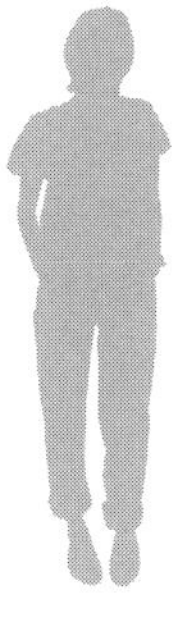

Love's Own Truths

目次

3日目

序文

本書は、人間関係の中で愛を束縛している自然の法則について説明しています。子どもたちの盲目的な、無邪気な愛はより教訓的で、私たちをしばしば道に迷わせます。愛が成就するのは、唯一私たちがこれら自然法則を理解し、それらと同盟を結ぶときのみです。愛が理解に向かい、それらの法則に従うとき、それは私たちの望みを満たすものとなります。この気づいた愛は、私たちと私たちの周りの人々に、癒しと、喜ばしい効果をもたらします。

本書は、3つのセラピー的ワークショップの一語一句をそのままに写し取った記録ですが、ある一部は要約されています。

1番目のワークショップ「もつれとその解決」は人を助ける専門家のための上級トレーニングコースでした。ここにはその全体が再現されています。

このワークショップは、読者にファミリー・コンステレーションを立てる技法を紹介し、人が時に、いかにして家族の他の一員の運命ともつれるかを説明し、そのような「もつれ」の結果を説明しています。

それは、除外された家族の一員の運命が、後に来る家族の一員に知られないまま、どのように受け継がれ、持続され得るものかを記録しています。この他者の運命の知られざる繰り返しが、「もつれ」という言葉が意味しているものです。

このワークショップはまた、もつれを解決するためのいくつかの可能性も記録しています。それはいつ、どのように、除外された一員が、当然与えられるべき名誉と尊敬を与えられ、家族体系全体が修復され、愛が、ある1人の運命を家族の後に来る一員に繰り返させる、その必要性を取り除くかを見せています。これが解決という言葉が意味するものです。

読者は本書で、人間関係のシステムの中で作用している、愛の自然法則の証拠を発見するでしょう。もつれは、私たちが無邪気に愛し、それらの法則に盲目的に従順であるときに現れます。そうして罪のない「子ども」が、「おとな」の罪の償いをしなくてはならないということが起こり得るのです。解決は、私たちの愛が「気づき」、知恵とともに私たち自身が愛の自然法則と同盟を結ぶときに可能になります。そうして、家族全員の平等と忠誠への私たちの必要は、癒しと成就をもたらします。

2番目は「ファミリー・セラピストたちのためのワークショップ」でした。このワークショップから選択された例は、捨て子や養子がどこに属すのか、両親が軽率に子どもを養子に出すとき、また誰かの勝手な都合のために子どもが他人に養子にされたときに、何が起るかを説明しています。

3番目のワークショップは「難病を患う人々、その医師とセラピストのためのセミナー」でした。それは宗教と医療に関する大きなコンファレンスの中で行われました。このワークショップでのコンステレーションは、家族メンバー間の運命共同体の中で、病気、重大事故、自殺に結び付けて考えられる体系的力動を解明します。それは癒しのための手段をどのように結集させることができるか、どのように変更し得ない運命と向かい合い、受け入れることができるか、そしてそのような運命を時としてどうやったら少しでも良く変えることができるかを示しています。

本書はいくつかの目的を満たします。

第一に、3つのセラピー的なワークショップの、一語一句そのままに写し取った記録は、読者が問題への解決に向けての探索に一歩一歩参加していくことを可能にしています。願わくば、この代理による参加によって、読者が個人的難局に打ち勝ち、体系的、心理的に引き起こされた病状の中で、癒しを得る道を見いだすことを助けますように。

第二に、本書は、主にファミリー・コンステレーションのコンテクストの中での、そしてまた、幼い子どもの母親や父親に向かう、以前に遮られた動きの回復と完結に関連する、重要なセラピー的手順のデモンストレーションと説明を含んでいます。

第三は、このワークの根底にある内なる姿勢を理解することに興味を持った読者は、解放と癒しの洞察がどれほど「知ること」に特定の焦点を当てられたアプローチの結果であるかを経験することでしょう。それを私は現象学的サイコセラピーと呼んでいます。この姿勢は詳細に説明されています。

参加者の名前と所在地は変えられてあり、身元は伏せられています。本文にはファミリー・コンステレーションの全てのステージの図が付いています。セラピー的手順と再発するパターンは、中間の章で描写、説明されており、治療のプロセスに関連する物語が差し挟まれています。

本書の最後に、私のワークへの理解を高めるであろうという希望でインタビュー(「友人からの質問への答」)が付けられています。それは私のセラピー的な発展上の異なるステージでの情報を含み、重要な手順の背後にある洞察と意図を説明する助けをします。

『愛の法則／Love's Own Truths』は、私のアプローチの基本的な声明となり、多くの様々な人々の日々の生活の中で実際的な助けとなることを証明しました。

あなたがこの資料を楽しんで読んでくれることを、そしてあなたの「愛自身の真実」の役に立つ洞察を得ることを願っています。私はまた、あなたがこれら愛の自然法則と理解をもってつながり、あなた自身の知覚を信頼するようになることで、あなたのハートの望みを満たすことも願っています。

バート・ヘリンガー

抑制を通じた洞察

――ヒーリングのための代替的な
アプローチについての講話からの引用――

始めに物語をお話ししましょう。

天啓の助け

1人の若い男が、より深い知恵を求めて、自転車に乗って田舎へと旅立った。彼は探検の喜びにわきたち、その熱情は限界を知らなかった。慣れ親しんだ境界を超えてはるか遠く来たころ、彼は新しい道を見つけた。そこにはもう彼に行き先を指し示すどんな目印もなく、自分の目が見るものと、ペダルを踏む足で測れる感覚に頼る以外なかった。その瞬間から、直感のみが彼の経験となった。

道は広い川の前で終わり、彼は自転車を降りた。彼は、進むには持ち物すべてを川岸に置き去りにし、安全な堅い地面を後にし、自分を上回る大いなる力の手に身を委ね、任せ、押し流させるしかないことが分かった。彼は躊躇し、そして退却した。

これが彼の最初の天啓だった。

家に帰る途上、自分が他の人の助けになるにはごくわずかの理解しか得ていないことを、そしてその彼が知っているわずかでさえ、他と通じることはできないだろうと彼は自分に認めた。彼は、泥除けがガタガタ鳴っている他の自転車の後を走っている自分を空想した。彼は空想の中で呼びかけた。「おーい！　君の泥除けがガタガタいってるぜ！」もう一方が答える。「何だって？」空想の中で彼はもっと大声で叫ぶ。「君の泥除けがガタガタいってんだよ！」相手が答える。「泥除けがガタガタいうもんで聞こえないんだ！」

彼は気がつく。「彼には僕の助けは全然必要なかったんだ」と。

これが彼の2番目の天啓。

しばらくして、彼は年老いた師に尋ねた。「あなたはどうやって他の人を助けるのですか？　たくさんの人々があなたの所へ助言を求めやってきます。あなたは彼らの身の上などわずかしか知らないにもかかわらず、彼らはより良い気分で帰っていきます」

師が答える。「誰かが勇気を失い、それ以上進みたがらないとする。問題はめったに知識の不足にはなく、むしろ勇気を求められているときに安全を望んだり、必然が選択の余地を残してないのに自由を探し求める。それで彼は堂々巡りをする。師は、見かけと幻想に侵されない。彼は自己の中心を見いだし、まるで船が帆を上げて風を待つように、助けになる言葉を待つ。誰かが助けを求めて来るとき、師はその来訪者自身が向かわなくてはならないところで待っていて、そしてもし答えが来れば、それは彼ら2人のために来るのであり、2人が聞き手となるために」

それから師は付け加えた。「中心で待つことは楽なのだよ」

発見のための科学的、そして現象学的進路

洞察へと導く、2つの内面的な動きがあります。1つは手を伸ばし、未知なるものを理解し、コントロールしたいと願います。それは科学的探究というものです。それがどれほど深く、私たちの生活を変容し、豊かにし、幸福を増大させたかを私たちは知っています。

2つ目の動きが起きるのは、私たちが未知なるものをつかむための努力を中断し、私たちに定義づけできる特殊なものではなく、大いなる全体の上に私たちの注意を休ませるときです。ここでは、私たちの視野は、身の回りの限りなく複雑な物事を受け止めるために広く開いています。例えば、私たちに展望や、やるべき仕事、問題が生じたとき、この2つ目の内面的な動きを肯定することで、どれほど心の目が豊かにされ、同時に空《くう》となるかに気がつきます。そのような豊かさに耐えることができるのは、私たちが個人的なことへの興味を抑制するときだけです。大いなる全体の広大さと複雑さに対応し得るだけの内なる静けさにたどり着くまで、私たちは手を届かせようとする動きの中で停止し、少し退きます。

最初にそれ自身の方向を内省と抑制に定めるこの探究を、私は現象学的と呼びます。それは積極的に手を届かせようとする探究とは異なった洞察へと導きます。それでも、それら2つの動きはお互いを補完し合っています。積極的に科学的探究に手を届かせようとするときでさえ、時に私たちは注意を狭い所から広い所へ、手近なものから、より大きなコンテクストへとシフトさせる必要があります。同時に、現象学的探究によって得られた洞察は、それらの具体的事例の中でテストされるべきでしょう。

その手順

現象学的探究の中では、私たちは広大な範囲の様相に対し、その中から選んだり、他のものより1つを好んだりすることなく、自分自身をさらけ出すことになります。このような研究は、以前から持っていた概念を空っぽにするばかりでなく、すべての内面的な動き、感情や意図や好みに関する私たちの好みを手放すことを要求します。私たちの注意は、方向を示されると同時に、方向を失わされ、焦点が合わされると同時に、焦点がはずされます。

その現象学的姿勢は私たちを強く引っ張り、行動することから私たちを制限します。この緊張の中で、私たちは完全に知覚する能力を失いながら、なお知覚する準備をするのです。しばらくすると、その緊張に耐える人なら誰でも、その範囲の様相の中の多様さが、中心の回りに群れをなすこと経験し、そして突然、つながりを、おそらくはシステムや真実、取るべき次の一歩を

理解します。それ自体の制限が法則としてありながら、そのような洞察が私たちにやって来て、贈り物として経験されます。

抑制

この方法で経験される洞察の第1の条件は、意図の不在です。私たちの意図は、自分たちの個人的見解を現実に押し付けます。あらかじめ考えていた概念に従ってそれを変えたり、他の人たちに影響を与えたり、納得させようと求めるかも知れません。意図を持つことで、私たちはまるで自分たちが現実よりも優れているかのように、現実は私たちの精密な調査の対象であるかのように行動しますが、むしろその逆で、現実が私たちを精密に調査するのです。たとえ良いものであっても、私たちが意図を差し控えるなら、それは私たちが抑制するものが何かを明らかにします。まるで私たちには選択肢があったかのように、経験は、私たちが最も良い意図ですることがしばしば不適当だと示します。意図は洞察の代用ではありません。

勇気

この方法で経験される洞察のための第2の条件は、恐れの不在です。私たちは現実が明るみに出すであろうものを恐れるとき、目隠しを着けます。私たちが見たものを話すときに、他の人たちが考えたり、言ったりするかもしれないことを恐れると、私たちはさらなる観察に対し自分を閉ざします。クライアントの現実、例えばクライアントが長くは生きないという事実に、向かう合うことを恐れるセラピストは、クライアントの現実を扱うことができないばかりか、当然ながら信頼されず、しかもクライアントに怖がられさえするでしょう。

共鳴

恐怖と意図からの自由は、たとえその恐ろしく、圧倒的で、過酷な側面とでさえも、そのままの現実との共鳴を可能にします。この自由は、セラピストが良い運命と悪い運命、罪と罪のなさ、病気と健康、生と死との調和のうちにいることを許します。精密にこの共鳴を通して、セラピストは困難を直視する洞察と力を得、時折、逆境を現実との調和の中に運び込みます。ここにもう1つの物語があります。

1人の弟子が師に尋ねた。「自由とは何か、教えてください」
「どの自由のことか？」師は聞いた。

「最初の自由とは愚かさである。それは、ただ鞍帯がきつく引っ張られるのを感じたいがために、乗り手を振り落とし、勝利のいななきをあげる馬のようなものだ」

「2つ目の自由とは自責の念である。自責の念とは、船を暗礁に乗り上げさせてしまった後、安全を求め、他の人々と救命ボートに乗るよりも、船とともに沈んでいこうとする操舵手のようなものだ」

「3つ目の自由とは洞察である。洞察は、悲しいかな、愚かさと自責の念の後にのみ来る。それは風にたわむ小麦の茎のようだ。それは弱いところがたわむがゆえに、持ちこたえる」

弟子が尋ねた。「それですべてですか？」

師はそれに答えて、「多くが、彼ら自身の魂の真実を探し求めていると考えているが、偉大なる魂こそが、彼等の中で考え、探し求めている。自然界のように、それは多くの逸脱を許容するが、その真実にあえてそむく者たちは簡単に取り替える。しかし、それら、自己の内で偉大なる魂が考えることを許す者たちに対しては、順に小さな自由を与える。もし彼らが流れに身を任せ、流れに押し流されることを受け入れるならば、泳ぐ者が向こう岸にたどり着くのを川が助けるようにそれは彼らを助ける」

哲学的現象学と良心

哲学的現象学とは、現象の世界全体で、本質を知ることと関係しています。完全に、そして十分に自分という存在を開き、現象世界の豊かさにそれをさらけ出すことで、私はその本質を知るかもしれません。そうすると、本質であるものが最後には未知から電光のようひらめき、はるか彼方、既知の前提や概念から論理的に導きだしたものをはるかに超えて、照らし出されるのです。それにもかかわらず、そのような洞察は決して完全ではありません。ちょうど、どの在るもの（Is）も、そうでないもの（Not-Is）にくるまれているように、それらは未知にくるまれたままとどまります。

私は現象学的探究を通して、良心の本質的な局面の洞察を得ました。例えば、家族体系にはバランスの感覚があり、それは私がそれと調和しているか否か、私のすることが家族のメンバーを危険にさらすかどうかを感じるための助けをするという洞察を私は得ました。したがって、このコンテクストにおいて、「善なる良心」とは、自分がまだ自分のグループにとどまっていることを意味しているだけであり、「やましい良心」とは、自分が家族の一員であることが危険にさらされていると意味しているだけです。もし現象学的に見るなら、良心とは、宇宙的法則や真実とは、わずかしかかかわっておらず、むしろグループからグループへの相対的な、変化するものだということが私たちに分かります。

同様な方法で、良心とは、所属することにではなく、与え、受け取るバランスに関するとき、とても異なった方法で反応することを、そしてまた、他の人たちとの自分の人生を形成する役割と機能を守ろうとするときには、さらに異なった方法で反応すると、私は理解するに至りました。

しかし、そのうえさらに重要なのが、私たちが感じる良心と、私たちの人生で機能している、自分では気づかない良心との違いです。この良心とは、自分が感じている良心に従って行動するときに、自分が感じていない良心を傷つけ、罪悪感がないにもかかわらず、その感じられない良心が私たちの行動の行く末に結末を仕掛け、その事実の中に自らその姿を現します。これら2つの形態の良心の間にある緊張が、すべての、特に家族の悲劇の土台なのです。それが時に病気や、事故、自殺へと導く、痛みに満ちた「もつれ」の背後にあるものです。この緊張はまた、深い愛があるにもかかわらずパートナーの関係が辛辣に終わるとき、多くの関係の痛々しい失敗の背後にある力でもあります。

サイコセラピー的現象学

これらの洞察は、哲学的理解や現象学的認知の応用を通しただけで得られたものではありません。それらは、私が「参加を通しての理解」と呼ぶ、別のアプローチを必要としました。この洞察への道は、現象学的な姿勢でファミリー・コンステレーションが行なわれるとき、可能となります。

ファミリー・コンステレーションで、クライアントは家族の主要なメンバーを、例えば母親、父親そして兄弟姉妹を代理する参加者たちを、無作為にグループの中から選びます。それからクライアントは、代理人たちをお互いの関係によって空間的に配置します。そのコンステレーションを通して、隠されていた、驚くべき家族の力動が突然明るみに出て来ることができるのです。これはファミリー・コンステレーションを立てていくプロセスが、クライアントにそれまで隠されていた情報と接触をさせることを意味します。例として、クライアントが彼女の父親の以前の恋人と同一化していることを、代理人の反応がはっきりと示した、あるコンステレーションについて、最近同僚が話してくれました。そのクライアントは父親や親類に尋ねたのですが、誰一人その恋人のことを思い出しませんでした。数週間後、そのクライアントの父親はロシアから手紙を受け取りました。その女性は、戦争中、父親の生涯の恋人だった人で、何年もの間、彼の住所を探し続け、そしてついにロシアとヨーロッパ間の新しい開放によって、彼を見つけることに成功したのでした。

しかし、これはクライアント側の、その物語の一側面でしかありません。もう一方とは、彼らがコンステレーションの中に配置されるや否や、その代理を務めている本人が感じたように、代理人たちが感じることです。時には、彼らは肉体的な症状さえ感じます。ある代理人たちは、その本人の名前さえも知ることになりました。代理人が、クライアントとの関係以外、その人に関して一切何も知らないときでさえ、そのようなことが起ります。ファミリー・コンステレーションの中でのこれらの経験は、クライアントとその家族のメンバーは、フィールドの中に彼らが存在するせいで彼らに影響を与えている、情報のフィールドの内側で互いにつながり合っていることを示しています。さらに驚くべきことは、このフィールドに代理人として配置された他人も、その家族の現実とつながることができることです。

これはまたセラピストにとっても言えることです。その条件とは、セラピストや代理人たち、クライアントはこの知のフィールドに対し、意図や恐れなしに、また以前の理論や信念によって経験を解釈する必要なしに、自己をさらけ出し、そして現れてくるものがなんであれ、ただあるがままを承諾する用意ができていることです。これがサイコセラピーに適用される現象学的姿勢です。ここでも、洞察は抑制を通し、意図と恐れを抑制することを通し、そして現実をあるがままに承諾することを通して、得られます。誇張や、表面的に繕った過小評価、または解釈することのない、この現象学的姿勢なしに、すなわち、現れてくるものが何であれそれに承諾することなしには、ファミリー・コンステレーションは実体のないものにとどまり、間違った結論にたやすく導かれかねません。せいぜい、それらには少しの力しかありません。

魂

知のフィールドへの参加を通して得られる理解や、あるいは彼方へ延び、個人を導く私が魂と呼ぶのを好むものよりもさらに驚くべきこととは、このフィールドが積極的に解決を探し発見するという観察にあります。これらの解決は、分析的思考によって私たちに到達できるものをはるかに超え、十分に計画した行動によって到達できるものをはるかに超える効果を持ちます。これはセラピストが最大限の抑制を実施するコンステレーションの中で明らかになります。例えば、セラピストが主要な人たちをコンステレーションの中に配置し、その後一切の指示を与えず、彼らをまるで外側から動かすような抵抗できない力にゆだねるなら、それ以外ではあり得なかった洞察と経験へと導くのです。

例として、スイスでの最近のコンステレーションの終わりに、ある男が自分はユダヤ人だと言いました。私はホローコーストの犠牲者として7人の代理人をコンステレーションに加えました。彼らの後ろに立つ、その殺人者としての7人の代理人とともにです。その後の15分間、完全な静寂の中、信じがたいプロセスが犠牲者たちと加害者たちの間に進行しました。それは、死とは肉体的に死んだずっと後になっても、成就を求めるプロセスであることを明白にしました。犠牲者と加害者が死において結び付き、自分たちのコントロールを超えた力に対して彼らが等しく傷つきやすいことを知り、そしてついにそういった力の庇護の下、彼ら自身が安らかさを経験するときに、死は完結するのです。

宗教的現象学

ここでの哲学的、心理療法的現象学のレベルは、私たちが大いなる全体の慈悲の下に自己を経験する、より包含するものに取って代わられます。私たちはこの大いなる全体を、究極で最終的なものであると識別します。このレベルを宗教的、または霊的と呼ぶことができますが、ここでも私は、意図もなく、恐れもなく、優先もない、何が来ようとその存在に純粋な、現象学的姿勢にとどまります。宗教的洞察と宗教的成就とはどういう意味なのか、最後の物語の中で説明することにします。

家路

ある男が、ある国の、ある文化の下、ある家族に生まれた。子どもとしてさえも、彼らの予言者や王についての物語は、彼を魅了した。その理想の人のようになることを彼は深く思いこがれた。その人のように考え、話し、行動し、彼がその理想像と完全に同一化するようになるまで、彼は長い訓練に入っていった。

しかし、彼が考える、最後のものが欠けていた。そこで彼は、最後の障害を越える望みを託す、最も孤独な世間と隔絶した場所に向けての長い旅に出た。その途上、彼は長い間見捨てられていた古い庭を通った。野生のバラはいまだに誰にも見られないまま咲き、背の高い木に毎年なる果実は、大地に気づかれないまま落ちていた。それを集める者は誰もいなかった。

彼は歩き続けた。

彼は砂漠のはずれにたどり着いた。

間もなく、彼は未知の空《くう》に取り巻かれていた。彼は、この砂漠では、自分が行きたいどの方向でも選ぶことができるかもしれないと気づいた——空は空のままとどまるのだ。彼は、この場所の大いなる孤独が、自分を何か特定の方向に導いたかもしれない、彼の心の目の中にあったすべての幻想を空っぽにしてくれたことを理解した。

そして、ただ機会が彼をつかまえるその日まで、彼はさまよい続けていた。ある日、自分の感覚を信頼することを止めてから久しく、彼は目の前の大地からぶくぶく吹き出る水を見て驚いた。砂漠の砂にしみ込むまでの少ししか水は流れないが、しかし水が届く範囲では、砂漠は楽園のように花開くのを彼はながめていた。

深い驚きのまま、周囲を見渡すと、遠くに2人の見知らぬ人が近づいて来るのが見えた。彼らもまた、彼がしてきたことをしてきた。彼らのそれぞれが、自分の予言者や、王とほとんど同一化してしまうまで従ってきていた。彼らもまた、最後の障害を越えたいと望み、彼がそうしたように荒涼とした砂漠へと旅立ってきた。そうして彼らもまた、ついにその泉にたどり着いたのだった。

それからその3人は、ともに体をかがめ同じ水を飲み、そしてそれぞれがゴールは手に届く所にあると感じた。そして彼らは名を告げた。「私はゴータマ・ブッダとなった」「私はイエス・キリストとなった」「私は予言者モハメッドとなった」

ようやく彼らの頭上に夜が訪れ、彼らは、まるでこれまでどおりの静けさと完全に遠く隔たった、きらめく星に満ちた天国を見ていた。彼らはおののき、口がきけなくなった。そして、そのうちの1人がある瞬間、彼らの王が無能を、無益を、屈服を知るに至ったとき、彼らの王がどのようにそれらを感じたかを感じ取った――それからまた、己の罪を免れ得ないことを理解したとき、どのように王が感じたかをも感じ取った。

彼は自分が行き過ぎてしまったことを知った。そこで彼は夜明けを待ち、家路を戻り、ついに砂漠から脱出した。再び彼はあの見捨てられた庭を通り、とうとう彼は、その庭が自分のものだと気づき、その前で立ち止まった。まるで彼を待っていたかのように、年老いた男が門の横に立っていた。その老人は言った。「もしも誰かが、あなたが行ってしまったほど遠くから家路を見つけるとしたら、その人は湿った肥沃な大地を愛しているのです。その人は、育つものはすべていずれ死に、死ぬことで生きるものに滋養を与えると知っているのです」

そのさまよい人は答えた。「今、私は大地の法に従う」それから彼は注意深く彼の庭を耕し始めた。

もつれとその解決

――専門家のための上級トレーニングコースから――

1日目

オープニング・ラウンド（一巡）

ヘリンガー　このワークショップへようこそ。私やグループの皆さんに順に自己紹介していただくことから始めたいと思います。

あなたの名前
職業
家族の状況
このワークショップの間に働きかけたい問題

私たちは、問題が現れたなら、すぐにその解決法を探していきます。そして関係する人たちのそれぞれの段階で、その効果を目にしていくことになります。もし皆さんにこの働きかけの手順やその結果、またはこのワークの基本理念について質問があれば、できる限りそれらに答えていきます。

養子縁組は危険

カール　私はカールといいます。妻と幼い養子の息子と暮らしています。自分たちの子どもは2人いて、26才と32才ですが、もう家には住んでいません。それから20代後半と30代前半になる3人の里子の娘がいます。私たちの養子はこの里子の娘たちのうちの1人の息子です。私は牧師のカウンセラーで、障害を持った子どもとその家族のための仕事をしています。昨年、あなたは、それまでの私の活動がそれほど効果的ではなかったことに気づかせてくれました。私には若い人たちを、主にその障害に関してか、あるいは孤立した個人として見る傾向があったからです。今は、その家族が問題に気づき、同様に家族とともにワークしない限り、子どもを助けることは事実上不可能だということを理解しています。
ヘリンガー　その養子縁組みを取り消すべきでしょう。それについて考えたことはありますか？
カール　養子縁組みを取り消す？
ヘリンガー　それが、あなたがしなくてはならないことでしょう。
カール　そうするなど想像できません。

ヘリンガー　その子を自分の子どもとして主張する権利はあなたにはありません。養子縁組みは危険なことです。本当に切迫した理由なしに子どもを養子にする人たちが、自分の本当の子どもやパートナーを失うことで、大きな代償を払うのを私は頻繁に見てきました。それはまるで埋め合わせとして彼らを犠牲にするかのようです。

誰が養子縁組みをしたかったのですか？

カール　私と妻の両方でした。

ヘリンガー　どうして子どもは実の母親といないのですか？

カール　彼の母親は4カ月の子どもを連れてやって来て、その子を私たちにまかせて去りました。友だちたちと暮らしたかったからです。

ヘリンガー　それは妙です。その子どもを里子として引き受けることは1つの奉仕だったでしょうが、その養子縁組みによって誰の必要が満たされたのかははっきり分かりませんね。その子どもに必要なのは良い預かり先の里親であって、養子縁組みは行き過ぎかもしれません。

カール　私にはちょっとよく理解できないのですが。ましてその子は実の母親と養子縁組みの前と変わらない関係を保つことができるのですから。

ヘリンガー　その母親とその子の関係は、あなたが彼を養子にした以前と同じではあり得ません。なぜならあなたが母親の責任から彼女を解放してしまったからです。その子の父親にとっても同じです。ところで父親はどうなっているのです？

カール　彼の父親はトルコ人で、今は同じトルコ人の2番目の妻と暮らしています。彼にはこの妻との間に他の子どもたちがおり、この子との関係は断っています。

ヘリンガー　どうしてこの子は父親の所へ行けないのですか？　彼がイスラム教徒になるのを恐れているのですか？　彼はそうなるべきです！

カール　私としてはかまいません。

ヘリンガー　なぜ父親の所へ行けないのか、それは絶対に明らかにされる必要があります。男の子にとってのよい場所は父親と一緒にいることです。

カール　それについては考えなければいけません。

ヘリンガー　「それについて考える」とどうなるか分かりますか？　まるで聖職者が精神修行を終えてこう言うようなものですよ。「ちくしょう、この修行の後は性欲が戻るまでいつも6週間はかかるんだ*」

＊原注：この介入は突然のようですが、カールの相反する感情（アンビバレンス）をほのめかす、言葉に出さないヒントに私は反応していました。彼のその後の反応で私の直感は確かなものとなりました（本書76ページ参照）。これはどのように、愛が求める条件の知そのものが、クライアントの意思疎通の複雑さを理解しようとしているセラピストを、正しい方向へ向ける助けをするかを表す良い例です。

かかわり合うことのルール

ブリジット　私の名前はブリジットです。個人開業の精神分析医です。私には最初の結婚での4人の娘がいます。最初の夫とは離婚し、彼はその後死にました。夫が私のエネルギーを消耗させる感じがして、彼と距離をおいているにもかかわらず、私は再婚し、この結婚で義理の娘を2人もちました。ここには無理に努力せずに学ぶために来ました。

ヘリンガー　その2つの目的は相矛盾しています。本当は何を望んでいるのですか？

ブリジット　今、自分が深くかかわることに耐えることができるとは思えません。

ヘリンガー　個人的なかかわり合いのリスクに立ち向かう準備のできていない人が、このようなワークショップに参加するのは危険です。また、グループの中の他の人たちにとっての親密さを妨げることにもなります。ですからあなたに警告しなければなりません。単なるオブザーバーとしては、私たちがここで行うワークにあなたが参加することはできません。

ブリジット　そういう意味ではありません。でも、とても大きなグループなので、参加者の中には私の生徒たちが何人かいます。それで少し目立たずにいたいのです。でも、参加するために必要とされることをする用意はあります。

ヘリンガー　ここにいるための条件はもう話しましたし、あなたはそれらを理解しています。それでもあなたには物語をお話したいと思います。

多かれ少なかれ

アメリカで、ある心理学の教授が学生の1人を呼びにやり、彼に1ドル札と100ドル札を渡し、言いました。「待合室に行きなさい。あなたはそこに2人の男が座っているのを目にします。1人の男には1ドルを、もう1人の男には100ドル与えなさい」その学生は「また彼の馬鹿げた思いつきだ！」と思いながら、彼はその金を受け取り、待合室に入っていき、そしてそこに座っていた1人の男には1ドル札を、もう1人の男には100ドル札を与えました。しかしながら学生は、教授が待合室の男の1人に「数分以内に誰かがやって来て、あなたに100ドル与えるだろう」と、またもう1人の男には、「数分以内に誰かがやって来て、あなたに1ドル与えるだろう」とすでに密かに伝えていたことは知りませんでした。運良く、その学生は1ドルを待っている男に1ドル札を、100ドルを待っている方の男に100ドル札を与えた。

ヘリンガー　（にっこりして）変です。さてなぜ私は今この話をしたのでしょう。

二重の転位

クラウディア　私はクラウディアといいます。私は精神分析医で、心理療法士として、また訴訟事件で家庭問題の専門立会人として働いています。また、運転免許を取り消され、取り戻すためにカウンセリングを受けることを法廷から命じられた人のための講座も開いています。私は離婚していますが、6ヵ月間だけの結婚だったことにややきまりが悪い思いがしています。自分が結婚したことがあったとも、離婚してしまったとも、実は思っていません。

ヘリンガー　あなたは結婚していました。その事実から逃れることはできません。子どもはいますか？

クラウディア　いいえ、いません。

ヘリンガー　どうして離婚したのですか？

クラウディア　ひどかったからです。私たちはお互いをあまり長く知らないうちに、結婚することを比較的早く決めました。そしてその後、私はそれをひどいと感じたのです。

ヘリンガー　それがひどいとあなたが感じたのですか？　あなたの夫はどうですか？

クラウディア　彼にとってもひどいものになるようにベストを尽くしました。

ヘリンガー　それで、あなたの家族体系からの、どの怒れる女性をあなたは模倣していたのですか？

クラウディア　間違いなく母です。

ヘリンガー　誰か別の人を探してみましょう。疑問は、あなたの生まれた家族の中のどの女性が、男性に怒って正当だったのでしょう。あなたが説明したようなことが起こるとき、しばしば二重の転位の力動がその根底にあります。それが何か分かりますか？

クラウディア　いいえ。

ヘリンガー　例を示しましょう。ジリーナ・プレコプが“ホールディング・セラピー”を実演していたコースの間に、ある女性が夫に理屈に合わない憎しみを感じました。ジリーナはそのカップルに互いにしっかり抱き合うように指示しました。突然その女性の顔が変わり、夫に向かって怒り狂い始めました。

　私はジリーナに言いました。「彼女の顔がどう変わったか見てみなさい。あの表情から彼女が誰と同一化されたか言うことができます」。彼女は突然80才の女性の様相を呈してしまったのです（彼女自身はまだ35才でした）。それで私はその女性に言いました。「あなたの顔の表情に注意しなさい！　誰がそんな顔をしていましたか？」彼女は答えました。「祖母です」「彼女に何が起きたのですか？」私はたずねました。「彼女はレストランを経営していて、私の祖父は常連客皆の前でよく彼女の髪の毛をつかんで引きずり回していました。そして彼女はそれに耐えていました」

彼女の祖母が本当はどう感じていたか想像できますか？　彼女は夫にひどく腹を立てていましたが、それを表現しませんでした。今、孫娘がその抑圧された怒りを肩代わりしてしまったのです。それは祖母から孫娘への主観の転位でした。しかし彼女の祖父を怒りのターゲットにする代わりに、彼女はそれを夫へとぶちまけたのです。これは祖父から夫への対象の転位です。彼女の夫はそれに耐えるほど十分に彼女を愛していたので、この女性とってはより危険の少ないはけ口でした。これは二重の転位として知られているものです。しかし彼女も、彼女の夫も、本当に何が起こっているのかには気づいていませんでした。

このようなことがあなたの家族に起こりましたか？

クラウディア　分かりません。

ヘリンガー　もし似たようなことが起きたのであったら、あなたは夫に大きな借りを作ったことになるでしょう。

クラウディア　うーん。

ヘリンガー　そのとおり。

（クラウディアが笑う）

ヘリンガー　痛いところをつかれましたか？

クラウディア　そうでもありません。ですが、ただ、夫が大丈夫でよかったなと思っていただけです。

ヘリンガー　罪を感じるとそのようになります。しかし、もっと細部に働きかけるときに、私の言ったことが正しいかどうか、確認しなければならないでしょう。今のところ、これは直感に過ぎません。

最初の女性

ガートルード　私の名前はガートルードです。一般診療の医師です。私は独り身で、19才になろうとする息子がいます。

ヘリンガー　彼の父親はどうしました？

ガートルード　私の息子は彼に約5年会っていません。

ヘリンガー　彼の父親の状況はどうなっていますか？

ガートルード　彼は結婚していて、3人の子どもがいます。約5年前に、また別の女性との間に娘ができました。ですが、それは彼らの問題です。私は彼とは5年間話をしていません。

ヘリンガー　あなたが彼と知り合ったとき、彼は結婚していましたか？

ガートルード　彼は3回結婚しています。私たちが親しくなったとき、彼は結婚していました。それが2度目のときだったと思います。彼らが離婚する直前でした。実は、私たちは学生のころ付き合っていたのですが、その後別の道に進みました。彼は他の町に行って住み、そこで結婚しました。2度目は、彼は親切で結婚をしました。相手の女性がハンガリーから出られるようにするためにです。その後、その女性と離婚して3度目の結婚をしました。

ヘリンガー　その結果を負うことなく、親切で誰かと結婚することはできません。彼が最初の結婚をする前に、あなたは彼と親密な関係にありましたか？

ガートルード　はい。

ヘリンガー　それではあなたが彼の最初の女性です。あなたが他の誰よりも優先権があるのです。良い気分ではありませんか？

ガートルード　ええ、でも難しいです。

ヘリンガー　それの何がそう難しいのですか？

ガートルード　それはどうでも良いのです。今さらもう。

ヘリンガー　1番であることは感情によるものではありません。

ガートルード　え？

ヘリンガー　それは感情とは関係なく存在する事実です。

幸福には勇気が必要

ヘリンガー　幸福についてお話ししましょう。幸福は人を孤独にする傾向があるので、しばしば危険に見えます。問題に対する解決も同じことです。解決は、人々を孤独にしかねないので、しばしば危険なものとして経験されます。それに対して、問題と不幸は人々を引き付けるようです。問題と不幸は、よく罪のなさと忠誠の感情に自ずと結び付くのに対して、解決と幸福は、裏切りと罪悪の感情にしばしば結び付けられます。そのような罪の感情は理にかなっていないのですが、それでも裏切りや罪と同じに経験されます。だから問題から解決への移行がそんなにも難しい理由なのです。しかし、たった今私が言ったことが真実なら、そしてそれをそのようなものとして受け入れるなら、あなたはあなたの信条全体を変えなければならないでしょう。

母親お気に入りの兄と、息子の無意識の同一化

ハリー　私は家族関係についてのこの集中に慣れようと努めています。私の名前はハリーです。私は経営コンサルタントで、また、宗教哲学に関する博士

論文に取り組んでいます。今は1人で住んでいます。最初の結婚での2人の娘がいます。2度の結婚をしましたが、2番目の妻とはこの7年間別居しています。私たちはまだ結婚していて、妻とは年に1度会います。娘は30才と27才です。

ヘリンガー　それで、ここで何を得たいのですか？

ハリー　どのような人間関係でも、どのようにかかわるべきかという、何かしらの洞察を得たいのです。私はとても独りぼっちになってしまっていて、そのため何かを逃しているような感じがします。私にはあり余る愛がありながら、それをどうしたら良いか分からないのです。

ヘリンガー　あなたの生まれた家族を配置して見てみましょう。今までにファミリー・コンステレーションを立てたことはありますか？　どのようにするか知っていますか？

ハリー　何か特別に計画したものではないのですが、枠組みのようなものを考えてはきました。

ヘリンガー　あなたがしたように、人が枠組みを考えてきたとき、それは防御としてのみ役立ち、彼らが自分の問題についてセラピストに話すことのほとんどはそういったものだということです。彼らが自分のコンステレーションを実際に立てるときにのみ、それは厳粛になり始めます。さて、誰があなたの父親の代理をできるでしょう？

ハリー　ロバートでしょう、なぜなら……。

ヘリンガー　誰を選ぶかの理由は説明する必要はありません。兄弟姉妹は何人ですか？

ハリー　2人、それから異母妹が1人います。でも彼女とは一緒には育っていません。

ヘリンガー　彼女は誰の子どもですか？

ハリー　父です。

ヘリンガー　あなたの父親は前に結婚していたのですか？

ハリー　いいえ、後です。離婚後、再婚して、私の異母妹が生まれました。私の母は再婚しませんでした。

ヘリンガー　両親の最初の子どもは誰ですか？

ハリー　私です。

ヘリンガー　両親のどちらかが以前結婚したり、婚約したり、親密な関係にあったとかありましたか？

ハリー　いいえ、しかし私の母は別の男性が好きだったのでしょう。その人はその後私のゴッドファザー*になりました。

＊訳注：ゴッドファザー（名親、代父）。洗礼式に立ち会い、子どもの神に対しての証人となり、父母に代わって宗教教育を保証する人。責任を持って世話をする後見人。

ヘリンガー　彼が必要でしょう。ほかに誰か重要な人はいますか？
ハリー　母の兄が非常に重要です。
ヘリンガー　彼とは何が起こりましたか？
ハリー　母は本当に彼と一緒に住みたがっていましたし、私を彼のようにしようとしました。
ヘリンガー　彼は牧師か、その類の人ですか？
ハリー　いいえ、彼は有名な俳優でした。
ヘリンガー　母親は彼と住みたがっていた？
ハリー　はい、彼女は実際、父よりも彼の方が好きでした。
ヘリンガー　そのことには後で入りましょう。まず、あなたの父親、母親、兄弟姉妹、あなたの父親の2番目の妻、異母妹、そしてあなたの母親が好きだったであろう男性で、ファミリー・コンステレーションを立てていきます。グループの中から、それぞれを代理する人を選んでください。男の人と男の子には男性を、女の人と女の子には女性を。それから、この瞬間のあなたにとっての正しいという感覚に従って、彼らを相互の関係によって配置してください。例えば、母親を父親から正しい距離に置き、あなたが良いと思う方へ彼女を向けてください。話をしないで、あなたの中心からこの瞬間のあなたの感情とつながった上でやりなさい。さもないとうまく機能しないでしょう。
(ハリーが自分の家系のコンステレーションを立てる)

ヘリンガー　さて、コンステレーションの周りを歩いて、必要ならば修正をしてください。それからこのコンステレーションがよく見える位置に座ってください。

(引き続く図には、その例として男性は四角形、女性は円で描かれる)

F　　　父親
M　　　母親

(コンステレーションを配置している人、あるいはコンステレーションが配置されている人のシンボルは濃いグレーで印刷されていて、そしてその同一化しているものは図の説明文に太字で印刷されています。V字形の切れ込みはその人が向いている方向を示します。

注釈がない所では、続く質問は、コンステレーションでその人の代理人に向けられたもので、代理人は代理をしている人の役として答えます。

まだ解明されていない理由によって、代理人はコンステレーションの中で、しばしば代理をしている人につながっていると感じる、強い肉体的、感情的反応を経験します。これらの反応がワークをガイドし、それがクライアントのために良い解決を導いたとき、その反応は、ある範囲の隠れた家族の力動を反映していると私たちは推し量ります。解決を促すそれらの能力を超えて、その反応についての前提を作らないことが重要です)

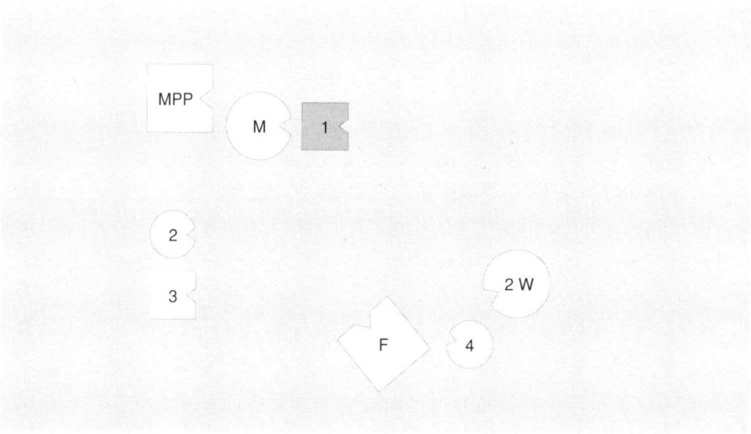

図1

F	父親
M	母親
1	**第1子、息子**（＝ハリー）
2	第2子、娘
3	第3子、息子
2W	父親の2番目の妻
4	第4子、父親の2番目の結婚での娘
MPP	母親が好きだったパートナー

ヘリンガー　父親はどう感じていますか？

父親　ここではとても孤立しているように感じます。私の以前の家族は遠くにいて、それから私からは見えない何かが背後にあります。

ヘリンガー　母親はどう感じていますか？

母親　以前の夫とつながりがあります。その前は、自分が麻痺して、内向的に感じていました。

ヘリンガー　今の感じはどうですか？

母親　無力に感じます。動きが取れません。

ヘリンガー　それからもう1人の男性、ハリーのゴッドファーザーに何を感じますか？

母親　彼は私の後ろに立っていますが、彼は私の首に息をかけてもいます。彼については、入り交じった感情があります。

母親が好きだったパートナー　私も入り交じった感情があります。彼女に魅せられていて、彼女が好きで、関係もあります。しかし、この枠組みの中ではそれが正しいと感じられないのです。硬直した感じで、身動きできません。

ヘリンガー　他の人たちはどう感じていますか？

第1子　私がここに置かれたとき、全く奇妙なのですが、誰かが両ふくらはぎをつかもうとしている感じがしました。暖かい感じがありました。それからまるで、犬が私に噛みつこうとしているかのような感じもしました。暖かい感じもあり、危険でもあります。私から父の方へある種の暖かさが流れていっていますが、彼には届いていないようです。後ろにいる兄弟姉妹とは実質的には何の接触もありません。父の2番目の妻と異母妹は重要ではないようです。

第2子　コンステレーションが立てられている中で、母が私の隣に立ったときは良い感じでした。今はそれほど良い感じではありません。

第3子　両親を見ることはできますが、どうしたら良いのか決められません。父の方に引きよせられる感じですが、今の場所を離れられません。

2番目の妻　どうして私の夫が向きを変えて私に向かい合わないのだろうと思っています。

ヘリンガー　異母妹はどう感じていますか？

第4子　最初、私は締め出された感じがして、父親を脅迫的に感じました。私の母が来て、後ろに立ってからは気分が良くなっています。しかし私の父が邪魔しています。

第1子　ここに立ってから体の前の部分がとても暖かくなってきています。まるでバッテリーが充電されたような、それから何かをつかみたい感じがしています。

ヘリンガー　（ハリーに）今から、あなたの母親の兄をコンステレーションに加えなさい。

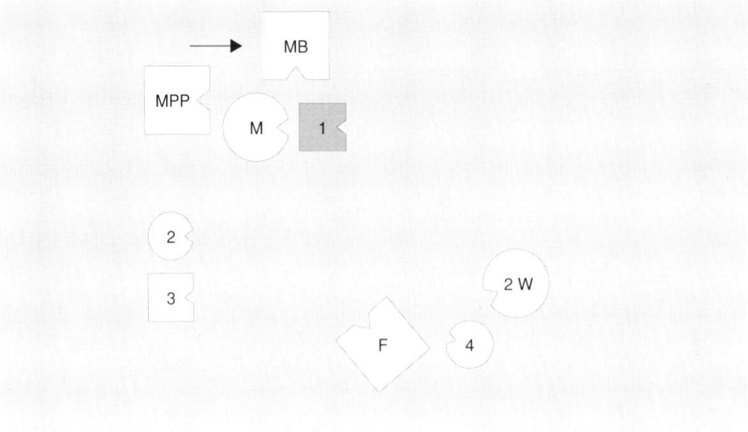

図2

MB　　母親の兄

ヘリンガー　何が変わりましたか？

第1子　左側に、母の兄の方に向かって引っ張られています。彼はそこで何をしているんでしょう。彼は何が欲しいのでしょうか？

ヘリンガー　気分はより良くなりましたか？　それとも悪くなりましたか？

第1子　さっきまで持っていたエネルギーが皆左の方へ流れ去っていきます。引き裂かれたように感じます。良くないです。まだ父に向かうエネルギーがいくらかあります。私の背後のすべてが強く充電されているようで、いくらかのエネルギーは左側に消えていっています。

母親の兄　ここで何をしていたらいいのか全く分かりません。

母親　囲い込まれたような気持ちがします。

ヘリンガー　もちろん！

母親　ええ。（笑う）

ヘリンガー　（ハリーに）彼は、その俳優は結婚していますか？

ハリー　いいえ。それから彼はかなり前に死んでいます。

（コンステレーションを再編成するヘリンガー）

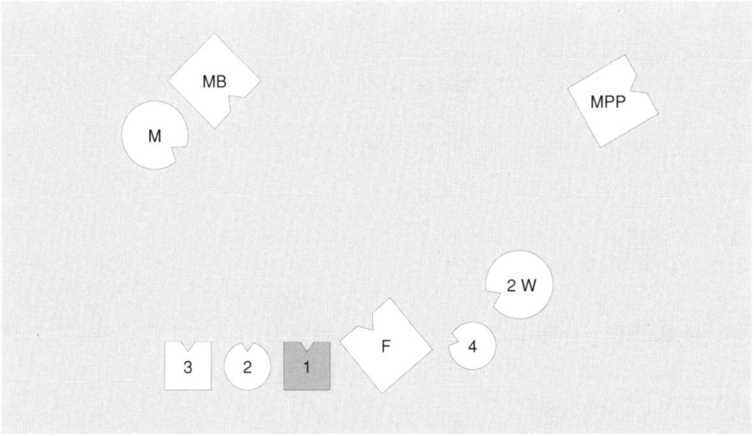

図3

ヘリンガー　2番目の妻には何が変わりましたか？

2番目の妻　皆がそこに立っているのを見ているのが好きです。このようで正しいという感じがします。

第1子　突然すべてがはっきりしました。この場所にいるのは良いです。

父親　今、もっと楽に現在の家族に向かい合うことができます。

（ヘリンガーは再びコンステレーションの位置を変え、母親が好きだったパートナーはこれ以上重要ではないようなのでコンステレーションから抜けるように言う）

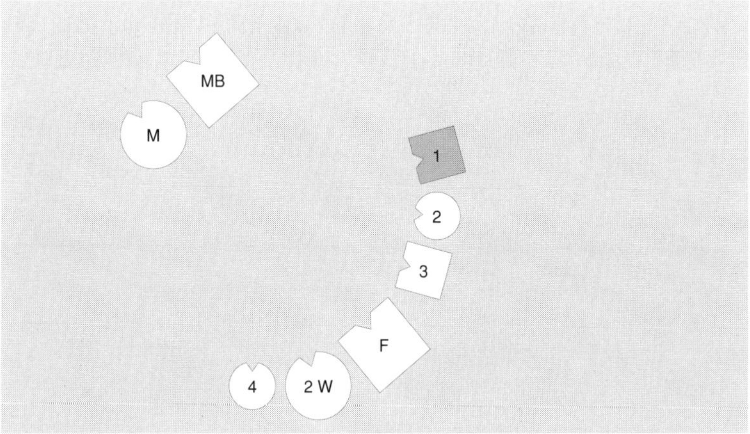

図4

ヘリンガー　父親にとってこれはどうでしょうか。

父親　これで良い感じです。私の最初の妻を見ることができます。彼女との結婚は失敗しました。新しい関係は私に合っているように思われますし、こんなに子どもたちがそばにいるのは良い気分です。

ヘリンガー　他の人たちはどうですか？

第3子　母ともっとつながりを持ちたいです。

第2子　この輪の中で大丈夫です。

第1子　良い気分です。突然、異母妹とその母親が家族の一員のように思えます。自分の母親が行ってしまっても構いません。

母親　私は自分の子どもたちを見ることができるようになりたいです。

母親の兄　ここで良い感じです。私は何かしたいです。自発的に何かを。

ヘリンガー　（ハリーに）このコンステレーションをどう思いますか？

ハリー　ええと、これから実際の状況を理解することが全くできません。でもおそらくそれはポイントではないのでしょう。もし皆が同意していたなら、きっとよい解決だったのでしょう。しかしそれは決して起こらなかったので、私には夢物語のように思えます。

ヘリンガー　そのような批評は、多くは解決に疑念を投げかけるだけです。私が知りたかったのは、あなたがコンステレーションを見てどう感じるかということだけでした。

ハリー　これについてそんなに熱意を持っていません。しかし、「こんなふうにならなくて、なんて哀れなんだ」と感じないではいられません。たぶん私は全く何もしゃべらない方が良いのでしょう。

（ヘリンガーは母親とその兄弟の向きを変え、家族と向かい合うようにし、母親が自分の子どもたちにより近くに立っているように、彼女を兄弟の左側に配置する）

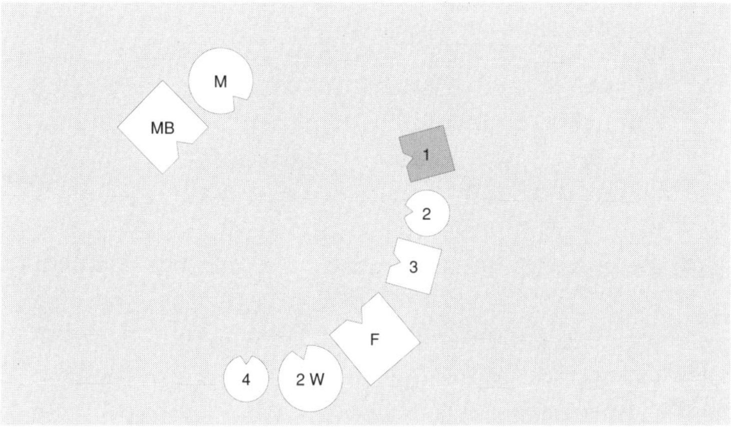

図5

ヘリンガー　（コンステレーション中の人々に）これで良くなりましたか？　それとも悪くなりましたか？

第1子　もっと暖かくなりました。

第2子　悪くなりました。

母親　私にはこれがより良いです。

母親の兄　私もこれが良いです。

ヘリンガー　（グループに）ええ、この女性は間違いなく夫をだましたのです。彼女は、本当は1度も彼を必要としたことはありません。だから彼女は向きを変え、向こうを向かなければならないのです。彼の方を向く機会を失ってしまったのです。

（ヘリンガーは母親と彼女の兄を向きを変え、母親を兄の後ろに配置する）

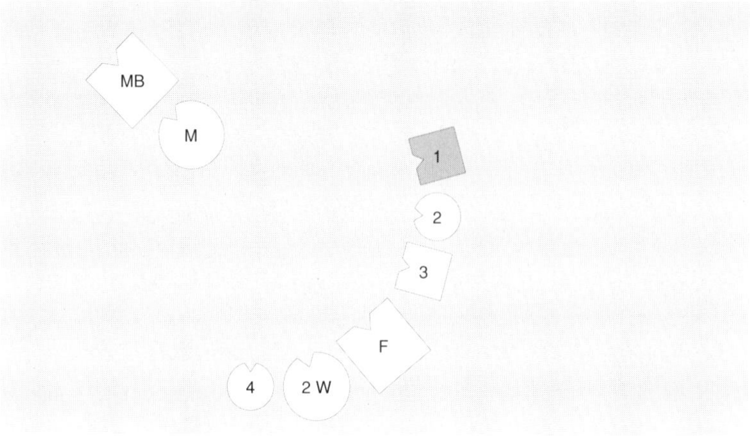

図6

ヘリンガー　（コンステレーションの中の人たちに）これでどうです？

母親　これで正しい気がします。

ヘリンガー　そのとおり。

（グループに）ハリーが誰と同一化しているか今、あなたたちには分かりますね。彼の母親は、最初のコンステレーションで自分の長男に対して立っていたとおり、全く同じかかわり方で彼女の兄に対して立っています。ハリーは彼女の兄と同一化しています。

第1子　背骨を上に下に走るゾッとする感じがあって、「かわいそうなお母さん！」という言葉が心に浮かびました。

ヘリンガー　（グループに）この家族の中では、夫にも子どもたちにもどうすることもできないドラマが演じられています。これが起こっている理由は分からず、私たちにできることは何もありません。唯一の解決はハリーが父親の隣に立つことです。

ヘリンガー　（ハリーに）あなたの場所に立ってみませんか？

ハリー　はい。

（ハリーはファミリー・コンステレーション中の自分の場所に立つ）

ヘリンガー　（グループに）ここで私たちは、愛は定められた法則に従うことを理解するのです。もし関係が成就すべきものなら、それは順応しなければなりません。どのような逸脱も、混乱や問題を引き起こし、それらは従うことでのみ克服されるものであり、例えば、愛だけではだめなのです。

（ハリーに）このコンステレーションは、あなたの家族に起きていることに対する解決のイメージを提示しています。では、このイメージで何をしたらいいかを話しましょう。あなたが今までマインドの中に持ち続けてきた家族のイメージは、混乱と痛みを引き起こすイメージでした。私たちはそれをアレンジし直し、関係している全員のための良い解決法をあなたに見せしました。今あなたは新しいイメージを古いものに重ねる機会を得ました。あなたにそれができるなら、他の誰をも変えることなく、あなたが変化した人となるでしょう。あなたは変わります。なぜなら、家族のメンバーと極めて違うやり方でかかわることができるようになる、家族のイメージをマインドとハートに持っていくことになるからです。最初にいた位置でのあなたは、母親が父親より愛した人と同一化していたために、どんな女性もあなたをとどめておけず、あなたも決して女性を引き留めることができませんでした。分かりますか。あなたの両親は2人とも自分のものにならない人を愛し、あなたの中の子どもの魂は両親のようになりたかったのです。あなたの家族において、愛とは成就されていない愛のことでした。さあ、以上です。

人を模範とすることと、同一化することとの違い

アイダ　ハリーの家族体系の中で、どうやって彼のおじとの同一化が起こったのですか。

ヘリンガー　私の推測では、彼の母親が無意識に大好きな兄の代わりをできる人物を現家族内に捜したのです。ハリーは直感的に母親に愛されるためには、自分がどうなる必要があるか感じ取ることができたのでしょう。それが、彼がそれに気づかないまま、また彼の母親も、他の誰もそれに気づくことなく、この兄の役を引き受けることになった理由です。

ハリー　でも母が、自分の好きな兄を私のひな型としたことと、私がおじを自分の模範としたことは確実に違います。あなたはそれらを2種類の異なる同一化と見なしますか。

ヘリンガー　いいえ。あなたが説明していることはいくぶん意識的です。同一化はもっと深く、より微妙なものです。模範になる人というのは、自分から分離した、マインドの眼からすると私の目の前にいる人であり、従うか従わないかを自分で好きにできる人です。私には選択する自由があります。でも私が誰かと同一化しているとき、私は自由ではなく、その人と自分が同一化していることすら知らないことがよくあります。誰かと同一化していると、自分自身から引き離された感じがします。これは私が模範になる人に従ったり、見習うときには起こりません。

ハリー　全くそのとおりです。それであなたは“同一化”という言葉を、誰も

が意識的に始めたものではないプロセスの客観的な説明に使うのですね。

ヘリンガー　そうです。そして誰にも罪はありません。あなたの母親は意識的にあなたを同一化のために選んだのではありません。彼女が悪いのではありません。これらは、誰も彼らに望まず、そして誰にも、その中でも特に子どもにはそれについて何もできない、状況から現れる力動です。それにもかかわらず、私たちは自分自身や他の人たちのためにその結果とともに生きなければなりません。

ハリー　ではかかわった人たちは皆犠牲者ですか？

ヘリンガー　はい。誰もがそれぞれに違ったふうに、もつれに巻き込まれています。ですからこのコンテクストでは罪や責めという問題は生じません。

最小限主義の原則

ダグマー　それでは、何が悪くなっていったのかを、そこで見つけるために、母親側の家族のコンステレーションを立てる必要はないのですか？

ヘリンガー　それが何になるというのでしょうか？　ハリーはそれを必要としません。今、彼にとって解決は極めてはっきりしています。どうやっても、この家族の他の力動すべてを、私たちが再構築することはできないでしょう。もしやろうとすれば、私たちは空想の領域に入ってしまいます。ですから大きなファミリー・コンステレーションはよく混乱のうちに終わり、解決へ導かれることが稀《まれ》なのです。ハリーは彼に行動を可能にさせる必要なものすべてを持っています。当人が解決に必要とすること以上は決して行ってはいけません。私は、直接に関係していない人たちのために解決を捜しません。

　私は最小限主義の原則に基づき行動しています。それは、現在私が働きかけている人たちのための解決に自分自身を制限する、そしてそれでおしまい、ということです。それから次の人に移るので、起こったことを長々と考えたりしません。私がそれについて今お話ししているのは、これがセラピストのためのトレーニングセミナーだからというだけです。そうでなければ起こったことについて私たちが話し合うことはないでしょう。このワークの成功、もしくはそのようなことについて質問をしないこともまた重要です。それはただエネルギーを奪うだけです。

個別化は関係の強さを減じる

アイダ　この混乱した家族体系の中の子どもたちはどうでしょう？　彼らにどんなネガティヴな影響を与えたのですか？　もちろん、このコンステレーションから同様に何かポジティヴなものも得たに違いないでしょうが。

ヘリンガー　もちろん、家族体系がいかに問題を抱えていようと、子どもたちがその家族に生まれたという事実は変わりません。それが彼らに生きる機会を与え、しかしまた彼らの成長に影響を及ぼします。例えば、最初の息子は彼の成長を方向づけた何かを引き受けていました。しかしながら、彼は今そのネガティヴな局面を通り抜ける機会を得ています。

生まれた家族の中での、そして現在の関係の中での成長は、個別化に進む傾向があります。これは私たちが関係によって束縛されることがしだいに少なくなっていることを意味します。逆説的ですが、個別化はより低いレベルでは距離を置くことに、より高いレベルでは執着へ導きます。この広いコンテクストにおいては、私たちは同時に親しくもあり、分離してもいるのです。

これは、人で混雑している狭い村を去って、山をどんどん高く登っていき、その間ずっと視界が広がり続けていく人になぞらえることができます。その人が高く登れば登るほど、いっそう孤独になりますが、その人はより広大なコンテクストに入っていくことにも気づいています。このように、親しさを失うことは、私たちにより偉大なものに触れさせてくれ、私たちが払うその代償は、孤独です。それが、親しい関係から踏み出し、新しく、より広大な視野の方角に発展していくことがそれほど困難だと、多くの人々が見いだす理由です。しかし、どの親しい絆もより偉大で、より広大な方向へと発展していくために懸命に努力します。そして、これもまた男と女の関係がその頂点に達し（頂点は第1子の誕生）、より偉大で広大なものへと向かって発展していくとき、その強烈さから何かを失うその理由の一つです。これが関係に新しくより深い次元を加えるその一方で、その強烈さは減じます——減じなければならないのです。

ある人々は関係に入ると、永遠に親しくあると信じますが、しかし関係はまた、死へのプロセスの一部です。関係におけるすべての危機はまるで死んでいくかのように体験され、そして、それは死ぬことの一部分です。強烈さは失われるのに対して、関係は新しい質を獲得し、新たなレベルで深く成長します。それはかつてあったものとは違い、よりくつろいだ、もっと広大なものです。

アイダ　それでは失われるのは愛ではないのですか？

ヘリンガー　いいえ。愛は深く、いっそう深く成長するでしょう。しかしそれは違う質を帯ます。

愛はあらかじめ決められた法則に従う

ヘリンガー　多くの問題が生じるのは、もし無私無欲に十分に愛するなら、カップルや家族のあらかじめ定められた法則を無視することができる、と人々が考えるからです。しかしながら、これらの法則は愛によって影響を受けません。もし私たちが正直なら、愛だけでは解決できない多くの問題が関係の中にはあることを私たちは知っています。それが愛にはできると思うことが幻想です。愛が求める必須条件を満たしたときにだけ、私たちは解決を見つけることができるのです。

ハリー　それはひどく難しそうに聞こえます。それこそが私があらゆる方法でやろうと努力してきたことだと気づきました。そして私は失敗したのです。それは過酷な洞察です。

ヘリンガー　愛はあるコンテクストの中で成長し、そのコンテクストの条件に従属します。愛の法則は愛よりも優先し、愛はその制限の中でのみ成長することができます。

ハリー　私は本当に間違った道を歩んできました。

ヘリンガー　ええ。しかし今、あなたは正しい道に戻り、物事を正す機会を得ました。時に人は、ひとたび新しい洞察に従って行動し始めたなら、非常に素早く物事をより良い方向へと改善させます。けれども自己への非難や、罪悪感に浸ることは行動することの代用品です。それらは私たちに行動させる邪魔をし、弱いままにします。

優先のルール

ダグマー　あなたはハリーのシステムを階級の順に設定していました。どういった順番だったのですか？

ヘリンガー　家族のメンバーや、拡大家族がその体系に入ると、その中には年代順に続いていく階級が存在します。これは生まれた順の階級です。ですからハリーのシステムで、私は最初の妻を2番目より優先し、長男を年下の兄弟姉妹より優先したのです。この階級に従いファミリー・コンステレーションを立てるとき、階級の低い人は高い人の左に立ちます。

存在するすべてのものは時間によって体系化されています。先に家族になった人は後から来た人より優先されます。例えば、第1子は第2子に対し優先され、夫婦のカップルとしての関係は、親として子どもに対する関係より優先されます。これは家族体系の中で当てはまることです。

しかし2つの体系の間では、逆のルールが当てはまります。新しい家族体系は古いものより優先されます。例として、現在の家族は生家よりも優先されます。この優先が尊重されないと、物事はうまくいきません。例えばハリーの母親にとって、自分が生まれた家族が現在のシステムよりも優先していました。だからうまくいかなかったのです。

ダグマー　あなたは一方では過去が現在よりも優先されると言い、また一方では現在が過去よりも優先されると言いました。私にはよく理解できないのですが。

ヘリンガー　単独の家族体系においては、最初に来た人が後に来た人より優先されます。しかし2つの体系の間では、新しいシステムが古いものよりも優先されるのです。

最初の親しい関係の優先

フランク　例えば健康な家族体系と、病んでいく体系との間にも、体系の質に基づいた階級もきっとあるはずです。

ヘリンガー　いいえ。私たちにはこの種の区別をつけることはできません。最初の親しい関係は、その質に関係なく、2番目よりも前に来ます。2番目の関係でのパートナーたちの間に存在する絆は、最初のパートナーたちの間に存在するものよりも弱いのです。このように、絆の強さはその後に引き続く関係では徐々に弱まっていきます。2番目の関係での愛がより偉大であろうとも、絆はそれでもやはりより弱いのです。絆の深さと強さは、それが消滅したときに経験される、罪の意識の強さから知ることができます。誰かが2番目の関係を離れるとしたら、最初のときより罪の意識は少なく感じます。それでもやはりルールとして、後の関係は以前の関係に対し優先します。後の関係に子どもが生まれた場合は明らかにそうです。

ハリー　とても爽快でエネルギーに満ちた感じです。「真実はあなたを自由にするであろう」という言葉を思い出します。

家族の中の階級

家族の中の悲劇のほとんどは、下位の立場にいる者が優先の原則を侵害することで引き起こされます。すなわち、意識的にせよ、無意識的にせよ、より上の階級の人が担うべきことを、他の誰かが引き受けてしまうことによります。

例えば、子どもたちはよく親の行動の償いをしようとし、親の罪の結末を引き受けます。実は、これは子どもの立場としてはおこがましいのですが、愛から行動しているために、自分たちの生意気さに子どもは気づきません。彼らの良心は彼らに警告を発しません。ですから偉大なる悲劇のヒーローたちは皆盲目です。彼らは自分たちが偉大で、崇高なことをしていると思っていますが、その信念は彼らを破滅から守りません。善なる良心と最善の意志を持ち続けることは、私たちの生意気さとその結果を変えません。

子どもたちが家族の中で不適切なポジションを引き受けるとき、彼らは自分自身や自分の中心から引き離されるようになります。言うまでもなく、愛と最善の意志によってつき動かされているので、子どもたちは生意気な行動をすることを自分では止めることができません。自分の生意気さに打ち勝つことができ、家族の中で適切な居場所を取れるのは、彼らが大人になって、現実の状況への理解を得るときだけです。そこだけが唯一、子どもが自分の中心とつながれる場所です。

ですから、より上の階級の者が担うべきことを、家族のメンバーが引き受けていないかを見つけ出すことが、ファミリー・セラピーにおいて根本的に重要なことです。これが第一に正さなくてはならないことです。

親密な領域の排他的状態

おこがましさのよくある例として、両親の親密な生活の詳細を子どもたちが聞かされるときというのがあります。両親の親密な関係を知ることは子どもを傷つけます。それは一切子どもに関係のないことです。そのカップル以外の誰にとっても関係ありません。人が他の誰かに、自分たちの親密な関係の様子について話すとき、それは信頼を壊し、愛にとって重大な結果をもたらします。それが関係を壊します。親密な領域は、その関係に入った人たちだけが独占する所有物であり、よそ者からは常に守られ、隠され続けなくてはなりません。男性が2番目の妻に、最初の妻との親密な関係についての詳細を話すと、それは信頼を壊し、新しい妻も彼に対する信頼を失います。カップルの親密な世界でのすべてが、彼らの間で注意深く守られる秘密にとどまらなくてはなりません。両親が子どもたちに彼らの秘密を話すと、子どもたちを過酷なポジションに置くことになります。ルールとして、両親が子どもを中絶したときも、子どもたちには話すことすらしてはいけません。これも、妻と夫との親密な関係に属すものです。セラピーの中でさえ、お互いのパートナーが守られ続けるというこのような方法を取ることができるなら、男も女も彼らのセラピストにこれらのことについて話すことができるでしょう。さもなければその関係は傷つきます。

離婚での優先

参加者　両親が別れて、子どもが理由を聞くとき、どうなりますか。

ヘリンガー　一般に、一番良いのは、子どもには関係のないことだと話すことです。しかし、子どもたちはまた、その別れが両親と自分たちの関係を断たないと知る必要があります。「私たちは別れるけれど、あなたの父親はあなたの父親のままで、あなたの母親はあなたの母親のままだ」と。おうおうにして、子どもたちは片方の親から離され、もう1人の親の保護下に入ります。しかし、事実上、彼らはいつでも両方の親の子どもであり続け、離婚したとしても両親は子どもたちに対する全権利と全義務を持ち続けます。カップルの関係だけが断たれたのだと子どもたちが知るとき、彼らはより安心します。さらに、子どもたちはどちらの親と暮らしたいかを聞かれるべきではありません。それは一方の親に味方して、もう一方の親に反対するという、自分たちの両親のはざまで選択をしなくてはならない立場に子どもたちを置きます。それは子どもたちに対するひどいことで、子どもたちは決してそのことを尋ねられるべきではありません。両親の責任とは、子どもたちがどこに行くのかは2人の間で決めることであり、そして彼らが決断したことを子どもたちに告げることです。たとえ子どもたちが抵抗しても、内面では解放され、両親の間で選ぶ必要がなくなってほっとしています。

参加者　確かに多くの親たちが、カップルとして自分たちの間で何がうまくいかなかったかを子どもたちに告げることで、彼らに対して自分たちを正当化しようとします。

ヘリンガー　そうです。しかし、私たちはここで多くの別れが何の罪もなしに起こるという仮定のもとにワークしています。実際、別れは通常避けられないものです。もしもあなた自身の内側か、パートナーの中のどちらか一方に罪を探すとしたら、避けられないことを直視するのを拒否しているということです。あなたか、あなたのパートナーがただ違っていただけで、まるで別れの痛みを避けられでもしたかのように振る舞っているのです。それは安易すぎます。痛みは直視されなくてはいけません。別れはもつれによる結果です。パートナーのそれぞれが異なった在り方でもつれています。ですからセラピストとして、私は決して罪のある側を探し求めません。人が別れるとき、カップルの関係は今終わったのだと、しかし最初は善い始まりだったと、そしてこの事実の認識に伴う痛みを、彼らが直視しなくてはならないことに彼らが気づく手助けをしようと私は努めます。もし彼らが痛みを直視するなら、友好的に別れ、重要な細目を片付けることができます。以後は、それぞれが自分の未来に向かい合うことに自由となります。このような働きかけは関係する全員をほっとさせます。

参加者　私は、離婚が子どもにもたらす結果に関する研究に参加したのですが、これについてあなたが言わなければならないことは何なのか関心があります。カップルが離婚を子どもたちに告げると、いつでも子どもたちに最初に浮かぶ感覚は、両親に離婚を望ませる何か悪いことを自分たちがしたに違いないということのようです。

ヘリンガー　両親の間の何かがうまくいかなくなると、子どもたちは自分たちの中に罪を探します。彼らにとっては、両親のもつれを明確に見るよりも、自分たちに罪を感じる方がより楽なのです。子どもたちの親が、「カップルとしてはお互い別れることを決めたけれども、私たちはこれからもあなたたちの親であり、あなたたちはこれからも私たちの愛《いと》しい子どもたちです」と言えば、子どもたちにとって大変な安心となります。

参加者　理解できます。しかし、子どもたちはどれほど親が取り乱しているかが分かるので、よくこれを疑います。そのときは何をしたら良いですか？

ヘリンガー　それについてはすでにあなたに話しました。両親が別れの痛みや責任の分担に向かい合わないとき、彼らはしばしば取り乱し、互いのせいにします。その回避に子どもたちを巻き込むことは、子どもたちにとって離婚をより悪いものにします。しかし、もう1つ考慮すべき重要な側面があります。両親が離婚するとき、子どもたちの中にパートナーだった相手を見、その相手をより尊重している方の親といるのが子どもにとって最も安全です。不思議なことに、通常それは夫です。その逆よりも夫の方がどうやらもっと、子どもたちの中に見える妻をより尊重するようです。どうしてそうなのか分かりませんが、私が頻繁に観察してきていることです。あなたが離婚を望む男性や女性のカウンセリングをするとき、あなたに伝えられることは、子どもたちにとって一番良いことは、その後に起こったこととは関係なく、パートナーの両方がお互いに最初に持っていた愛を子どもたちに対する愛の中に継続させるかどうかだ、ということです。ほとんどのカップルが強烈な愛と幸福から始めます。たとえ離婚の後でも、両親がその幸福を思い出し、子どもたちをその幸福の表現として見るなら、子どもたちへの助けとなります。

異論

ガートルード　私はこれらの優先のルールに大変関心があります。私はすぐにある感覚を得ました――それを再構築することも説明もできないのですが――それはもし私がそれらの法則を知っていて、それらに従っていたなら、結果として私の息子の父親は私と結婚していたかもしれないというものです。それは強く私の心を動かし、そのことで良い気分になりましたが、すぐに私はその良い気分を打ち消しました。

ヘリンガー　昔々、お腹がすいている男がいました。そして彼は、素晴らしく美味しそうな食べ物がどっさり載ったテーブルを偶然見つけました。しかし、座ってたらふく食べる代わりに彼は言いました。「こんなことは信じられない。現実にしては話がうますぎる」。そして空腹のままでいました。

組織における階級

組織には、機能と業績に従ったグループの階級があります。例えば病院の経営本部は、他の諸部門がそれぞれの機能を果たすことを可能にするための基盤となる条件を保護するので、他の諸部門よりも優先します。ちょうど家族のゴールという点では妻が夫より重要であるように、病院の目的や目標の点では医師たちはより重要であるにもかかわらず従います。グループとしての医師たちは2番目の階級で、看護婦たち、そして補助のスタッフたちがそれに続きます。彼らは皆、その機能に基づきグループの階級を形成します。

機能に基づいた組織の様々なグループを含んだ階級に加えて、先任順位に基づく階級がまたそれぞれのグループにあります。例えば、医師たちのグループに先に加わった医師は後から来た医師よりも一般により高い位置にいます。この階級は機能とは関係なく、単にメンバーがそのグループに加わっていた時間の長さに基づいています。

その他たくさんの微妙な階級が、組織の中での生活と相互関係を形づくります。例えば技術や才能、カリスマや自己主張、男性や女性の階級があるかもしれません。これら様々な階級がお互いに対立すると、多くの難題が組織内に生じます。例えば、組織が外部から新しい指導者を雇った場合、新来者は先任順位の点でははしごの最下段に位置するにもかかわらず、機能の観点では最上段です。うまくいかせるためには、新来者は、先任の順位にふさわしい敬意を示すやり方でグループを率いるか、組織を完全に変えてしまわなくてはなりません。新しい指導者が、自分の機能を全体的組織への奉仕とみなせば、これは困難を伴わずなし得るでしょう。もし指導者がどのようになされるかを知っていれば、この低い位置からする指導は非常に効果的です。最も低い位置から指導するマネージャーたちはその他の諸階級を尊重しますので、すぐ皆を味方につけます。彼らはグループの長の位置を取りながらも、階級の最下層であるかのように指導します。

組織の中の部門間に、本来の階級が存在する場合もあります。例えば病院に新しい部門が加えられると、新しい部門がその他の諸部門を依存させるほど十分に重要なケースを除いて、それはすでに存在している諸部門よりも階級システムでは低いのです。

参加者　組織のトップが、自身は本来の階級ではより低いにもかかわらず、以前からシステムにいる人を解任することは可能でしょうか？

ヘリンガー　それは常識的状況です。もし組織の新しいトップが誰かを不当に解雇すると、グループは不安定になり、直ちに団結を失いますが、全体的組織の利益を侵害するようなことを誰かがしてしまったなら、その人を解雇することは実は信頼と安全の感覚を創り出します。同様に新しいボスは、無能な、あるいは自分の責任を果たさない人を降格することができます。しかしながら、その関与する人が、本来の階級で自分のポジションを保持することは重要です。本来の階級と機能の階級は別のものです。

もしも、下位のグループが、厳密には上位のグループの務めの何かを引き受けると、例えば、病院の医師たちが協力する代わりに運営をコントロールしようとすれば組織はばらばらになるでしょう。同じことが、あるグループの下位のメンバーが、同じグループの上位の人にだけにふさわしいことをしようとするときに当てはまります。指導するポジションに対して、ある程度の競争がグループのメンバーにあるのは自然なことですし、その向上心が全体としてのグループの利益のための能力や実行力に基づいており、同時に本来の階級が尊重されるなら、組織にとってそれは健全です。これは雌ジカのための雄ジカ同士の闘いになぞらえることができます。とても面白いことに、雄ジカがもう1頭の雄ジカを追い出すと、その雌ジカは残ります。そして同じ現象が組織の中に観ることができます。リーダーの雄ジカが後継のシカに追い出された時、雌ジカはとどまります。細かいところまで話すつもりはありませんが、組織の中で何が進行しているかを観察する人は誰でも私の言う意味が分かるでしょう。

子どもを持たない決心

ソフィー　私はソフィーという名前で37才です。私は心理学者で、6ヵ月前に開業しました。結婚して10年になります。

ヘリンガー　子どもはいますか？

ソフィー　いません。実はそのことで来ました。私たちの年齢から、どうするか決めなくてはいけないので、これは差し迫った問題なのです。

ヘリンガー　あなたはもう決めていますね。

ソフィー　もう決めている？　子どもを持たないという意味ですか？

ヘリンガー　そうです。

ソフィー　はぁ……。どうしてそう言われるのでしょう。

ヘリンガー　見て取れます。

ソフィー　私はそれについてかなり長い間考えてきました。

ヘリンガー　あなたは決心しています。そしてあなたはそれに固執しなければなりません。そういうことです。そうしなければあなたは先に進めないでしょう。

「生きるべきか、死ぬべきか」

ヘリンガー　（グループに）この類の決心について一般的なことを話したいと思います。

　何かの方を選ぶと決断した人は誰でも普通、その他の何かはなしで済ませなくてはなりません。私たちが選ぶと決断したものは行動となり、現実化し、そして私たちがそれなしで済ませるとしたものは停止し、実現されずとどまります。

　このように、現実であり、現存するすべて、行動に移されたものすべては、停止し、実現されずにとどまるものに取り囲まれており、それなしというのはあり得ません。しかし、その停止し、実現されないものも影響を与えます。それは存在しないのではありません。それは実現されないだけなのです。もし私が、実現されないままとどまっている自分の存在のその部分を見下したり、品位を傷つけるならば、それは私の現実から何かを取り去ります。

例えば女性がキャリアの方を選んで、子どもを持つことに逆らうと決心して、夫や、子どもたち、家族という慣習全体、そして実現されないままとどまる彼女の存在のその部分をこの決断と合わせて価値を下げ、品位を傷つけるならば、自分の選んだ道から何かを取り去ります。彼女がなしで済ませるとしたものの価値を低く評価することで、彼女が選んだものがより低くなるのです。逆に言えば、キャリアの方を選ぶと決心をしたその事実にもかかわらず、実現されないままのものを、何か素晴らしく重要なものとして尊重し評価するならば、それは彼女が選んだ進路に加えられ、そのことでそれはより偉大なものとなるでしょう。

（ソフィーに）分かりますか？

ソフィー　はい。

ヘリンガー　あなたが望むなら、これはあなたの現在の状況にも活用できることです。*

カップルの関係にとってのこのような決心の結果

ソフィー　実際のところ、私はキャリアの方を選んで決心をしたとは思いませんが、夫との関係のためにはしました。この状況に子どもが現れたら、この関係は破綻するという考えを私は持ったように思います。そしてあなたが、私たちが子どもを持たないと決めたと言ったとき、ふいにそれに反対したのは私だと気がつきました。でも今は、夫が子どもを持つことを否定する権利は私にはないと感じます。

ヘリンガー　あなたの夫が子どもを望んで、あなたが持たないことを選ぶならば、あなたたちの親しい関係は終わったことを意味します。これがあなたの決心の結果であることに気づいていなければ、あなたは容易ならぬ過ちを犯すでしょう。一方、もしあなたのご主人が、あなたの決心にかかわらず、あなたとともにいることを決めるならば、特別な恩恵としてあなたが感謝する必要があります。

*原注：本書341ページの「不在と存在」の話も参照のこと。

言い争って

アイダ　私はアイダです。夫のウィリアムと一緒に来ています。私たちは仕事で非常な重圧下にあって、私は大変な責任を負っています。私はとても心理学の仕事をしたいのです。心理学者になるための教育を受けましたが、まだ機が熟していないようです。あなたに尋ねたいことがあります。前回あなたとワークしたとき、私はあなたと言い争っていたと気づいていました。

ヘリンガー　いつでも少しばかりそうですね。

アイダ　はい、少しばかり。でも今、私は何かを失ってしまいました。私はどうやらあなたを私の人生に融合させてしまったようで、問題を持ったときは「それについてバートに手紙を書こう」と自分に言って、あなたに手紙を書き始めるのが常でした。問題を明確にし、手紙を書き直したり、訂正したりし続けていたら、ある点であなたを煩わせる必要もなく解決法を見つけていました。ですが、この2年間それができなくなっているのです。

ヘリンガー　ここに未解決のものがあります。あなたは私から何かが欲しかった、何か私と言い争えるようなものを。

アイダ　なくしてしまったものを取り戻したいのです。私には貴重なものだったのです。

ヘリンガー　何かが活動を止めたときには、もっと良いものに取り替える時期です。

アイダ　まあ、バート、何もないのに。

ヘリンガー　私たちは、私よりももっとあなたの助けになる人を捜すこともできたのですよ。

アイダ　私個人には損失です。

ヘリンガー　あなたに提案したのですよ。受け入れますか？

アイダ　はい。でも他にまだあります。昨日私は前髪を切りました。

ヘリンガー　でも十分短くはありません。

（グループに笑い。ヘリンガーは以前のワークショップで、目にかかる髪をした女性は混乱していて、長ければ長いほど混乱は大きくなると話した。）

ヘリンガー　他には？

アイダ　はい。私の人生はこんなにてんてこ舞いなのに、気分は良いです。

成績が悪い子どもたち

ヴァルター　私はヴァルターといいます。私は大学で働いていて、心理療法もある程度しています。既婚で2人子どもがいます。ここでこんなにたくさん個人的な問題について働きかける機会があるだろうとは思いませんでした。私がここしばらく悩んでいることというのは、子どもたちが学校で悪い成績を取ると、その結果私が非常に取り乱してしまうということです。今のところ、問題は私の息子です。

ヘリンガー　あなたが子どもの時はどうでしたか？　学校で成績は良かったですか？

ヴァルター　小等学校の時はとても優秀でしたが、中等学校へ行って、本当には決して回復しえないほどの挫折を味わいました。

ヘリンガー　あなたの子どもたちにこう言ってみてもいいでしょう。「中等学生の時、私はちょうど君たちのようだった。本当には決して回復しないほどの挫折を味わった」

ヴァルター　それについては考えてみなければいけません。

ヘリンガー　ただ考えるのではなく、彼らに言わなくてはいけません。ただ言うのです。

（グループに）彼は言うでしょうか。言わないでしょう。彼は解決を避けています。

（ヴァルターに）かつてある女性が、マイケル・ジャクソンに恋していた彼女の娘のことを大変心配していました。彼のための祭壇を組み立て、彼が咳きをすれば彼女も咳きをしました。「どうしたら良いのでしょう」とその女性が聞きました。私は彼女に「私もちょうどあなたのようだった」と話すように言いました。薬のジレンマを知っていますか？　さっさと飲み込んで薬を効かせることができます。あるいは、調査のために小さく切り刻むこともできますが、あなたはそれを飲むまでにはいたらないでしょう。

転移した悲しみ

ロバート　私の名前はロバートで、経営コンサルタントです。成人した3人の子どもたちがいて、下の息子と一緒に暮らしています。

ヘリンガー　あなたは離婚したのですか？

ロバート　別居です。

ヘリンガー　いつからですか？

（ロバートはむせび泣きを始める）

ヘリンガー　目を開けていなさい！　その感情に屈してはいけません。それはあなたを弱くさせます。何の役にも立ちません。私を見なさい！　私が見えますか？　私の目の色が分かりますか？

（グループに）この感情に飲み込まれてしまわないように、注意を他に引きつけるよう試み続けなくてはなりません。

（ロバートに）どの位の間別居しているのですか？

ロバート　6ヵ月です。

ヘリンガー　どちらが結婚生活から去ったのですか。あなたですか、あなたの妻ですか？

ロバート　妻です。

ヘリンガー　何か起こったのですか？

ロバート　彼女はもうこれ以上私といたくなかったのです。

ヘリンガー　今感じていることに集中してください。その感情は何歳のものですか？

ロバート　とても前のものだと思います。

ヘリンガー　この感情を抱いている子どもは何歳ですか？

ロバート　3才です。

ヘリンガー　そういう感じのようです。あなたが3才の時何がありましたか？

ロバート　妹が死にました。

ヘリンガー　あなたの妹？　それです。

（グループに）これは過去の状況と感情の現在への転移です。それらの感情とは現在においてはワークできません。それらはそれらの属するところにとどまらなくてはならず、そこが、あなたがそれらに働きかけるところです。

（ロバートに）ではあなたの現在の家族を立てましょう。

ロバート　いいえ、今は駄目です。

（彼はむせび泣く）

ヘリンガー　もう一度チャンスをあげましょう。

（ロバートが自分の現在の家族のコンステレーションを立てる）

娘が父親の死んだ妹の代理をする

ヘリンガー　あなたかあなたの妻かどちらかが、以前に結婚または婚約をしたことはありますか？
ロバート　いいえ。

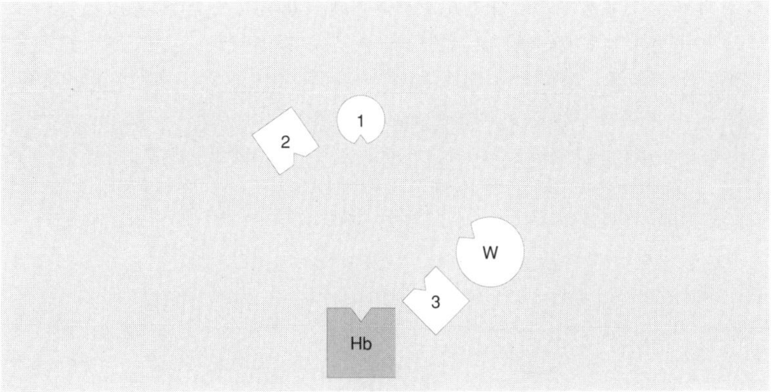

図1

Hb	夫（＝ロバート）
W	妻
1	第1子、娘
2	第2子、息子
3	第3子、息子

ヘリンガー　夫はどんな気分ですか？
夫　この列の中に立っているのに、道に迷った感じがします。
ヘリンガー　他の人たちは？
妻　間違った方向を向いているような気分です。長男を見ていますが、反対を向きたいです。
ヘリンガー　それで、実際どのような気分ですか。
妻　良くありません。
第1子　良い位置に立っていますが、父しか見ることができません。
第2子　全員を見ることができるのは良いのですが、接触を欠いています。
第3子　兄に強力に立ちはだかられている感じで、全く良い気分ではありません。その反対に、両親の間に挟まれているのは好きです。

夫　私の娘しか見えず、妻を見ることができないことを付け加えたいと思います。道に迷ったような感覚は私の体のどこか低い所から来ているようです。下の息子とは近い感じがします。

ヘリンガー　（ロバートに）あなたの妹さんに何が起きたのですか。

ロバート　私が3才の時に死にました。

ヘリンガー　原因は？

ロバート　肺炎でした。

ヘリンガー　ではあなたの妹さんをグループに加えてください。

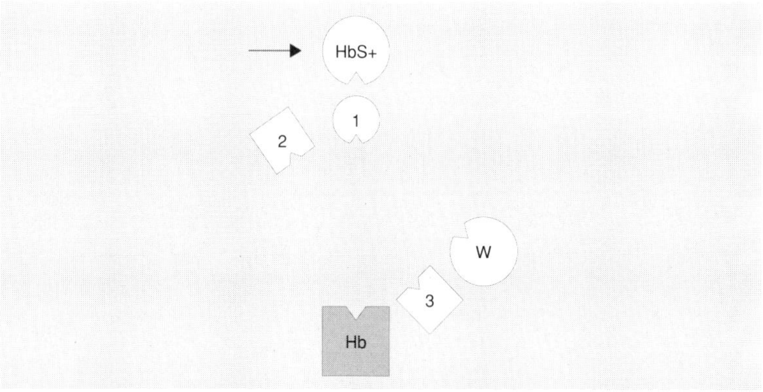

図2

HbS†　　幼くして死んだ夫の妹

ヘリンガー　（グループに）このコンステレーションから、娘が彼の妹と同一化していることを見ることができます。彼女は父親のために死んだ妹の代理をしています。

夫は何が変わりましたか？

夫　そこらじゅうに不安の感情がありました。

ヘリンガー　娘はどういう気分ですか。良くなりましたか、それとも悪く？

第1子　さらにいらいらしています。

ヘリンガー　妻は今どういう気分ですか？

妻　何かが明確になりました、何か大切なことが。それが私を違って感じさせ、より良いです。

ヘリンガー　（グループに）この妹がここでは最も重要な人物です。重要な人物が失われている場合、理由が何であれ、システムは乱されるようになります。それが母親か父親の若くして死んだ兄弟姉妹であることがよくあります。問題の人物がグループに再び入ると、すぐに新しいエネルギーがシステムに入って来ます。変化が可能なのはその時だけなのです。

死んだ妹はどんなふうに感じていますか？

夫の妹†　うまく言えません。

（ヘリンガーは死んだ妹を彼女の兄、夫の隣に置く）

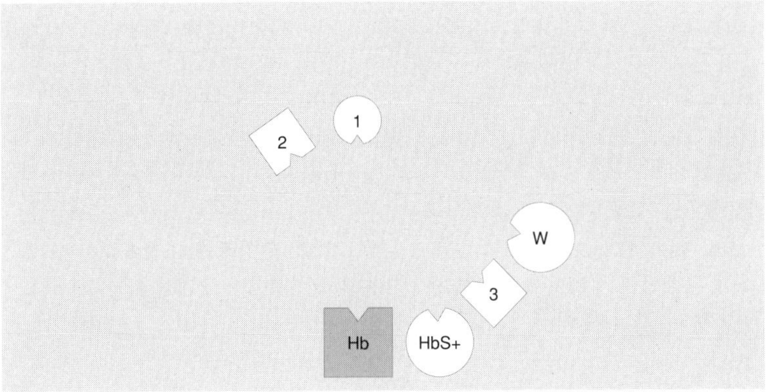

図3

ヘリンガー　今妻はどう感じていますか。

妻　まともじゃないですが、今は夫の方を向くことができると感じます。

（ヘリンガーはコンステレーションを配置し直す）

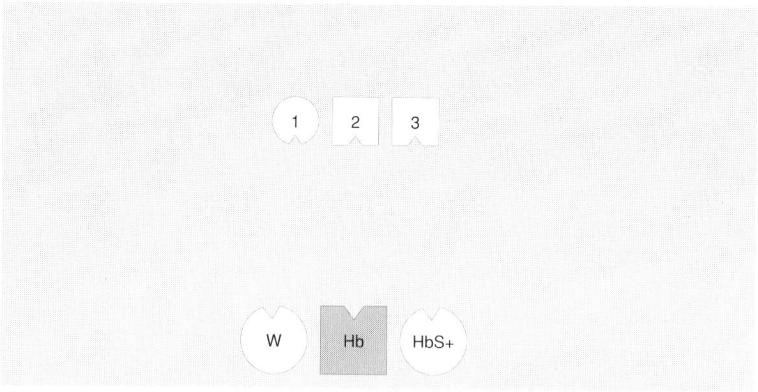

図4

ヘリンガー　これで夫はどうですか。
夫　私の妹が来たときはとても嬉しい感じで、妻が来たときも良かったです。しかし、おそらく彼女たちの場所を交換するべきでしょう。
ヘリンガー　それは可能です。

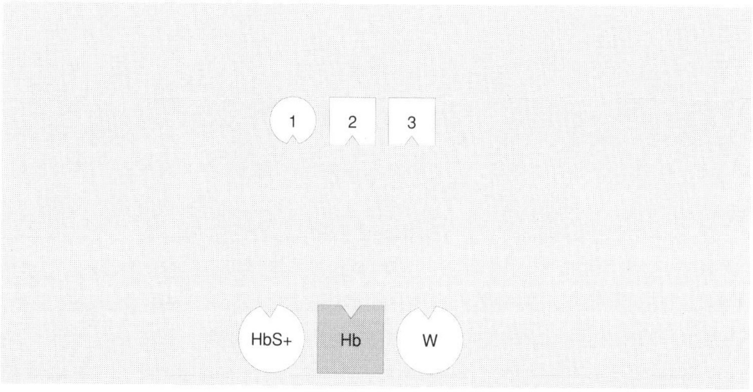

図5

夫　それで良いです。
妻　これは違って、もっと良いです。
ヘリンガー　死んだ妹はどう感じていますか？
夫の妹†　良いです。
ヘリンガー　子どもたちはどう感じていますか。

子どもたち全員　良いです。

ヘリンガー　（妻に）このように反対側に立っている子どもたちをどう感じますか？

妻　良いです、はい。

ヘリンガー　（ロバートに）コンステレーションのあなたの場所に行って立ちなさい。

（自分の場所に行くロバート）

ロバート　理解できません。

ヘリンガー　理解する必要はありません。自分の場所に立たなければいけないだけです。

（ロバートは首を横に振る）

ヘリンガー　（グループに）彼にとって解決がいかに困難なのか分かりますか？

苦しみを通した埋め合わせ

ヘリンガー　今の問題とは、彼の妹に正当な居場所を与えるために、彼に何ができるかです。

ロバートは生きているのに妹は死んでいるので、彼は妹に対して罪の意識を持っているように見えます。彼は得をしていて、彼女は損をしている。そのようにロバートの子どもの魂は見ます。運命にこのような違いがあるとき、有利な人はその相違を減らすために自分の幸運を受け入れることをしばしば拒みます。ロバートは自分の生を受け入れることを拒否していますし、自分の損失を妹のものとより同等にしようとして、実は妻を受け入れることも拒んでいるのかもしれません。しかし、これは盲目的な反応です。それはあらがうことのできない衝動のように作用します。自分が苦しめば妹はより幸せになるだろう、そして自分が死ねば彼女は生きるだろうという迷信のような思い込みで彼は行動しています。

より高いレベルでの埋め合わせ

ヘリンガー　しかしながら、私たちには、私たち自身の運命と死んだ人の運命や障害のある人の運命が1つに結び付けられてはいないと認めることによって、そしてまた、私たち自身の運命と、他の人の運命を2つの別々のものとして、両方に謙虚に頭を下げることによって、苦しみを通して埋め合わせをするという盲目的な衝動を克服することができます。これはより高いレベルでの解決でしょう。では、ロバートが自分の苦しみを通して、妹の失ったものに対する埋め合わせをする衝動から自由になるには何ができるでしょうか？まず、彼は自分の深い悲しみと、罪悪感を重く受け止める必要があるでしょう。それからそうすることで死んだ妹に癒しの言葉を言うことができます。
（ロバートに）妹の名前は何でしたか？

ロバート　アデレードです。

ヘリンガー　「愛《いと》しいアデレード」と言いなさい。私に続いて言うのです。「愛しいアデレード」言いなさい！

（ロバートはむせび泣く）

ヘリンガー　その類の嘆きはあなたの妹のためにはなりません。

（グループに）彼がこのように自分を苦しめると、それは妹にとって、その死を二重に悪いものにします。彼は妹が死んだから、同じように自分も死ななくてはいけないと信じているようです。彼の死から妹が何かを得るかのように、彼は自分の苦しみを彼女の責任にしています。しかし、彼が妹を愛しているのと同じだけ妹も彼を愛しているとすれば、自分のために兄がこのように苦しんでいるのを見て彼女がどう感じるか考えてください。

ロバートが違うスペースにいるとしても、とにかく解決法をあなた方に話しましょう。彼が妹に言わなくてはならなかった言葉は「愛しいアデレード、あなたは死にました。私はもう少しの間生き続け、そしてそれから、私も死ぬでしょう」。それらは解放する言葉です。それらには埋め合わせと自由、そして謙虚さを有しています。傲慢さは消えています。彼は死んだ人と連帯して行動しており――そして彼は生き続けます。

第二に、彼自身と死んだ妹の両方を助けるための、彼にできるエクササイズがあります。1年間、彼が妹にこの世界を見せてあげるのです。妹の手を取って連れて歩き、この世界の素晴らしいもの、愛らしいものを見せていると想像します。そうする中でも特に、彼女に自分の妻と子どもたちを会わせてあげるのです。このようにすることで、彼女が失ったものを本当に埋め合わせることができるでしょう。

（ロバートに）何か困難なことをするとき、あなたの隣にいる妹と一緒にやりなさい。何か難しいことをやるために、それを上手にやるために、それまでにできなかったことをできるようになるために、彼女の運命から力をもらいなさい。あなたがそうすれば、彼女がもはやここにはいないとしても、彼女の早過ぎる死も現在に肯定的な影響を与えるでしょう。すると彼女はあなたを通して、良く、肯定的な方法で生き続けます。それが彼女の失ったものへの埋め合わせのもう1つの手段となるでしょう。

認識と敬意を通じての埋め合わせ

アイダ　自分自身に働きかけてきている間中ずっと、私には敬意を表し尊重することを忘れてしまう1人の人がいます。私の姉です。

ヘリンガー　彼女に何が起きましたか？

アイダ　彼女は一番上の子どもです。彼女は私を母の方へ行かせないようにしました。これまでに私は彼女のネガティヴな面だけ見ていました。もちろんネガティヴな側面は実際にありましたが、私に多くのことを与えてもくれましたし、たくさんの恩があります。

ヘリンガー　彼女にそのことを率直に言うことができるでしょう。

アイダ　いつも彼女のために何か良いことをしたかったのですが、決してやり遂げませんでした。

ヘリンガー　それはそんなふうにはいきません。このような状況で人が唯一できる、そしてすべきことは、その当人にふさわしい敬意を払うことです。第一に、これは内なるプロセスであり、その次に適切な言葉を言うことができます。例えば「私はあなたが私に何をしてくれたか知っています。私はそれを大切にし、それが私に力をくれます」。それはあなたにできるどんなことよりも、彼女にとって貴いでしょう。

他の多くの人たちの犠牲の上でも
その命を受け入れること

クララ　私の名前はクララです。私は教師で、心理学も勉強しています。このワークショップで私がしたいことは、私の家族に関する何かを解決することです。

ヘリンガー　どんなことでしょうか？

クララ　姉妹との状況です。片親の違う2人の姉がいます。上の姉バーバラは母の子どもで、次の姉フランセスカは父の子どもです。でも私は彼女を知りません。

ヘリンガー　彼女の母親は誰ですか？

クララ　私の父が彼女の母親に会った時、父はまだ結婚していました。そのすぐ後で父は私の母と出会いました。フランセスカの母とはほんの短い関係でした。

ヘリンガー　あなたの父親はその以前結婚していましたか？

クララ　はい。

ヘリンガー　彼の妻はどうしたのですか？　なぜ彼は彼女と分かれたのですか？

クララ　戦争が起きて、彼らは別れたと父が言いました。

ヘリンガー　この結婚で子どもはいましたか？
クララ　いいえ。
ヘリンガー　そして彼はその女性に会ったのですか？
クララ　はい。
ヘリンガー　彼女との間に娘を持ったのですね？
クララ　はい。
ヘリンガー　どうして彼はその女性と結婚しなかったのでしょう？
クララ　そのすぐ後に私の母と出会ったからだと思います。
ヘリンガー　彼らが出会った時、あなたの母親も結婚していたのですか。
クララ　いいえ。
ヘリンガー　でも彼女には子どもがいた？
クララ　はい。
ヘリンガー　その子どもの父親はどうしたのですか？
クララ　最初は彼が母との結婚を望まず、最後には母が彼と結婚したくなかったと母が言っていました。
ヘリンガー　（グループに）体系的な点でどんな意味なのかを理解するために、私たちが今聞いたことの情景をつかもうと努めなくてはなりません。クララは、彼女のために場所を作った多くの人々の犠牲の上に生を得ました。何人？　彼女の父親の最初の妻、彼の１人目の娘、その娘の母親、彼女の母親の最初の夫、そして彼らの娘です。何人ですか。5人です。このような状況では、子どもは自分自身が失敗者になることで、多くの人たちを犠牲にして得たものの埋め合わせをしようとするものです。とても複雑なケースです。たぶんできることはそんなに多くはないでしょう。埋め合わせする衝動があまりに強すぎます。もしあまりに多くの人を犠牲にして得られたとしたら、誰にとってもその生を受け入れるのは困難なことでしょう。
ヘリンガー　（クララに）自殺しようとしたことはありますか。
クララ　いいえ。
ヘリンガー　そう考えたことはありましたか？
クララ　いいえ。
ヘリンガー　やれやれ。

（クララは自動車事故のために体が不自由です）

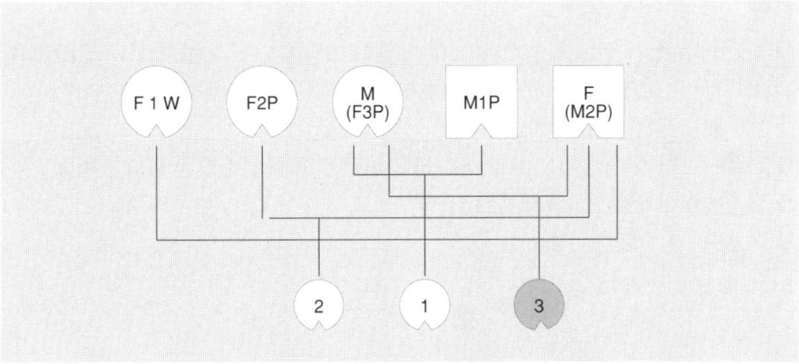

クララの家族のパートナーたちと子どもたち

F	父親、母親の2番目のパートナー（M2P）
M	母親、父親の3番目のパートナー（F3P）
M1P	母親の最初のパートナー、1の父親
1	母親の最初のパートナーとの子、娘
F1W	父親の最初の妻、子どもなし
F2P	父親の2番目のパートナー、2の母親
2	父親の2番目のパートナーとの子、娘
3	**父親と母親の子、娘**（＝クララ）

ヘリンガー　さて、ではあなたの生まれた家族を立ててみましょう。誰が属しますか？

クララ　私の父と母、私、私の父の最初の妻、それから私が会ったことがない娘がいる彼の2番目のパートナーです。でもこの子どもの母親とは父は結婚しませんでした。それから父と結婚する前に母が娘をもうけた男性、それとその娘です。

ヘリンガー　姉妹が生まれた順番は？

クララ　初めに私の母の最初の子ども、それから私の父の最初の子ども、それから一番年下として私です。父の最初の子どもが生まれた時、彼は最初の妻とまだ結婚していました。

ヘリンガー　あなたの母親はどうして最初の子どもの父親と結婚しなかったのですか？

クララ　彼は私の母と出会った時、他の人と婚約していました。そして子どもが生まれるとすぐに東ドイツに戻りました。

ヘリンガー　彼は今結婚していますか？

クララ　そうだと思います。

ヘリンガー　彼には他に子どもはいますか？

クララ　いると思います。

ヘリンガー　それではあなたの姉は自分の知らない兄弟姉妹がいるのですね。彼女が自分の父親とその兄弟姉妹両方に会うことは大事なことです。

クララ　彼女は望まないでしょう。

ヘリンガー　彼女のためにあなたの母親がそう準備することもできます。

クララ　彼女はそうしないと思います。

ヘリンガー　1つ話をしましょう。

彼らはここに

私のコースの1つに、自分の父親に一度も会ったことのない若い男性がいました。彼の母親が若い娘だったとき、彼女はパリでフランス人の男性と出会い、妊娠しました。その男の家族はすぐさま他の女性と結婚するよう手配しました。なぜなら、フランスの法律では既婚の男は離婚扶養料を支払う必要がなかったからです。それから彼はどこかに隠れてしまい、若い娘は彼の消息をすっかり失ってしまいました。彼は住所も残さず、所在の手掛かりも一切残しませんでした。彼女の息子が20歳になった時、彼らは彼を探しにフランスまでドライブしました。彼女は心の中で密かに息子のお祖父さん、その男の子の父親の父親と同盟を結び、彼女はお祖父さんが導いてくれるだろうと信じました。ある日、彼らがある村を通ったとき、彼らは息子の父の姓をドアの上に見、彼らはそこに入っていき、そこにいた女性にこうこういう名前の男を知らないか尋ねました。彼女は「ちょっと待ってて」と言い、電話の所に行ってダイヤルし、言いました。「彼らはここにいます」

ヘリンガー　さあ、ではあなたのコンステレーションを立てましょう。

参加者　（クララに）あなたの父親の最初の妻はどうしましたか？　彼女はまだ生きていますか？　家族はいますか？

ヘリンガー　それはここでは重要ではありません。私たちには十分な情報があります。多すぎると適切に感じることを難しくします。

（クララに）あなたの両親は離婚したのですか。

（クララは彼女の両親の間に彼女の代理を置いている。）

クララ　いいえ。

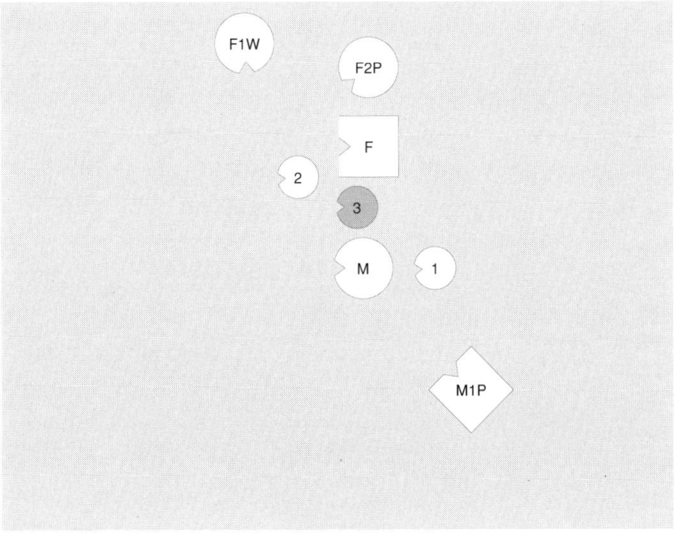

図1

F	父親、母親の2番目のパートナー
M	母親、父親の3番目のパートナー
F1W	父親の最初の妻、子どもはいない
F2P	父親の2番目の妻、2の母親
M1P	母親の最初のパートナー、1の父親
1	第1子、母親とM1Pの娘
2	第2子、父親とF2Pの娘
3	**第3子、娘、父親と母親の間の唯一の子**（＝クララ）

ヘリンガー　コンステレーションを少し整理してみます。

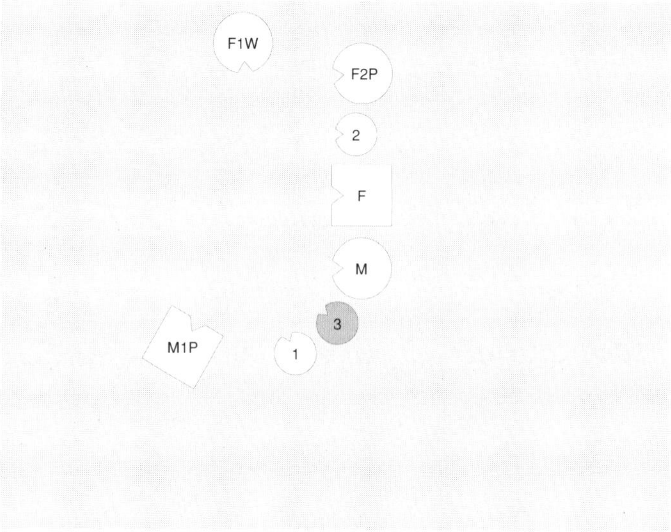

図2

ヘリンガー　第2子にとってこれはどうですか？
第2子　良くなりました。
ヘリンガー　あなたの母親と場所を変えてください！

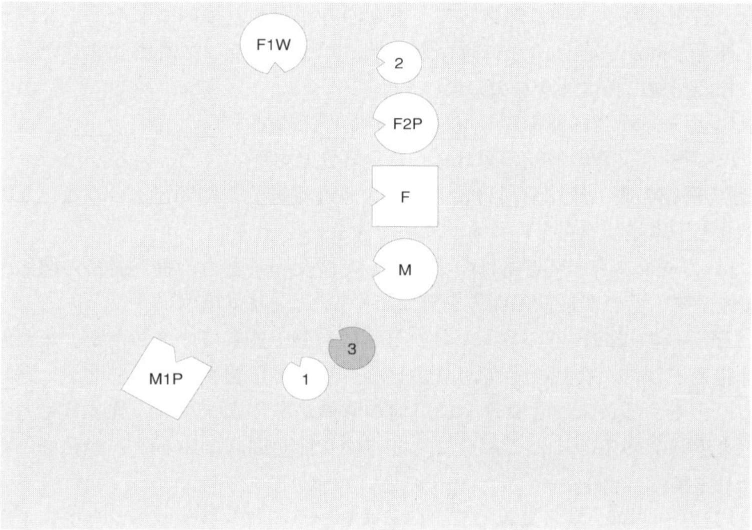

図3

第2子　これでもまだ良いです。

ヘリンガー　父親の2番目のパートナーはどういう気分ですか？

父親の2番目のパートナー　これで良いです。

母親　私にとっても。

ヘリンガー　（母親に）あなたの夫の2番目のパートナーはそこに立たなくてはなりません。さもなければ、あなたが去らなくてはいけなくなるでしょう。

ヘリンガー　（クララの代理人に）一番下の娘はどういう気分ですか？

第3子　まだ父の隣に立っていたとき、少し奇妙な感じがしていました。母は私の左でした。私が、自分が彼女に背を向け、父の方を向いていることに気づいて、それから彼女が全然見えなくなりました。2番目の姉が私の前にまだ立っていたときは、彼女は私の保護者で、彼女は私の父に対する意図を他の人が知ることを防いでくれると感じました。今は私と母との間にある程度の緊張がありますが、でも他の点では大丈夫です。

ヘリンガー　長女はどういう気分ですか？

第1子　私の母の後ろに立っていたときは力強く感じていました。母と妹たちに影響力を持つ気分でした。しかしまるで私が家族の一員ではないかのような、奇妙な感じもしました。今私は、正しい場所にいる、でももうそんなに力強くはないと感じます。

ヘリンガー　長女の父親はどういう気分ですか？

母親の最初のパートナー　昔のパートナーの後ろにまだ立っていたときは、自分の右側に暖かい感じがあって、彼女の方に引かれていました。あなたが私を彼女と向かい合うように置いたとき、対等とバランスを感じました。しかし私の左側に私は何かを欠いています。

ヘリンガー　そこにあなたの現在の家族がいるのです。

ヘリンガー　父親の最初の妻はどういう気分ですか？

父親の最初の妻　床に釘付《くぎづ》けにされたような気分で、結局どういうことなのかずっと不思議に思っています。理解できません。

ヘリンガー　夫と彼の2番目の妻、そして彼女の子どもの絆《きずな》が最初の関係より優先です。それが最初の関係を無効にしてしまったのです。

第1子　私の母の後ろに立っていたときは力強く感じていましたが、また怒りも覚えました。なぜだか分かりません。今はまだ強さを感じますが、怒りもあります。ここにいる女性全員に何か関係があります。他の誰よりも力強いとを感じているのに、こんなにも多くの女性が周りにいることが私をいらだたせます。

ヘリンガー　何か試してみることにしましょう。コンステレーションにあなたの父親の婚約者を加えてみましょう。

（最初にヘリンガーは婚約者を夫の左に、次に右、それから少し後ろに置く）

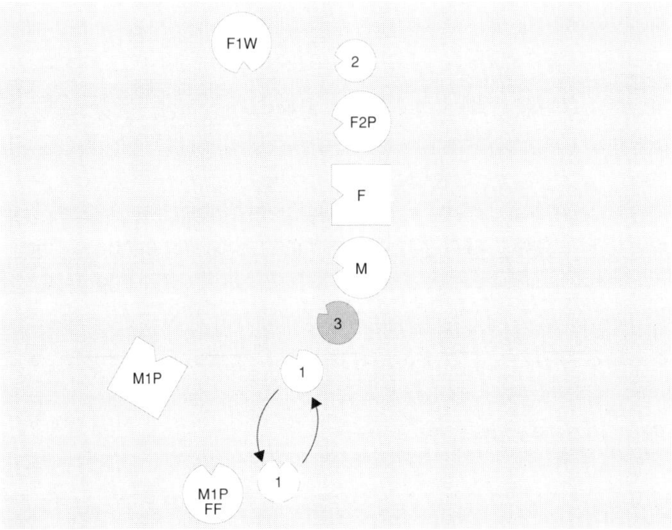

図4

M1PFF　　母親の最初のパートナーの以前の婚約者

ヘリンガー　婚約者はどんな気分ですか？

母親の最初のパートナーの以前の婚約者　私の婚約者の左にいたときはめまいがして、彼の右にいたときは息をするのが困難なのに気づきました。もっと後ろに下がったここで、ずっと良くなりました。

ヘリンガー　（長女に）この女性と何かつながりを感じますか？

第1子　この瞬間、私は立ち去りたい、もっとに後ろに、と感じます。

ヘリンガー　あなたの父親の前の婚約者の隣へ立ちなさい。どうですか？

第1子　良くなりました。

ヘリンガー　あなたは彼女と同一化しています。

第1子　私はここで良くなった感じがするだけです。

ヘリンガー　それが同一化の影響です。あなたは彼女の感情を持っています。あなたの父親と母親の間の関係によって、彼女は裏切られました。今、このコンステレーションで、あなたは彼女の怒りを感じています。それは彼女の感情であなたのではないのです。

（クララに）納得できますか？

クララ　はい。

ヘリンガー　（長女に）さあ、元の場所に戻ってください。これはあなたが彼女と同一化しているかどうか見る実験でした。

（クララの代理人に）あなたはどんな気分ですか？

第3子　たった今、背中に妙な感じがありました。最初はずいぶん上の方で、それからまるで後ろにのけぞっていってポキッと折れるかのように。一番上の姉が去ったことと関係があります。でも彼女が戻ってからはそう強くはありません。

ヘリンガー　あなたの母親と場所を代わってみなさい！

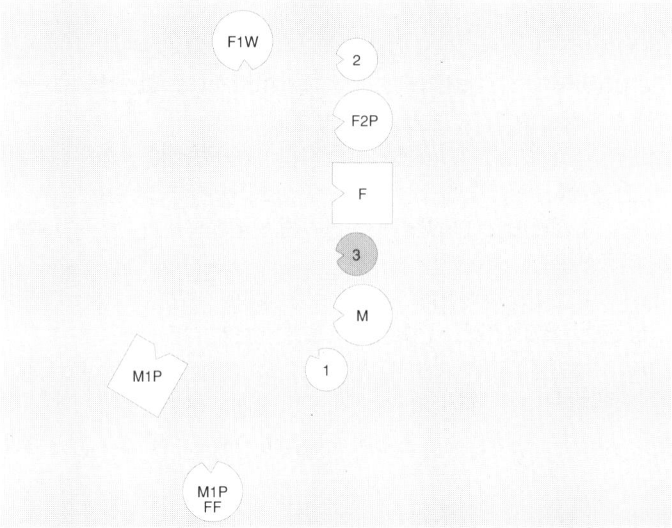

図5

第3子　ここはかなり気分は良いです。

父親　私には天秤のイメージがあり、軸はここ、私の娘がいる所です。彼女が母親のもう片方に立っていたとき、軸は私がいる所でした。実際に私は右と左に揺れていました。

ヘリンガー　母親はどんな気分ですか？

母親　とても妙な気分です。誰にも興味がないのです。何も感じないのです。でも長女の隣のここでいくぶん気分が良いです。

第1子　母に対して責任があると感じますが、私はそれは望みません。

ヘリンガー　あなたの母親は依然として最初のパートナーのシステムと強く結び付いていて、そしてまた現在の夫の3番目のパートナーとして、あえて彼に十分に要求していません。

（長女に）一番下の妹の隣に行って立ちなさい。

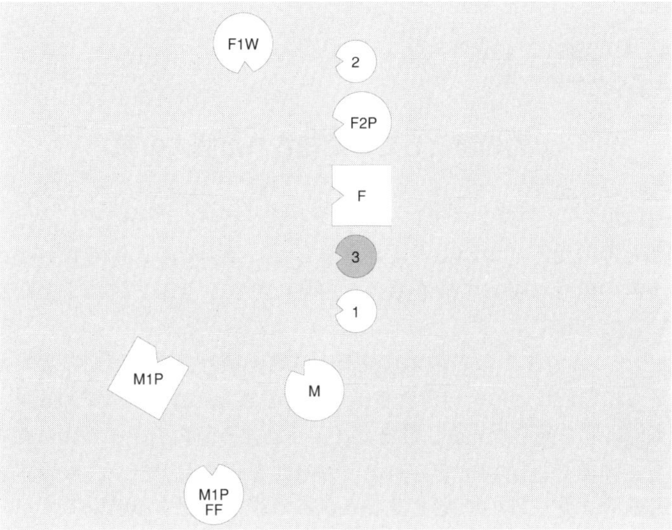

図6

第1子　ここでは息ができません。この位置ではそれ以外は良い感じなのですが、息ができません。

ヘリンガー　（クララに）コンステレーション中の自分の場所に行って立ちなさい。

クララ　（自分の位置に立つ）一番上の姉に強く引かれる感じがします。

ヘリンガー　分かります。結局あなたたちはどちらも本当には自分たちの両親に頼ることはできないのです。

（クララは涙を流し始める）

ヘリンガー　あなたとやりたいことがあります。

父親の最初の妻の所へ行って頭を下げなさい。深くなくても良いから敬意を込めて。それから彼の2番目のパートナーの所へ行って、彼女に頭を下げなさい。そして2番目の姉の所へ行って、彼女を抱きしめなさい。

（クララは彼女を抱きしめ、しばらくの間激しく泣きじゃくる）

さあ、一番上の姉の父親の以前の婚約者の所へ行って彼女に頭を下げなさい。そして一番上の姉の父親の所へ行って彼にも頭を下げなさい。

では自分の所へ戻って、周りを見回してみなさい。全員を見るのです！

（彼女の父親が彼女を抱く）

あなたの母親の所へ行きなさい！

（クララは彼女を抱きしめ泣きじゃくる）

さあ、自分の場所に戻って、あなたの周りを見なさい。もう一度全員を見なさい！
今はこれで良いですか？
（うなずくクララ）

力の源としての認知された個人の罪

ハリー　ロバートのコンステレーションと死んだ妹への彼の悲しみは、私に罪の問題とその受容について考えさせました。今までの人生でずっと、私はキリスト教の概念に従って罪を償うと自分にプログラムし続けてきたことに気がついたばかりです。

ヘリンガー　キリスト教の教えに従う人は罪を償わなければならないと考えます。さらに悪いことに、自分たちにそれをできるとさえ考えています。

個人的に罪を犯した人が、罪を認め、承認するや否や、その罪は強さの源泉となり、罪悪感は消えます。人が自分の罪を認めるや否や、人は罪悪感を持たなくなります。罪の感覚とは、人が真の罪を否認する結果ですが、それに向かい合う人は強くなります。その時、罪は力として現れます。罪を否認し、その結果を回避しようとする人は誰でも罪悪感を持ち、弱さを感じます。罪は、人々にそれ以前はできなかったようなやり方で良いことをする強さを与えますが、それは罪を認めてそれと向かい合ったときだけです。

一方、他の誰かの身代わりとして、罪とその結果を負うことは、あなたを弱くし、良い行いをできなくします。結果として、あなたは実は物事をより悪くさえします。なぜならあなたは罪人を、それが認められたときの良いことをするための罪と力から解放してしまうからです。

このように、誰かの他の人のために罪を負うその影響は、すべての点において有害です。例えば、もしあなたの両親がお互いの関係で何か罪を犯していても、あなたは彼らに「あなたたちの関係にどのような罪があったとしても、私はあなたたちを親として誇りに思います。あなたたちが私に与えてくれたものを受け取り、尊重し、もうあなたたちの邪魔はしません」と言うことができます。その次に、あなたは親の元にその罪と、その結果を置いていきます。あなたがそうした瞬間に、たとえあなたがそのことを声に出して言わなくても、それは彼らに良い影響をもたらします。彼らは自分たちの罪とその結果に向かい合わなければならないですし、あなたは存分に自分自身の罪に向かい合えるようになるのです。分かりましたか？

ハリー　はい。

ヘリンガー　他に質問はありますか？

クラウディア　まだはっきりと理解していません。誰か他の人の罪を負うと、その人は自分自身を弱くするとあなたは言いました。

ヘリンガー　自分自身と他の人を弱くします。

クラウディア　その他の人は分かりますが、自分自身も？

ヘリンガー　彼は自分自身も同様に弱くします。誰か他の人の罪を負うことは常に私たちを弱めます。他人の苦難を担う人は誰もが弱くなります。しかし自分自身の苦難、罪、そして運命を背負う人たちは強いのです。彼らは頭を高くもたげ苦難を背負い、そして偉大なことをする強さを持ちます。

父親の面目を保つ

ヘリンガー　誰か他の人の罪の結果を負おうとした例を挙げてみましょう。

ある女性が面目を保たねばならないと考えていました。面目を失うことを恐れていました。彼女は表面的なことで、例えば髪型を変えることで、それをしようとしていました。彼女は父親が戦争犯罪人ではないかと疑っていました。したがって彼こそが面目を失うことを本当に恐れなくてはいけない人であり、そして面目を保とうとするべき人だったのです。解決法として、私は彼女に、自分が子どもとして父親の隣に立ち、彼を見上げて「愛するお父さん、私があなたのために面目を保ちます」と言うのを想像してみるのはどうかと提案しました。まさにそれこそが彼女がしていたことでしたが、彼女は自分がすでにやっていたことを、練習としてでさえも、声に出して言う勇気を見つけられませんでした。それは1つの解決法だったでしょう。しかしながら、そうしてしまうと、彼女の父親はその罪と恐れを認めさせられたでしょうし、彼の罪と恐れはそれらにふさわしい場所に戻り、彼女を自由にしたことでしょう。しかし、それは謙虚なプロセスにもなっていたことでしょう。彼女には自分自身の場所以外、立つ所は残っていなかったはずです。この種の運命にある子どもが、必要なことをする勇気と強さを持つことはめったにありません。部外者としてできることのすべてとは、物事をそれ自身が向かう方向に任せることです。というのは、取り成そうとする人は誰でも、その子どもと全く同じことをするでしょう。彼らは負うことができない、負うべきでないものを負ってしまいます。

解決を受け入れるより苦しむ方が楽

ウーナ　私の名前はウーナです。1年半前に椎間板ヘルニアになって、それ以来絶え間ない腰痛が続いています。セラピストであるにもかかわらず、クライアントと深くかかわり過ぎないようにするのが難しいです。両親のうちの1人は私を一度も愛したことがなく、いまだに愛してくれていないと私は思っています。たぶん、それが、私がこの15年間以上にわたって、激しく短い関係を連続して持ってきた理由です。

ヘリンガー　心理学上、腰痛はいつも同じ理由に起因し、頭を下げることでとても簡単に治すことができます。あなたが頭を下げなければならない人は誰ですか。

ウーナ　頭を下げる？

ヘリンガー　そのとおりです。自分の座り方を見なさい。頭を下げることとは正反対です。あなたはおそらくあなたの母親に向かって、低く、地面につくほどに頭を下げなければなりません。言葉に置き換えるなら、あなたが言わなければならない言葉は「深い敬意をもってあなたに頭を下げます」これはきつい言葉であり、そして解放するものです。

ウーナ　私の中に頭を下げることをできるようにする何かがありますが、十分に低くなるか怪しいところです。

ヘリンガー　ともかく頭を下げるなら、地面につくまでにしなければなりません。でも、あなたにとっては腰痛に耐える方が頭を下げるよりもっと楽なのでしょう。行動を起こすより苦しむ方がより楽だと思っているのです。ですから私たちも気の毒に感じる必要はありません。

ウーナ　私はそうしたいのですが、自分がまだなにか恨みを持っていることに気がついています。

ヘリンガー　クライアントたちが問題を取り除きたがっていると思うのは大きな間違いです。多くは、彼らはただ問題を確認したいだけです。可能な解決法を経験することへの関心や興奮よりも、いかにあなたの注意が自動的に異論の方へ行くのか気づきましたか？

謙虚な解決は痛みを伴う

リオ　私の名前はリオです。過去16年間、精神科医、心理療法士をしてきました。私は仕事には大変満足しているのですが、自分の生まれた家庭には全く満足していません。妻とは良い関係にあって、6才と9才の子どもたちがいますが、私には――これは、私はもっともなことだと思いますが――両親という、子どもがもう2人いるという感覚があります。父は早発性痴呆のようです。

ヘリンガー　かなり横柄な言い方ですね。

リオ　ええ、たぶんそうでしょう。

ヘリンガー　明らかです。

リオ　実際、私の家族が私をここまでにしてしまったのだと時々思います。「けんか」という言葉がタブーであったにもかかわらず、両親は私が知る限りずっとけんかをしてきました。ある時点ではお互いに愛情を抱いていたに違いがありませんが、物心ついたときから私は彼らの仲裁役でした。

ヘリンガー　あなたは私をそそのかしてあなたの解釈を受け入れさせ、あなたの見解を採用させようとしています。もしあなたの見解が正しければ、問題はすでに解決しているはずです。まだ解決していないというこの事実は、あなたの見解が間違っていることを示します。解釈が現実とかけ離れるほど、あなたはそれを頻繁に繰り返さなければなりません。さあ、あなたはどうしたいですか？　解決法を見つけたいですか。

（グループに）彼の表情が分かりますか。彼は解決法を見つけることにあまり興味がありません。ですからこれ以上はこれについての論議はしないことにします。

（リオに）解決は痛みを伴います、たとえ良きものであっても。謙虚さを必要とします。それが問題なのです。（間をおいて）私に腹が立ちますか？

リオ　私の家族では、腹を立てるのがあたりまえの反応ですが、それに意味がないことは分かっています。でも私が両親について話したことは、最近深刻になってきているので、私にとっては重要です。私は自分が望むものには頑固ですから、これについてやめるつもりはありません。

ヘリンガー　分かりました。そうですね。

父親または母親に向けられた子どもの遮られた動き

ジョン　私の名前はジョンです。教師になるための教育を受けましたが、この3年間環境教育者として、造園コンサルタントとして働いてきました。私は庭のデザインをしています。ここでは私の身体の症状について働きかけたいと思います。私には継続的な痛みが両肩にあり、頻繁に頭痛がし、腹部に不快感があります。

ヘリンガー　乱暴な推測ですが、頭痛は愛によって起こります。子どもの時の誰かに向けたあなたの動きが、そのゴールに届く前に遮られ、止められたために、流れることができなくなってしまったのです。たいていそれは母親に向かう動きです。それがあなたの顔を見たとき、私が受けた印象でもあります。誰かに向けた動きをしようとして遮られた人のようにあなたは見えます。子どもの時、入院したことはありますか？

ジョン　2回。1つはとても幼かった時に手術するために、それからおたふく風邪で。

ヘリンガー　それで説明になるでしょう。愛する人に向かう子どもの動きが遮られると、それは絶望と悲しみの感情の、またしばしば怒りの原因となり、その子どもは「望みがない、自分にできることは何もない」といった結論に達し、あきらめ、観念します。

ヒーリングのプロセスは、過去のその状況に戻り、子どもに動きを完結することを可能にさせることです。催眠療法か、ホールディングセラピーを通してこれをすることができます。ホールディングセラピーが何か知っていますか？

ジョン　聞いたことがあります。

ヘリンガー　ホールディングセラピーは大人にすることもできますが、あなたは子ども時代と、子どもの時に持っていた感情に戻らなくてはなりません。患者は「その当時の」子どもに戻り、セラピストは「その当時の」母親になります。2人とも過去の状況に帰ることで、子どもは母親に向けた幼少期の遮られた動きを完結することができるのです。

ジョン　母に向かって行こうとしたり、差し伸べようとする流れが遮られたという意味ですか？

ヘリンガー　それが私の推測です。あなたの母親に向けた動きが遮られたのです。幼い時に母親に向けた動きが遮られた人が、後の人生で誰か他の人に、例えばパートナーに向けて動こうとすると、たとえそれが潜在意識のレベルだけであっても、遮られた古い記憶がよみがえり、その人は子どもの時に止められたところと全く同じポイントで動きを中断します。その動きをゴールに向かってまっすぐ持続させる代わりに、その人はコースから外れ、遮られたポイントから離れたり、戻ったりする堂々巡りの動きを始めます。これがノイローゼの正確な描写です。ノイローゼは誰か、通常母親に向かう動きが遮られたポイントで始まり、ノイローゼ的な行動は単に、この堂々巡りの動きの繰り返しです。

この問題への解決法はその説明に暗に含まれています。しかし解決は不安を引き起こします。遮られた動きをゴールにまで持続させるのは大変な痛みを伴います。完全な無力感と結び付いているので、それはつらい経験です。

ジョン　私の姉は、両親は病院に私を見舞いに来たかったけれど、私に会うことは許されなかったと言っていました。離れた所から見るだけが許され、彼らはつらさに泣いたに違いありません。でも私はそのことは実際には思い出せません。

ヘリンガー　今私たちがあなたを見ると、具体的な光景が浮かびます。あなたが何歳だったか、あなたがどんなにひどい気分だったか、あなたをただ見るだけではっきりと分かります。

椅子を持ってきて私の前に座りなさい。

（ジョンは椅子を取り、ヘリンガーの前に座る。ヘリンガーはのけぞっていたジョンの頭を、優しく前方下に動かす）

ヘリンガー　（グループに）彼の首の所でエネルギーの流れの遮断があります。今、再びそれは流れることができます。

（ジョンに）目を閉じて、深く息をして、戻って、もっと戻って、あなたの子どもの時に。

深く息をして、弱い感情に抵抗して、自分の強さにつながりなさい。深く強い息を続けて。さあ言いなさい。「お願い」

ジョン　お願い。

ヘリンガー　もっと大きく。

ジョン　お願い。

ヘリンガー　そう。そんなふうに。もう一度もっと大きな声のままで。

ジョン　お願い。お願い。

ヘリンガー　言いながら両腕を伸ばして。私につかまっていいのです。「お願い*」

ジョン　お願い……。

ヘリンガー　「お母さん、お願い」と言いなさい。

ジョン　お母さん、お願い。

ヘリンガー　「お願い」

ジョン　お願い。

ヘリンガー　もっと切迫して。

ジョン　お願い、お母さん。

ヘリンガー　もっと大きい声で。

ジョン　お願い。

ヘリンガー　すべての力を出し切って。

ジョン　お願い、お願い。

ヘリンガー　さあ、今度は静かに言いなさい。「お願い、お母さん」

ジョン　お願い、お母さん。

（目を開けるジョン）

ヘリンガー　やあ。今、どんな気分ですか？

ジョン　良いです。

ヘリンガー　（グループに）彼が子どもの時どんなにひどく感じていたか分かりましたか？　彼は絶望的でした。失われたものを取り戻すのは不可能ですが、その当時、遮られて、不完全だった動きを完結することを今学ぶのは可能です。このエクササイズでは、吸う息は内に取り入れることであり、吐く息は誰かに向かう動きです。頭を下げることもまた誰かへ向かう動きです。

オーケー、ここまでです。

＊原注：どんな叙述でもこのようなワークの感情的な激しさは伝達できない。すべてが起こるのに約10分かかった。ジョンの声の調子と涙を流す痛みは彼の経験の深さと真正さを証明した。

肩の痛み

ガートルード　私の肩の痛みについて話します。長い間、右の肩に緊張した痛みがあり、右手に痺れを感じて毎晩目が覚めます。それをなくすことができません。そのため運動もしているのですが、良くなりません。

ヘリンガー　この次、肩が痛んだら、その手で夫の右頬をなでているところを想像なさい。

ガートルード　夫はいません。

ヘリンガー　かつて愛した男性を、あなたの子どもの父親をなでるのです、良いですか？

耳に痛い言葉

カール　「養子縁組を無効にすることができる」という言葉は深くしみ込み、頭の中で動き続けています。ここで起きていることに集中するために、ずっとそれらの言葉を考えないでいようとして、私は大変な努力をしなければなりません。

ヘリンガー　とても簡単にそれらから解放されることができます。どうしたら良いか分かりますか？

カール　そうすることで。

（彼は笑う）

私は相反するイエスとノーの間を行ったり来たりしています。イエスに関して言うなら、肩の痛みと頭痛に関連した再び愛を流れさせることと、そして深く頭を下げ、誰かを尊重し、敬意を表すことの効果についてあなたが話してくれたとき、心の琴線に触れるものがありました。養子の息子の父親について考え、この男性を尊重し、敬意を表すことから「イエス」への道が始まるのだろうと思い浮かびました。

ヘリンガー　良いです。とても良いです。あなたは学ぶのが早い。そこから始まるのです。

自分自身と子どもたちを殺すと脅した母親

テア　私の名前はテアです。結婚していて独立した息子が４人います。以前は宗教を教えていていましたが、その後ファミリー・セラピストとしての訓練を受けました。次の問題についてワークしたいと思います。兄のことを考え続けるのを止められないのです。それはどんどんひどくなっています。最初はそれ程重要とは思わなかったのですが、そうではないと気づきました。

ヘリンガー　あなたの兄の問題とは何ですか？

テア　23年前に自殺しました。

ヘリンガー　何歳でしたか？

テア　29歳でした。

ヘリンガー　どうやって自殺したのですか？

テア　首を吊りました。

ヘリンガー　それについて何がそうつらいのですか？

テア　人生を通してずっと、ほんの子どものころから、私は彼を犠牲にして生きているという感情をいつも持ち続けていたと気づいています。彼は死ななければならなかったのに、どうして私はまだ生きているのかと思います。

ヘリンガー　彼は死ななければならなかったのですか？

テア　彼はそう考えたと思います。

ヘリンガー　自殺の理由はあったのですか？

テア　ありました。でもそれだけが唯一の理由とは思いません。

ヘリンガー　はっきりした理由は何でしたか？

テア　彼は博士号を取ったばかりで、すでに大学で助手として働いていました。失敗させるためなら何でもするつもりだと兄に言った、もう1人の助手がいました。その助手から逃れたかったのです。

ヘリンガー　それは理由にならないでしょう。

テア　ええ、私が考えたことです。でも受け入れられている理由は、兄が他の助手が自分を排除することを望んでいるとを感じて、代わりに自分を自分で排除したということです。

ヘリンガー　誰かが自殺をすると決心すると、近親者は自殺を個人的な侮辱と受け取り、ひどい扱いをされたと感じる権利があるかのようにしばしば振る舞います。あなたにとっての解決への第一歩は、あなたの兄に「あなたの決断を尊重します。今でもあなたは私の兄です」と言うことです。

テア　10年くらい前にそれはしました。でもいまだに私には安らぎがありません。何かが未解決のままです。

ヘリンガー　言葉は言ったかもしれませんが、私の意味する方法ではなかったに違いありません。そうでなければ安らぎを得ているはずです。

テア　では、こう言えると思う点に今、私は到達しました。「自分の生をどうするか決める権利をあなたが持っていた事実を私は受け入れます」

ヘリンガー　違う、違う。違います。私の言ったことと、あなたの言っていることは2つの全然違うことです。受け入れるとは見下すようです。一方、もしあなたが「あなたの決意を尊重します」と言えば、それはあなたの兄に敬意を示します。それからあなたの息子たちはどうですか？　誰かあなたの兄に似ていますか？

テア　はい、2番目が似ています。

ヘリンガー　それは問題が解決していない表れです。彼はすでに自殺を企てましたか？

テア　いいえ。

ヘリンガー　それについて話したことがありますか？

テア　いいえ。

ヘリンガー　あなたを心配させることを何かしますか？

テア　そういうことではありません。彼のことは心配していません。でも彼はとても私の兄に似ているのです。容貌も考え方も。

ヘリンガー　あなたが彼をプログラムしているのですか？

テア　残念ながら、そうです。

ヘリンガー　あなたの観察を通して、あなたは彼をプログラムしている——あなたの、いわゆる監視で。彼にとって安全な場所はどこですか？

テア　彼の父親の隣です。

ヘリンガー　そのとおり。

テア　長い間息子に父親と親密な関係を持って欲しいと望んできましたが、今までうまくはいきませんでした。

ヘリンガー　ではあなたの現在の家族システムを立ててみましょう。誰がいますか？

テア　私の夫、私、それから4人の息子です。

ヘリンガー　あなた、もしくはあなたの夫が誰かと以前結婚していたり、婚約したり、親密な関係にありましたか？

テア　いいえ。

ヘリンガー　誰か他に欠けている人はいませんか？

テア　私の母が同居していますが、彼女がどんな役割をしているのか分かりません。

しヘリンガー　どの位の間、同居していますか？

テア　6年くらい前に私の2番目の息子が引っ越していってからです。

ヘリンガー　あなたの父親は死んだのですか？

テア　はい。私が4才ごろ戦死しました。

ヘリンガー　あなたが母親の面倒を見なければならないことは明白です。

テア　はい。それは問題ないです。

ヘリンガー　あなたがいくつの時、父親が死んだと？

テア　4才になる前です。3才で会ったのが最後でした。

ヘリンガー　どのように戦死しましたか？

テア　ロシアでのスターリングラードの戦いで。

ヘリンガー　それがあなたの兄の自殺の原因のように思われます。彼は父親の後を追ったのです。父親が死んだのは何歳の時でしたか？

テア　30才です。私の兄が自殺したのは30才になろうとしていた時でした。30才の誕生日の数日前です。

ヘリンガー　それが理由です。彼は父親の後を追いたかったのです。

テア　私には理解できません。

ヘリンガー　それはそういうものなのです。それが子どもがすることです。あなたの母親は父親の死にどう反応しましたか？

テア　自殺することを考え、私たち子どもにそのことを話しました。

ヘリンガー　それがもう一度確かなものにします。彼女は彼を愛していましたか？

テア　はい。

ヘリンガー　それについて私はそれほど確信がありません。

テア　愛していたと私は思います。

ヘリンガー　それほど確かではありません。愛する人が死んだ場合、その人を愛している人は自殺を考える反応はしません。

テア　最初彼女は絶望して、それからこう言いました。「もし戦争で負けたら」――彼女がこう言ったとき父はすでに死んでいたのですが――「私たちは皆川に飛び込むのです。家族全員をおしまいにします」。彼女の自殺の脅しが直接父とかかわっていたのかは分かりません。

ヘリンガー　それは殺人の脅しですね。

テア　殺人、そうです。

ヘリンガー　ますます不吉になってきています。分かりました、さあ、あなたのファミリー・コンステレーションを立てましょう。

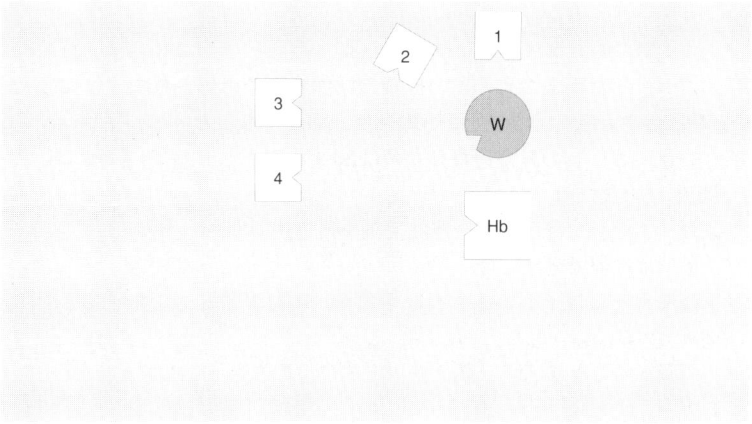

図1

Hb	夫
W	**妻**（=テア）
1	第1子、息子
2	第2子、息子
3	第3子、息子
4	第4子、息子

ヘリンガー　夫はどんな気分ですか？

夫　全くひどい気分です。妻と私との間に親密さは全く感じられず、息子たちはもっと離れています。私が彼らと接触するのは妻を通してですが、本当にそこに接触があるのかその兆候はなく、向かい合って立っている息子たちは話しかけるには遠過ぎます。

ヘリンガー　長男はどんな気分ですか？

第1子　激しい怒りを感じます。憤っています。母が来て父と私の間に立ったとき、さらにひどくなりました。私はこの配置の一部ではないし、怒っています。

ヘリンガー　もっともです。

ヘリンガー　2番目の息子はどういう気分ですか？

第2子　母からもっと遠くに離れたいです。

ヘリンガー　3番目の息子はどうですか？

第3子　最初はこの配置は不自然であると感じました。2人の兄は遠すぎます。母は私からそっぽを向いています。もし私が平静を保ち、この気味悪い感情に引き込まれることをはねつけたら、自分が一番うまく耐える感じがします。

そして弟の方に向いたとき、「弟の面倒を見なくてはならない。この状況から彼を連れ出さなければいけない」と考えました。私自身の役割については明確に感じていますが、弟のことは心配です。あっちにいる長兄のことは心配していません——彼は気難しいだけです。

ヘリンガー　4番目の息子はどういう気分ですか？

第4子　母と向かい合って立っていますが、私たちの間に何のつながりも感じません。父も遠くに離れています。孤独にさえ感じます。私が一番親密につながりがあるのは左にいる兄です。居心地が悪いです。

ヘリンガー　（テアの代理人に）妻はどういう気分ですか？

妻　この男たちを見ることができません。まるで自分に腕がないように感じ、とても重くぶら下がり、顔を上げられません。地面を見ることだけはできます。

（ヘリンガーがコンステレーションを再編成し、妻は家族から顔を背け、息子たちは年齢順に父に向かって並んで立つ）

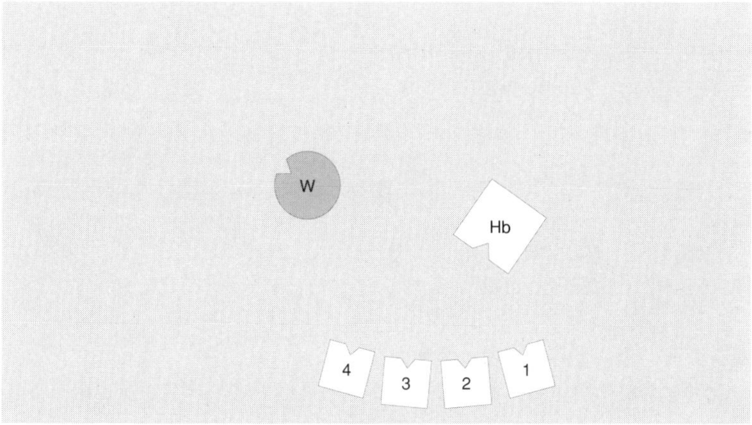

図2

ヘリンガー　何が変わりましたか？

夫　妻がいないのをそれほど寂しくは思いません。このように並んで立っている息子たちを見て嬉しいです。

第1子　これですべてが良い感じです。母がいないのを寂しく思いません。

第2子　良い気分です。母と接触を持ちたいと思います。それ以外はすべて良いです。

第3子　弟のことはもう心配していません。

第4子　このように円形に立ってとても気分が良くなりました。ここには私のためにたくさんの強さがあり、安全に感じます。母親がここにいないのが残念ですが。

ヘリンガー　妻はどういう気分ですか？

妻　良くなりました。これで私も良いです。

ヘリンガー（テアに）もちろん、これはよい解決法ではありませんが、それは隠された力動を示しています。では、あなたの父親と兄を加えます。。

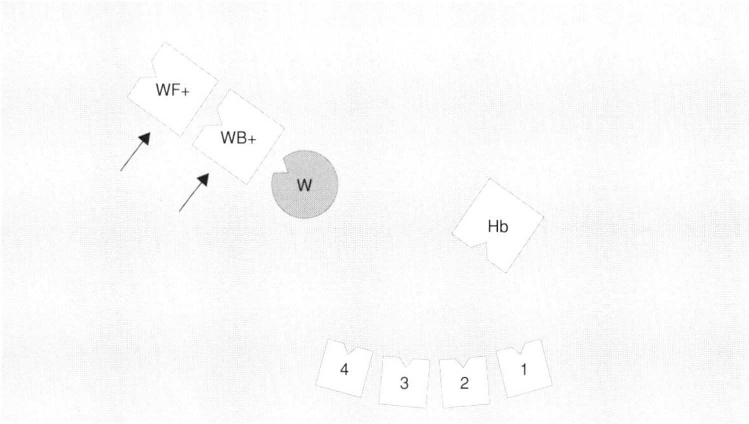

図3

WF†　　妻の父親、戦死
WB†　　妻の兄、自殺

ヘリンガー　妻にとってはどうですか？

妻　父と兄の後ろで気分が良いです。

ヘリンガー　（グループに）これは忠誠です。彼女は父と兄についていっています。それが自分の人生よりも彼女には大切なのです。

ヘリンガー　夫はどういう気分ですか？

夫　これで良いです。

ヘリンガー　妻の兄は？

妻の兄†　私もこれで良いです。

ヘリンガー　（グループに）さて私はもう少し強烈さのない解決法を試してみます。強烈さの少ない解決法を探す前に、私たちは状況の両極端を直視し、実際の状況を公正に見なければなりません。しかしその強烈さの少ない解決法にはたいてい達しがたく、しばしば極端な状況は避けられない結果になります。

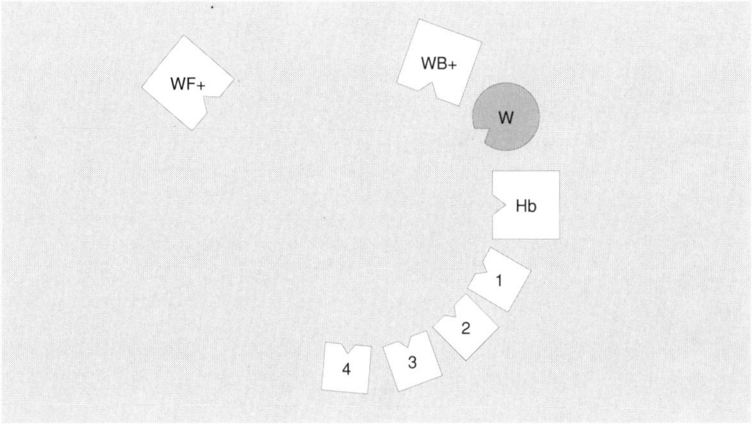

図4

ヘリンガー　夫は今どういう気分ですか？
夫　息子たちがもう私の前に立っていないことが残念です。
ヘリンガー　妻は？
妻　私は生まれた家族にゆだねられています。夫にもたれかかりたいのですが、何が起きているのかは見たくありません。
ヘリンガー　（テアに）さあ、あなたの母親も必要になりました。

（ヘリンガーは妻の母親をコンステレーションに加え、彼女を家族から顔をそむけたように配置する）

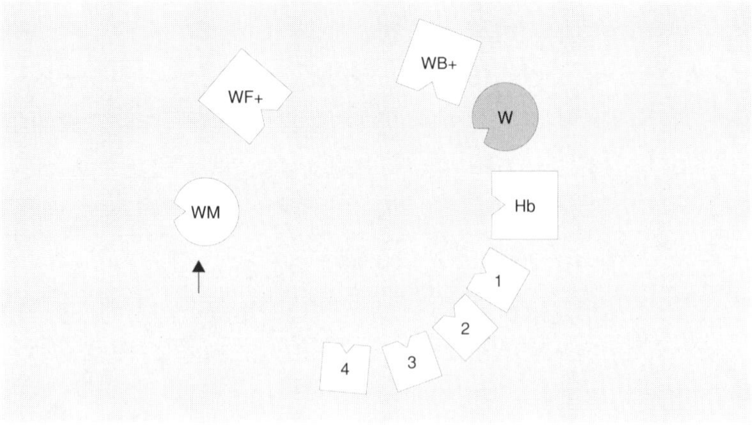

図5

WM　　　妻の母親

ヘリンガー　妻の母親はそこに立ってみてどういう気分ですか？
妻の母親　悪くありません。
ヘリンガー　妻にはどう変わりましたか？
妻　彼女がここにいて嬉しいです。今自分の周りを見回せる感じがします。
ヘリンガー　（グループに）彼女の母親こそが去らなくてはならない人です。彼女は家族への所属を喪失しました。
ヘリンガー　妻の父親はどういう気分ですか？
妻の父親†　私の妻が来てから、より完全になりました。
ヘリンガー　（テアに）自分の場所に行って立ちなさい。

（テアはコンステレーションの自分の場所に行って立つ）

テア　息子たちとの関係は良い感じです。夫についてははっきりしません。
夫　彼女は身体の接触を避けています。
ヘリンガー　慣れるために彼女には時間が必要です。
夏のバケーションにカリブ海へ行ったエスキモーのことを聞いたことがあります。彼は慣れるのに2週間かかったそうですよ。
テア　他にも私を心配にさせるものがあります。私は夫と兄の間に立っています。
ヘリンガー　夫にもっと近づきなさい。そうすると彼と身体が触れ合うことになります。

夫　彼女はまだ3センチ離れています。

ヘリンガー　（グループに）夫といて幸せになるようなことがあれば、それは深刻な裏切りとなります。それは彼女が母親よりも幸福になろうとする大胆なことです。そのような幸福は大変な勇気がいります。

家族内の殺人と殺人の脅しの結果

ヘリンガー　家族体系の中で家族の誰かを殺したり、また殺そうと望む人はその体系に所属する権利を喪失します。

エラ　たとえ単なる殺人の脅しでも？

ヘリンガー　そうです。殺人の脅しによって、彼女は所属する権利を、また母親としての権利も喪失しました。

フランク　実際には誰も殺さなかったのに？

ヘリンガー　ええ。コンステレーションからそれは明白でした。

先日、あるワークショップの中で参加者がグループの人たちに、彼の父親は市長で、戦争の終わりに市を明け渡すことを拒んだと言いました。その結果、多くの人が殺されました。戦後、彼は死刑宣告を受けましたが、彼は自分を無実と見なし、彼の息子は彼を英雄として尊敬しました。しかし彼のファミリー・コンステレーションを立てたとき、その父親が所属する権利を喪失していたことは明白になりました。その父親を部屋から出したとき、それは彼を去らせるという家族の意志の現れでしたが、突然、そのシステムの誰もが落ち着いて平和に感じました。

（テアに）あなたの母親が家族のシステムに所属する権利とその所属を喪失したことがかなり明白であっても、それがあなたの彼女に対する義務を変えることはありません。しかしあなたは、彼女の殺人の脅しによってこの家族体系が大変な重荷を負っていたこと、そして例えばあなたの兄には深刻な結果をもたらしてしまったことに気づいていなくてはなりません。あなたの息子たちは母親のシステムから身を引いて父親のシステムにもっと近づくことが重要です。なぜならそれが家族の健全な側なのですから。彼らにとってより安全な場所は父親の近くです。

ロバート　中絶の場合はどうなるのでしょうか？　家族体系の点でいうと殺人と見なされるのですか？

ヘリンガー　いいえ、同じ結果はもたらしません。

テア　尋ねたいことが他にあります。私の母は殺人の脅しに対して埋め合わせをしました——少なくとも私は自分にそう言っています。戦争の終わり近くに私たちが北部シレジアの2つの前線で捕らえられたとき、母は私たちを爆発する手榴弾から守ろうと身を投げ出しました。ですから何度も彼女は私たちの命を救おうとしました。私はこれを埋め合わせと見なします。

ヘリンガー　それは彼女の殺人の脅しの影響を無効にしません。彼女のしたことは良いことで、あなたはそれを尊敬しなくてはいけませんが、兄の運命からあなたに分かるように、彼女の殺人の脅しの影響を相殺はしません。例えば償いをして何かの埋め合わせができると私たちはよく想像します。しかし家族に実際に起きていることを観察すると、それは役立たないことが分かります。唯一役立つことは、罪の完全な認識です。罪は取り消されることはなく、埋め合わせできるものではないのですが、それは良きことをする強さを生むことができます。良いことをすることには偉大さがあり、それには和解への効果はありますが、それが罪を取り消すことはありません。罪が許されたり、埋め合わせできるかのように信じたり、行動することよりも、自分の罪に向かい合うことの方がはるかに偉大です。罪というものは許され得ず、また許されてはいけないのです。そのようなことを誰がどう許せるというのでしょう？　罪は残り、それは良きことをなす強さを生みます。

カール　テアの兄の自殺は、父親の死の繰り返しのようなものだとあなたが言ったとき、私はショックを受けました。私には理解できません。

ヘリンガー　今はそのことに違う解釈をします。実は、テアの母こそが自殺を望んだ本人で、息子が彼女のために代わりにしました。これが真実の力動です。

（テアに）真実としてあなたに響きますか？

テア　はい

クラウディア　それでは息子の自殺は父親の死とは無関係で、母親の殺人の脅しとつながっていたのですか？

ヘリンガー　そうです。それが今の私の見方です。彼が忠誠から父親に従うという、他の力動群もまた作用しているかもしれませんが、母親の殺人の脅しに起因する力動の方がはるかに強かったのです。その状況に、より強い力動がやって来たとき、弱い力動群はその重要性を失います。もう1つのシステムでは重大であることも、もはやここでは重要ではありません。なぜならその、他の力動群の強制力によって影を薄くさせられるからです。このような場合、あなたは重要なことを解決し、重要度の低い方は無視します。母親の殺人の脅しは他のすべてのものの影を薄くしています。

所属する権利を喪失した人は去らねばならない

ジョージ　あなたはテアの母親はそのシステムに属する権利を喪失したと言いました。私はいつそれが適用されるのか、いつそうでないのか、どのように対処されるべきか知ることに関心があります。

ヘリンガー　多くは、明確な状況においてのみ、これを決めることが可能です。家族の中の誰かが、家族の他の人を殺したり、殺すと脅したりするとき、またはその人が誰か他の人を殺すと、所属と所属する権利はいつでも剥奪されます。それが起きたとき、その人は去るか、除外されなければなりません。さもなければ罪のない人が代わりに去るか、除外されることになります。

先日、ワークショップにアイルランド人の参加者がいました。彼の祖父は反体制活動家で、自分の弟を撃ってしまいました。しかし彼は除外されるどころか英雄として評価されていました。孫息子の1人は、まるで誰かもはや所属していない人のように遠く離れて住み、またその孫息子は兄弟との間に深刻ないさかいがありました。彼のコンステレーションが立てられたとき、私たちはこの祖父を部屋の外に出しました。するとすぐに兄と弟の間に、そしてその家族体系のメンバー全員に平和がもたらされました。

別のワークショップでは参加者の1人が、ナチス第三帝国政権下で強制収容所を運営したヘルマン・ゲーリングのおい（めい）の娘でした。彼女のファミリー・コンステレーションが配置されると、すぐにゲーリングの亡霊がいまだに家族に取り付いていることが明らかになりました。彼の名前が刻まれた高級な銀器のいくつかを家族はまだ保持していました。彼女のシステムを立ててみると、彼女の家族はゲーリングが部屋を出たときだけ――つまり除外されたときにだけ、平和を見いだしました。私は彼女に銀器を手放すようにアドバイスしました――売ったり、あげたり、または利用したりというやりかたではなく、跡形もなくなるように処分するようにと。1年後、彼女は実行しました。

ジョージ　男性が、もし本当に彼女を望んでいないのに妻にした場合、またはその逆はどうなりますか？　彼は所属する権利を喪失しますか？

ヘリンガー　現在の家族に属する権利は失うかもしれませんが、自分の生まれた家族に属する権利は損なわれずに残ります。

役に立つ質問と役に立たない質問

フランク　テアの家族の場合は、母親が殺人を起こしかねないほどの抑圧された怒りの犠牲者だという見込みに、もっと注意を払うべきではないのかと不思議に思わずにいられません。

ヘリンガー　あなたが今していることは……。

フランク　まだ終わっていません。

ヘリンガー　いいえ、この種の質問の影響を見せるためには、十分なだけあなたは話しました。解決を疑うことは危険です。私がどのようにそれを経験するかを話しましょう。誰かが問題について何か話すと、私の思考の中にその体系のイメージが形成され、どの問題が一番高くエネルギーで充たされているかについて突然、明確になります。もしその時、自分の見たことに疑いを持ち、仮定的な質問を始めると、イメージは消えて私とクライアントが行動を起こすために必要なエネルギーはだんだんと少なくなります。分かりますか？

フランク　うーん、そうですね、そういったことは起こり得るでしょうが、今私がしたいのはもう1つの質問です。私もまたこのような状況に働きかけるのですが、私が説明したやり方では、人はそれを見ることができないのではないだろうかと、それを知ってみたいのです。

ヘリンガー　そのような比較をすることはできません。私たちはコンステレーションの中で実際に経験したことを知っています。私たちが他の力動の可能性を推測し始めれば、現実の状況でのエネルギーは失われます。もしあなたが実際のケースについて述べるならば、具体的な方法で働きかけることができるでしょうし、それにはエネルギーがあるでしょう。しかしこのようだと、質問は仮定にとどまり、エネルギーが欠けています。あなたが実際に見ているなら、山がどのように見えるだろうかと聞く必要はありません。

ダグマー　別の質問があります。テアの母親はテアの家に住み、父親は死んでいます。今彼女は母親にどのように振る舞えば良いのですか？

ヘリンガー　もし私があなたの質問に答えるようなことがあれば、それはテアからエネルギーを取り上げるでしょう。それはテアにかかわることで、彼女はすでにしなくてはいけないことを知っています。自分が知る必要があるかのようにこの質問をすることで、あなたはテアから自分へと焦点をシフトしています。具体的な行動よりもむしろ推測に向かって重点をシフトしています。もしあなたが自分自身の質問があり、それがあなたやあなたの必要とすることに関係したものであれば、私は喜んであなたと一緒にそれを探りますが、それは具体的な質問でなくてはなりません。

ファミリー・コンステレーションを用いるときのセラピストの責任

ファミリー・コンステレーションでワークしている一部のセラピストには、クライアント自身にその瞬間の感覚に従って、解決法を探してもらうことを好む人もいます。しかしクライアントが自分で探すことでは、彼らに解決法を見つけることはできません。解決は真実を正視する勇気を要求します。多くの場合セラピストがこの勇気を持っています——もし、彼らがその家族体系の中に作用している法則から自立したままでいられ、それらに気づいており、調和しているならば、です。ファミリー・コンステレーションの参加者が自らの方策にゆだねられると、彼らには問題をそのままにすると密かにたくらんだかのように振る舞う傾向があります。セラピストは見てしまったものを見ていないふりをするべきではなく、仮定法の影に隠れてはなりません。もし彼らがそうするなら、彼らは参加者をあざむくことになり、その陰謀に加担することになります。もし彼らがシステムの中で作用している法則を理解すれば、彼らは解決を理解し、たとえ正確な解決法を見つける前に、物事の手続きをいくらか変えなくてはならないだろうとしても、本質的な要素は通常始まりからはっきりしています。

このように、ファミリー・コンステレーションの手順は純粋に現象学的です。あなたは、その状況の隠れた力動が突然明らかになるまで、一連の曖昧なつながりに自分自身を開いていきます。あなたは実際の状況の知られざる複雑さに自分自身を無条件にさらさねばなりません。あなたの概念、理論や技術はあなたを去り、あなたが完全に身をさらすことを減じ、そして解決は状況の深みから現れることができません。解決を推論から見つけるのは不可能です。それはそのたびごとに毎回探され、見つけられなくてはなくてはなりません。だからこそ、どの解決も新しくユニークなのです。私は前回の経験でさえ忘れなくてはなりません。もし私が、これとかそれ、または、その他は、新しいコンステレーションではあのケースと似たようなものになるだろう、なぜならもう1つのコンステレーションでそれを見たことがあるからと言えば、私は目の前の現実とつながっていないことになります。このワークの重要な点は、それぞれの状況に対し、新鮮な、オープンマインドで取りかかることです。この意味は、私が参加者全員を、とりわけ重荷を負っている人を本当に良く見て、尊重しているということです。私が解決を見つけられるのは、私が実際の人を見て、認めたときだけです。その人こそが決定的な現れなのです。*

内容よりもプロセスを観察する

カール　私はまだテアのコンステレーションについて考えています。私はテアの家族をとてもよく知っていて、コンステレーションの中のいくつかの場面で代理人をした人が話したことが、実際の家族が話すだろうと私が期待したこととはかなりかけ離れていたことに気がつきました。しかし、より強烈な解決法としてあなたが描写したコンステレーションは、明らかに私の認識しているあの家族像と一致しており、その結果には感服させられました。あなたが立てたコンステレーションは私が見るかぎり、この家族には正確でした。どうやってあなたはあの人たちが言った、感じていたことに影響を受けないでいられるのか不思議です。

原注：現象学的方法については「友人からの質問への答え」の章により詳しくあります。

ヘリンガー　全然受けません。私はその人が中心にいるか、十分に集中しているか、また何かによってその人が散漫になっていないかを観察します。

カール　ここでそれは確かに極めて明白でした。

レイモンド　かつて私は、目標はできるだけ早く最終的なコンステレーションを見つけることだと考えていました。でも今はコンステレーションの中間の段階と変化が、最終的な解決のために重要であると理解しています。

ヘリンガー　解決を表す最終的なコンステレーションは、いくつかの段階を通して発見されます。しばしば、最初はシステムが向かっている方向での極端な解決を表し、その次にやや極端さが少ない解決に向けて進みます。しかし、解決へは急ぐ必要があります。なぜなら探究に時間をかけ過ぎると、そのエネルギーが消失するからです。時に、何が正しく、そして1つずつのステップがすべて必要であると、ただちに分かることがあります。

ファミリー・コンステレーションの中で
他の人たちの混乱や感情にもつれるようになる

ヨナス　テアのコンステレーションで私が3番目の息子の代理をしているとき、私はとても混乱していました。休憩の間、それがなぜかを理解しようとしていました。それは自分自身の家族と大いにかかわっていると思うのです。混乱は最初からでしたが、その事実から来ていました。私は誰が誰なのか注意して聞いていました。それにもかかわらず、コンステレーションの中の父親はテアの夫ではなく、彼女の父親なのだと思ったのです。私の母もとても幼い時に父親を失っているので、もしかしたらこれは自分の家族に何か関係しているのかと今、思うのです。

ヘリンガー　あなたは、テアの家族の中に起きたことを感じている、と言っているのだと私は解釈しましょう。それを自分の家族に移そうとしてはいけません。それは別に働きかけられる必要があります。でもあなたがそれについて話したのは良いことです。もしかしたら、テアの夫との関係に似たような混乱があるのかもしれませんし、あなたは彼女に重要なフィードバックを与えました。

リオ　現在の自分とは関係がないとは感じてはいるのですが、私はまだ自殺した兄の役から抜けていません。

ヘリンガー　あなたは役から出る意識的な努力をしなくてはいけません。コンステレーションの中で役をするとき、いかに簡単に自分と無縁な家族体系の中でもつれるか分かるでしょう。それがあなたに起こり得る以上、その中でずっと生活している子どもが、その家族の他のメンバーの感情や力動にもつれるようになることがどれほどより簡単に起こり得るのか、ちょっと考えてみてください。あなたはまた、どれほど自分たちの感覚が当てにならないか、そしてコンステレーションがほんのわずかでも変わると、どれほど素早く感情が変化するかを経験しています。

（グループに向かってこの問題について終わらせて良いですか？

ハリー　いいえ。

自殺するという母親の脅し

ハリー　私は、女性たちによる自殺するという脅しとともに人生のほとんどを生きてきました。私は長男で、私の母は結婚が破綻した後しょっちゅう私に「これこれの日に私は自殺をする」と言いました。彼女は決して実行しませんでしたが、彼女の脅しは私に巨大な重荷を課しました。それをよく覚えています。ひどいものでした。それは私が14歳の時に始まりました。

ヘリンガー　解決は何だったのでしょう？　母親はまだ生きていますか？

ハリー　はい。

ヘリンガー　それをまだ言い続けていますか？

ハリー　いいえ、いいえ。今、彼女は自分の命も、他の人の命も延ばそうとしています。

ヘリンガー　何が正しい答、救いとなる答だったのでしょう？　教えましょう。そのために私はここにいるのです。聞きたいですか？

ハリー　もちろんです。

ヘリンガー　それは「大好きなお母さん、心配しないで。その時が来たらあなたのために私がするから」だったでしょう。

ヘリンガー　（グループに）この効果が見えますか？　その後で、彼女が自殺するどんな機会を持てたでしょうか？　そして彼は自由になっていたはずです。その言葉は奇妙なようですが、効果的です。もし役に立つなら、このワークではトリックを使っても良いのです。

ハリー　私の最初の妻、私の子どもたちの母親にも同じことが起きていました。

ヘリンガー　それについては、今は聞きたくありません。

（グループに）今、彼は何をしているのでしょう？

ウイリアム　問題についてくどくど言っています。

ヘリンガー　彼は解決法を知っています。彼は母親にしてあげられたはずのことと全く同じことを彼の妻にすることができるのに、それよりも問題にしがみついていたいのです。

ジョーン　ですが、もし彼がそれらの言葉をトリックとして使い、それを信じないなら、その言葉が役立つには最後に彼は本当に自殺しなくてはならないのではないですか？

ヘリンガー　それらを役立てるためには、彼はそれらをあいまいに言わなくてはならず、それには大きな力を必要とします。誰でもそれらを深刻に言うことはできますが、他の人たちにとって疑わしいままでいるように、あいまいに言うのは技術です。それはトリックですが、強さを必要とします。彼が母親の所に行って、彼女にこれらの言葉を言っているのをちょっと想像してみてください。彼はおびえてこわばっているでしょう。

ジョーン　私が言っているのは、彼がこれらの言葉を言うとき、自分の言うことを実行しなくてはいけないだろうと信じるのではないかということです。たぶんあいまいであるような言葉など思いつかないでしょう。

ヘリンガー　私が疑っているのは、彼は頻繁に自殺について真剣に考えてきたのではないかということです。しかしその言葉が彼を救うでしょう。

ガートルード　その言葉を完全に理解しなかったのですが、はっきり聞こえませんでした。もう一度言っていただけませんか？

ヘリンガー　だめです。そのようことを私は繰り返しません。

ハリー　今、私は本当に不満を感じています。私の２番目の妻について言うのをあなたは止めてしまって……。

ヘリンガー　今それは知りたくありません。私に聞くように強いることはできません。自分が言わなければならないことを私に聞いて欲しいなら、あなたは私を味方につけなくてはなりません。

§

1つお話をすれば、たぶん自殺の隠れた力動をあなたがより理解する助けになるでしょう。それは感傷的になる琴線に触れるような物語で、それを聞くと、死と別離の脅しがその力を失ってしまうかのようです。ある人たちにはそれは日没のころの1杯のワインのように安心をもたらします。その人たちはよく眠ります。けれど次の日、彼らはまた起きて仕事に行くのです。

しかし別の人たちにとっては、このワインを味わってしまうと、眠り続け、誰か彼らを目覚めさせる方法を知る人が必要になります。この誰かはその物語をわずかに違う観点で語り、その甘い毒を、彼らが再び目覚め、最初の物語の呪縛から逃れる助けとなる解毒剤に変えるでしょう。

おしまい

自分が死と語り合う仲であるかのふりをして、人々を驚かすことを楽しむ20歳の若者、ハロルド。彼は友達に自分の恋人80歳のモードのことを、そして婚約と一緒に彼女の80歳の誕生日を祝うお祭り騒ぎの最中に、彼女が、自分が毒を飲み真夜中

にする呼吸が最後の息になる、と彼に打ち明けたことを語った。しばらく友人は何も言わず、それからハロルドに次の物語を語った。

昔々、小さな男の子が小さな惑星に住んでいた。そして彼がその惑星で唯一の人だったので、彼は最初で最高という意味で、自分を王子と呼んだ。しかし、彼は1本のバラとその惑星を共有していたので、全くの独りではなかった。かつてバラは最高に素晴らしい芳香を発していたが、今はしおれるばかりのようだった。本当にまだ幼かった小さな王子様は、バラを生かし続けるため以外のことは排除した。毎日水をあげ、夜には寒さから保護するものを用意した。けれど、彼が自分のために、バラに何かを求めたとき、それまでは可能だったのに、バラはトゲを見せた。何年も経つうちに彼がしだいに疲れ切ったのも不思議ではなく、ある日、彼はそこを去る決心をした。

最初に、近隣のいくつかの惑星を彼は訪れた。それらは彼の星と同じくらい小さく、その王女たちは彼と同じように好奇心が強かった。そこには彼にとどまりたいと望ませるものは何もなかった。

旅を続け、ついに彼は美しい地球に着き、まばゆい美しいバラの園で目覚めた。そこには互いを美しさでしのごうと競う何千ものバラがあったにちがいない。その芳香で空気は甘く満ちたていた。それほどたくさんのバラがあるということを彼は夢に見ることすらなかった。なぜならその時までに彼が知っていたのはたった1本のバラ。彼はそのぜいたくさと壮麗さにうっとりとなった。

しかし感嘆に我を忘れてそこに立っている間、1匹の狐に彼は見られていた。狐は恥ずかしそうなふりをし、その小さなよそ者が簡単にだまされると分かると、狐は言った。「たぶん君はここにあるこれらのバラを綺麗だと思っているのだろう。だけど、これらは何にも特別じゃあない。ほぼ勝手に育つし、ほんの少しの世話しか必要ない。だけどあのずっと遠くの君のバラは、君にとても大きな要求をするから、特別でユニークだ。バラの元に帰るべきだ」

小さな王子は困惑し、悲しくなって、砂漠へと向かう小道に沿って出発した。数時間ほど歩いてきた所で、彼は不時着せざるを得なかった1人のパイロットと出会った。王子は彼の所にとどまることができるよう願った。しかし、そのパイロットは運任せの男だと分かり、そのパイロットは王子の面倒をみないだろうと気づくと、王子は男にここを出てバラの元に帰るつもりだと告げた。

夜が訪れると、王子はヘビを見るためにこっそりと出ていった。彼がヘビを踏みつけるふりをすると、蛇は王子の足首を噛んだ。彼は1度か2度ぴくっとして、それから静かに横たわった。小さな王子様はそうやって死んだ。

翌朝、パイロットが王子の死体を発見した。「賢いやつ」と彼は思った。彼は王子の遺骸を砂で覆った。

ハロルド——後に明らかにされたのだが、彼はモードの葬儀には参列しなかった。その代わりにこの何年もの間で初めて、自分の父親の墓にバラの花束を置いた。

サン=テグジュペリの物語、星の王子様に心ひかれる多くの人たちが、自殺の考えを心に隠し持っていて、また時に実際に自殺するということを私はたぶん付け加えるべきでしょう。星の王子様の物語は彼らに無垢であるという口実を提供します。なぜならそれは、自殺に、子どもじみた夢がかなうことを通してゲームの見かけを与えるからです。彼らのあこがれや希望は死を打ち負かすことができると、死は別れを封じ込めるのではなく、別れを取り去ると彼らは夢を見ます。そして、私たちが不死と呼ぶものとは、過去であり、失ったものであると私たちが知るものだということを彼らは忘れます。

生と死の問題

リオ　私の家族の中の人たちが頻繁に言っている、人生は30歳を過ぎると楽しみがなくなるということについて私はずっと考えています。母がついこの間もまた電話で私にそう言いました。

ヘリンガー　キリスト教の家族でそれは時々起きます。人はイエスとともに死にます。

リオ　それでも、両親をみすみすそんなふうに死なせるのはつらいです。今朝私が言いたかったのは、私の父が最近、再び車の運転を始めようとしたことです。彼はとても頑固で、しかし早期の痴呆症で、時々例えばライトのスイッチとか操縦装置を見つけられません。彼が運転しようとしたとき、たぶんこれには二重の意味があったかもしれないと思うのですが、私は母にこう言ったのです。「オーケー、それなら今度僕たちがその道をドライブするとき、ギーセンとフルダの間に彼を埋葬してあげられるね」。でも自分が言った言葉の中には深刻な要素が含まれていました。これは私には新しい状態です。時々私は、それをジョークにするのか、それともただ、両親をそれとうまくやっていくようにさせるのか分かりません。

ヘリンガー　あなたの態度は、死を真面目に受け止めることを拒絶する人の典型です。朝のあなたの話し方もそうでしたし、だからこそ私はあなたの話を遮ったのです。あなたが自分の両親について話したやり方には何か破壊的なものがありました。そのような話し方をする人たちは基本的に自殺傾向があると私は見なします。彼らの陽気な、とても愛想の良い外観の裏にかなり異なるいくつかの力動が作用しています。彼らの話し方から、何か非常に恐ろしいものが彼らのシステムの中で働いていることが分かります。あなたがたった今言ったことがこれをとても明白に示しました。

今あなたは真剣です。今朝と比べて違いが分かりますか？　今はどれくらい真剣なのでしょう？　そしてどれほど中心にいるのでしょう？

（グループに）クライアントがこのような問題について不真面目な方向に話

をそらすのをセラピストが拒否するのは重要なことです。セラピストはすぐにグループを真剣さへと導き戻さなくてはなりません。やはり、私たちが話しているのは生と死の問題なのです。

リオ　私が今朝話したことは不真面目なものではありませんでした。

（リオは話しながら笑う）

ヘリンガー　（グループに）ほら、彼はまたしました。たった今、彼はまたそうしました。あなた方は気がつきましたか？　これがまさしく私が言った意味で、そしてとても危険です。私はこのようにする人たちは危機に直面していると見なします。なぜなら彼らは何かの間近にいながら、何の間近にいるのかに気づいてさえいないかもしれないのです。それはまるで外部の力に動かされているかのようです。

（リオに）あなたは笑うことから自分を止めることができません。あなたはその方に動かされています。ですから私たちはその問題の根に到達しなくてはなりません。あなたの両親の家族に何か特別なことが起きていませんか？

リオ　私の母の父親は炭鉱夫で、黒肺塵症でとても若くして死んでいます。

ヘリンガー　あなたの母親のような状況の子どもが、父親が死んだ年令に達するとしばしば起こることとして、彼女は父親よりも長生きする権利はないと感じ、父の後を追って死のうとすら望むことがあります。そしてもし彼女の子どもの1人が、そのようなことに気がついたり、怪しんだりすると、その子どもは母親の代わりに死ぬことを望みます。この状況にいる子どもたちは、死や死んでいくことについて考えるときに笑います。

墓

ウーナ　この30分間にあなたが言われたことについてずっと考えて続けていて、混乱しています。それは罪と自殺に関係する何かなのですが、何なのか正確には分かりません。それはまた私が母に向かって深くお辞儀をしなくてはいけないということにも関係あります。私がそうすることを止める何かがあるのですが、それが何かは分かりません。

ヘリンガー　深いお辞儀はあなたを墓から解放するでしょう。

他に何かありますか？

ウーナ　分かりません。私はあなたが私にそのようなことを言うなんて悲しいのです。それが真実なのか、そうでないのか分かりません。それが私を悲しくさせるとしか言えないのです。なぜならそれは死とかかわっているんです。

（ウーナ、すすり泣く）

ヘリンガー　今はこのままにしておくことにします。

2人の大おじたちが除外され、おじの1人はさげすまされた

フランク　私の名前はフランクで、バートのことはかなり前から知っています。私は離婚しています。21歳と14歳の2人の子どもたちがおり、子どもたちとは本当に幸運なことにとても良い関係を持っています。私はダグマーと一緒に自分たちの家で暮らしていて、いくぶん波乱に富んだ年を経て、私たちの関係はようやくより調和してきたところです。私は心理療法士で、たくさんシステミックワーク（家族体系療法）をしています。私は、人に働きかけているとき、起こっていることにすごく感情的に巻き込まれてしまうことを自覚していて、これについて自分自身何か働きかける必要があるとは思っています。ここで起こったいくつかのことが深く私を揺さぶりました。まず、幼くして死んだロバートの妹の運命、それから戦争犯罪人と疑われている人がしたこと。ちょっと前まで私の身体はひどく震えていて、書き続けることができないほどでした。それらの力動が何なのかぜひとも見つけ出したいです。

ヘリンガー　オーケー、あなたのファミリー・コンステレーションを立てましょう。それほど強い力動が周囲にあるとき、私たちはそれらにすぐに働きかけなくてはなりません。

フランク　自分の生まれた家族を立てるべきだと私は思います。

ヘリンガー　良いですよ。誰が含まれますか？

フランク　私の父と母、姉と2番目の子どもである私、弟と妹です。

ヘリンガー　あなたの両親のどちらかが以前に結婚していたか、親密な関係にあったということはありませんか？

フランク　いいえ。

ヘリンガー　誰か欠けている人はいますか？

フランク　ええ、家族の中で数人が除外されています。

ヘリンガー　では、核となる家族から始めて、後で欠けた人を足しましょう。

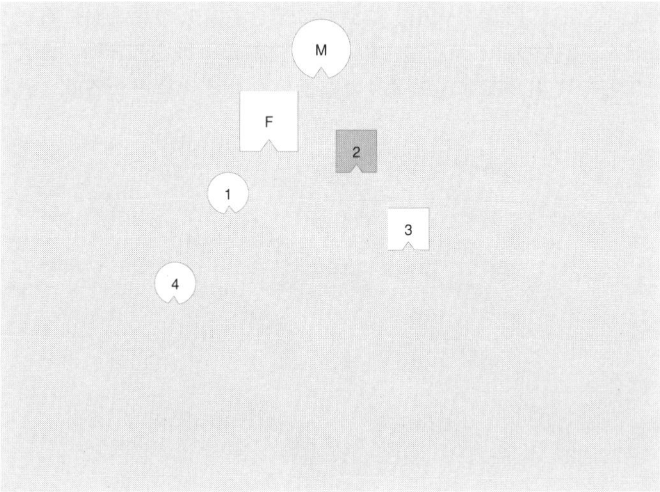

図1

F	父親
M	母親
1	第1子、娘
2	**第2子、息子**（＝フランク）
3	第3子、息子
4	第4子、娘

ヘリンガー　このコンステレーションのように、関係者全員が同じ方向を向いているときは、正面に誰かがいないことを意味します。全員が見ている人たちは誰ですか？　その正面に立っているべき人たちは誰ですか？　あなたの母方の家族に何か特別なことが起こりましたか？

フランク　ええ、母の祖父は、母が12歳の時、第1次世界大戦で死にました。そして、母の兄は家族の厄介者でした。

ヘリンガー　厄介者とはどういう意味です？

フランク　第一に彼は同性愛者で、そのこと自体ですでに眉をひそめられていました。そのうえ、彼はごくつぶしと思われていて、それでさらに悪いものになっていました。

ヘリンガー　彼をコンステレーションに足しましょう。母親の家族で他に何がありましたか？

フランク　彼女の2人のおじたちが落伍者としてアメリカに行かされました。1人は酔っ払いで、もう1人は放蕩者でした。

ヘリンガー　その2人が欠けている人たちです。あなたの母親の兄は、彼らの代理をしているに過ぎません。私たちは彼らを家族の真正面に置かなくてはなりません。2人のおじたちはその行いではなく、彼らの運命のゆえにこの家族体系にとって重要です。アメリカに送られたその事実が考慮されるべきことです。

フランク　ところで、私の弟もアメリカに行きました。

（ヘリンガーが除外されていた人たちをコンステレーションに加える）

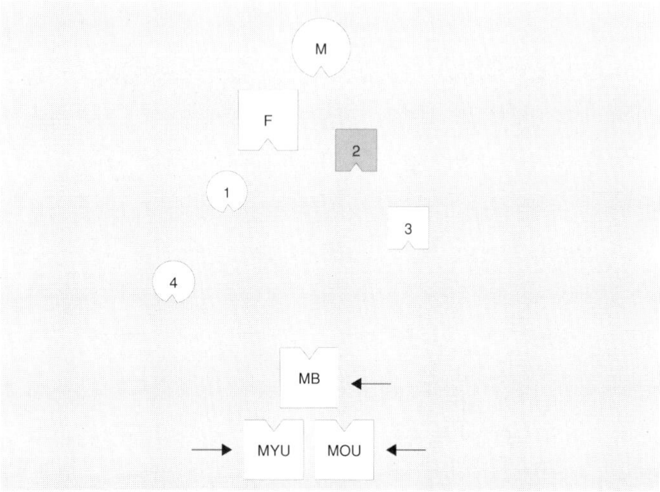

図2

MB	母親の兄
MOU	母親の伯父
MYU	母親の叔父

ヘリンガー　父親にとっては何が変わりましたか？

父親　最初のコンステレーションでは、私は虚空を見つめ、漂っていただけです。今はすべてがより静かで安定し、今いる場所にちゃんといることができます。

ヘリンガー　母親はどんな気分ですか？

母親　3人の男性を片目だけでなら見ることができますが、彼らをきちんと見ることができるようになりたいです。

ヘリンガー　動きなさい。そうしたら彼らを見ることができます。

母親　良くなりました。

ヘリンガー　一番上の子どもはどうですか？

第1子　そうですね。さっきよりは良いです。前は全部があまりにも開いていて危険な感じがして、まるで他の人たちによって前に押し出されているみたいでした。前に立たなくてはならなかったのです。今は正面にいるおじたちに同情を感じ、そこの彼らに対しオーケーと感じています。

ヘリンガー　（フランクの代理人に）2番目の子ども、長男はどう感じますか？

第2子　どう考えて良いのか定かでありません。自分が彼らに向かって引かれているのか、拒否されているのか分かりません。

ヘリンガー　どう感じますか？　何が変わりました？

第2子　私をもっと中心に定まったように感じさせてくれます。

ヘリンガー　どう感じていますか？　良くなりましたか？　悪くなりましたか？

第2子　良くなりました。

ヘリンガー　ではアメリカに行きたかった弟はどうですか？

第3子　さっきは良い感じでした。自分の後に誰がいるか気づいていなかったし、彼らとつながっていると感じませんでした。

ヘリンガー　すぐにあなたをアメリカに送ってあげます。

第3子　もう待てません。彼らがそこに立っているのを見たら、私が行かなくてはならないのは全くはっきりしています。

フランク　ついでに言うと、弟はしょっちゅう親戚を訪ねていて、私にもいつも同じようにさせようとし続けています。

（ヘリンガー、弟を除外された人たちのグループに中に入れる）

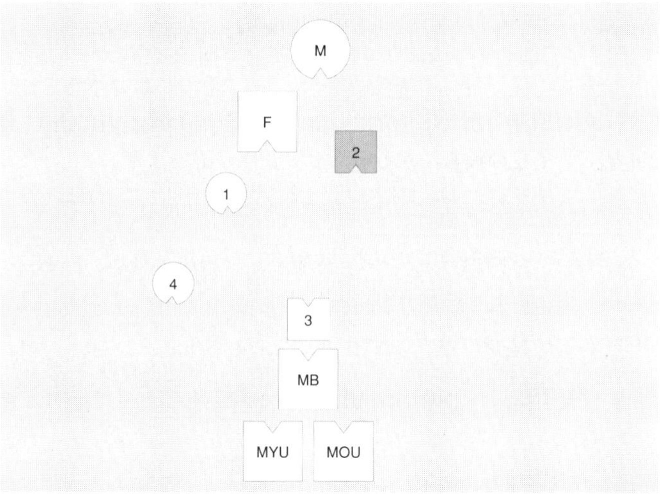

図3

ヘリンガー　妹はどう感じていますか？

第4子　私の前に誰かが立っているのが嬉しいです。私の後ろにいる家族とは一切のつながりがなかったので、さっきまでひどい気分でした。途方にくれていました。今は私の前に立っている人たちを嬉しく思います。私は中間にいるような感じなのですが、でも大丈夫です。

ヘリンガー　このコンステレーションはただの始まりです。ここから働きかけることができます。

（フランクに）父親の家族で何か特別なことはありましたか？

フランク　私の父はナチスだったのですが、彼が正確には何をしたかを私は全く知りません。ですが召集されなかったので、何か重要な地位にいたに違いありません。

ヘリンガー　彼は戦後、抑留されましたか？

フランク　はい、彼は何年間も、自分とドイツになされた不当に怒鳴ったりわめいたりしていました。

ヘリンガー　そのことはこの時点でのコンステレーションに影響を与えていないようです。除外された人たちが母親に見えるように、しかし子どもたちには見えないようにコンステレーションを変えます。

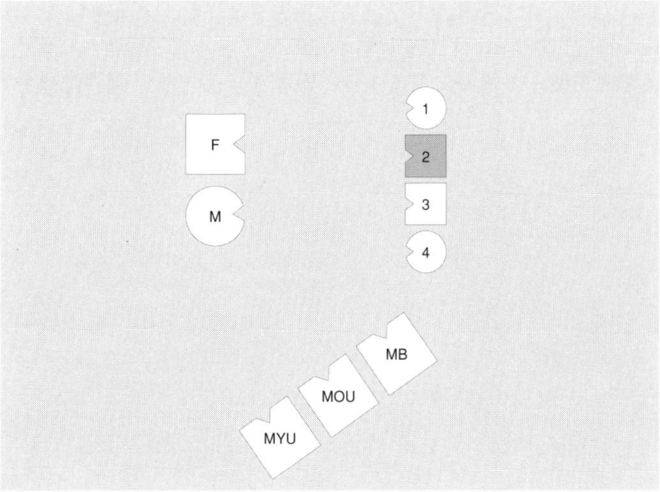

図4

ヘリンガー　母親はどういう気分ですか？

母親　夫の横にいて良い感じです。

ヘリンガー　父親はどうですか？

父親　これまでよりずっと良いです。

ヘリンガー　子どもたちは？

子どもたち全員　良いです。

ヘリンガー　（フランクに）自分の場所に行って立ってみますか？
そこでどう感じますか？

フランク　良い感じです。

ヘリンガー　物事はそうあるべきです。たとえ視界に入らなくても除外された人たちは尊重されています。

フランク　ここで気に入らないことは、同性愛者のおじが他の除外された人たちの隣に立っていることです——その3人が一緒です。

ヘリンガー　ホモセクシュアルになる1つの理由が、誰かが家族の中の除外された人の代理をしなくてはいけないということです。それがここでの状況です。それはつらい運命ですが、あなたはそれに干渉することはできません。*

*原注：この問題は388ページの「同性間の愛情や、精神病における異性である人物との同一化」の所で詳しく論議された。

フランク　はい。たぶん私たち子どもは過去を後にし、未来を見るべきです。

ヘリンガー　どうやって未来を見るか見せましょうか？　４人の子どもたちは全員、両親が彼らの背後になるように回転するのです。両親は自分たちの場所にとどまり、子どもたちが行くのは自由です。それが未来です。

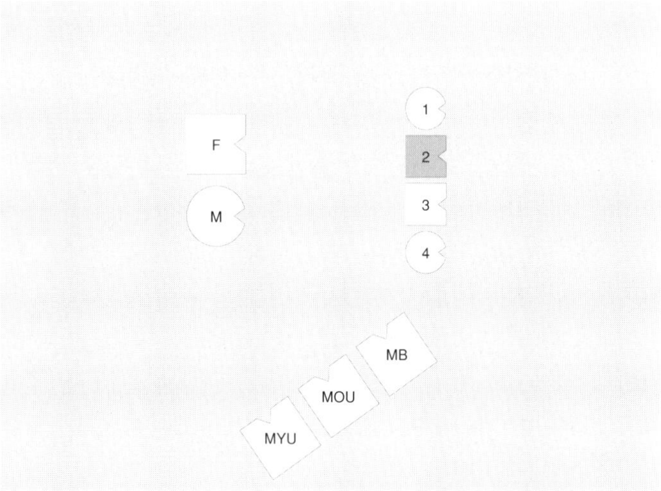

図５

ヘリンガー　けっこうです。それではこれで終わります。

（フランクに）このコンステレーションは書き留めておきなさい。時々役に立ちます。

家族システム（体系）のメンバー

誰が家族システムのメンバーなのでしょう？　ファミリー・コンステレーションを立てるときに、私たちが尊重しなくてはならないのは誰でしょうか？

「システム（体系）」という言葉は、ここでは何世代にもわたる運命の共同体という意味で使われています。それは家族のメンバーが、気づくことなく他のメンバーたちの運命の中にもつれるようになるかもしれないという意味です。以下が通常その運命の共同体に属する人たちです。

- 子どもとその兄弟姉妹または異父／異母兄弟姉妹。死んでしまったり、死産の人たちも含みます。これが最も低いレベルです。
- それから、次のレベル、両親とその兄弟姉妹または異父／異母兄弟姉妹。

死んでしまったり、死産の人たちも含みます。

- その後の、次の上のレベルは、祖父母です。ときに1人かそれ以上の彼らの兄弟姉妹または異父／異母兄弟姉妹。これは稀《まれ》ですが。
- 1人かそれ以上の曾祖父母が運命の共同体に入ることもあるかもしれません。これもまた稀ですが。
- ここまであげてきた人たちの中で、その運命が特に過酷だったり、またはシステムの他のメンバーたちに不当に扱われた人たち——例えば相続に関して、除外されたり、もらわれていった人たちは——特に重要な位置を占めます。
- それから、しばしば全員の中で最も重要な人として、システムの中で他の人のために自分の場所をあきらめてしまった人たちです。たとえ血縁関係でなくても。例えば、両親や祖父母の以前の夫や妻、婚約者。死んでいるとしても。
- 異父／異母兄弟姉妹の父親や母親もまたシステムに属します。さらには、誰かの不利や損失を通じてシステムの中で利益を得た人たち。例えば誰かが幼くして死んだとか、誰かが相続権を奪われたために、代わりに相続することになった人。
- 加えて、システムの中で他の誰かの幸福のために貢献して、その後不当な扱いを受けた人たち。例として、使用人。しかしながらそれは重大に不当な場合、重大な不利益に限ります。

婚姻によるおじ、おば、いとこたちはこのような意味でシステムに属しません。

ある人たちは、その家族と住んだ人、例えば祖母とかおばが特にそのシステムにとって重要と考えます。しかしながら、事実、空間という点で近さや距離は、彼らがシステムに重要であるという理由にはなりません。それどころか、人はしばしば自分では全く何も知らない他人の運命にもつれます。

共通の運命で結ばれる：生存者と死者、そして被害者と加害者

長年にわたってのファミリー・コンステレーションでの経験が、生存者と死者、そして被害者とその加害者の間の絆がいかに深いかを、繰り返して明らかにしています。それはそのような絆の影響が、最初の世代だけでなく、それに続く世代にまで達すると、いかに広範囲に及ぶのかを示します。例えば、兵役経験者たちは、死んだ戦友や、彼らが殺した敵に対しても深い親近感を持ち、そして意外なことに、彼らの子どもたちや孫たちもしばしば同様にそう感じます。これは、コンステレーションの中で観察されてきたことです。

深い引きつける力の中で、子どもたちは感じます。父親や、祖父の死んだ友人たちや、敵たちと向き合いたい、彼らと一緒に立ちたい、一緒に横たわりたい、と。そして胸を打つほどに強い願いの中で子どもたちはしばしば彼らと一緒に死にたいと感じ、時に実際自殺させてしまう切望を感じるのです。子どもたちがそのような切望によって行動するとき、彼らは自分自身の感情によって行動しているのではなく、彼らの父親や祖父の死者たちと再び一つになる切望を引き受けているのです。

コンステレーションに安らぎが訪れるのは、子どもたちが彼らの父親や祖父（多くの場合すでに死んでいる）が死んだ戦友や、敵の所へ行き、彼らと横になり、彼らと一緒に死ぬことを許すときです。子どもたちが、それが起きることを許すとき、しばしば非常に感動的な同志愛が、それらの生存者と、それら私たちの表面的な信念と先入観が認め、慣れてきたものを超える、より偉大な力の犠牲者たちの間に現れます。その時両者は、何か高次のものに無力にさらされていると理解し、彼らはそこに加わり、その彼らに理解することのできないものに自分たちを明け渡します。彼らはそうして深い愛と敬意をもって互いに出会います。満たされ、死のうちに、彼らは過去を背後に置き去り、最も親密に共に分かち合い、自分自身を捧げます。

コンステレーションの中で、似たようなことが加害者と被害者の間で起きます。例えばナチ親衛隊と、嘲笑され、迫害され、殺害された人々の間に。死において、被害者と加害者は自分たちを、歴史を導く巨人の手の指として経験します。それは私たちの正義や不正の概念にはいささかも触れず、希望や欲望を的外れのように扱い、善と悪の判断を救いようのない表面的なものとしてあばくのです。

自殺すると脅した妻

ハリー　私の最初の妻は自殺すると脅し、私たちが自殺の契約を結ぶことを望みました。今でもそのことを考えると憤りを感じます。彼女の自殺の脅迫と、私たちが一緒に自殺すべきだという彼女の考えは最もひどい譲歩を私にさせ、私の人生全部を複雑にしました。私はいまだその恐喝への怒りから立ち直っていません。

ヘリンガー　家族療法の基本的なルールとして、「良く」見える人は普通「悪く」、そしてその逆も真だ、といいます。あなたが憤慨しているのは妻が自殺することを望んだからです。ここでの問いは、自殺指向だったのは誰か、あなたか、あなたの妻かということです。それがもしあなただったならどうなのか？　それほどの強い憤りの感情は、私にそれは逆に違いないと疑わせます。さもなければ、あなたがそれほど強く感じる必要はないはずです。ですが、私たちがそれを立てる前に、あなたにそれについて考える時間をあげましょう。

娘が父親の以前の婚約者の代理をする

エラ　私の名前はエラです。私は結婚していて、私のここでのテーマは子どもたちのための実現されていない望みです。私の父が母と結婚する前に婚約していた父の以前の婚約者について、私はずっと考えています。父は彼女と結婚する約束を破りました。彼女は一度も結婚していません。彼女は父の姉の近くの、以前東ドイツだった所に住んでいて、私はもうすぐ、初めて彼女に会いに行くところです。

ヘリンガー　この婚約者はあなたの模範ですね。

エラ　分かりません。

ヘリンガー　私は何と言いました？

エラ　その婚約者は私の模範だと。

ヘリンガー　そのとおりです。

エラ　違います。

ヘリンガー　あなたのその否定が何かを変えますか？

エラ　もちろんです。

ヘリンガー　良いでしょう。あなたの家族のコンステレーションを立ててみましょう。それであなたはチェックできるでしょう。

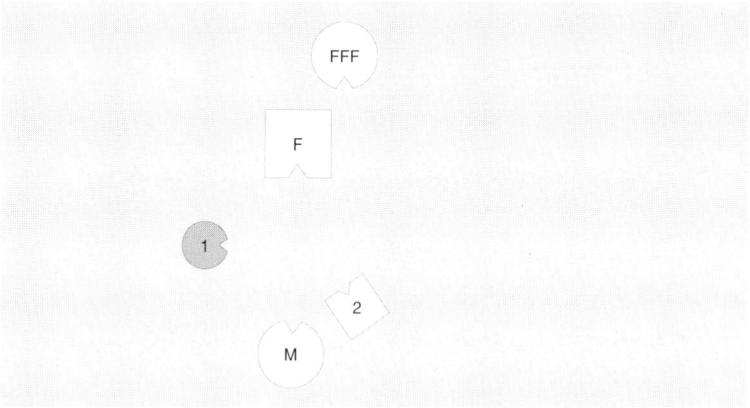

図1

F	父親
M	母親
1	**第1子、娘**（＝エラ）
2	第2子、息子
FFF	父親の以前の婚約者

ヘリンガー　あなたの母親は以前に結婚していたか婚約していましたか？

エラ　いいえ。ですが、彼女は私が生まれる前に2度流産しました。彼女は子どもを生めないだろうと思いました。そして彼女は何かの薬を飲んで、それ以来ずっとうつです。

ヘリンガー　しかしあなたを授かったでしょう？

エラ　ええ、薬を飲み始めた後すぐに私ができました。それから彼女はもっと薬を飲んで、私の弟ができました。

ヘリンガー　（グループに）夫と妻がこのように向き合って立つときというのは、彼らの親しい関係が終わったことを示しています。

ヘリンガー　父親はどう感じていますか？

父親　ひどいです。私は自分の前にいる誰とも、また右側も左側の誰とも関係がありません。私は後から突き刺されていて……ひどいです。ずたずたに引き裂かれていて、愛されず、無視されています。

ヘリンガー　そのとおりです。

（グループに）彼はチャンスを捨ててしまいました。彼がしたように婚約者を扱う人にはどんなチャンスも残されません。彼はそれらを剥奪されたのです。

ヘリンガー　母親はどう感じていますか？

母親　私は夫に押し出された感じです。息子がここにいて良かったです。

ヘリンガー　息子はどう感じていますか？

第2子　全然悪くないです。息子としてここにいるのは良い感じで、むしろ驚いています。

ヘリンガー　（エラの代理人に）娘はどうですか？

第1子　実に異様です。誰とも一切かかわりたくありません。

ヘリンガー　（グループに）これは婚約者が感じているとおりかもしれません。

ヘリンガー　以前の婚約者はどう感じていますか？

父親の以前の婚約者　あなたが私をここに連れてきたとき、勝ったと感じました。

（ヘリンガーは娘を以前の婚約者の横に移す）

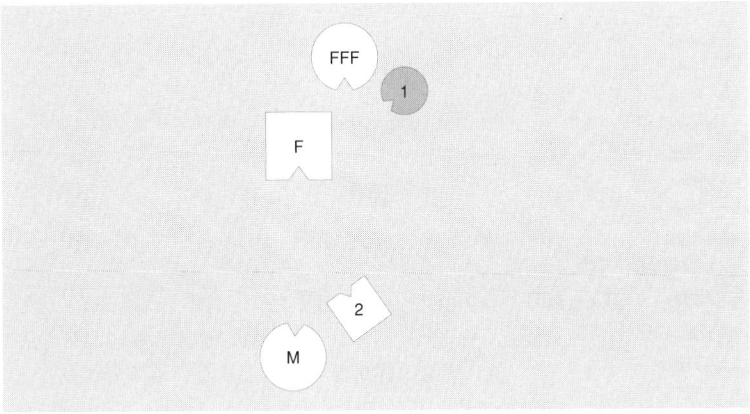

図2

ヘリンガー　（エラの代理人に）それはどうですか？

第1子　あなたが父の婚約者にどう感じているか聞いたとき、それが私に興味を持たせた初めてのものでした。それから彼女を見ました。でもこんなふうに彼女の横に立っているのはとても不愉快です。

ヘリンガー　もっと近づいて。

第1子　やってみましょう。とても変です。まるで彼女が私に寄り掛かっているようで、私は彼女を支えなくてはなりません。混乱します。良くないです。

ヘリンガー　母親は今どう感じていますか？

母親　良くなりました。攻撃性が消えました。

ヘリンガー　誰が父親の婚約者の横に本当は立っているべきでしょうか？

母親　分かりません。
ヘリンガー　あなたです。行って彼女の横に立ちなさい。

（母親が父の以前の婚約者の横に立ち、娘が彼女の場所に戻る）

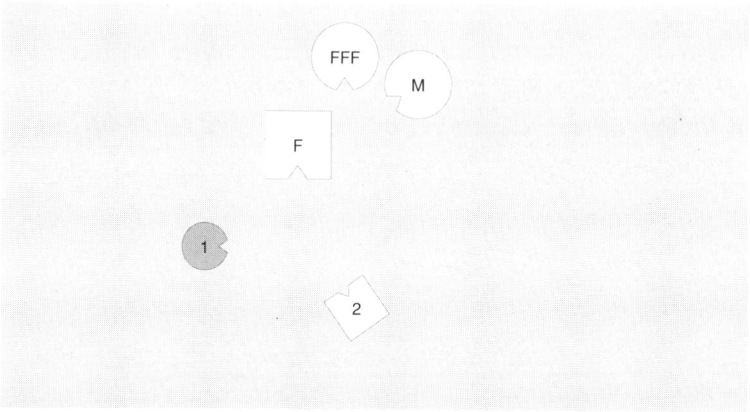

図3

母親　今は良いです。
ヘリンガー　そのとおり。これがうつの理由です。
（グループに）彼女が良いと感じるのは、その婚約者とともに連帯の感覚を持つときだけです。そこが、彼女の行かなくてはならない場所です。
ヘリンガー　以前の婚約者はどう感じていますか？
父親の以前の婚約者　良いです。

（ヘリンガー、コンステレーションを再び整理する）

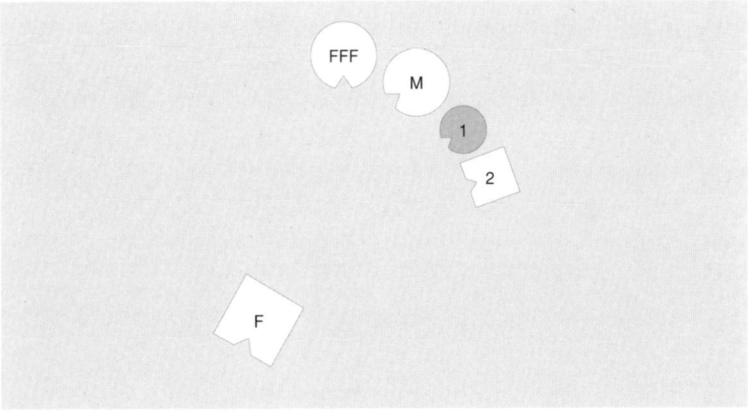

図4

ヘリンガー　父親はどんな感じですか。

父親　除外されていますが、未来が開けています。

ヘリンガー　良くなりましたか？　悪くなりましたか？

父親　とても相反する感情を持っています。

ヘリンガー　以前の婚約者にとってはどうでしょう？

父親の以前の婚約者　左側はとても良い感じです。気に入りました。でも私の以前の婚約者が気の毒です。

ヘリンガー　彼とはもう付き合えません。

父親の以前の婚約者　私は彼よりももっと自分の左側の方を見ています。

ヘリンガー　もしこうしたらどうなるかやってみましょう。

（ヘリンガーが父親と以前の婚約者をカップルとして家族に向かい合わせて置く）

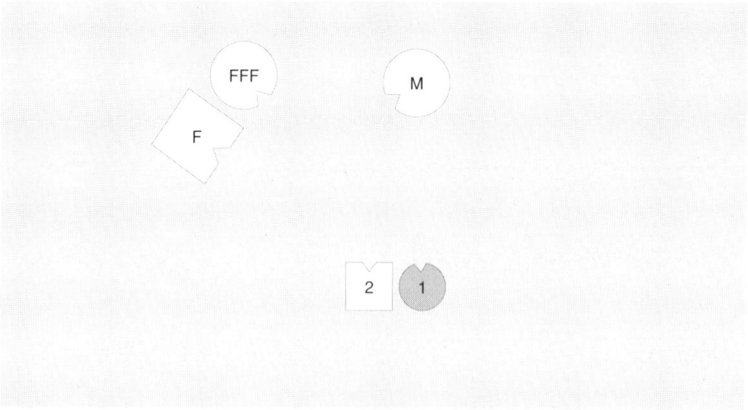

図5

ヘリンガー　これは父親にとってどうですか？
父親　今初めて耐えられます。
ヘリンガー　母親にはどうですか？
母親　ずっと良いです。
ヘリンガー　以前の婚約者はどうでしょう？
父親の以前の婚約者　良いです。
第1子　私にとってこれが一番良いコンステレーションです。でもここを去って、自分の足で立ち始めても良い時期です。
ヘリンガー　（エラに）行って自分の場所に立ちなさい。
エラ　（コンステレーションの自分の場所から）良いです。

子どものために一番良い場所

ジェイ　家族のコンステレーションの中で、子どもたちが両親と向かい合って置かれるとき、私はそれを対決と感じます。
ヘリンガー　それは、このコンステレーションのあなたの視覚的な印象が、あなたにあなたは感じる“べき”であると思わせているということです。しかし代理人たちは対決としては感じませんでした。コンステレーションが完結したと感じられるとき、両親は通常1つのグループを、子どもたちは別のグループを形作ります。そして、たとえ互いに向かい合ったときでも、時計回りの円を描いた本来の階級の順に置かれます。エラのコンステレーションでそれは明らかでした。夫が最初に来て、それから以前の婚約者、それから妻、そして最初の子ども、最後に2番目の子どもが来ました。しかし、彼らの階級順位での正確な位置は状況によります。もし子どもたちが父親の影響の領域に入る必要があれば、彼らは父親により近く移動しますし、もし彼らが母親の影響の領域にいる必要があれば、彼らは母親により近く立ちます。エラのコンステレーションでは、彼らは母親の近くに立たなくてはなりませんでしたが、直接彼女と向かい合いませんでした。しかし、そうすべきでない何か特別な理由でもない限り、普通子どもたちは両親の方を向きます。

ジェイ　理想的なコンステレーションでは、子どもたちが年齢順に時計回りに置かれるのは良いと思いましたが、彼らが両親に向かい合うよりは、むしろ半円の中にいるべきだと思いました。

ヘリンガー　いいえ。たとえ両親が一方に立ち、子どもたちがもう一方に立ったとしても円は完結しています。誰かが欠けている場合は違います。例えば母親の死んだ双児の姉妹など、そのような人たちは、時に両親と子どもたちの間に立ちます。

ジェイ　コンステレーションがそのように閉ざされて現れたら、子どもたちはどうやって自分たちの自由を得られるのですか？　彼らが向きを変えるときに得るのですか？

ヘリンガー　そのとおり。子どもたちが家を出る時が来たら、彼らはただ向きを変え、両親から離れます。そして両親はそこにとどまり、彼らの幸福を願い、彼らを背後から見送るのです。それは誰にとっても良い解決です。

ところで、毎日の家庭生活の中で、両親がテーブルの一方の側で隣り合って座り、子どもたちはその反対の側に年令順、すなわち年長が右に、2番目がその左にと続くように座るのは良アイデアです。テーブルにそのように座ることは家族の中に調和を創り出していくようです。

親の以前のパートナーとの無意識の同一化

参加者　実際相手を知らないのなら、どうして娘が父親の以前のパートナーと同一化できるのですか？

ヘリンガー　あなたが同一化する相手をあなたは知る必要がありません。同一化しようとする衝動はシステムに生じるもので、あなたに代理している人への認識がなくても作用します。このように、もし誰かの父親が別の女性と以前に親密な関係を持っていたとしたら、彼の娘の1人がその女性に似て、自覚のないまま代理をすることがよくあります。また、誰かの母親が別の男性と昔に親密な関係を持っていたとしたら、彼女の息子の1人がしばしばその男性に似て、自覚のないまま代理をすることがよくあります。この隠された力動は、かかわっている人たちの誰も何が起きているか気づかないまま、娘を母親のライバルにしたり、息子を父親のライバルにしたりすることがあります。

もし母親がその女性に敬意を払い、尊重するなら、それと同時に、母親が夫と夫の以前のパートナーの間に自分の場所を取ると意識的に努力をし、彼女もまた彼を自分自身の夫として受け止めれば、父親の以前の妻やパートナーの代理をしている、その女性との同一化を通して娘が受けるプレッシャーの強さは減ります。しかし、夫の以前の妻やパートナーに対して母親がどのように振る舞うかにかかわらず、もし娘が母親に、それが自分のハートの中だけでも「あなたが私の母親で、私はあなたの娘です。あなたが私の本当の母親です。私は他の女性とは関係はありません」と言うなら、また自分の父親に、たとえ彼女のハートの中だけでも「私の母親はこの人です。私は彼女の娘です。彼女が私の本当の母親で、私は他の女性とは関係はありません」と言うなら、娘はその同一化から自由になることができます。

これは、娘に母親を自分の母親として愛することを可能にさせ、そして母親に、娘をライバルとして恐れることなく、自分の娘として愛することを可能にさせます。そして娘は父親の方を向き、彼を自分の父親として愛し、父親は娘の方を向き、娘に以前の妻やパートナーをイメージすることなく、自分の娘として愛せるようになります。

同じことが息子にも当てはまります。もし父親がそのかつてのパートナーである男性に敬意を払い、尊重し、それと同時に、父親が妻と以前のパートナーの間に立つ意識的な努力をし、彼もまた彼女を自分自身の妻として受け止めれば、同一化を通して母親の以前の夫やパートナーの代理をしている息子のプレッシャーの強さは減ります。しかし、妻の以前の夫やパートナーに対して父親がどのように振る舞うかにかかわらず、もしも息子が父親に、たとえそれが自分のハートの中だけであっても「あなたが私の父親で、私はあなたの息子です。あなたが私の本当の父親です。私は他の男性とは関係はありません」と言うなら、そして、もし彼が自分の母親に、それがたとえ彼のハートの中だけでも、「私の父親はこの人です。そして私は彼の息子です。彼が私の本当の父親で、私は他の男性とは関係はありません」と言うなら、息子はその同一化から自由になることができます。

これは息子に父親を自分の父親として愛することを可能にさせ、そして父親は息子をライバルとして恐れることなく、自分の息子として愛することを可能にさせます。そして息子は母親の方を向き、彼女を自分の母親として愛し、母親もまた息子の方を向き、彼に以前の夫やパートナーをイメージすることなく、自分の息子として愛せるようになります。

親の以前のパートナーとの無意識の同一化は、特に息子が家族の中にそれをする女の子がいないために、父親の以前の妻の代理をしなければならないとき、または娘が家族の中にそれをする男の子がいないために、母親の以前の夫の代理をしなければならないとき、精神病の一因となることがあります。

神への没頭

ルース　私はルースといいます。私の職業は牧師ですが、ここ数年たくさんの変化がありました。私の責任はより重くなり、最近、教会の統治委員会のメンバーに選ばれました。私はまだこのチーム上の自分の正しいポジションを見つけなくてはならず、私はそれについてとても考えこんでいて、夢にまで見ます。

ヘリンガー　委員会に最後に選ばれた人物として、どのような影響をも及ぼそうとする前に、あなたはあなたにとっての正しいポジションを見つけなくてはなりません。しばらくの間は、他の人たちに考えさせておくべきで、あなたはただ彼らの決断に同意しなさい。

ルース　グループの中でここに座って、あなたや他の人たちの言うことを聞いている間ずっと、私の一部は教会の委員会のことでいっぱいになっています。それ以外のことすべての背景にそのことがあります。

ヘリンガー　教会の統治委員会についてあることを話しましょう。彼らの最も独特な特徴は、彼らは神へのささやかな信仰を持っているが、本質的に自分たち自身による立案を信頼しているということです。もし神がいるなら彼らはそれほど心配しなければならないことはないでしょう。

　あるときペトロと呼ばれる男がいました。『使徒行伝』の中に彼の物語があります。彼がエルサレムで裁判を受けていたとき、ガマリエルとかいう大司祭が、何か賢明な言葉を言いました。それを覚えていますか？

ルース　あなたの言っていることは分かります。

ヘリンガー　「もしこの仕事が神によるなら、誰もくつがえせない。しかしもしそれが人によるものなら、それは無益に終わり、あなたは何もする必要がない」

ルース　でも私はまだ終わっていません。

ヘリンガー　そんなことは分かっています。しかし、私がたった今言ったことを、あなたがひとたび本当に理解し、吸収したなら、あなたはその委員会で自分がそこに属していないかのように座ることができるでしょうし、あなたが何も言わないとしても、あなたの影響は決定的な瞬間に効果を発揮します。

ルース　それは良いですね。でもその途上で何かが立ちはだかる感じがします。私は何が起きているのか理解したいです。

ヘリンガー　あなたは神のやり方を知りたいのですか？　物事がうまくいかないときこそ、たぶんまさに神の意志が達成されるのです。誰に分かるはずがありますか？

ルース　あなたの言うことに感激しますが、なぜなのか分かりません。

ヘリンガー　考えるに値するものがあります。誰が神の車輪にスポークを差し込むことができるというのでしょう？　神学的か、哲学的に話すことで、誰が、善であれ悪であれ、神の意志に反することをしたり、神が何かをなされることの邪魔をできるのでしょう？

ルース　なぜだか分かりませんが今泣きたい気持ちです。

ヘリンガー　私には分かります。しばらく前にした原初療法のセッションを覚えていますか？

ルース　あれが遠ざかることは決してありません。

ヘリンガー　あなたの愛が父親を戦争から安全に帰還させることができたという、幼い少女の夢を私は覚えています。その美しい夢に別れを告げる時が来たのです。このつながりを今理解できますか？

ルース　いいえ、よくは分かりません。でも他に何かあるのです。あなたが内なるイメージについて語り始めてからずっと、異なる感情の間を私は行ったり来たりさせられています。

ヘリンガー　過去に、私は多くの教会の会議に出席してきました。そこで、私が観察してきたことについて時々所見を述べました。会議の他の参加者たちは不満を表して頭を横に振ったものですが、その1年後、その中の1人が、私が言ったことと同じことを言うと、それがまるで世界で最も自然なことであるかのようにそのときは誰もが同意ました。所見が、静かに、1年以上かけて、どのように働くかを見るのは面白いです。それが、誰にも気づかれることなく、あなたが委員会に影響を与えることができるやり方です。ただし、正しい所見でなければなりません！

依存症の母親の子どもの保護義務を誰が持つべきか？

クラウディア　依存症の母親の4歳の子どもについて、私が今書いているレポートのための正しい解決策を探しています。

ヘリンガー　父親はどうしましたか？

クラウディア　両親は別れています。母親がいろいろなクリニックに入っていたときには、父親がその子どもの世話をしていましたが、彼らが別れると父親は他の女性と一緒になりました。それはまあまあうまくいっています。その女性にも子どもが2人います。

ヘリンガー　そのレポートの目的は何ですか？

クラウディア　誰がその子どもの保護義務を持つべきか決めるためのものです。

ヘリンガー　その子は父親の所へ行くべきに思えます。彼の方が子どものために行動しているようです。

クラウディア　たとえ子どもが父親の両親とほとんど暮らすようになるとして

もですか——それで良いのでしょうか？

ヘリンガー　いいえ、彼にとってその子どもを彼の家族の中に入れる方がより良いでしょう。父親の新しいパートナーは、２人の子どもを関係の中に連れてきました。もし彼が同様に１人を連れてくるなら、彼らはよりバランスが取れ、それは彼らの関係にとって良いのです。それがその子どもにとって良いという事実とは別にして、その観点だけからいってもそれは良いことでしょう。

クラウディア　では私たちは、依存症の母親から子どもを取り上げなくてはならないのですね。

ヘリンガー　そうです。

クラウディア　母親がまあ１～２年のうちに良くなったときに、あなたはどう助言しますか？

ヘリンガー　子どもは父親の所にとどまるべきです。

クラウディア　子どもが女の子だとしても、ですか？

ヘリンガー　そうだとしてもです。

クラウディア　面会権はどうですか？　母親は子どもに会っても良いですか？

ヘリンガー　母親として、子どもと会うための権利は議論の余地がなく、その権利は尊重されるべきです。しかし子どもの幸福が母親の権利に優先します。彼女が依存症である限り、そこには子どもにとっての危険が存在します。ですからその子どものために何が最も良識ある解決法なのかをよく考えなくてはいけません。依存症が治ったら、彼女が子どもを訪ねることへの異論はもはやありません。

クラウディア　それから私は、夫の家族の彼女の病気への理解の欠如にどのように対処すべきでしょう？　私は彼女の依存症を１つの病気と見なしますが、彼女の夫の家族は彼女を無責任なろくでなしと責めがちです。

依存症に導くものは？

ヘリンガー　人が依存症になる１つの原因は、母親が子どもに「あなたの父親からくるものすべてには価値がない。あなたは私だけから受け取らなくてはいけない」と言うときです。そうすると、子どもは母親からとても多くを受け取り、それが害を与えます。このパターンにおいて、依存症とは子どもが母親に対してする復讐です。なぜなら、子どもが父親から受け取ることを彼女は妨げたからです。分かりますか？

クラウディア　はい、それは私の本当の質問ではありませんでしたが。でもそれは私にはとても重要です。私の元の質問は、子どもが成長する家族の中で、母親がほとんど全く尊重されないとき、母親や子どものために、私に何ができるかということです。私はどう介入したらいいのでしょう？

ヘリンガー　あなたに、介入するためにできることが何かあるか確かではありませんが、夫に対して何が依存症に導くのかを説明してみてはどうでしょう。それは彼に、彼女を違うように見る助けをするかもしれません。またあなたは、もし父親が、娘の中に彼女の母親と彼自身の両方を見て、尊重するなら、子どもには完全だと感じることがより容易だろうと彼に伝えることができます。

例を話しましょう。1人の女性が夫と一緒に心理療法を受けに来ました。なぜなら彼女が、夫は自分自身のためにポジティヴなことをするべきだと考えたからです。彼女自身、たくさんのグループに参加し、他は知りませんが、原初療法も体験していました。夫は私のグループの1つに参加しに来ました。私は彼を見たときに言いました。「あなたはここで何をしているのですか？あなたにセラピーが必要とは見えません」彼はとても喜びました。彼は職人で、素朴な人でした。数日経って彼は、なぜあんなに気分良く感じたのか理解できなかったと言いました。彼の父親は彼が生まれる5週間前に戦死したので、父親のことは全く知らなかったのです。私は彼に言いました。「もしかしたら、あなたの母親が夫をとても愛し、尊敬していたので、あなたは父親がいなくて寂しいと思ったことが1度もなかったのかもしれません」「はい」彼は言いました。「彼女はそうでした」と。後で私たちは彼のコンステレーションを立てました。それはこのようでした。

（ヘリンガーが代理人を選び、コンステレーションを立てる）

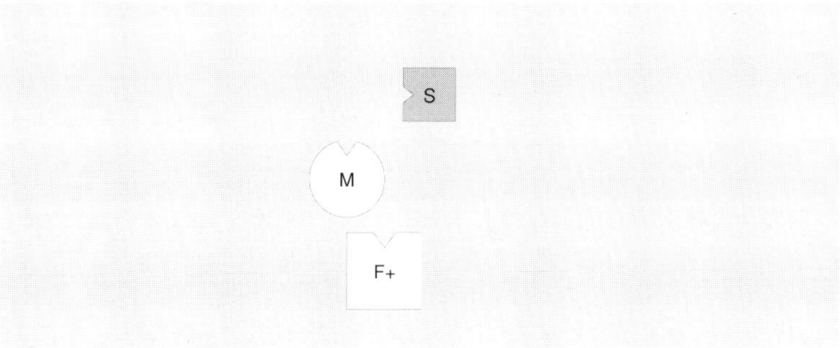

図1

F†　　死んだ父親
M　　母親
S　　**息子**（＝クライアント）

ヘリンガー　それがそのコンステレーションです。妻は「まるで私の半分が自分で、半分が夫のように感じます」と言いました。そこで私は、夫を彼女の真後ろにこのように配置しました。

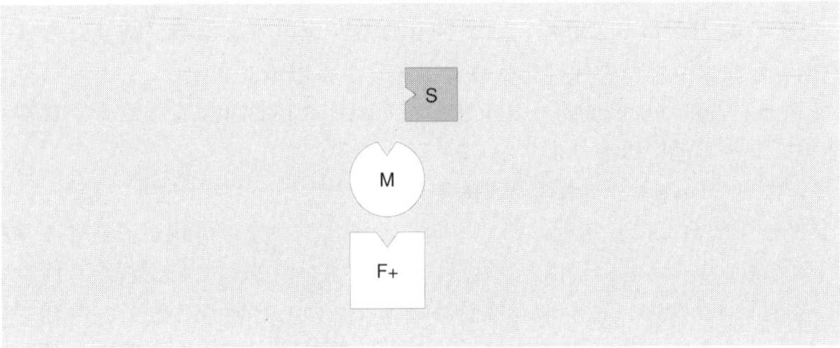

図2

ヘリンガー　彼女は言いました。「今、私と夫は1つです」息子は大変な幸福を感じました。これがパートナーの1人が、もう一方を本当に尊敬しているときに起こることです。その時パートナーの1人はもう一方を代理することもできます。

（息子の代理人に）気分はどうですか？

息子　とても暖かく感じます。

ヘリンガー　父親は誇りとされ、尊敬されていたので、いなくて寂しいと思われなかったのです。

（グループに）父親が、子どもたちの中の母親を尊敬し、誇りに思うとき、また母親が子どもたちの中の父親を尊敬し、誇りに思うとき、子どもたちはすくすく成長します。その時、子どもたちは完全であると感じます。それが、パートナーたちが離婚を望むとき、より他方を誇りに思い、尊敬する側の親に保護義務が与えられなければならない理由です。通常それは夫の側です。しかし女性もその権利を得ることができます。

クラウディア　どうやってですか？

ヘリンガー　同じことをすることで。

テア　私には依存症についてもう1つ質問があります。あなたは依存症とは父親に対する忠誠だと言いました。母親が、父親からは何一つ良いものはこないと子どもに言うので、子どもは依存症になると。それから、依存症で起きることについてあなたはとても重要なことも言いました。私はそれを全部思い出すことができるとは思いませんが。

ヘリンガー　彼女が自分自身を傷つけると、子どもは母親からとてもたくさんの食べ物や飲み物を取ります。人が必要以上に多くを取るとき、その人は傷ついています。それが依存症です。だから依存症の人は男性によってのみ治療を施されるべきなのです。依存症の人の父親を真に尊重しない限り、女性にはその能力がありません。もし彼女たちが尊重するなら、彼女たちはこの事例で見たように彼の代理をすることができるでしょう。

ダグマー　これは一般的ルールですか、それとも依存症になった人が女性か男性かによって違いはありますか？

ヘリンガー　いいえ、それは基本的ルールです。

ダグマー　それでは、状況はいつも同じですね。つまり母親が子どもに「あなたの父親からくるものには1つも良いものがない。あなたの父親から何も受け取ってはいけない、私からだけ受け取りなさい」と言うことで、それでその子どもは依存症になるのですね。しかし父親が依存症、例えばアルコール依存症のとき、母親が「あなたの父親がやっていることは良いことでない」と息子に言うとしたら何が起きるのでしょう？

ヘリンガー　もし、母親が息子を助けたいのならば、母親は息子にこう言うことができます。「私はあなたの中の父親を愛しています。あなたが父親のようでも私は構わない」その効果は不思議です。というのは、もし息子の中で父親が尊敬されるなら、そのために息子はアルコール依存症になる必要がなくなります。その順序は実際によく起きることと全く正反対です。

トーマス　西欧社会にとてつもなく増大している依存症の問題と、これは関係がありますか？

ヘリンガー　ええ。男性は撤退しています。女性は男性をどんどん見下していき、依存症が増加しています。少女たちも、少年たちと同様に依存症の傾向があります。

償いの手段としての依存症

ガートルード　「依存症」という言葉が語られるまでは、私には特に言うことはないと思っていました。私の父親はアルコール依存症で、私の母親はいつもよく私が父に似ていると言っていました。彼女がそう言っていた本当の理由はそれを恐れていたからだと思います。一時は私もアルコールでかなり問題を抱えていたし、今はニコチンに依存しています。

ヘリンガー　それは、１度私の助けを求めてやってきた女性のことを思いださせます。彼女は強い個性の人でしたが、後に精神病となり、酒を飲み始めました。その後、彼女はセッションを何度か受けるために私の所に来たいと望みました。私は彼女に会うことに同意しました。最初に起きたことは、自分の母親が酔っぱらって床の上に横たわり、父親がどうすることもできず立ち尽くすのを彼女が見ているというものでした。彼女は母親に対し怒っていました。それで私は言いました。「あなたの母親が床に横たわっていると想像し、母親の隣に横になり、愛情を込めて母親を見なさい」彼女は私の言ったとおりにし、そして突然、愛が彼女から母親へ流れ出し、彼女は償おうとする衝動から自由になりました。あなたも自分の父親に何か似たことをしていいのです。あなたは父親が酔っぱらって、そこに立っているか、座っているか、横になっているか想像することができます。あなたは行って彼の横に立つか、座るか、横になるかして、母親の前で、愛を込めて父親を見るのです。

ガートルード　私の母親もそこにいなければいけないのですか？

ヘリンガー　はい、あなたのマインドの目で。それはただのイメージです、忘れないように。

ガートルード　はい、私の父は、いつもとてもけんか腰で……。

ヘリンガー　いいえ、私はそれについては聞きたくありません。あなたは解決を手にしています。それで十分です。解決を手にしたら、あなたは問題に戻る必要はありません。

直感は愛に依存する

ヘリンガー　（ガートルードに）直観は私たちが解決に集中している時だけ働きます。なぜならその時、私たちは愛と敬意に集中しているからです。その時、私たちは誰についてのどんな物語も必要としません。詮索好きになり、問題についてもっと知りたいと望みはじめるや否や、直観は終わります。それは愛と敬意に依存します。

自殺の企てとしての依存症

生命を危うくする依存症、例えばヘロイン依存症は、時に自殺する企てを隠しています。そのような企ては、しばしば家族体系の力動の「あなたの後をついていきます」や「あなたより私の方が良い」時に「あなたより私が死ぬ方が良い」に従っています。ここに事例があります。

若いヘロイン依存症の人が「私の母は癌で死にかけています」と話しました。彼女がコンステレーションの中で、自分と母親の代理を配置したとき、2人はお互いに向き合って、しかしある距離をおいて立ちました。娘の代理が母親へ向けてあらわにした愛の深さは圧倒されるものでした。彼女が手を伸ばし、「あなたと一緒に行きます」と言ったとき、彼女がなんとかして母親と一緒に死のうと望んでいたことが完全に明白になりました。

母親へ向かう癒しの動き

ウーナ　母に深いお辞儀をすることが私を墓から解放するだろうとあなたが言ってから、ずっと私は動揺しています。今少し気分は良くなりましたが、とても弱い感じがし、骨盤の回りや胸に痛みがあります。この瞬間はましですが、母のことを考え始めると、ずっとそうしているのですが、私の母へのイメージはとても……。

ヘリンガー　あなたの両親についての説明は何の役にも立ちません。重要であることは実際に起こったことだけです。

ウーナ　初めて、母はもしかしたら自殺していたかもしれない、少なくともそれを考えたことがあると気づきました。これは新しい発見です。

ヘリンガー　今、私たちは要点に迫っています。

（ウーナすすり泣く）

ウーナ　特に、私はそのことをかなり違って感じ取っていました。

ヘリンガー　自分が母親をどんなに愛しているか分かったでしょう？

（グループに）愛をもって互いに向かい合うのは、つらく感じます。

ウーナ　それには大変な強さを必要とします。

ヘリンガー　いいえ、何も言わないでください。それは良い感情で、それは自らなすべきことをするでしょう。あなたをそれとそのままにします。

（ウーナ立ち上がり、部屋を出る準備を始める）

ヘリンガー　だめです。ここにいなさい。ここに私たちと一緒にいる方があなたのためにずっと良いのです。ここに来て私の隣に座り、私にもたれなさい。

（ウーナすすり泣く）

ヘリンガー　深く息をして、口は開けたまま。あなたの腕を私に回しなさい。両腕を。そう、そのように。強く呼吸して、口から。「お母さん」と言いなさい。

ウーナ　お母さん。

ヘリンガー　「お母さん」

ウーナ　お母さん、お母さん。

ヘリンガー　「大好きなお母さん」

ウーナ　大好きなお母さん。

ヘリンガー　今どんな気持ちですか？

ウーナ　感謝を感じます。

ヘリンガー　（グループに）私たちはたった今、母親へ向かう子どもの遮られた動きがどうやってやり直され、ついに完結にたどり着くかを目にしました。それがどれほど痛みを伴うものか分かりましたか。人はこの感情を奥深くに隠して、守ります。そして、そこに戻りその遮られた動きをやり直し、完結させることを恐れます。

父親や母親へ向かう子どもの遮られた動きが再びつながり、完結されたときに注意すること

両親

子どもの自然な動きは普通、母親に向かうものであることから、愛する人に向かう遮られた動きを子どもが完結する手助けをするために一番良いのは母親なのです。小さな子どもの場合、これはとても簡単です。母親に向かう動きが遮られたために、怒りや悲しみに変わってしまった愛や恋しさが再び流れ始め、子どもがリラックスできるようになるまで、母親はただ子どもを愛情込めてその腕の中に強く抱きしめてやるのです。

母親はまた、成長した子どもも抱きしめてやることによって、遮られた動きを完結させ、遮られたために起きた影響を減少させる助けをすることができます。しかし、その手順は、子どもの人生の中で動きが遮られた時点でやり直されるべきで、その時点に到達しようと懸命に努力しているそのゴールに手を届かせられるように、子どもは助けられなくてはいけません。母親の所に行きたい「昔々のそこ」にいる子どもが、今もなお「昔々当時のそこ」にいる母親の所に行きたいのです。だから、母親がわが子を抱きしめている間、母親と子どもは「昔々のそこ」にいる母親と子どもにならなくてはいけません。ところで、質問は長い間離ればなれになっていた母親と子どもがどうやって再びつながりを持ち直すかでしたね。

例をお話ししましょう。ある母親が大人になった娘のことを心配していました。でも娘は母親を避け、めったに実家に帰って来ませんでした。私はその母親に、悲しむ幼子を抱く母親ように、自分の腕の中に抱きしめてやるべきだと言いました。しかし今の段階では、そのイメージを自分のハートのうちに抱き続け、何かの影響を与えるのを許す以外、彼女は何もすべきではありませんでした。その母親が私に教えてくれたのですが、1年後、娘が実家に帰ってきて、母親に静かに親しげに寄り添ってきたので、母親は何も言わず長い間娘を抱きしめてやりました。それから娘は立ち上がり、戻っていきました。母も娘も一言も交わしませんでした。

両親の代理

もし父親にも母親にもできないとしたら、ヘルパーが両親の代理をすることができます。幼い子どもたちの場合、両親の代理をするのは親族や教師、成

人の場合は普通、セラピストが良いでしょう。ヘルパー、またはセラピストは、適切な瞬間が来るまで待たなくてはなりません。それから子どもの両親と自分自身を心の中で連合させ、両親の代理人として振る舞います。セラピストはその子どもを両親として愛し、そして子どもからの愛を受け取ります。表面的にはその愛はセラピストに向けられていますが、実際は両親に向けられています。子どもがゴール、つまり両親に手をとどかせるや否や、セラピストは身を引きます。そうすることで、その親密さにもかかわらず、内側では距離を置き、自由なままでいられます。

深いお辞儀

成長した子どもが、両親を軽蔑したり、非難している結果、両親に向かう動きが邪魔されている場合が時々あります。例えば、子どもが自分の方が両親より優れていると考えたり、または、両親が用意していたり、与えることができるもの以上を子どもが両親に望んでいるときです。そのようなとき、両親に向かう動きに先んじて、深いお辞儀がなされるべきです。

このお辞儀は、本当に内側でのプロセスなのですが、見ることができ、聞くことのできる形になったとき、それは深さと強さを獲得します。例えば、グループの中で子どもの家族のコンステレーションが立てられ、「子ども」が両親の代理人の前でひざまずき、彼らに向けて手のひらを上向きに腕を差し伸べ、地面につくまで深くお辞儀をします。子どもは両親の代理の1人か、両方に「敬意とともにあなたにお辞儀をします」また「あなたを母親として誇りに思います。あなたを父親として誇りに思います」と言う準備ができるまで、そのままの姿勢を保ちます。時には、子どもはこうつけ足してもいいでしょう。「ごめんさい」「知らなかったのです」「どうぞ私を怒らないでください」「あなたをずっと求めていました」またはただ「お願い」とだけ。それでやっと子どもは立ち上がることができ、愛とともに両親の元へ行き、親密に抱き合い、そして「愛するお父さん」「愛するお母さん」または単に「お父さん」「お母さん」と言います。

この手順の間、両親の代理人はずっと沈黙していることが、また子どもが両親にお辞儀をしているとき、子どもの方向に動かないことも重要です。彼らはただ子どもの疎外感が解消するまで、子どもの両親の代理として尊敬を受け入れるだけです。子どもがこのワークを終え、癒す動作を見つけ出した後には、代理人は自発的に応えることができます。

グループの中で責任を負うセラピストは、そのプロセスを指揮し、子どもにとっての両親へと向かう動きが適切な瞬間になされるか、もしくは、その動きの前に深いお辞儀がされるべきかを、間近で見守っています。セラピストは「その子ども」に、両親にお辞儀をしている間、または親と抱き合っている間に繰り返して言うための言葉を提示するかもしれません。また抵抗のサインに注意を払い、例えば「その子ども」に深い息をしてとか、口はわずかに開けたままにしてとか、頭が前に倒れるのを許してと言うことで、それに打ち勝つための助けをします。人を弱くさせる感覚、例えばうめき声や意味不明の音声は抵抗の要素です。そこでセラピストは「その子ども」に弱さを阻止するように、自分の力に集中し、声を出さずに深く呼吸するように言うことができます。子どもを弱くさせるものはすべて、子どもの遮られた動きを完結させる代わりに、ただ単に繰り返させるだけです。ときにセラピストは、安全の感覚を与え、その動きを助けるために、「子ども」の肩甲骨の間に手を優しく当てることがあります。またときには、子どもが両親に対して必要な尊敬を示す用意がない場合、そのプロセスを打ち切ってしまうこともあります。あるいは例えば、子どもが両親にひどく悪いことをしてしまい、つぐなう必要があるときは、「その子ども」がお辞儀をした後に介入し、それ以上何も続けないこともあります。

もし両親へ向かうお辞儀や、動作が、その子ども自身にとって明らかに負担が大き過ぎる場合、そのコンステレーションの中の代理人が、その子どもの場所で必要なことを行ったり、言ったりしても良いのです。「その子ども」が実際にそうするよりも、その方がより効果的な場合もあります。

両親を超えた彼方へ届くべき両親に向かう動き

私たちの両親に向かう動きと、彼らの前でする深いお辞儀は、個人としての両親を超えた彼方に届く、深遠な意味を持ちます。私たちはお辞儀を、私たちの根源への参与と、運命に対する可能な限り深い受容として経験します。このようなやり方でのお辞儀や、両親に向かう動き、両親を超えた彼方に向かう動きを完結する者は誰でも、両親の横に尊厳をもって真っ直ぐに立つことができるのです。

2日目

復讐のために犠牲者の役を引き受ける

ハリー　あなたが昨日言われたことをずっと考えています。あなたは「誠実さは生と対立する」と言われました。

ヘリンガー　そのように言った覚えはありません。ここで私が言っていることの一部が文脈から切り取られることを予防する助けとなる別の言葉があなたのためにあります。「実践は理論と対立する」

（グループの中で笑いが起こる）

ハリー　私は笑う気持ちになれません。昨日私は、最初の妻が自殺をほのめかすことでどのように私を脅したかを話しました。あなたは家族療法には基本的ルールがあり、「善い」と思われる人が通常「悪い」、そしてその反対にたぶん私こそが本当に自殺したいと望んでいたのだと言われました。これは私にとって全く新しい考え方で、当初非常に受け入れがたいものでした。それについてをずっと考えていましたが、いまだ何の結論にもたどり着いていません。私は意識的には自殺しようと思ったことは一度もありません。逆に他の人の自殺でいつも深いショックを受けてきました。

ヘリンガー　ショックを受けるのは、自殺を自分のことのように考えているのと同等です。

ハリー　理解できます。私は最初の妻と離婚した後の3年間、自殺する恐ろしい悪夢で苦しみました。私は夢の中であらゆる方法で自殺しましたが、自分が真剣に自殺のことを考えていたとは思ってもいませんでした。私の2番目の娘、私ととても仲の良い娘が、いつもそれらの夢の中に現れました。

ヘリンガー　それらの夢は、あなたが自殺を実現させようと忙しかったことをはっきりと示しています。今、それをさらにはっきりと見る機会を手にしています。あなたの家族のコンステレーションは、あなたが犠牲者の役に選ばれていることを見せています。神学を学んだ人々は……、ところであなたはカトリックですか？　それともプロテスタントですか？

ハリー　私はプロテスタントです。熱心ではありませんが。

ヘリンガー　プロテスタントより、カトリックの方がもっと顕著です。私は大変興味深いことに気づきました。神学を学ぶ人々は、しばしば犠牲者の役と同一化しています。特に神父や牧師になろうとしている場合。これは聖書にある、家族の善のために子どもを生け贄にするということと何か関係があります。

ハリー　生け贄としての最初の子どもですね。昨日、私は自分が犠牲者の役を負っていた事実に衝撃を受けました。そしてそこから抜け出るのは非常に難しいことに。私は、自分の今までの人生での起こったことすべてを犠牲者の視点で見てきたことに気がつきました。

ヘリンガー　もう少し説明しましょう。犠牲者を演じているのはとても微妙な形の復讐です。

（ハリー笑う）

分かったようですね。家族の中では、犠牲者が権力闘争で勝つのです。ハリー、他に何かありますか？

ハリー　いいえ、それについて考え続けます。

安心させるもの

ソフィー　私は、昨晩夫に自分がここに来てから体験したこと、また感じたことを話しました。とても良い話し合いでした。夫は私に、彼が私の夫であることを忘れないように言いました。

埋め合わせ

ブリジット　昨日はまるで、自分のワークショップを7日間ぶっ続けでやったかのように疲れ果てました。

ヘリンガー　ただの傍観者でいようとすると、そのようになるのです。

ブリジット　私は長女のことを考えるのをやめられません。私に対する反抗から、娘は他の町へ移り住み、大学へ行くことも拒否し、断固として5人の子どもを産みました。私は4人ですが。やっと心理学を学びましたが、いまだ職についていません。娘たちの中で、唯一彼女だけ私は仲良くなれず、うまくいかないのです。

ヘリンガー　あなたがここで働きかけを望んでいないので、それについてできることは何もありません。（しばらく中断）

あなたに仕返しします。

ブリジット　そのようですね。でももちろん、私も働きかけたいのです。

ヘリンガー　本当ですか？　ここで？

ブリジット　はい

ヘリンガー　オーケー、ではあなたに働きかけることにしますが、今すぐではありません。

驚くべき回復

ガートルード　この数年で初めて、私の手は夜中にしびれませんでした。私の息子の父親のことを愛情をもって考えられました。一晩中ぐっすりと眠ったことに気づき、私は今朝本当に驚きました。

友好的な感情

ロバート　私は気分が良いです、本当に良い感じです。妹のアデレードが私のすぐ横にいると感じられるのです。それは素晴らしい気持ちです。今なら妻に対してもっと友好的になれると分かるのです。死んだ可愛い妹のアデレードと妻への私のこの感情の間の結び付きは信じられないほど素晴らしいです。

ヘリンガー　論理のルールは、魂のルールや真実のルールと違います。物事があなたの魂にどう影響するかを見れば、何が正しいか、何が真実であるかが分かるでしょう。

ロバート　結果は全く思ってもいなかったことですが、起きたことは素晴らしいことだと思います。

ヘリンガー　やはり、警告的な話をしましょう。昔ケルンで、すべてが素晴らしかった時代がありました。このお話、ご存知でしたか？　それは、朝人々が目覚めると、小妖精たちが人々のために仕事をすべて、夜じゅうに終わらせてしまっていたのを発見したというお話でした。すべてはうまくいっていました。ある日、誰かがそれがどのように、なぜ起こったのかを知りたいと思うまでは……。

二重の転位による同一化

クラウディア　私の中である種の対話が続いています。昨日、私は夫のために人生を困難にする最善を尽くしてきたのだと言いました。でもまた今、彼がした行為で夫のことを非難し始めています。そして、いつものつまらない口論がまたもや始まるのです。

ヘリンガー　それはすべきことを延期しているということです。

クラウディア　このことについて働きかける時間が昨日はありませんでした。今朝、私が運転してここに来るとき、交通渋滞につかまって頭にきました。それで私は、父の姉で祖父のことを非常に怒っていたおばたちがいたことを思い出したのです。祖父が家族問題を上手に処理できず、そのせいでおばたちにとって結婚が不可能となったからです。彼女たちは農場で働き続けることを余儀なくされ、結婚は禁じられました。祖父のせいで昔は金持ちだったのに、家族はとても貧乏になってしまったのです。

ヘリンガー　私にはあなたがご主人との争いの中で、いつもその女性、おばたちの立場にいるように思えます。ご主人には罪が全くないというのに。

クラウディア　私には良く分かりません。

二重の転位の解消

ローラ　私はとても動転して怒っています。そして、なぜそうなのか分かりません。

ヘリンガー　動転して怒っている？　本当に怒っているのですか？

ローラ　そうです。あなたは笑っているのですか？

ヘリンガー　私が泣く方が良いのですか？　ではあなたの家族のコンステレーションを立てて見ましょう。

（ローラは現在の家族のコンステレーションを立てる。）

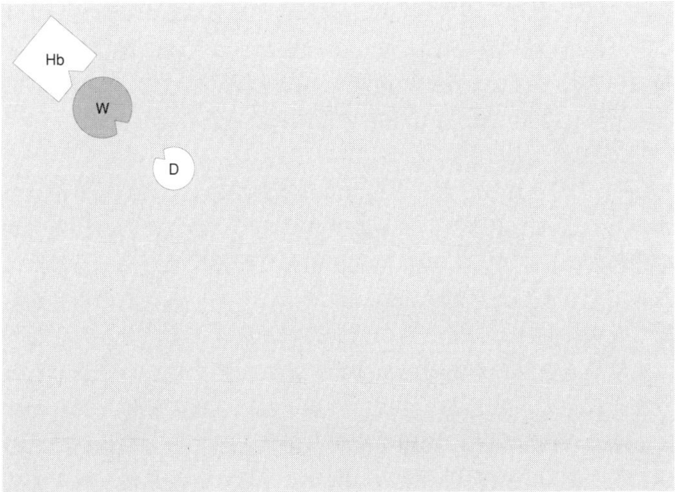

図1

Hb　　夫
W　　**妻**（＝ローラ）
D　　娘

ヘリンガー　この配置は、大きな体系的もつれがあるのを知らせています。誰かのたとえ気違いじみた夢の中でさえも、このような関係の夫婦を想像するのは不可能です。

（ローラに）何か思い当たりますか？

ローラ　誰かが何かを隠している感じがしばしばしていました。私は秘密に近づいているのですが、それについてたずねるといつも面倒を引き起こします。ですが私は母が何かを隠しているように強く感じます。

ヘリンガー　ではもつれは母方の家族の方から来ているのですね。

ローラ　母の両親には7人の子どもがありましたが、すべて女の子でした。それで祖父はとてもいらだっていたようです。祖父は息子を欲しがっていました。娘たちが全員未婚で子どもを産み、誰か1人でも家名を継ぐ男子をもうけたら、祖父はどれほど嬉しかったか分かりません。娘たちは皆、まさにそのとおりにしました。私の母を除いて。私の母は結婚して、母だけが男の子を産みました。他の姉妹たちの子どもはすべて女の子でした。

ヘリンガー　では、あなたのご主人はあなたの家族のコンステレーションの中で誰の代理をしなければならなかったのでしょう。あなたの祖父です。もしそうだとしたら、あなたはご主人に対して大変な借りがあることになります。

（グループに）私は二重の転位の力動についてお話したいと思います。ここにいるローラへの最初の質問です。その娘たちは父親に対してどのような感情を持つべきだったしょうか。彼女たちは父親に怒っていましたが、それは当然でしょう。では、誰がこの怒りの標的になったのでしょう？

ローラ　私の別れた夫です。

ヘリンガー　そのとおりです。あなたはおばたちの怒りの感情を引き受けてしまいました。これは主体のレベルの置き換えで、あなたのおばたちからあなたへの感情の転位です。しかし祖父に対して怒る代わりに、あなたは自分の夫に対して怒りました。対象のレベルではこれが、あなたの祖父からあなたの離婚した夫に向けたおばたちの感情の置き換えです。分かりましたね、あなたは夫に大きな借りがあるのですよ。あなたが夫について話したとき感じたような正義を人が感じるときは、普通それは二重の転位をあらわすサインです。あなたが自分個人の問題を解決しようとして自分の権利のために闘うときは、誰か他の人の権利のために闘うときほど、巻き込まれても、確信してもいないのです。

あなたとやってみたいことがあります。あなたにおばたち全員のコンステレーションを立て、あなた自身もその中に入れてもらいたいのです。

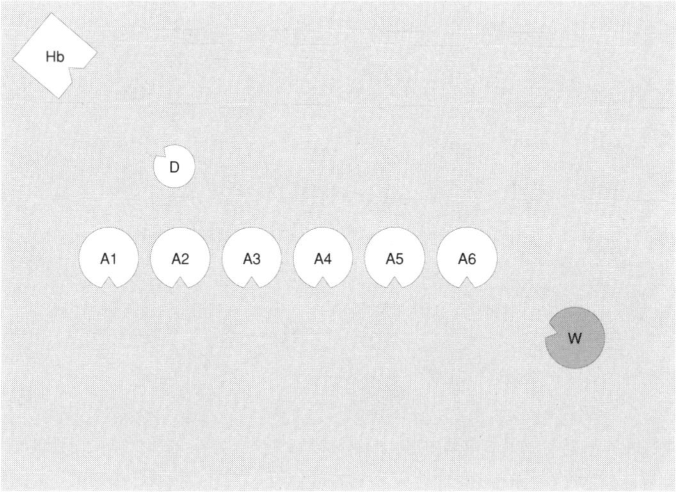

図2

A1　　　1番上のおば
A2　　　2番目のおば、以下同様

ヘリンガー　おばたち1人1人を優しく見てください。そして、1人ずつ順に「大好きなおばさん」と幼い子どもが最愛のおばさんに話しかけるように言ってください。
ローラ　でも私は彼女たちに特に好感を感じないのですが。
ヘリンガー　それでは、そうなるまで言い続けなさい。
（ローラ、楽に言えるようになるまで言葉をくりかえす。）
ヘリンガー　では、おばたちの前にひざまずいて、床につくまでの深いお辞儀をなさい。手のひらを上向きにし、腕を差し伸ばして、おばたちに言うのです。
「敬意をもってあなたたちにお辞儀をします」

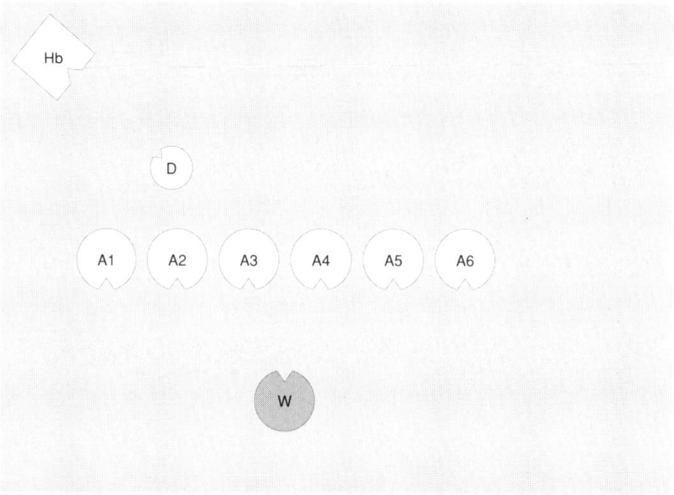

図3

ローラ　敬意をもってにあなたたちにお辞儀をします。
ヘリンガー　「大好きなおばさん、敬意をもってあなたたちにお辞儀をします」
ローラ　敬意をもってあなたたちにお辞儀をします。
ヘリンガー　さあ、おばさんたちの横に立って1人1人に順に言うのです。「私の大好きなおばさん」
ローラ　私の大好きなおばさん、私の大好きなおばさん……。

（ローラは深く感動していた。彼女の愛と痛みと共感が自由にわき出る。すこし経ってヘリンガーはローラの夫の代理をローラの視野の中に戻した）

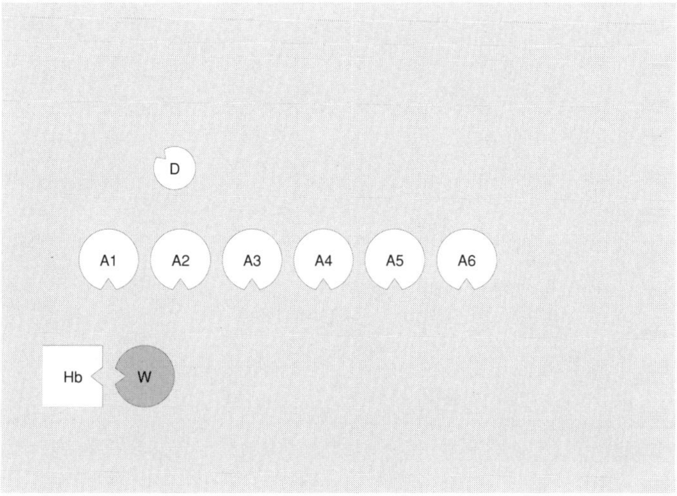

図4

（ローラは夫の代理の所へ行き、その首に抱きつき、すすり泣いた）

ローラ　お願い私を許して！
ヘリンガー　「ごめんなさい」とだけ言いなさい。「ごめんなさい」だけです。
ローラ　ごめんなさい。
ヘリンガー　「知らなかったのです」と言いなさい。
ローラ　知らなかったのです。
ヘリンガー　では、彼の横に立ちなさい。あなたの娘もこの場に加えましょう。

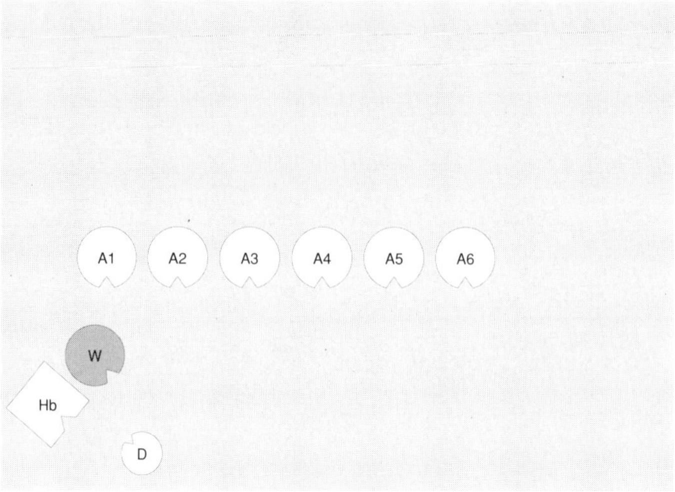

図5

ヘリンガー　（代理人たちに）皆さん、今の気分はどうですか？
（全員オーケーだと答える）
ヘリンガー　オーケー、ここまでにします。
（グループに）二重の転位への働きかけについて説明したいと思います。二重の転位の中にいると、それに影響された人はもはやその人そのものではなく、誰かと同一化していることが明らかに分かります。同一化するとは、あなたは同一化している人の感情を持っていて、その人の感情をまるで自分のものであるかのように感じたり行動したりすることを意味します。あなたはその同一化している人を自分とは別の存在とは見なしておらず、そのうえ何が起きているかを把握すらしていません。だからおばたちをこの場の中に入れる必要がありました。それでローラがおばたちを自分とは別のものと体験することができたのです。代理するおばたちを実際的に見ることが、彼女が同一化を解消するのを可能にしたのです、特に「私は敬意をもってあなた方にお辞儀をします」と言ったときに。おばたちはあらためてローラのおばになり、ローラは本来の自分自身に戻りました。おばたちは再び自己の権利と自分自身の尊厳のために責任を持つ大人となり、ローラはかつて幼い日々にそうであったように、おばたちを愛することができる子どもとなります。
おばの代理人の1人　おばの代理をしていたときに、私は、敬意を見せてもらうことの重要性をとても強く感じました。
ヘリンガー　おばたちにとって、突然自らの尊厳に満ちて立つことができたことでどれほど心地良く感じたか、それは明らかでした。そのことを抜きにしてはうまく行かなかったことでしょう。愛の前に尊敬の念がなければ、何もなし得なかったことでしょう。これは子どもが両親と和解するときにも当てはまります。特に両親に対して何か間違いをしたり、見下したりしたようなときには、多くの場合、子どもたちは最初に両親に敬意をもって頭を下げなくてはなりません。愛の前に尊敬が先行したら、本当に愛情ある出会いを育むことができます。そうでなければ何かが欠けていて、出会はエネルギーのないものになります。

結婚相手との間での最も深刻な問題は、二重の転位が土台となっています。何が問題なのか発見しようとするすべての努力は、同一化が認められ、解決されない限り失敗します。そうしたときにのみ、新しい肯定的な関係を築けるのです。他の誰かと同一化している人々は、異なる世界に生きており、もはや自分自身として応えることができません。彼らにとっては自分自身が異邦人であり、自分のパートナーをありのままに見ることができず、やはり異邦人として見てしまいます。すべてがゆがめられているのです。

ローラ　本当に驚いています。生まれて初めて、誰も私に触れていないのに、背中の下の部分に暖かさを感じます。このように感じたことは今までありませんでした。

夫の代理人　ローラが「ごめんなさい。私は知りませんでした」と言ったとき、私は大変感動しました。

間違った種類の許し

ヘリンガー　（ローラに）私はあなたが「お願い私を許して」と言ったとき、あなたを止めました。それが何の役にも立たないだろうからです。私は「許し」を理解することに長い間興味を持ってきています。そしていくつかの驚くべき観察をし、いくつかの重要な洞察を得ました。私たちが普通信じていることに反して、私たちは許しを求めることはできません。また、たとえ許しを求めたとしても、誰も他人を許す力は持っていません。誰かが私に許しを求めるときというのは、まるで私が罪の重さを制限したり、その人がしたことの結末を決めたりできるかのように、その人はその罪の責任を私に押し付けているのです。これは人が告白するのと全く同じです。告白する人々は、自分の行動の結果の責任を他人に押し付けています。たくさんの人々が自分のしたことをセラピストに告白しますが、自分が傷つけた相手とは話しません。もしセラピストがそれを許してしまうと、セラピストは起きたことの責任を負い、それを引きずることになります。セラピストが自分を守るための1つの方法は、「私はそれについて聞きたくありません」と言うことです。

許しは、許す人と許される人の間に不均衡をもたらします。しかしあなたが偽りのない悔恨を表現するとき、あなたは平等の関係にとどまります。あなたは自分の尊厳を保ち、あなたが許しを求めたときよりも、相手はもっと楽にあなたと接することができ、あなたを受け入れることができます。

ローラ　それは感じました。そこには大変な違いがありました。あれは確かに正しい言葉でした。

ヘリンガー　あなたの苦しみが夫への尊敬をあらわす証拠です。それで充分です。

子どもたちのための結論

ローラ　（翌日）今朝私は、素晴らしい気分だと言おうとしていました。実際、10分間ぐらいそうしていたのです。でも今は何か他のことが私に起こっていて、あなたのアドバイスが必要です。私は夫の家族の中に嫁いだのではなく、彼の方が私の家族の中に入ったのです。離婚後、私は生まれたときの姓を再び使い始め、娘も同じ姓を使っています。元の夫の両親は私たちの離婚にとても干渉したので徹底的に争いました。私は娘に離婚した夫の家族と関係を持つことを禁じましたが、今はそれがきわめてひどい過ちだったと考え始めています。

ヘリンガー　はい、確かにそうです。しかし、まだ正しくすることは可能です。

ローラ　他にも話さなければならないことがあるのです。娘はこの6ヵ月間、夫とは会っていません。なぜなら彼が娘を性的に虐待してきていた疑いがあったからです。私は娘を預けることでは夫を信頼できません。しかし今は、娘は祖父母とは連絡を取るべきで、父親と一緒に祖父母を訪れるべきだと感じるのです。今日私の感じていることを、もし誰かが昨日私に向かって言ったとしたら、私はその考えを一笑に付したでしょう。しかし私はまだ彼を信頼できないのです。

　私は子どもを犠牲にしてきたといつも感じていました。これは新しい気づきではありません。これは私の家系に何代にもわたって好まれてきたゲームで、私は同じことをしたくはありませんでした。娘が必要としていたときに、私は娘を守ってきたと確信していたのですが、もう自信を持てません。今、私は勇気を奮い起こし、信頼して、元の夫に「娘を連れていって祖父母と一緒にして。そこが娘の属する所です」と言うことができません。

ヘリンガー　ええ。性的虐待の解決に関しては、あなたは娘にこう言うことができます。

　「あなたは、私のために何かをしてくれました」

ローラ　娘にこのことを話す必要性が本当にあるのでしょうか。

ヘリンガー　そうです。子どもたちは根底にある力動の真実を感じ取っています。そして、それを明らかにする言葉を受け取るに値します。しかし慎重になさい。あからさまに何でも言う必要はありません。あなたは娘にこのように言えます。「あなたは、私のために何かをしてくれました。そして今すべてが再び正しくなることができます」またあなたの娘にはこのようにも言えます。「子どもたちはいつでも無垢です」彼女はそう知る必要があります。もしあなたがそうするなら、あなたは夫とともに起きたことの責任を受け入れることになり、子どもは自由になります。

身体障害の兄と認知されなかった異母兄、2人とも幼児期に死亡

ウーナ　あなたがお墓について話してから、私は死について強く複雑な思いで考え続けています。

ヘリンガー　私はそのような話は聞きたくありません。

ウーナ　私もそのことについて話したいのではないのです。でも昨日、初めて何かが私の中に浮かびました。私には実の兄の他に、非嫡出の異母兄がいました。私の実兄は重い脳障害があり、私が生まれて6ヵ月後に死にましたが、やはり幼い時に死んだ非嫡出の異母兄のことは今まで私はそんなに考えたことなどありませんでした。でも今、あなたがここでしているワークが、今初めて、異母兄を私の近くに感じさせてくれました。

ヘリンガー　あなたの異母兄は長男だったのですか？

ウーナ　いいえ。彼は私と兄の間です。私が一番下です。

ヘリンガー　あなたの異母兄の母親はどんな人ですか？

ウーナ　彼女がその後結婚したこと以外、私は何も知りません。彼女は私の父の秘書でした。彼女がその後、大丈夫だったということだけを知っています。私は父の死後、それを知りました。

ヘリンガー　このような状況において、愛が従う法則は、私たちの正しいとか悪いとかいう道徳的確信からかけ離れています。このような状況下で愛が最も良く仕えるのは、男性が最初の妻と別れて、新しく生まれた子の母親と結婚することです。それが彼にとってのするべきだった正しいことだったでしょう。実際はあなたの母親が優先権を与えられ、夫は彼女の元にとどまりました。それは2番目の女性が不当に扱われたことを意味します。

ウーナ　私の母はその子を引き取ることを望みました。

ヘリンガー　いやいや、それもまた良くなかったことでしょう。あなたの母親

にはその子に何の権利もありません。

ウーナ　そうですね。母には何の権利もありませんでした。

ヘリンガー　あなたが生まれた家族のコンステレーションを立てなさい。そしてそれがどのようなものか見るとしましょう。

あなたの両親のどちらかが、以前に結婚していたり、婚約したことがありましたか？

ウーナ　ええ、父が。私の父には先妻がいます。父の死後、知りましたが。

ヘリンガー　その結婚で子どもはいましたか？

ウーナ　いいえ。私の母も、母にとって大変重要だった結婚以前の関係のようなものがありました。その男性は母より25歳年上でした。

ヘリンガー　その2人ともこのコンステレーションに必要です。

あなたの両親いずれかが長男の脳障害に対して、自分自身やパートナーを批判したり非難したりしましたか？

ウーナ　母はそうだったと思います。母はその出産の間、薬を飲んでいました。産婆が母に薬を与えました。母はリラックスしたかったのだからだと思うのです。母は薬について罪悪感を抱いたと思います。

ヘリンガー　ここにいる医師の方々はどう思われますか？　薬が子どもの脳に障害を引き起こした可能性はあるでしょうか？

医師　もし薬が出産を長引かせたなら、イエスです。

ウーナ　その子は分娩の最中に止まり、完全に動けなくなったのです。私の母は後にそのことを否定しました。

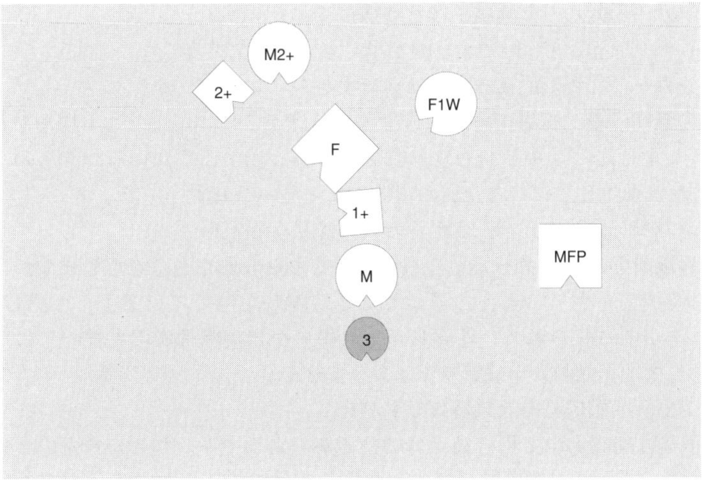

図1

F	父親
M	母親
1†	第1子、身体障害者、死亡
M2†	非嫡出の息子の母親、死亡
2†	父親の次男、非嫡出の息子、死亡
3	**第3子、娘（＝ウーナ）**
F1W	父親の最初の妻
MFP	母親の以前のパートナー

ウーナ　突然とてもたくさんの人たちが周りにいるみたいですが、私はいつも独りぼっちと感じてきました。

ヘリンガー　父親はどんな気分ですか？

父親　全然良くないです。腹が立っているのですが、とても混乱した状態です。前にも後ろにも動くことができないという感じがあります。

ヘリンガー　母親はどうですか？

母親　最悪です。本当に、本当に最悪です。

ヘリンガー　死んだ長男はどうですか？

第1子†　私は良い気分です。私はこちらの2人の間で広く、深く、暖かく感じています。私には他に何もいりません。

ヘリンガー　非嫡出子の息子の母親はどうですか？

死んだ非嫡出の第2子の母親†　私はまるで自分が子どもとともに置き去りにされたように感じています。大変な責任を感じています。

ヘリンガー　死んだ非嫡出子はどう感じていますか？

第2子†　ひどく悲しいです。涙が出てきます。全然良くないです。

ヘリンガー　父親の最初の妻はどうですか？

父親の最初の妻　奇妙です。一方では、私はここにいる誰とも一切かかわりたくありません。しかし、もう一方では、もし私がここにいるべきものなのであれば、私はここにいる全員の祖母になりたいのです。

ヘリンガー　母親の元パートナーの気分はどうですか？

母親の以前のパートナー　私の右側にたくさんのぬくもりを感じます。まるで優しく撫でられているか、もしくは私が誰かを撫でているような感じです。なんだか引っ張られている感じがありますが、実際はこの女性の方にだけそう感じます。他の人々は重要ではありません。

ヘリンガー　娘はどんな気持ちですか。

第3子　私は真ん中で引き裂かれているかのようです。私のからだの半分、右側は暖かで、背中側もそうです。もう片方は氷のように冷たくて、救いがない感じです。

（ヘリンガーは父親の最初の妻を、皆と顔を合わせるように動かす）

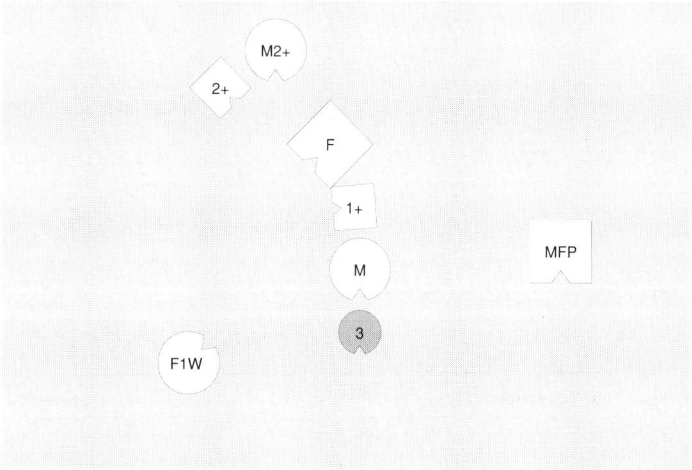

図2

ヘリンガー　父親の今の気分はどうですか？

父親　彼女が見えるので前より良い気分です。彼女が後に立っていたときは全く良くありませんでした。

母親　まだ良くはありませんが、だいぶ良いです。

第3子　誰か見る人がいて、私は嬉しいです。

ヘリンガー　最初の妻はどんな気分ですか？

父親の最初の妻　さっき立っていた所ではとても寒かったのですが、ここでは突然暖かくなりました。今は関心がわき始めています。今はそこにつながりがあります。

(ヘリンガーは母親を父親の最初の妻の横に動かす)

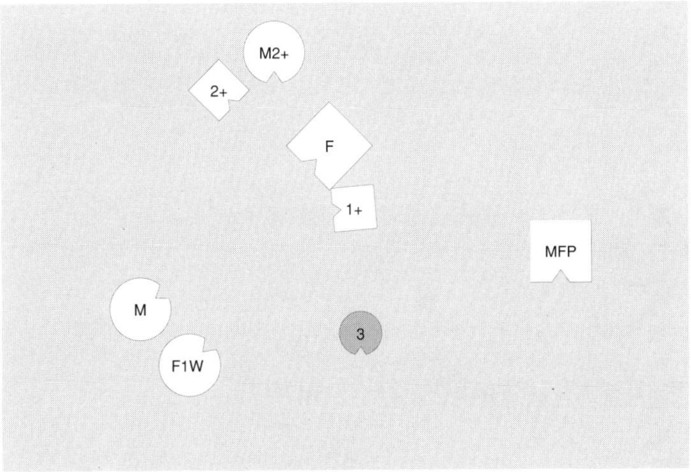

図3

父親　この方が良いです。今、初めて2番目の妻が見えます。あなたが彼女を動かすまで、彼女がここでいったいぜんたい何をしているのか不思議に思っていました。私は彼女に反対はしませんが、彼女に対して特に感情もありません。

第3子　もっと楽に呼吸ができます。

第1子†　私には別に何も変わらないです。

(ヘリンガーはコンステレーションを変え、死んだ長男を両親の前の床に彼らに背を向けて座らせ、よりかからせた)

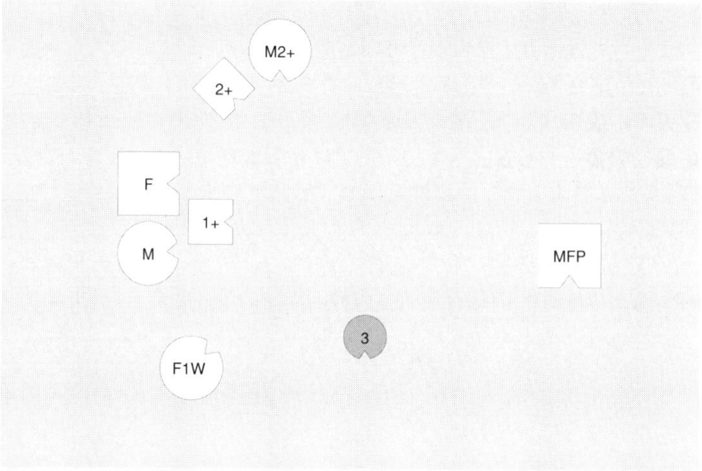

図4

ヘリンガー　長男にとって、これはどう感じますか。
第1子†　適切な感じです。
ヘリンガー　母親は？
母親　悲しくなってきました。

（ヘリンガーは死んだ非嫡出の息子を父の横に置く）

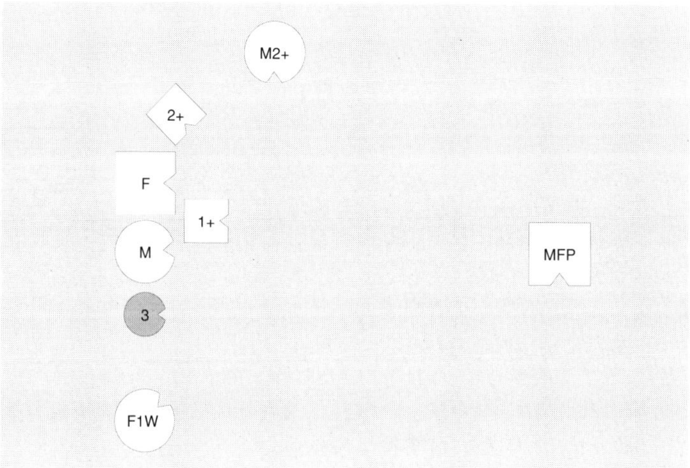

図5

ヘリンガー　今父親はどう感じていますか。

父親　奇妙です。私の非嫡出の息子が横にいることが、私をどちらかというと落ち着かなくさせます。そこの床の息子は良いのです。妻とつながりを持つ唯一の理由は、私たちの息子の世話をできるからなのです。私は妻に同情を感じていますが、私たちの関係には何か全く正しくないところがあるとも感じています。それが何だかは分かりません。

ヘリンガー　体系的な視点から見るなら、2人の関係は終わっています。ところで娘はどんな気分ですか？

第3子　良くありません。

（ヘリンガーは解決を配置する）

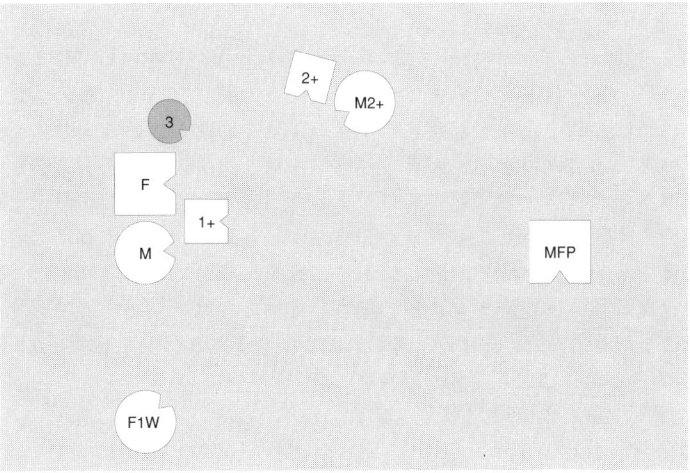

図6

ヘリンガー　この位置で娘はどう感じますか？

第3子　良くなりました。

母親　私も良くなりました。

ヘリンガー　死んだ非嫡出の息子はどう感じますか？

第2子†　私は母の横にもう一度立てて嬉しいです。父の横にいたときは本当に孤独でした。

第3子　もう真中から引き裂かれているような感覚はありません。

ヘリンガー　非嫡出児の母はどうですか？

死んだ非嫡出の第2子の母親†　かなり良い気分です。息子が遠く離れていたのでとても寂しかったのですが、今は良くなりました。それで良いです。

母親　私はそれで悲しくなってます。

ヘリンガー　父の最初の妻はどうですか？

父親の最初の妻　私はもう彼らとは何のかかわりもありません。

ヘリンガー　後の出来事がとても強力なので、以前の関係はもはや重要ではありません。

（母親の以前のパートナーに）その関係はあなたにとって今も重要ですか？

母親の以前のパートナー　暖かさを感じていて、皆を見ているのは好きですが、しかしそれも終わりです。

ヘリンガー　（ウーナに）行って、あなたの場所に立ちたいですか？

（ウーナは自分の位置に行き、長い間皆を見ながら立っている）

ウーナ　私はこの右に向かい、左に向かうこのつながりを持っているのが好きです。良い気分にしてくれます。男の人たちの間に立っているのも良い気分です。私はお母さん子でした。母が私のことを心配しているよりも、父の横に立っている方が良かっただろうと思います。自分の代理が引き裂かれたようだと言ったとき、私はびっくりしました。私はよく引き裂かれたように感じています。それもしょっちゅう。真ん中から水平にか、垂直にてっぺんから下までか。この瞬間その感じはありません。そして私の左側には——この兄の存在は私には新鮮です。彼に気づいているのは、初めてのことです。悲しいことだとまだ思いますが、この瞬間、私をそんなに悩ませません。

ヘリンガー　今、ここに平和が訪れました。

（ウーナは父親と2人の兄を優しく撫でる）

ウーナ　今、良いです。

ヘリンガー　お話をしてあげましょう。それは……、

充足

若者が老人に尋ねた

「今ではほぼ存在してきているものの部分となっているあなたと、まだなりつつある者である私との違いは何ですか？」

老人は答えた

「私はそれ以上となっている」

「夜明けの日とは、前の日よりも素晴らしく映るものだ
なぜなら日の夕暮れ時とは、ほとんど過ぎ去っているからだ
しかし、新しい日もまた、まだ来ていないけれど
すでにそうあるものとなることができるだけだ
だからそれもまた消えてゆくことで成長する

時が進むにつれ成長し
まるでそれ自身の増え続ける重みによって引かれるように
夜に向かって深々と頭を下げるまで
それは昨日のように真昼に向かって高く上り
熱さが最高点に達する寸前に頂点にたどり着き
高みでしばらく休む
もしくはそのように見えるのだ

そうして、以前に過ぎた日のように
それもまた完全に過去となったとき、完成に到達する

しかし、ひとたびあったものは真に消えることはなく
なぜならそれは存在したがゆえに、それはあり続ける
今はそれは過ぎ去ったけれど、その影響は続き
後に続く新しいものを通して、それはさらに増すようになる
過ぎゆく雲から落ちる雨の丸い水滴のように
大海に溶け、そこにとどまる

それを夢見ながらも行為に移さなかったために
考えたが実行することを失敗したために
決して存在することのできなかったものだけ——
それらのすべてが私たちの経験として知られないまま
それらすべてが代償を払うことを恐れたもののために——
それらすべてが失われる

生きられなかった経験は決して取り戻すことはできない

このように、正しくふさわしい瞬間の神は
前に巻き毛、頭の後ろがはげた若者として私たちの前に現れる
前の巻き毛で私たちは彼をつかまえ
後ろからではただ空をつかもうとすることになる」

若者はそして尋ねた
「あなたがなっているものに私がなるためには
私は何をすべきでしょう？」

老人は答えた
「在りなさい」

ヘリンガー　オーケー、ウーナ？
ウーナ　そのお話は何か大切なことを私に語ってくれました。

望みなき闘い

エラ　私は良い気分です。自分の家族のコンステレーションを立てて以来、もっと目が覚めているような気分です。でも、私がコンステレーションを立てる前にあなたが言ったことで、分からないことがあります。あなたは、父の婚約者が私の役割の原型だという事実と闘うのは徒労だと言われました。それが分かりません。そのイメージははっきり分かったのですが。
ヘリンガー　それで十分です。ある人たちは、彼らが何かを否定すれば、それが消滅すると考えています。それが私の言おうとしたことです。
エラ　父の婚約者が正しい場所にいるので、今、私は良い気分です。
ヘリンガー　聖書の中で、ヤコブという者の物語があります。ヤコブは川のそばで一晩中天使と取っ組み合いをしました。
エラ　大天使ガブリエルではないですか？
ヘリンガー　カブリエルではありません。天使の名前は述べられていません。実際はこの話の中の天使は神のヴィジョンです。天使はヤコブに「離しなさい」と言いましたが、ヤコブは「あなたが私を祝福するまで離さない」と言いました。そうしてやっと彼らは離れることができたのです。いいですか？

他人の悲しみを負うことは人を弱くする

エラ　私はある変化の期間をかなり長い間、自分が通り抜けていっていると感じます。そして、それは悲しみと関係しています。今日、よりいっそう目覚めたと感じ始めてからは、エネルギーで満ちていると感じました。でもウーナが彼女のコンステレーションを立てていた間、私は彼女の母の代理人をしたのですが、私はとても悲しくなってきて、それで私はこの感情を自分自身の悲しみに働きかけるためのものとして使いました。でも、なぜか私のエネルギーはどんどん消えていくようでした。今は戻っていますが。
ヘリンガー　他人の悲しみを負うことは、他人の罪を背負うのと同じことです。

正当な理由があるから、自分自身の悲しみは自分を強くする力があります。それはいつでもパワフルです。しかし、他人の悲しみはあなたに何も与えません。誰かが泣いて、他の人がそれに同情して泣くとき、自分の悲しみのために泣いている人だけが強くなります。他の人は弱くなります。

コンステレーションの中の精神衛生

フランク　ウーナのコンステレーションの中で父親の代理をしていたとき、私はめまいを感じ始めました。非常に不愉快でした。自分にとってはとても慣れ親しんだ感覚でした。

ヘリンガー　あなたは代理をした人の感覚から完全に離れなければなりません。これはとても重要です。このワークの基本的な原則の1つとして、コンステレーションの中で体験した感覚を自分自身の感覚であるかのように扱ってはいけないということがあります。たとえ、自分自身の感覚と類似性があったとしても、あなた自身の魂はあなたが個人的にかかわることを禁じます。そのコンステレーションの領域の外からある感覚があなたにひとりでにやって来るとき、それを自分のものとして受け入れることはできますが、決して他人のコンステレーションに関連して受け入れてはいけません。代理としては、あなたは完全にニュートラルで、個人的には触れられないようにしていてください。さもないと、あなたは空想と混乱に向かって自分をさらけ出してしまうことになります。これは重大な警告です。

フランク　ということは、たとえそれを共鳴するものとして体験したとしても、自分に合うか試すべきではないと言うのですか。

ヘリンガー　そのとおり、あなたがコンステレーションで代理人をしているときや、その直後、その感覚が自分に合うか試したいという誘惑に抵抗しなさい。もちろん、人類すべての重大な問題は、私たち全員の内に共鳴するものがありますし、ここで私たちがすることは全部、人類の重大な問題に関連しています。しかし、もしあなたが代理人を務めようとしているときに、個人的なやり方でかかわろうとすることを自分に許すと、それはまるであなたがスポンジのように、物事を無差別に吸い取っているかのようです。コンステレーションの中で感じるすべてのことは、あなた個人には一切関係がないという前提で、厳格であることが良いのです。たとえ関係があったとしても。

フランク　（笑いながら）ありがとうございます。

ヘリンガー　あなたがそうしているとほのめかそうとしてはいません。私はただ個人的にかかわらないようにと、警告として伝えているだけです。一線を越えないということが非常に重要なのです。

フランク　ここ数年、私はしばしば突然のめまいを感じるようになっていて、座り込まなくてはならないほどです。肉体的には何も問題ないのですが、心配になります。それが何なのか知りたいのですが。

ヘリンガー　私の提案は、今度またそれが起きたら、ただリラックスしてその感覚を手放しなさいということです。「手放す」に関して、思い出した文章があります。魂に触れる価値ある言葉です。たぶんあなたの役に立つでしょう。その言葉は「手放すとは、進み続け、変化すること」

幸福でいることのストレス

フランク　昨日自分の家族のコンステレーションをして以来、それと内側でずっとワークし続けています。それが私にとってどうにもひどく手に余るものだったので、そのことについてはできるだけ意識的に考えないようにしてきました。このことをはっきりと理解したとき、私は今までにもたびたび物事は自分の手に負えないとよく感じているとふと気がついたのです。これが時々私を脅迫神経症的に読書に駆り立てるのです。

ヘリンガー　あなたはたぶん幸福でいることはストレスだと見抜いたのです。

フランク　（笑いながら）そうかもしれません、もちろん。おかしいですが、このような人の輪の中に座っていると、私は何度も何度も参加者の頭数を数えているんです。

ヘリンガー　幸福であることから自分の注意をそらすには、それはとても良い方法ですね。あなたに短いお話をしてあげましょう。

ナスルディンと呼ばれるその男は——彼はイスラム教の律法学者か、もしくはそのような種類の人で——誰かが彼の手の中に金貨を数え入れている夢を見ていた。彼が9枚の金貨を手にしたとき、金を数えていた男は突然それをやめてしまった。ナスルディンは叫んだ。「10枚全部じゃなきゃだめだ」あまりにも大声だったために彼は目を覚ましてしまった。再び目を閉じて、彼は言った。「分かったよ、9枚でも良いよ」

他に何かありますか、フランク？

離婚と罪

フランク　はい、ウーナのコンステレーションで父親の代理をしたとき、突然、自分の別居と離婚について子どもたちがどう感じているか自分がよく知らないとふと気がつきました。そのことについて子どもたちと話すのはつらいことだと感じます。

ヘリンガー　あなたの子どもたちには関係のないことです。

フランク　でも、子どもたちがどう感じているのかを知りたいのです。

ヘリンガー　子どもたちに、どう感じているか聞くのはかまいませんが、その離婚についてはどう感じているか聞くことはできません。そのことについて子どもたちに話してはいけません。離婚は両親の間の問題で、子どもたちに対して別居を正当化してはなりません。

しかし、これには別に重要な側面があります。離婚にはいつでも罪悪感の要素があり——離婚は例外なく罪として経験されます。もしあなたが子どもたちに、彼らがこれで良いかと感じているか、彼らがそうだと言うだろうと期待しながら尋ねるなら、あなたは潜在意識下で子どもたちに、彼らの責任ではない何かから、あなたを解放してくれることを求めているのです。それは大変な重荷を彼らに負わせることになります。

フランク　そんなことは決して望みません。ですが私に不安を感じさせる何かがこのすべてにあって、それが何なのかはっきりとは分からないのです。

無責任な離婚はしばしば子どもたちによって償われる

ヘリンガー　別居の場合、他にもよく考えなくてはならないことがあります。もしパートナーが無責任に結婚を放棄して、当然配慮されるべき考えがなく、例えば、彼もしくは彼女が「私は自分のための人生を送りたいのでここを去ります。あなたや子どもたちがどうするかはあなたの問題です」と言ったとした場合、その結婚での子どもが自殺を図るというのは稀《まれ》なことではありません。子どもは無責任な離婚を、償われなくてはならない、死に値する罪として体験します。

フランク　無責任な姿勢は償われなければならないと子どもは感じると、あなたは言われるのですね？

ヘリンガー　そうです。夫と妻が別れることを決意するときには、このことを熟慮せねばなりません。もしパートナーがお互いに真剣にとらえ、自分たちの間で完結できなかった問題の良い解決方法を見つけることに成功するなら、子どもたちが抱える重荷を取り除くことが可能です。もし両親2人ともが失敗したことに対する自分たちの責任を認め、そしてもし子どもたちが、両親が自分たちのしていることに真剣であることを知るなら、その時にだけ彼らは良い解決法を見つけることができます。そうであるなら償いの必要はなくなります。

フランク　私は償いとそれがどういう意味なのかについてもっと考えなければなりません。

償いのための代償を払う衝動

ヘリンガー　償いは埋め合わせの1つの形態、バランスへと向かう盲目的な衝動です。ちょうど自然界で体系《システム》をバランスに保とうとする傾向を観察するように、私たちは精神《サイキ》でも同じ衝動を見つけます。償いとは、魂《サイキ》が不均衡を均衡にする試みですが、しかし本能的な試みであり、それはしばしばその人がそれに耐えられるかという配慮なしにそれ自身の経過をたどります。私たちは本能的衝動を高め、より高いレベルでより高い秩序によるバランスと埋め合わせを達成することができます。私はこの高次のレベルを愛の秩序と呼びます。愛は、償うために代償を払わせることを求める盲目な本能的衝動よりももっと高次のレベルで働き、償いを不要にします。例えば両親が、彼らの結婚で物事が間違った方向に行ってしまったという事実を認め直視するとき、彼らは相互の影響のレベルを引き上げることができ、そしてそれぞれがその結果の責任を受け入れます。もしそうしたなら、愛が役立てられたのです。もう一方では、もし彼らが自分には罪がないという幻想や、互いに相手を責めたてることにしがみつくなら、そのときシステムは盲目的にバランスを捜し求めるようになり、罪のない子どもたちがそれを償うために充当されるのです。相互の影響を愛のレベルに引き上げるには、私たちは何が実際に起きているのかを明確に理解し、私たちの罪を受け入れることが求められます。ここで言う罪は、いわゆる道徳的な意味のことではなく、体系的な力動です。両親が自分たちの罪を負い、自分たちの行為の結果を引き受けるとき、子どもたちはもはや償うために強迫的にせき立てられることはありません。

現実否定としての罪悪感

ヘリンガー　この状況では、罪悪感は現実を否定した結果です。あなたが結婚の絆と責任によって縛られているという事実にもかかわらず、まるで自由であるかのように振る舞うとき、あなたは現実を否定しています。これが現実否定です。

フランク　私はそのように生きていました。自分が縛られていることに腹を立てながら否定していたのを覚えています。

ヘリンガー　あなたがそのことを正す時が来たようですね。それはあなたの以前のパートナーとの間に絆が存在すると認め、そして以前の絆を尊重したときにのみ自由に新しい関係に入っていけると知る内的なプロセスです。

ガートルード　離婚の際の子どもたちの年令によって違いはありますか？

ヘリンガー　間違いなくあります。子どもたちがすでに家を出ているのなら、子どもたちがまだ同居していたり、とても幼かったりするより、両親はもっと自由です。それはとてもはっきりしています。

トーマス　両親が無責任に行動していると誰が決めるのですか？

ヘリンガー　誰も決めません。それは何か経験されることです。夫婦が別れるとき、もし2人が正直ならば、パートナーの双方は自分たちが無責任な行動を取っているのかどうか分かっています。あなたの場合、無責任の要素があったように聞こえましたが。

トーマス　いいえ

（長い中断）

ヘリンガー　分かりました。決めるのは私ではありません。そのように聞こえるということです。ヘルダーリンの恋人たちについての短い詩があります。それは、

「別離よ！　それはとても賢く、良いことのようだった
なぜ今、私たちはショックを受けているのか
まるで私たちが愛を殺してしまったかのように
ああ、私たちは自分たちのことなどこれっぽっちも分かっちゃいない
支配する隠れた神が私たちの中にいるのだ」

どのように私たちがこの詩を解釈しようと、私が話していた経験についてヒントをくれます。

愛の達成によって生まれた絆

肉体的な愛の達成は、パートナーとの間に絆を生み出します。その影響は、子どもたちとその両親の絆と同じぐらいに強くなり得ます。パートナーとの別れ、特に自分の子どもの母親や父親と別れることは、自分の親から別れるのと同じほどの痛みやそれ以上の罪の意識の原因となり得ます。私たちにはこの絆の強さを過小評価する傾向があり、多くの人々が、気まぐれにクラブに入会したり、去っていくかのように、関係に入っては去っていきます。しかしひとたび絆が確立すると、私たちは痛みや罪の意識なしに関係から去ることはできません。愛は私たちのみせかけの自由を尊重しません。別れの痛みや罪の意識を感じないためにハートを閉じる人もいます。しかしそうしてしまうことで、新しい愛がつかまえられなくなります。絆の強さは、痛みと罪悪感のその深さと強烈さに反映されます。

母親の領域の中での影響

アイダ　ここで起きていることが私にとても深い影響を与えています。いくつ

かのコンステレーションの中で、幼くして死んだ兄弟姉妹の影響を見たことが、私の中に強い反応を引き起こしました。私を混乱させているものをはっきりとさせようとしています。私の母が私たちをいつも養ってきました。母は家族のためにお金を稼ぎ、私たちは母の稼ぎで生活していました。ですから私には妻の役割と夫の役割に、あまりはっきりしたイメージがありません。

ヘリンガー　父親に何かあったのですか？

アイダ　私の父は彼が生まれた家族と完全にもつれていました。父は長い間、刑務所に入っていて、たぶん今もまだ服役中です。

ヘリンガー　どうしてですか？

アイダ　彼の政治的な見解のためですが、それは本当の理由ではありませんが。

ヘリンガー　本当の理由は何ですか。

アイダ　本当の理由は、私の祖母、父の母親が彼女の姉の夫の子どもをもうけ、そしてその子は殺されたのです。

ヘリンガー　殺された。誰にですか？

アイダ　たぶんその母親にです。私の祖母は子どもを産み、そしてそれから……子どもは死んでいたと言う人もいれば、殺されたと言う人もいます。私の父はこの問題ともつれていました。

ヘリンガー　彼は、他の人がしたことを償っているのです。しかしそれはあなたの夫と妻の役割についての質問とは関係ありません。あなたのための解決は次のとおりです。あなたのハートの中で、あなたは父親を彼の家族の所に行かせてあげ、そしてあなたは母親の方へ行き、隣に立つのです。あなたはそこで安全でしょう。あなたがすべきことはそれだけです。

アイダ　ええ、昨日は、仕事をする女性の役割の問題を含めて、物事がより明確になったように思えました。皆が私が野心的すぎると言います。

ヘリンガー　それは良いことです。あなたは母親を手本にしているのです。

アイダ　そのとおりです。父の方から来たものではありません。

ヘリンガー　たくさんの人たちが、あなたの母親のようなお手本を持ったなら幸福でしょう。

アイダ　ええ。そこのところで私は混乱していたのです。私はいまだに自分が父の影響下にあって、父に束縛されていると思っていたのです。しかしこれは彼の影響ではなく、母のです。

ヘリンガー　母親はあなたに良い影響を与えています。

家族の中の与え受け取る異なった方法

アイダ　別の質問があります。子どもたちは両親から受け取ります。もし私の姉が私の母親であるかのように、私に何かを与えたら何が起こるのでしょうか。親から受け取るのは自然ですが、姉からだとしたら何が起こるのでしょうか？

ヘリンガー　両親は子どもたちにありのままの自分たちを与えます。自分たちであることに付け加えたり、取り除いたりできません。子どもたちは自分の両親をただあるがままに受け取り、このように親が与えてくれるものに付け加えたり、取り除いたりできません。それはそういうもので、もしかしたら私たちはそれが嫌かもしれませんが、それを変えることはできません。私たちが手に入れた何かを誰かに与えるのとはずいぶん異なっています。それがまず第一のことです。私たちにとって最善の両親とは、まさに私たちが得ている両親であるということを理解するとき、もし両親が違ったらと願うことが全く意味をなさないということが明確になります。違う両親だったなら、私たちではない違う子どもが生まれたことでしょう。もし私たちにこの基本的な真理を理解することができるなら、深い感覚において私たちは両親を持つことができ、完結していると感じることができるのです。そして、自分の両親を変えようとすることを忘れることができます。

しかし両親とは何なのかということに付け加えて、両親もまた子どもたちに自分たちが得てきたものを与えます。彼らは子どもたちのために長年にわたってありとあらゆる方法で与え、子どもたちもまたこれを両親から受け取ります。両親が子どもたちよりもはるかに多くを与えるという事実は、親と子の間に、子どもたちにとって均等にすることなど決してできない、途方もない不均衡を創り出します。子どもはこのことを感じ、彼らはしばしば自分たちの親をけなしたり、親の品位を落とすことで、彼らが負っている恩から逃れようとします。しかし子どもたちは自分が両親から得たものを、自分の子どもたちに渡したり、社会福祉や地域奉仕活動にかかわるようになることで、他の人々に伝えます。この方法で、最終的には子どもたちはバランスを成し遂げ、埋め合わせをします。

しかしどの両親もまた、あなたの父親のように個人的な罪やもつれ、そして利点を持ち合わせています。それらは親だけに属するもので、子どもたちが親から受け取ったりできるものではなく、そうすべきでもありません。もし子どもたちがそうしてしまうと、彼らは愛を傷つけます。子どもたちは両親の罪やその結果も、両親の功績も引き受けてはいけないのです。子どもたちは両親の功績を得る権利を感じ、両親の罪に責任を感じるでしょうが、彼らがそれらを引き受けようとすると、彼らは自分たちも両親も傷つけることになります。もちろん、尊敬される地位に達した親の子どもたちは大いに有利な立場にあり、それが親が子どもたちに与えるものでもあります。しかし子どもたちが「父が偉大な画家だったから、私も偉大な画家です」とか「父が偉大な政治家だったので、私も偉大な政治家です」とかそういった類のことを言うのは愚かです。この点で、子どもたちは両親への尊敬のために一線を画さなくてはなりません。しかし、親から受け取ったものを使って、自分たちのために何かする子どもたちは、成した業績を自分自身のものとして主張することができ、そしてもし自らに罪を犯させる何かをするなら、これもまた子どもたち自身の罪だと認識しなくてはなりません。

しかしながら、ここに両親と子どもたち両方に共通の問題と義務があります。家族とは、生きのびるための共通の必要と、共通の運命を分かち合うことによって結び付いているグループです。グループの個々のメンバーには、それぞれ義務と責任があります。従って、必要なときには子どもたちもまた与えなくてはならないし、両親は全体としての家族の幸福のために貢献するよう子どもたちに要求することができます。あなたの姉はたぶん母親不在の際に、あなたの世話をするという仕事を引き受けたのでしょう。姉が与えたものをあなたが受け取ったのは正しいことであり、実際あなたに他の選択はありませんでした。

両親が、大いなる全体の幸福のための必要を超える要求を子どもたちにするとき、行き過ぎることがあります。例えば、親を慰めるように親が子どもたちに要求することが時にあります。そうすると子どもたちが、まるで自分の親にとっての親であるかのように振る舞わなくてはいけなくなり、そして親がまるで自分の子どもたちの子どもであるかのように振る舞います。これは親子間のゆがんだ関係です。子どもたちは両親からのこのような要求に対し、自分たちを防御するすべを知りません。子どもたちは、彼らがそれに対し自分たちには防御しようもない何かともつれるようになり、後に彼らは自分自身を罰するべきものと見なすように強いられるのです。例えば、不適当に責任を負わされた子どもたちは、その後しばしば病気や不運、失敗したり、早死したりします。子どもたちが大人になったときだけ、そしてどのようにもつれていたかを理解するときだけ、例えばサイコセラピーのような助けが必要かもしれませんが、彼らはそれを正すことができるのです。分かりましたか。

アイダ　はい。

最愛の重荷

ウィリアム　私はウィリアムです。アイダと結婚していて、幼い娘がいます。私の職業はエンジニアで、妻と私はコンピューターのための計測機器を作る会社のオーナーです。今１日に12～14時間仕事をしています。私はこんなに長く働きたくはありませんが、どうもしょうがないみたいです。私はそうしなくてはならないと思います。自分が自分のボスであるのですが、物事をなおざりにするわけにはいかないのです。

ヘリンガー　それはそんなに単純なことではありません。物事をなす正しい方法というのはありますが、自分を傷つけることなしにそこからはずれることはできません。この正しい方法の観点からは誰も自由ではありません。会社で責任ある地位を得たとき、それがたとえ自分の会社であっても、あなたは自由ではありません。

ウィリアム　しかし私は好きなように、自由に仕事をしたかったので、自分の会社を始めたのです。

ヘリンガー　今あなたはそれが幻想であったことを発見しました。自営の人々は他の人よりも自由ではありません。あなたは自分の会社に責任があり、家族にも責任があり、そして自分自身にも責任があります。あなたに今必要なのは、異なる分野の中で均衡を図ることです。難しいことですが……。

ウィリアム　現在、長期にわたってやらなければならないことがありすぎるのですが、でももっと小さな単位に仕事を分けられるかもしれません。

ヘリンガー　あなたは、解決を見せている私をいきなり中断させます。あなたが問題を繰り返したときに、私はあなたの問題についてまさに答えようとしていたのです。あなたはそのことである意味で幸福のように私には見えます。そんな幸福に私はあえて邪魔をするべきではないと思います。

ウィリアム　今、私は気分が悪いです。

（ため息をつき泣きそうになる）

ヘリンガー　私を親しみを込めて見つめてください。ウィリアム、あなたは私たちと本当には一緒にはいません。それを感じられますか？　あなたがそのような感情でいっぱいだと、あなたには自分が話している相手を見ることができません。それはあなたの感情が現在と無関係であることを示しています。

ウィリアム　そのとおりです。

ヘリンガー　もしあなたが、私に目を向け、私を見るなら、あなたの感情はすぐに変わります。

（しばらく中断）あなたは、まだ私に目を向けていません。感じられますか？　たとえ私に目を向けても、あなたには私を見ることができません。

ウィリアム　今、あなたが見えます。

ヘリンガー　いいえ、見えていません。まだです。

ウィリアム　いいえ、見えています！

（彼は目の前のかすみを拭おうとするかのように手を動かす）

ヘリンガー　あなたにはまだ私が見えていません。それに気がついていますか？　あなたはまだ自分の内側のイメージでいっぱいです。アイダには私が見えますが、あなたには見えません。

（アイダはウィリアムの横に座っている）

ウィリアム　今朝ここに来た時は、とても良い気分だったのです。でもグループの中で起こった出来事以後、例えばハリーに私はひどく打ちのめされました。特に「犠牲者」という言葉で。

（長い中断）

ヘリンガー　あなたは犠牲者ですか。

ウィリアム　はい。

ヘリンガー　誰の？　何の？

ウィリアム　私には物事をアレンジする技能があるので、だから犠牲者になるのだと思います。

ヘリンガー　犠牲者は償わなくてはなりません。質問は、あなたが誰のために償いをしているのかです。あなたの家系の誰かのためにですか？　それとも自分自身の罪のためなのですか？　あなたは何かで罪を犯しましたか？　例えば交通事故とかで誰かの死の原因になったことは？

ウィリアム　いいえ。しかし私の父は私生児で、そして祖父について話すことはタブーでした。私は祖父に会ったことすらありません。最近、祖父に家族があったこと、それから祖父の息子の1人、私のおじにあたる人が自殺したことを知りました。

ヘリンガー　分かりました。あなたの家族のシステムに何か不吉なものがあります。一緒に見てみましょう。

私生児の父、家族から除外された祖父

ウィリアム　誰が必要ですか

ヘリンガー　あなたの父親、母親、その子どもたちです。あなたの両親のいずれかが結婚前に他の人と結婚したり、又は婚約していたりしましたか、また、幼くして死んだ子どもはいますか？

ウィリアム　いいえ。

ヘリンガー　誰か欠けている人は？

ウィリアム　言ったように、私の父方の祖父のことはタブーでした。

ヘリンガー　彼を入れるのは、しばらく待ちましょう。まず最初に核となる家族を立てます。

（ウィリアムが彼の家族のコンステレーションを配置しているとき、彼は自分の代理人を父親役と向き合わせて配置することから始めて、その後もっと遠くに動かした）

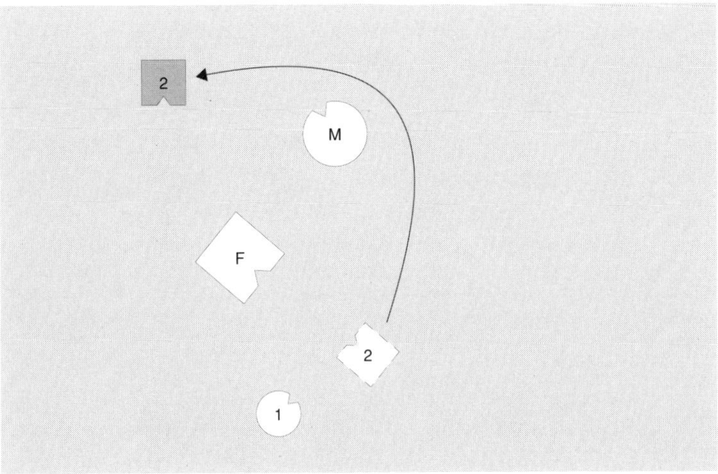

図1

F	父親
M	母親
1	第1子、娘
2	**第2子、息子**（＝ウィリアム）

ヘリンガー　あなたの両親は離婚していますか？

ウィリアム　いいえ。

ヘリンガー　あなたの母親の家族に何かありましたか？　誰か死にましたか？

ウィリアム　私の祖父の最初の妻は、初めての子、息子を出産した時に死にました。祖父は再婚して、2番目の妻との間に3人の子どもをもうけました。私の母と2人のおばたちです。

ヘリンガー　あなたの祖父の最初の妻は重要な存在です。コンステレーションに彼女を加えましょう。

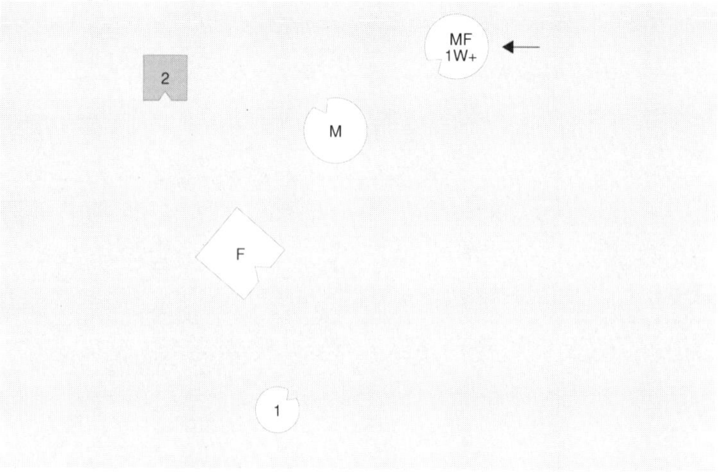

図2

MFIW †　母親の父親の最初の妻、出産時に死亡

ヘリンガー　父親はどう感じていますか？
父親　どっちかというと途方にくれたような気分です。
ヘリンガー　（グループに）これ以上にはっきりと、家族の結び付きが欠けているコンステレーションを配置するのは困難でしょう。
母親はどう感じていますか？
母親　最初、自分がまるで死んだように感じました。
ヘリンガー　（母親に）それはあなたの父親の最初の妻との同一化です。
母親　夫にわずかに引き寄せられる感じがあります。息子がやって来て私の前に立ったとき、少なくともなにがしかの人間関係を持った気がしました。
ヘリンガー　娘はどう感じていますか？
第1子　良くも悪くもありません。
ヘリンガー　（ウィリアムの代理人に）息子はどうですか。
第2子　この場に祖父の最初の妻が現れるまで、私はあまりに死んだ感じがしていたので、自分が生きているのか全く定かではありませんでした。私は誰とも一切かかわりを感じませんでした。彼女がここに現れてからは、彼女の方向から来ているわずかな暖かい感覚があります。
母親の父親の最初の妻†　私は怒っていて、目の前の女性をひっつかみたい気分です。私は自分が重要だと感じています。
父親　最初、ここに立っていてコンステレーションの残りが立てられていっている間、私は唇にぬくもりを感じ、私は妻の所へ行きたくなりました。しかしその感じはしだいに減っていって、今は一切なくなりました。
ヘリンガー　（ウィリアムに）あなたの祖父をコンステレーションに加えます。

（ヘリンガーは祖父を加え、母親に逆方向に向かせる）

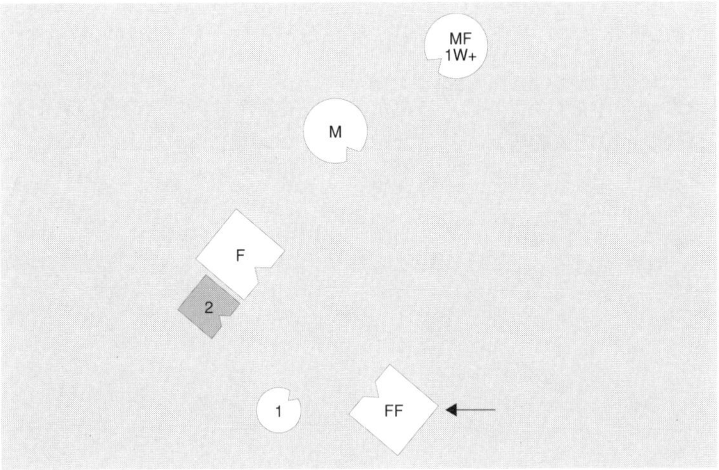

図3

FF　　　父親の父親

父親　今は良くなりました。より完成して感じられます。
ヘリンガー　そう、より完成しています。
（娘に）あなたにとっては何か変化はありましたか？
第1子　ええ、良くなりました。
ヘリンガー　母親はどう感じていますか？
母親　まるで死からよみがえったようです。
ヘリンガー　（ウィリアムの代理人に）どう感じていますか？
第2子　良いです。
母親の父親の最初の妻†　ウィリアムの母親が逆に向きを変えたとき、それが最も我慢することだろうと思いました。私は何にも我慢していません。（笑い）私は気分が良いです。この女性は私にとって大切です。他の人はそんなに重要ではありません。
ヘリンガー　母親は今どう感じていますか。
母親　前よりずっと良くなりました。でもまだ遠く離れていて、独りぼっちに感じます。

父親　私と妻と間の距離は良いです。今は彼女が正しい方向を向いていることが重要です。

父親の父親　私は前にいる2人、息子と孫息子が好きだと感じています。私は左側にいる孫娘も好きですが、私の関心は主に息子と孫息子に向いています。

第2子　父のそばに今ほど近づいている必要はありません。祖父が自分にとって非常に重要です。祖父がこの場に現れたときに、私は突然方位感覚のポイントを見つけました。

ヘリンガー　（ウィリアムに）あなたのお祖父さんはあなたの良いお手本です。

アイダ（ウィリアムの妻）　祖父はビジネスマンでした。

ヘリンガー　ビジネスマン？　彼もそうだったんですか？

（グループ一同笑う）

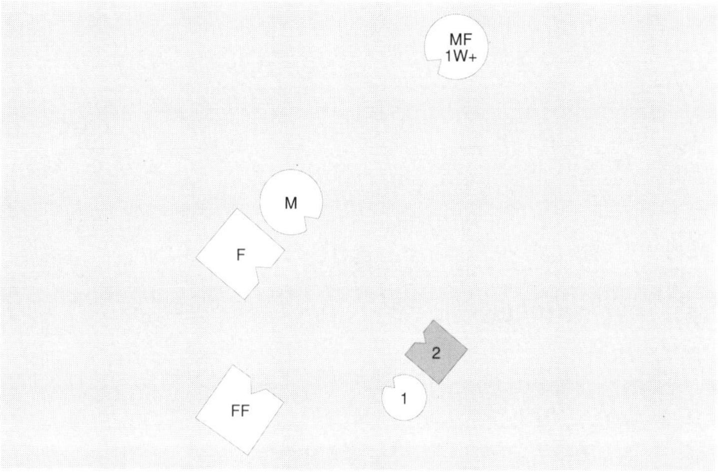

図4

父親　さっきの方がより暖かく感じられました。今、私の息子は私の反対側に立って、遠くに離れています。しかし、私はそれを受け入れなくてはなりません。私は何かを失ってしまいました。

第2子　また、何かぞっとするものが自分の中を走り抜けたのを感じましたが、これで良いのだと思います。父の隣に立っていたときより、ずっと良くなっています。

ヘリンガー　あなたの父親にとって、あなたは彼の父親の代わりでした。だからあなたの位置は交換可能なのです。
ヘリンガー　（母親に）あなたにとって何か変わりましたか？
母親　子どもたちの顔を見ることができるのが好ましいです。
父親　妻にこんなに近づいているのに慣れていません。でも受け入れられます。

（ヘリンガーは代理人を加える）

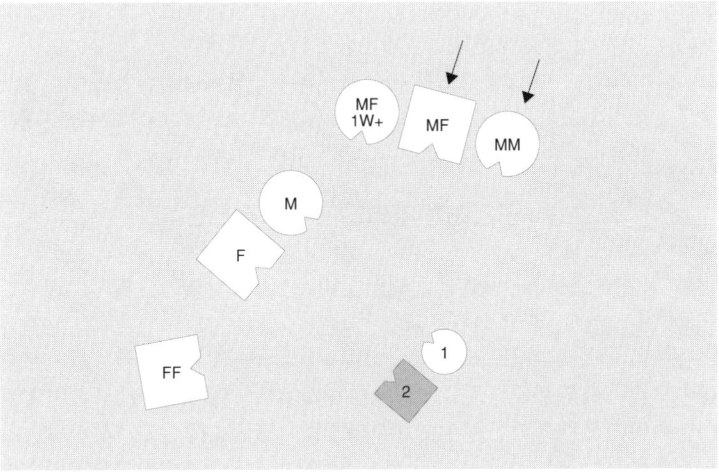

図5

MF	母親の父親
MM	母親の母親

ヘリンガー　（コンステレーションの中の人たちに）今皆さんはどう感じていますか？
母親　良いです。
父親　良いです。完結しています。今は物事のバランスがとれています。私は妻が横にいても大丈夫と感じます。以前は何かが全く正しくありませんでした。
第2子　両親がこんなに近づいているのを見るのがとても奇妙です。信頼しきれません。
父親の父親　私と孫たちの間に何もないのがとても良い感じです。また、息子をはっきり見ることができるのが好ましいです。しかし、女性たちはあまり私に関係ないみたいです。彼女たちを見ると恐くなります。

ヘリンガー　（ウィリアムに）自分の場所へ行って立ってみますか？
ウィリアム　はい
ヘリンガー　（グループに）私はこれらの力動について話したいと思います。女性が出産の際に死亡すると、それは殺人と同じ影響を家族体系に与えます。そして、それは殺人のように償いを求めます。通常、息子たちの内の1人が、何らかの方法で、死をもってでさえも埋め合わせなくてはならないという圧力を被ります。それがウィリアムだったのでしょう。だから彼は自分を犠牲者と感じたのです。この女性に当然与えられるべき尊敬が授けられなかったがために、ウィリアムは危険にさらされていたのです。
（ウィリアムに）あなたは母親から遠ざかり、父親にもっと近づく方がより安全でしょう。あなたの父方のお祖父さんがあなたをこのもつれから解放し、あなたを安全にします。良いです、これですべてです。

子どもが親の役割をするとき

アイダ　あなたはウィリアムに、彼が父親のために父親の父親の代理をしていると言いましたが、どういう意味ですか？
ヘリンガー　ウィリアムの父親は、父親を恋しがっていました。ウィリアムは父親の父親の役割を負いました。彼自身の実の父親の親の役目を引き受けました。両親のどちらかがもう一方の親と良い関係を持っていなかったときには、子どもの1人が、欠けている方の親の役目を父親、または母親のために引き受けるのです。これは時に「子どもの親化」と呼ばれ、関係が壊れたその理由は問題ではありません。

出産時に死んだ女性のための償い

フランク　母親が死んだ時に生まれたその子どもはウィリアムにとって重要ですか？
ヘリンガー　いいえ、ここでは重要ではありません。死んだ女性の方がはるかに強力です。
ジョージ　でも、もし子どもが死んだとしたらどうなのですか？
ヘリンガー　たとえそうでも、たぶん死んだ母親ほど重要ではなかったでしょう。
（ウィリアムに）子どもは死んだのですか？
ウィリアム　いいえ、彼は母方の一番年上のおじです。
フランク　（ウィリアムに）彼は今どうしていますか？
ウィリアム　元気です。
フランク　他の者が彼の重荷を負っているのに、彼が元気だというのに私は驚かされます。

ウィリアム　そうです。おじはいくつもの馬鹿げたことをしてきているのに、それにもかかわらず元気です。彼は本当に健康です。

ヘリンガー　（グループに）馬鹿げたことをしてきたというのは、もちろん彼が自分の命を危うくしたかったからです。彼のような境遇の人々は、しばしばそのようなことをするのです。ウィリアムは私たちにその手掛かりをくれました。

私たちの社会では、女性への敵意に満ち、その品位を落としめる馬鹿げた幻想が広く行き渡っています。このようなシステムにおいて、夫や息子はしばしば、出産で死亡した女性の死に償わなくてはいけないと感じるものです。それは私たちの社会において、生殖行為が、人類のすべての行為の中で、実際、最も偉大なものであるにもかかわらず、いまだにしばしば下品であると見なされている事実とかかわっているからかもしれません。これほどまでに偉大で人間的なものはなく、これほどまでに大変な危険を伴うものはありません。両親はそれを分かっています。両親は危険を承知し、子どもを持つとき、この入り組んだ危険を十分承知の上で行動します。これこそが生殖行為に偉大さを与えるものです。

男性も女性も危険を承知していますが、しかし最悪の事態が起きたときの結末は、命を失うことになってしまうので男性の側より女性の側の方が深刻です。これは例えば、男性が女性を殺し、彼の根源的本能のために彼女を犠牲にしたと解釈されるとき、それは女性に対しての重大なる不当な扱いとなります。それは子どものために生命をかける女性の品位を落とす、女性の尊厳——男性の尊厳とは全く別の——への侮辱です。

女性が出産時に死亡した場合、しばしば夫は殺人者として扱われます。しかしファミリー・コンステレーションでは、いつも例外なく明確に現れるのが、死亡した女性たちは夫たちを責めてもいないし、非難もしていません。彼女たちは出産の危険も、自分たちの尊厳も価値もよく承知しているのです。彼女たちが責めるのは、出産で死亡した女性たちの死を恐れるからでしょうが、彼女たちを尊敬もせず、栄誉も与えない人たちです。この恐れは何世代にもわたって受け継がれ、その出産で死亡した女性の死は、時に何世代にもわたり償われていきます。その償いは奇妙な形態をとることがあります。

例を挙げましょう。ワークショップの参加者が、彼の家系のコンステレーションを立てていました。父親、母親、そして3人の兄弟です。3人の兄弟は皆落ち着きがなくて、いらだっていました。しばらく試していくなか、私たちはついに参加者の曾祖父の最初の妻が出産時に死んだことを知ったのです。私がその死んだ女性を3人の兄弟の後ろに配置したとき、3人兄弟は突然静けさと平和を感じ始めました。3人ともホモセクシャルで1人は自殺していました。出産時に死んだ女性の死を償うために、家族体系の中の誰かが、時には孫や曾孫が自殺するのはかなりよくあることです。ところで、これはまた、多くの同性愛者の男性は、女の子がいなかったために家系の中で女性の代理をしなくてはならなかったという、私がしばしば観察してきている、一群の力動を明示しています。

（ウィリアムに）解決に興味があるのなら、母親と母親の家族の影響する領域から離れて、父親やビジネスマンであった祖父の影響する領域へ入っていきなさい。それがあなた自身を母親の家族の中のもつれから解放し、自分は犠牲者だという感覚や、何かを償わなくてはならないという感覚から自由にしてくれます。

ウィリアム　しかし私はつい最近まで、祖父が会社を経営していたことは知りませんでした。

ヘリンガー　もつれは言葉によって受け継がれません。それは私たちの意識的な知覚なしに作用します。もつれの原因を知覚することは、直接的で瞬間的です。もしそうでなければ、私たちはファミリー・コンステレーションでこのワークをすることができないでしょう。

フランク　実際に、もしくは想像された罪についてもう1つ質問があります。私の理解では、子孫の1人が、一方では死んだ女性と同一化し、もう一方ではその先祖のものと見なされた罪と同一化します。しかし2人は違う人間です。

ヘリンガー　実際に何人の人間がかかわっているという数はそう重要ではありません。家族体系の中で作用している良心は、そんなに区別はせず、全員を1つの単位として扱う傾向があります。その体系の中で作用している幻想は、殺人者として祖父は自殺すべきで、そうしなかったために他の誰かが代わりをしたというようなものでした。しかし妻が出産時に死んだその男は、そのような幻想は持っていませんでした。彼の方がよく分かっていたのです。彼の子孫がその幻想を持っているのです。

しかし、この背後には別の考えがあります。家族体系の中の誰かが死ぬと、他の誰かが埋め合わせのために死ななくてはならない。これは魂の奥深い所で作用する、古代からの原始的な埋め合わせの考え方です。埋め合わせへのこの古風な衝動は、愛の法則に従って、より高次の愛に変容させることが可能です。家族体系の中の他の人のために居場所を作った人に、当然与えられるべき尊敬と栄誉が与えられたとき、他には何もなされる必要がなくなります。他の誰かがそれ以上のことをしたり、別の方法で償おうと試みたり、罪を背負ったりするや否や、故人への当然の尊敬は減少させられます。それに値するのは、生命への奉仕のための故人の犠牲に対する尊敬と感謝なのです。他には何もいりません。だからこそ私たちの誰もが、必要なことをなす力の内にそれを持っているのです。

フランク　では私たちに必要なのは感謝と尊敬なのですね。

ヘリンガー　そうです。生命に仕えるものへの尊敬と栄誉です。

カール　そのことを少し前まで聞きたいと思っていたのです。自分を犠牲者のように感じている人が、その関係する人に対し、当然与えられるべき尊敬と栄誉を与えれば、それで十分なのですか？　他にも誰かが同じようにすべきなのではありませんか？

ヘリンガー　それがハートの奥深い所で、誠意をもって行われるなら、それで十分です。ウィリアムは、彼の母親の母親、それから彼自身の母親と彼のために場所を作ってくれた、祖父の最初の妻に栄誉を与えなくてはなりません。彼女の死は、彼の生命のための代価として支払われました。

アン　その不運が母方から来るか、父方から来るかによって、何か違いはありますか？

ヘリンガー　いいえ、違いはありません。

§

ここで、あなたたちにメッセージが暗号化されてながら、それを明かしてもいる、おとぎ話を語りましょう。それは私たちが望むことで物事の在り方を変えることができると信じさせ、そして私たちが望む幸運よりむしろ、私たちが恐れる大変な不運に導くであろう行為をそそのかすのです。

そのようなイメージが背後に作用しているとき、本来の物語から多少変えて伝える方が助けになります。それは、私たちの願いにはそれ自身の限界があり、私たちの思い上がった行動は失敗する運命にあるということを明確にします。そうしてそのお話を聞くとき、私たちは地に足がつき、自分の限界を理解するのです。

幻想

年老いた王が死の床に就いて、王国の行く末を案じていた。最も忠実な召し使いヨハネを呼び、秘密を伝えた。それから言った「私の忠実なヨハネよ、私が死んだら息子の面倒を見てくれ。まだ幼くどのように自分を管理したらいいか分からないだろう。知っておくべきすべてを彼に教え、彼に忠誠を尽くして仕えてくれることを約束しておくれ」

忠実なヨハネは自分をとても重要と感じた（そもそも彼はただの召し使いにすぎない）。これから起きることに、この上なく幸福にも無知であった。彼は右手を上げ誓った。「それがたとえ自分の命をかけることになろうとも、私はあなたの秘密を守り、あなたの御子息に忠誠を尽くして仕えることを誓います」

その王はそれ以上何も言わず、枕に頭を置き、死んだ。王が墓に運び込まれ、喪があけると、忠実なヨハネは若い王に宮殿中を案内し、すべての部屋を、王国のすべての富を見せた。しかし、1つの部屋のドアは開けずに素通りすると、若い王は気づいて我慢ができなくなった。忠実なヨハネが父王がドアを開けることを禁じたことを告げると、王は力ずくで壊して開けようとした。ヨハネは心重く、ドアの鍵を開けた。

その部屋には1枚の絵があり、忠実なヨハネは最初に部屋に入り、1枚の絵の前に立って王にそれが見えないようにした。しかし、それは良くなかった。若い王はヨハネを押し退け、絵を見るや意識を失った。その絵は黄金の家の王女の肖像画だった。

意識が戻って来ても、どうしたらその王女を自分の妃に迎えることができるかだけで、王は何も考えることができず、我を忘れていた。しかし、今までに彼女の父親がすべての求婚者をはねつけていることを聞いて、公に結婚を申し込むことはあえてしなかった。そして彼と忠実なヨハネは頭をつきあわせて相談し、案を考え出した。

黄金の家の王女はこの世で他の何よりも金を欲しがっているということを調べ上げ、彼らは王家の宝物からすべての金製の宝飾品、金のテーブルウェアと食器のセットを船に積み込み、海を渡り、王女の住む街に到着した。忠実なヨハネはいくつかの金の物を持ち出し、こっそりと宮殿に売りに行った。王女はその話を耳にすると、彼が持っているすべてを見たいと頼んだ。ヨハネは王女に彼は金持ちの商人のただの召し使いで、船にはたくさんの金製品が積んであると言った。少し抵抗はしたものの、王女は「船まで案内して。自分自身で行ってみてあなたの御主人の宝物をながめるわ」と言った。

商人に扮した若い王は彼女を見て、実際の王女が絵に描かれているよりもはるかに美しいことが分かった。彼は王女を船倉に連れていき、彼女に金の宝すべてを見せた。

その間に忠実なヨハネは錨を揚げ、帆を張り、船は海に向かって再び出航した。王女はそれに気がつきはじめはうろたえた。その後彼女は何が起きているのか理解し、それが彼女の秘密の願いと完全に一致していることから、彼女は気がつかないふりをし続けた。彼女が見るべき全部の品物を見終わった後、船が岸からはるか遠くなっていることを発見して驚くふりをした。王は彼女の手を取り、「怖がる必要はありません。実は私は商人ではなく、国王です。あなたをとても愛しています。私の妃になってください」と言った。王女は彼を見ると、彼は優しそうだと思い、金のことを思い「はい」と言った。

海を渡って航行している間、忠実なヨハネは操舵機の所に座り、彼の策があまりにも上手くいったことで、幸福な調子で口笛を吹いていた。突然、3羽の大ガラスが彼に向かって飛んで来た。船に着くと、彼らはマストにとまり、喋り始めた。

1番目の大ガラスが言った。「王様はまだまだ王女に手に入れてないな。陸に着いたら栗毛の赤い馬が王に会いにさっと前に出て、王は宮殿に行くためそれに乗るだろう。しかし、馬は王を乗せたまま駆け出し、二度と目にすることはないだろうね」。2番目の大ガラスがと言った。「もちろん、誰かが先に馬に乗り、ホルスターからピストルを抜き、馬を撃ち殺さない限りはね」3番目の大ガラスが言った。「だけどもし、誰かがこのことを知って、話してしまったら、そいつは爪先から膝まで石となってしまうだろう」

1番目の大ガラスが言った。「たとえ馬が殺されたとしても、若い王はまだ花嫁を自分のものにしていないな。王様たちが宮殿に入ったら、織られた結婚の衣装が置いてあり、王はそれを身に着けたがるだろう。もし彼がそうするとそれは彼を硫黄やタールのように骨の髄まで焼き尽くしてしまうだろうよ」。2番目の大ガラスが言った。「もちろん、王がそれを身に付ける前に、手袋をはめた誰かがその衣装をつかみ取り、火の中に投げ込んだりしない限りはね」3番目の大ガラスが言った。「だけど、もし誰かがそれを知って、話してしまったら、そいつは膝から心臓まで石になってしまうだろう」

1番目の大ガラスが言った。「結婚の衣装が焼かれたとしても、王様はまだ花嫁をものにしていないだろうさ。婚礼の後、踊りが始まるとすぐに、お妃様は真っ青になって、死んだように倒れるだろう」そして2番目の大ガラスが言った。「それでもしも、誰かが妃のボディスを外し、右の乳房から3滴の血を吸い込み、外に吐き出さない限り、彼女は死んでしまうだろう」3番目の大ガラスが言った。「もしも誰かがそれを知って、話してしまったら、そいつは心臓から頭の天辺まで石になっちまうだろう」

さあ、忠実なヨハネに、事態は深刻になってきていることが明らかになった。しかし、彼は自分の誓いに誠実に、どんなことをしてでも自分の力で王と妃を救う決心をしていた。たとえ命にかえてでも。

陸に着くと、すべてが大ガラスの予言していたとおりになった。栗毛の馬が前方に跳躍した。王がまたがる寸前に、忠実なヨハネがその馬の背に飛び乗り、ピストルをホルスターから抜くと馬を撃ち殺してしまった。すると他の召し使いたちがこう言った。「何という神経の持ち主だ。何という恥さらし、王様を宮殿に連れていく、あの美しい馬を撃ち殺してしまった。彼は罰せられなければならない」しかし、王は言った。「彼をそっとしておきなさい。私の忠実なヨハネだよ。このことからどんな善きことが起こるのか、誰が知ろうか」

彼らが宮殿に入ると、結婚の衣装が置かれていた。王がそれを手にし身に着ける前に、忠実なヨハネは手袋をはめた手でぐいとつかみ、火の中に投げ込んでしまった。すると他の召し使いたちがこう言った。「何という神経の持ち主だ。今まさに王様は御婚礼のための衣装を身に付けようとしていたのに、彼はそれを王様の目の前で火の中に投げ込んでしまった。彼は罰せられなければならない」しかし、王は言った。「彼をそっとしておきなさい。私の忠実なヨハネだよ。このことからどんな善きことが起こるのか、誰が知ろうか」

そして結婚式が挙げられた。踊りが始まると、お妃様は真っ青になって、死んだように地に倒れてしまった。忠実なヨハネは彼女の脇に駆けより、王様が何もできないうちに――なぜなら王はまだ経験不足だったから――ヨハネは妃のボディスを外し、右の乳房を出し、それから3滴の血を吸い出し、外に吐き出した。すぐさま彼女は目を開け、再び元気になった。しかし王は起こったことを見て、恥じていた。そして召し使いたちが、今度ばかりは忠実なヨハネはあまりにやり過ぎだ、王が罰しないなら王様は笑いものだ、とささやいているのが聞こえてきたとき、王はヨハネに死刑を宣告し、地下牢に投獄した。

次の朝、しかし、忠実なヨハネは絞首台に引かれていって処刑されようとしたとき、彼は大ガラスたちが彼に言ったことを明かすべきか決めようとした。彼はいずれにせよ、死ぬ運命にある。もし、黙っていれば、彼は処刑されるだろうし、知っていることを明かしてしまえば石になってしまう。そして彼は話してしまうことが良いだろうと決心した。なぜなら彼が自分に言ったように、「たぶん、真実がそれらを救うだろう」からだ。

彼が死刑執行人の前に立ち、すべての死刑囚と同じように、最後の言葉を言うことが許されたとき、彼は出席者全員になぜあれほどひどく見える行いを彼がしたかということを話した。彼は話し終えると、倒れ、石になり死んでしまった。そのように彼は死んだ。

すべての人々が苦悩に泣き叫んだ。王と妃は宮殿の間に戻った。そこで妃は王を見つめ、言った。「私も大ガラスが言っていたことを聞きました。でも石になるのが恐くて何も言いませんでした」だが、王は指を彼女の唇に当てささやいた。「私も、彼らの話を聞いたんだよ」

しかし、ここでこの物語は終わらない。というのも、王は石になったヨハネをあえて埋葬しようとはせず、その姿をモニュメントとして宮殿の庭に置いたからだ。いつでもその側を通り過ぎるとき、王はため息をつき、話しかけた。「ああ、私の忠実なヨハネ」しかしすぐに彼は別のことで気もそぞろになった。なぜなら妃が身ごもったからだ。1年後に、彼女は双児を出産した。2人の愛らしい男の子たちだ。

2人の男の子たちが3歳の時、王は沈黙を続けることができず、妃に言った。「忠実なヨハネを生き返らせるために、私たちは何かしなくてはならない。もし、私たちが最も愛するものを犠牲にするのなら、私たちは達成することができるだろう」妃は青くなり言った。「私たちが最も愛しているのは、私たちの子どもたちじゃないの」王は答えた。「そのとおり」

翌朝、王は剣を抜き、息子たちの首を切り落とし、忠実なヨハネのモニュメントにその命がよみがえることを祈りながら、その血を注ぎかけた。しかし、彼は石のままだった。

妃は泣叫び、「これで何もかもおしまいよ」と、部屋に戻り、荷物をまとめ、自国に戻っていった。しかし王は自分の母の墓に行き、ひざまずき泣いた。

本来の物語を参照したいという気にさせられた者は誰でも、注意深く読んでいく中で、同じメッセージを発見するでしょう。加えて、しかしながらその人は、天国が空っぽであると発見してしまうという恐れが、偽りの希望に追い払われかねないと連想することで、本物のおとぎ話はベールをはぎ取られた真実の恐怖を和らげ、鈍くすることを見つけるでしょう。

父親と息子

ヴァルター　あなたの忠告に従って、昨夜息子と話し合いました。驚くほど楽でした。息子は「心理学者として、自分でもっと自分のことを分かっているべきだった」とだけ私に言いました。

私は「時には後押しもまた必要なんだ」と答えました。昨夜は少し遅くまで話しました。息子は「たぶん僕は結局、心理学を勉強するだろう」と言い、妻が「心理学を勉強したいなら、よい成績を取らなければならないでしょう」と付け加えました。私は「彼が本当に興味を持てばよい成績を取るだろう」と言いました。

ヘリンガー　それは心理学的によい進展でしたね。他の例を話しましょう。ワークショップに参加していた男性がある時「私の息子は私を尊敬しません」と言いました。私は彼に「あなたはそれをとても楽に解決できます。次に息子があなたに対して敬意を欠いた態度をとったなら、テーブルをこぶしでドンとたたいてこう言うのです。「聞きなさい、こら！　私がお前の父親で、お前は私の息子だ」。彼はその夕方帰宅し（彼は近くに住んでいたので）、翌朝彼はグループに向かって「私は昨晩、息子と今までで最高の話し合いができました。テーブルをたたくまでもありませんでした」と報告しました。父親の内面が変わったので、それが父親と息子の間に愛と尊敬が再び流れ始めるのを可能にしたのです。

未知の祖父

ヴァルター　私には他にも気にしていながら、はっきり突き止めることができないことがあります。私の母は私生児でした。私が一度母に母の父親に何があったのかと尋ねたことがあります。母は話したがりませんでしたが、その後「彼は早くに死んだわ」と答えました。私がこのことを考え続けていたとき、母がある時、母の父親はその後結婚し、その子どもたちの中の末息子が18歳で戦死したと言ったことを思い出したました。

ヘリンガー　お祖父さんはあなたにとって重要な人です。あなたはハートの中にお祖父さんのための場所を作らなくてはなりません。

ヴァルター　困ったことに私は祖父を知らないのです。手の届かない存在です。

ヘリンガー　いいえ、できます。コンラッド・ロレンツという名の男がいました。知っていますか？　彼はスタシィという不吉な名前の犬を飼っていました。その当時はその名前に特に意味はなかったのですが。スタシィが死んだ時、ロレンツ*はスタシィ**に子孫がいなかったのを後悔しました。彼は「絶対にこんなことは二度と起こさない」と自分に言いました。その後、彼はまた犬を飼い、今度はティトと名づけました。彼はティトの子どもの1匹と、その孫の1匹の子犬を確かに飼いました。ある日、彼の前でこの子犬が遊んでいると、ロレンツは「まるでティトのようだ」と思いましたが、「いや、そうじゃない、まるでティトのようなのではなく、あれはティトだ」と突然気がついたのです。

ヴァルター　少しおおげさな感じがしますけど。

ヘリンガー　本当にそうだと思いますか？　子どもたちはたとえ一度も会ったことがなくても、いつも両親を知っています。彼らが彼らの両親であり、そして彼らの祖父母なのです。

*原注：動物行動学者、コンラッド・ロレンツ。Konrad Lorenz

**原注：スタシィ。旧東ドイツの秘密警察の名前の略称。

母親を誇りに思う

ヴァルター　自分にとって、両親を誇りに思うことがどれほど大切なことか分かり始めました。父に関しては、それはそんなに難しくはないので、できるのです。でも母を誇りに思うことができなくて、母を失礼に扱います。

ヘリンガー　（グループに）今度は彼は自分が問題を解決するのをより難しいものにしてしまいました。それがどれほど困難かを説明する代わりに、母親をすぐに誇りに思い始めることも彼にはできたはずなのです。

（ヴァルターに）あなたにヒーリングの言葉を教えました。あなたはただそれらの言葉を、真摯なものになるまで繰り返さなければなりません。言葉を覚えていますね？

（ヴァルターうなずく）

ヘリンガー　もう一度、その言葉を言います。それは「敬意をもってあなたにお辞儀します」。その言葉が真実に思えるまで、あなたはその言葉を繰り返します。

取って代わった熱情

ダグマー　私を困らせることがあります。私は他人が私を無視するのに耐えられません。

ヘリンガー　それは他の誰かの感情です。問題は、誰からそして誰のためにその感覚を引き受けたかです。

ダグマー　昨日私は、ファミリー・セラピストとして訓練を受けていたときに、愛情を込めて描いた5世代にわたる家系図をもう一度見ていました。昨日は再びそれに深く引き込まれ、何か重要なことを自分は見つけたと思ったときに、あなたの声が一度か二度、「それは違う」と言うのが聞こえました。その声は非常に厳格で、はねつけるような響きがありました。最終的に私は母方の祖母の所で行き詰まってしまいました。祖母は15年間祖父と付き合った後で、結局は結婚することを決心しました。祖母は貧しい農家の祖父の所に嫁ぎ、安定した生活を捨てました。祖父はその後、すぐに死に、祖母は独りで農場を経営しました。

ヘリンガー　おばあさんはその結婚以前に、他の誰かと結婚していたことはありますか？

ダグマー　いいえ、祖母は15歳から召し使いの仕事をしていました。彼女の未来の夫は同じ所でおかかえ運転手として雇われていました。2人は結婚の前15年間一緒にいました。

ヘリンガー　結婚への道のりに何が立ちはだかったのでしょう？

ダグマー　分かりません。

ヘリンガー　何かあったかもしれないと思いますか？

ダグマー　最初に頭に浮かんだのは、ひょっとして祖父は誰か他の人を求めていたかもしれないということです。

ヘリンガー　私には別の考えがあります。彼らの雇い主に何か関係する。

ダグマー　ええ、雇い主は祖母を手放すのをとても渋っていたことを良く知っています。

ヘリンガー　そのとおりです。

ダグマー　雇い主は祖母をとても高く評価していました。

ヘリンガー　あなたのおばあさんは誰のことを怒っていたのですか？

ダグマー　ええ、祖母は夫に怒りを感じていたことを知っています。あなたは、祖母が本当に怒っていたのは雇い主だったというのですか？

ヘリンガー　そのとおり。

ダグマー　彼女は雇い主のことをいつも良く言っていました。祖母は雇い主が彼女に感謝し、純粋にとどまってもらいたがっていたと感じていました。

ヘリンガー　おそらくあなたのおばあさんは彼女の夫と実は結婚したくなかったのです。そうなら、彼女はお祖父さんを本当はだましたことになります。

父親の以前の婚約者と同一化する娘

ダグマー　私は自分の家系の中で誰かの役をしているのか、それともでしゃばっているのかを見たいと思います。私は重荷を下ろしたいです。

ヘリンガー　よろしい。コンステレーションを立ててください。

ダグマー　父、母、祖父母ですか？

ヘリンガー　いいえ、あなたの父親と母親とその子どもたちだけです。それで十分です。あなたの両親のどちらかが、以前に結婚していたり、婚約していましたか？

ダグマー　父は婚前に他の女性と婚約していました。その後、他の女性と関係を持ちました。

ヘリンガー　その関係で子どもはできましたか？

ダグマー　いいえ。

ヘリンガー　なぜ婚約を解消したのですか？

ダグマー　父がその婚約していた女性にうんざりしたからです。

ヘリンガー　その言い方は、あなたがその女性と同一化しているかのようです。たぶん、他の人に関しては忘れて良いと思います。

ダグマー　それには驚きます。

ヘリンガー　あなたの父親の以前の婚約者を、コンステレーションに入れることにします。

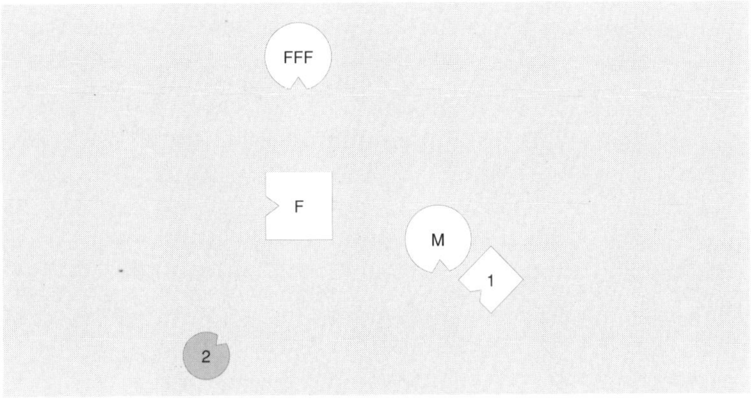

図1

F	父親
M	母親
1	第1子、息子
2	**第2子、娘**（＝ダグマー）
FFF	父親の以前の婚約者

ヘリンガー　父親はどう感じていますか？

父親　全然良くありません。ダグマーは、私を以前の婚約者の方向に私が望む以上に向かせました。抵抗しなくてはならないと感じます。私にはただ左右に2人の人が見えますが、それも目の端に見えるだけです。それに背後に何か不快なものがあります。

ヘリンガー　母親はどう感じますか？

母親　そんなに悪くはありませんが、私は夫に対しては何も感じません。私には息子だけが見えます。娘は私の目の端にちらっと見えるだけで、私は息子だけに集中しています。背後には何も感じません。

ヘリンガー　息子はどう感じていますか。

第1子　今すぐにでも逃げ出しそうです。（息子と母親が笑う）

ヘリンガー　（ダグマーの代理人に）娘はどう感じますか？

第2子　分離しているような、それから監視されていると感じます。

ヘリンガー　以前の婚約者はどう感じていますか。

以前の婚約者　私はいいなづけを見つめるのをやめられません。

ヘリンガー　（ダグマーの代理人に）父親の以前の婚約者の左側に行ってください。

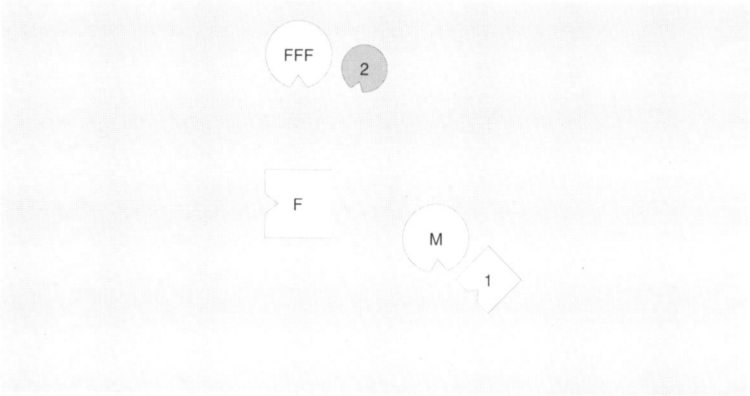

図2

ヘリンガー　今はどんな感じですか？

第2子　何かに属している感じがよりします。

ヘリンガー　（ダグマーに）それが同一化です。ここで、あなたの父親が彼女について話したその言い方を、この女性がどのように感じていたであろうか想像してみてください。あなたは彼女からこの怒りの感情を引き継いでいたのです。

ダグマー　父は、彼女のことはほとんど話したことはありませんでした。

ヘリンガー　あなたは彼が彼女にうんざりしたと言いました。

ダグマー　はい、それは事実です。

ヘリンガー　どのように彼女が感じたことでしょう？

ダグマー　彼女は父に激怒していたに違いありません。

ヘリンガー　そのとおりです。あなたが無視されたと感じるときの感情がどこから来るのか分かりましたね。彼女からです。あなたとフランクとの間に起きたすべての争いは無駄だったわけです。（ダグマー笑う）あなたは見当はずれの相手に怒りをぶちまけていたのです。

父親　私の婚約者に引き付けられています。私が彼女にうんざりだとか、もう好きではないというのは本当ではありません。

ヘリンガー　（母親に）娘があなたの夫の以前の婚約者の横に立っているのを見てからはどんな気分ですか？　良くなりましたか？　それとも悪くなりましたか？

母親　悪くなりました。私は娘が恋しいです。

ヘリンガー　そうです。あなたには母親のハートがあります。

（ヘリンガーがコンステレーションの位置を変える）

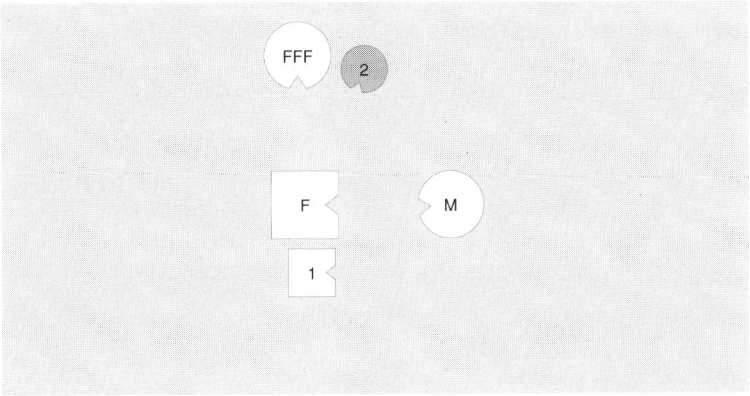

図3

ヘリンガー　どういうふうな感じですか？

母親　良くなりました。

父親　私にはこの方が良いです。

第1子　母がたった独りでいて、かわいそうです。

ヘリンガー　（以前の婚約者に）何か変化はありましたか？

以前の婚約者　はい、今はその男性には表情があります。今なら彼を見ることができます。

第2子　私はちょっと距離を感じますが、私の横に立っている父の以前の婚約者に自分が深くかかわっていることに気がついています。

（ヘリンガーが解決を配置する）

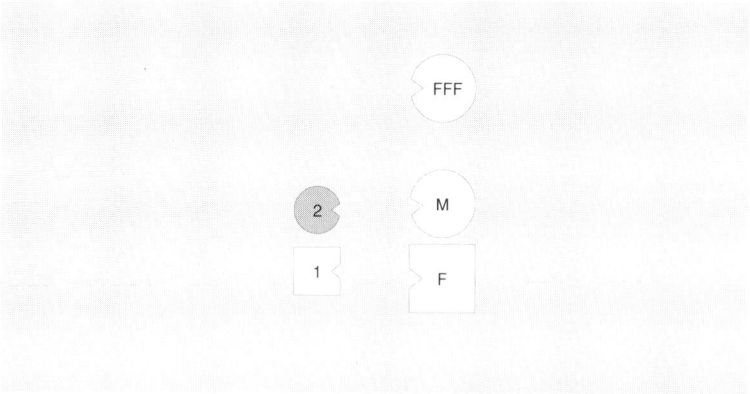

図4

ヘリンガー（母親に）これでどう感じますか？

母親　良いです。

父親　今は家族が結び付きました。今、以前の婚約者との問題全部が終わった、と突然思いました。

ヘリンガー　娘はどう感じていますか？

第2子　（床を見つめながら）私はここに属している感じがしません。ここにいるのですが、どういうわけか異邦人なのです。

ヘリンガー　以前の婚約者はどう感じていますか？

以前の婚約者　良い気分です。私は自由です。

ヘリンガー　（ダグマーの代理人に）ここで、あなたとしたいことがあります。あなたはダグマーのただの代理人ですし、それはあなたに個人的には関係しないので、それほど難しくはないでしょう。

母親の前にひざまずいて床につくまで深くお辞儀をして、そして手のひらを上向きにして腕をいっぱいに伸ばしてください。

（彼女は母親の前でお辞儀をする。しばらくたって彼女は再び体をまっすぐに起こし始める）

ヘリンガー　まだ起き上がらないでください。もうしばらくそのままでいてください。

（母親に）どんな感じがしますか？　何かあなたに影響していますか？

母親　私には、私の前でこのようにお辞儀をしてもらう価値などなかったかのようです。私はそれに値しません。

ヘリンガー　（しばらくしてダグマーの代理人に）体を起こして良いですよ。

どんな感じですか？

第2子　良くなりました。

（彼女は母親に微笑みかけ、母親も微笑みを返す）

ヘリンガー　（ダグマーに）あなたの母親がどう感じようと、母親の方を向くのがあなたの次のステップとなります。それが、父親の以前の婚約者とあなたとの同一化を解消するでしょう。母親は、自分の夫と彼の以前の婚約者の間に立っているので、自分に価値を感じられません。しかし、子どもはそれでも母親にお辞儀をすべきなのです。お辞儀する行為は尊敬の表現です。

以前の婚約者　それは私にとっても重要でした。

ヘリンガー　それはあなたにさらに自由を与えます。

ヘリンガー　（ダグマーに）あなたはあそこに行って、自分自身で立ちたいですか？

（ダグマーはコンステレーションの中の自分の場所に行き、床を見つめる）

ダグマー　私は、自分の代理人が母に向かってお辞儀をしたとき、とても感動しました。ですが、母はそれを受け入れないでしょう。

ヘリンガー　彼女はそうは言っていません。

ダグマー　母は「私にはその価値がない」と言いました。

ヘリンガー　彼女にはそう言う権利がありました。

（グループに）お辞儀の肯定的な効果は、相手が何を言うかにはかかっていません。この種のセラピーでは、私たちは他の人がすることに依存しない解決を探します。誰も自分らしくあることから一切違ってあるべきではないのです。両親が変わる必要はなく、謝らなくてはならない人は誰もいません。1人1人の個人が必要なことをただするだけです。例えば、相手が何をするかにかまわず、両親の前でお辞儀をします。解決とはその人が自分で何をするかにあるのです。

客観的な生意気さ、主観的な生意気さ

ヘリンガー　（ダグマーに）たぶんあなたの役に立つであろうことを話しましょう。子どもが家族体系の中の誰かの代理をし、両親を非難しているとき、その生意気さは現実のものですが、そこに個人的な罪はありません。それは子どもには理解もできず、抵抗もできない力動の結果です。子どもが故意にするにせよ、そうでないにせよ、その生意気さの影響は同じですが、それはもつれです。一方では、もしあなたがこのワークショップの後でも、同じ古いやり方をやり続けるなら、その生意気さはあなた個人の罪となります。なぜなら、今のあなたにはそれを繰り返さないという選択肢があるからです。

父親を恋しがる

ガートルード　私は気分がとても悪いです。胃がむかむかしていて、たった今のダグマーのコンステレーションで、母親の代理をしていたときに体験した症状が治まりません。私はこれほどまでに弱く感じたことは今までになかったと思います。

ヘリンガー　そのことはあなたとは無関係でしょう。

ガートルード　はい、でも影響しています。私には聞きたかったことがあります。休憩の間中ずっとそのことを考えていたのです。私は私生児の息子のことを考えていました。（彼女はため息をつき泣きそうになっている）私には罪があるでしょうか？

ヘリンガー　椅子を持ってきて、私の前に座りなさい。もう少し近くに寄って。目を閉じて、口を少し開けなさい。呼吸を続けて、リラックスして、物事を起こるがままになさい。

（ヘリンガーは彼女の頭をやさしく前に引き寄せる）

息を速くして。体の動きにまかせて。

（ガートルードすすり泣く）

何かにつかまっていると想像なさい。

（しばらく中断の後）ここで止めましょうか？

（ガートルードがうなずく）

オーケー、どう感じていますか？

ガートルード　良くなりました。でも理解していません。

ヘリンガー　それはかまいません。

ヘリンガー　（ガートルードが再び感情を表し始めると）感じたとおりに、体の動きにまかせなさい。

（ガートルード泣く）

ヘリンガー　（ささやいて）誰かを恋しがっていますね。

ガートルード　父のことを考えています。

ヘリンガー　目を閉じて、父親の元へ帰るところを想像するのです。

（ガートルードすすり泣く）

呼吸を続けて。流れさせなさい。

（ガートルードの呼吸がもっと楽になる）

「2人の王家の子どもたちの歌」を知っていますか。

ガートルード　いいえ。

ヘリンガー　知らない？　こんな歌です。「彼らは一緒になることはもうないだろう。彼らの間の水が深すぎるから」

ガートルード　（笑いながら）父ととても親しくなれました。
ヘリンガー　オーケー。このままにしておきましょう。

家族の中での妻と夫の優先順位

ジョージ　ファミリー・コンステレーションで、夫が妻の右側に立つのはどういうときで、左側に立つのはどういうときですか？
ヘリンガー　さまざまです。基本的には両親は同等です。階級という点では、彼らは最も高い位置を共有しています。次に子どもで、第1子、第2子、第3子、第4子と続きます。本来の階級によれば、父と母は同等の立場にあります。なんといっても彼らが一緒に関係を始めたのです。しかし、機能に基づいた階級というものも存在し、そこにおいて、家族の安全に責任を負う方が、通常、パートナーのもう1人よりも順位が優先されます。この責任は通常夫が負います。この場合、夫は妻の右側に立ちます。しかし、例えばアイダの家系のように、妻の方が夫よりも順位が優先することがとても明白な家族があります。そのような場合は、妻が夫の右に立ちます。

他にも妻が優先する状況があります。妻の家族で重要な人物が除外されているような場合、階級は変わります。例えば、妻の父親が彼女の母親と結婚しなかったために除外されていたり、または、妻の母親がその過酷な運命のために除外されている場合です。その場合、除外された人物が最初で、右から始まって、次に妻が来て、そしてその次に夫です。これは運命の力と何か関係があります。例えばテアの場合、彼女の家系からくる運命の力が彼女を優位に立たせたので、現在の家族の中でも順位が優先したのです。

ですから皆さんは、1つ1つのケースにおいて、階級の正しい順位を見つけださなくてはなりません。

もし夫がその結婚前に婚約していれば、妻は普通、前の相手と夫の間に立ちます。もし妻が以前に婚約していた場合はその逆です。ダグマーの家系の中では、彼女の母親は夫と以前の婚約者の間に立ちました。従って夫の右側でした。これが彼女に、彼を自分の夫として、夫と以前の婚約者に主張して見せることができるようにしたのです。そして夫の以前の婚約者は彼と別れただけでなく、自由にもなりました。しかし、2番目のパートナーが自分の夫と前妻の間に立てないケースがあります。例えば、もし前妻が死んだ場合でも、その夫がいまだに前妻と新しいパートナーとの間に立つ必要があるかもしれません。他にも、もし前妻が不当に扱われていた場合です。

女性は男性に従い、男性は女性性に奉仕する

ヘリンガー　夫と妻との関係における愛の法則の1つは、通常、女性が男性に従うことを要求します。私が言いたいのは、妻が夫の国に、彼の言語に、彼の文化に、そして彼の家族に入っていって、彼に従わなくてはならない、そして彼女はまた同じように子どもたちが彼に従うことを許さなくてはならないということです。もし夫がそれを支える理由もなく妻に従えば、緊張と葛藤が生じます。例えば、男性が自分の努力によって得たのではない特権と利益を自分のものにしようとして結婚し、妻の家族の中に入り、妻に従うなら、それは困難を引き起こし、満ち足りた関係を築く道に割り込みます。妻が夫に従うとき、彼らの関係が豊かで満ち足りたものとなるのははるかに容易です。その同じ愛の法則はまた、男性性が女性性に真に奉仕することも要求します。妻が夫に従い、彼の言葉、文化、家族の中に入っていき、そして男性性が真摯に女性性に仕える。それが調和というものです。これが論議の元となるのは分かっていますが、私は自分の観察に基づいて話しています。もしどなたか逆の例をご存じなら、私は今までに一度も出会ったことがないので、それについてぜひお聞きしたいのですが。

ジョナス　それは家父長制です。

ヘリンガー　いいえ、違います。これは家父長制とは無関係です。男性性が女性性に奉仕し、女性性は従うことでそれを支えます。

ジョナス　アメリカ人の私の友人の1人は、インドでインド人の妻とその家族の中で生活しています。彼は今60歳ですが、とても幸福です。それはとても例外的ですが、私が知る限り最も幸福な関係です。

ヘリンガー　分かりました。私がついさっき言ったことは取り消します。

（グループの中に笑いが起こる）

アン　取り消すべきではないと思います。あなたの言われたことは、私に確実に影響を与えました。私はもっとそのことについてお聞きしたいのですが。

ヘリンガー　良いでしょう。私はそんなに簡単に自分の観点を変更しません。また、私は自分が知っていることをいつも言うわけではありません。

（ジョナスに）すべての法則と同様に、この愛の法則もまた、反対の方向を示す力動を包含しています。すべての真実はその否定も含みます。それはいつもそうなのです。だからあなたの友人は愛の法則と正しくつながって行動したことが良かったのでしょう。愛の法則を道徳のシステムに作り変えてしまわないように用心する必要が私たちにはあります。愛の法則はそのように作用しません。

しかし、私はそのような関係にあるカップルの子どもたちについて付け加え

たいと思います。両親が2つの違う国の出身の場合、子どもたちに、まるで彼らに一方の国のために、他方の国を犠牲にして選ばざるを得ないかのように、どちらかの国を選ばせてはいけません。子どもたちは両方の国に属していますが、父親の国が通常、順位が優先します。

ガートルード　そうすると「母国語」という言い方はどこから来たのでしょう？　言い方として矛盾しています。

ヘリンガー　母国語として子どもが学ぶ言語はまた別のものです。子どもは母親の胎中で言葉を学び吸収し始めます。しかしこのことは他の問題と矛盾しません。

トーマス　このことは私自身の個人的な生い立ちと関係するような何かがあると私は思います。それは何というか、結婚することで1つの家族の中に入っていくということ、そして女性が男性に従うべきだという前提に関係していますね。

ヘリンガー　どうか「従うべきだ」と言わないでください。これは道徳の問題ではないのです。それよりも、妻が夫に従うとき、そして男性性が女性性に仕えるとき、愛が十分に奉仕されるということです。あなたが結婚して妻の家族に入ることは関係に重荷を負わせ、制限を課します。しかし「従う」とは「服従する」と同じではありません。それは単に「私はあなたについて、あなたの家族の中に入っていきます」という意味です。

望みなき愛

ジョン　あなたの言われていることを大変興味深く聞いています。過去2年間、私にはつきあっている恋人がいて、スイスに住んでいるのですが、私たちが一緒に住むことはこの時点まで不可能なこととなってきています。それが私を悲しくさせます。一度、もう少しで私がスイスに行って一緒に住むところでしたが、それについて何かがひどく間違っていると気づき、彼女が私の方へ来るべきだと感じました。私は彼女と一緒にいたいのに、どうしてうまくいかないのか分かりません。たぶん私に何か問題があるのです。

ヘリンガー　1つお話ししましょう。男性と女性の関係は最初の15分でうまく機能しなくてはなりません。そうでなければ、その関係のことは忘れていいでしょう。

ウィリアム　最初の15分ですって？

ヘリンガー　そうです。その時にすべてのルールができ上がります。最初の15分間です。基本的に、その後は何も変わりません。

ジョン　それじゃあ、完全に望みがないみたいじゃないですか。

ヘリンガー　もっと良い人を見つけなさい。次の電車がすでに駅に来ているというのに、去っていく電車に手を振り続けている人たちがいます。しかし、望みなき愛は長く続くものなのです。

ジョン　私にはこの女性を愛しているという感じがあるのです。それがどういう意味であろうと。

ヘリンガー　彼女はあなたを愛していますか？

ジョン　そう思います。しかしそれを見いだすのが彼女にはとても難しいみたいです。そして愛を見せて、愛に生きることを恐がっています。私がいつも自分自身に問いかけることは……。

ヘリンガー　違う、違う。それは忘れてしまいなさい。

ジョン　何ですって。

ヘリンガー　ある時、3人のガールフレンドのいる男性が、私に誰を残すべきかを尋ねました。私は彼に1人1人について話してくれるように言い、それから「3番目の女性を取りなさい」と答えました。彼は「どうして分かるのですか」と聞きました。「彼女のことを話しているとき、あなたの顔が輝いたからです」と答えました。

ブリジット　3人いる方がもっと簡単です。

ヘリンガー　（ジョンに）あなたの顔は輝きませんでした。

ジョン　でも、しょっちゅうそうなるのは分かってます。

ヘリンガー　ある人々は、愛によって障害を克服し、物事を変えることができると考えています。彼らは十分に強烈に愛することができさえすれば、物事は良い方へ変わるだろうと考えます。しかし、そうはなりません！

ジョン　今起きていることに正直がっかりしていると認めます。でも、まだ私の顔は輝くことができると思います。

ヘリンガー　私は見えませんでした。もしそうなっていたら、私は気がついていたでしょう。

あなたにこんなに怒りを感じるほど、私があなたにどんな悪いことをしでかしたのか

ジェイ　私はとても腹が立っているし、落ち込んでいます。ワークショップが始まってからずっと話したかったことがあります。4年前、関係が始まり、2年半前にそれが壊れました。はっきりと終わったというよりも、なんというか尻すぼんだのです。私は彼女のことを日に何十回も考えてしまい、現在の関係の妨げになります。私は行き詰まっていて、なぜなのか分からないのです。

ヘリンガー　あなたは彼女に対してまだ何か借りがありますか？

（長い中断）

どんな借りがあるのですか？

ジェイ　分かりません。私はただ彼女に対して非常に怒りを感じるのです。

ヘリンガー　何がその怒りの原因か、心当たりはありますか？

「あなたにこれほどの怒りを感じるほど、私があなたにしでかした悪いことは何なのでしょう？」という言葉があります。怒りは時々、罪を認めなくてはならないことへの防御として仕えます。

（長い中断）

今何を考えていますか？

ジェイ　たぶん私が彼女を尊重しなくてはならないのです。

ヘリンガー　それでは十分ではないですね。あなたに手掛かりをあげましょう。自分の父親の横に立つ男性は女性にとって魅力的です。しかし、もし彼が自分の母親の横に立つなら、彼女たちは彼をかわいそうと思うでしょう。

痛みへの防御としての怒り

ロバート　私も妻との別れに関連して怒っています。

ヘリンガー　別れにおいて、怒りはしばしば嘆きの痛みの代わりをします。もしパートナーの双方が嘆き、涙を流し、痛みの深さを感じることを自分に許すなら、その後お互い友好的に話ができることでしょう。しかし、人はこの痛みから逃げようとして、しばしば罪を探しますが、この痛みを十全に経験する以外、自由にはなりません。

コントロールされた怒り

ハリー　私は怒り、憤激、攻撃の問題で自分自身を苦しめています。これらの感情を表現するのを、私が自分に許したことが一度でもあったのか思い出せません。

ヘリンガー　素晴らしい！　それは感情の自制と呼ばれます。それは最上級動物にみられるものです。

ハリー　私はどうしたらいいのか考えています。（笑う）私は怒りを表現すべきなのか、それとも私を静かで穏やかにする解決を見つけることができるものなのか。

ヘリンガー　あなたに答えはすでにあげました。

ハリー　それでは私の聞き取り方が悪かったんでしょうか。

異なった種類の怒り

ヘリンガー　私は怒りについて、いくつかの観察をしています。怒りにはいくつかの異なった種類があります。

例えば、もし誰かが私を攻撃したり、不当に扱ったなら、そしてそれに対し私が妥当な怒りと憤激で反応したら、その怒りは私を防御し、自分自身を効果的に、力に満ちて主張することができるようにします。それが私を行動できるようにさせます。それは建設的であり、私を強くします。この種の怒りは適切で、ゴールに到達したときに消失します。

もしかしたら、受け入れることができたものを受け入れてこなかったと、要求すべきであったものを要求してこなかったと、または頼むことができたのに頼んでこなかったと気づくことでも腹を立てるかもしれません。自分を主張し自分に必要なものをもらう代わりに、彼らからもらうことも、頼むことも、要求することもできたはずであったし、そうすべきであったのにもかかわらず、私が彼らからもらうことも、頼むことも、要求もしなかったことでその人たちに怒るようになります。この怒りは行動することの代用であり、行動しないことの結果でもあります。それは麻痺させ、弱める効果があり、しばしば長期にわたって継続します。

愛の代用としての怒りも同じように働きます。愛を表現する代わりに自分の愛している人を怒るようになります。このような怒りは、母親や父親に向かう動きが遮られたことによる痛みが引き起こされた、幼児期にまでさかのぼります。それはその後の人生の似た状況下で繰り返され、その幼児期の経験を繰り返すことからそれ自身の力を引き出します。

誰かを不当に扱っておきながらそれを認めたくないために、その人に対して怒りを覚えることが時々あります。この怒りは自分の行動の結果に対する防御として使い、私は相手に罪の責任を押し付けます。この怒りも行動の代用です。それは自分に行動を起こさせないようにします。それは私を麻痺させ、弱くさせます。

その恩義を返すことができないほど、誰かが自分にあまりにも多くをくれたときに人は怒りを感じます。善のもらい過ぎに耐えるのは難しく、埋め合わせをしなくてはならない義務に対して、自分自身を守る手段として、与え手に怒りを覚えるようになります。この種の怒りは、例えば子どもたちが両親をとがめるときなどのように、非難という形で表現されます。それは、もらい、恩義を受け入れ、感謝し、感謝をもって行動する代理として機能します。そのような怒りは、それを経験をする人を麻痺させ空しいままにさせます。あるいはそれは、もらい、恩義を受け入れ、感謝し、与えることの代理として、うつの形態を取るかもしれません。それはまた、特に死んだり去ってしまった人に対して、もしも自分が受容と感謝を表しそびれていたり、自分の罪とその結果を認めそこねているなら、別離の後の長期にわたる悲しみとして表現されるかもしれません。

時に人は、誰か他の人から肩代わりした怒りでいっぱいになってしまうことがあります。例えば、グループの参加者の1人が怒りを抑えるとき、他のメンバー（通常最も弱い者）が、明らかな理由もないのに、その後に怒るようになります。家族の中で一番弱い者は子どもです。例えば、母親が彼女の夫に対する怒りを抑圧しているときには、しばしば子どもたちの1人が母親に代わって父親を怒るようになります。

グループや家族の中で一番弱い者は、しばしば怒りの媒体になるだけでなく、標的にもなります。例えば上司への怒りを抑圧しているとき、人はその怒りを会社の弱い者にぶちまけて晴らします。また、夫が妻への怒りを抑圧しているとき、しばしば子どもが彼の怒りの標的になります。

また娘も、自分の母親の夫に対する怒りを、自分の父親にではなく、より対等の立場にいる誰か、つまり自分の夫にぶちまけるかもしれません。グループの中では、始めは怒らせるつもりだったより強い者、セラピストやグループリーダーではなくて、より弱い者がこの見せかけの怒りの身代わりとなります。それら怒りを引き受けた人たちには、憤怒の特定の資質を持ち、誇りや正義を感じますが、彼らは外部からのエネルギーと外部からの正義で行動していて、無力で弱いままです。その見せかけの怒りの犠牲者はまた、自らのもっともな憤りにおいて強さを感じますが、しかし実際、彼らは弱いままであり、彼らの苦しみは無意味です。

最後に、高徳で有益な怒りがあります。それは強く、油断がなく、中心にあり、主張を持ち、適切な目的に向けられています。それは賢明で、勇気があり、難しく手ごわい敵に立ち向かうことができます。しかし、そこに情緒は含まれません。この怒りを経験する者は、必要があって他者を傷つけることにひるみませんが、その当人を怒ることはしません。この攻撃は純粋な強さです。それは長い修行と修練のたまものですが、能力のある者には容易にやって来ます。

慎重さと勇気

ジョナス　今私に心配なのは、私が自分の生まれた家族のことで混乱を感じていることです。18歳の時、私は家を出て、190マイル離れた所に住みました。それから母が癌になりました。何か関係があると気づきましたが、私は全く何もしませんでした。医師は母が死ぬだろうと言いましたが、3年後母は完全に回復しました。つい最近、今年になって両親が電話をしてきて、弟が精神病になったと言いました。弟は私より10歳年下です。私はこのワークショップに来て、いまだに全然楽に感じられません。皆に何が真実か伝えるあなたの言い方が、私を慎重にさせます。

ヘリンガー　あなたに話したいことがあります。勇気と慎重さとは弓の両端ほどにかけ離れています。しかし、弓は1つの物で、その2つ端の距離は弦によって破棄されています。それが矢を標的に向けて進ませる緊張を創り出すのです。しかし慎重さだけでは緊張を創り出しません。

ジョナス　私は自分の家族を助けようとすべきなのかはっきりしていません。たとえそうすることで、現在の家族体系を不安定にさせてしまうだけかもしれないと心配しているとしても。私は自分の家族のコンステレーションを立てることで、自分の恐怖にもっと近づいて、よく見てみたいと思います。

母親の以前の婚約者の代理をする息子

ヘリンガー　（ジョナスに）誰があなたの家族に属しますか？

ジョナス　父、母、弟と私です。

ヘリンガー　この核家族に欠けている人はいませんか？

ジョナス　はい、死産の妹がいました。

ヘリンガー　その子は重要です。あなたの声にそれが聞こえます。その子はいつ生まれましたか？

ジョナス　私と弟との間です。

ヘリンガー　両親のどちらかが以前に結婚か、婚約したことはありましたか？

ジョナス　はい、私の母は婚約していました。母の婚約者は戦争で死にました。

ヘリンガー　彼もコンステレーションに必要です。

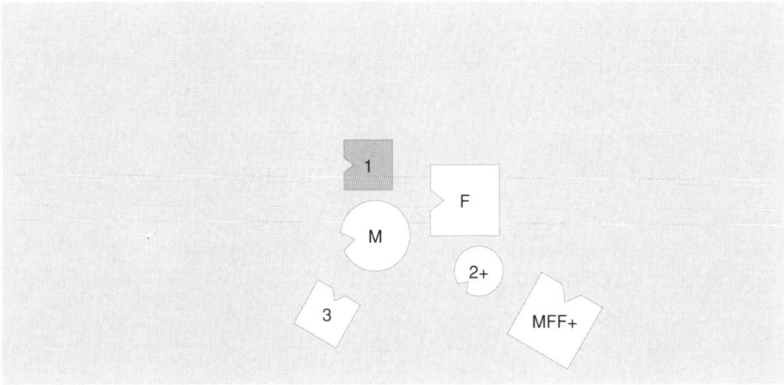

図1

F	父親
M	母親
1	**第1子、息子**（＝ジョナス）
2 †	第2子、娘（死産）
3	第3子、息子
MFF †	母親の以前の婚約者、戦死

ヘリンガー　（母の以前の婚約者を、コンステレーションに加えているジョナスに）私たちは同一化をすでに見ることができます。

ジョナス　母の元の婚約者と私の同一化ですか？

ヘリンガー　そうです。あなたのためにコンステレーションを動かしましょう。それはとてもシンプルです。

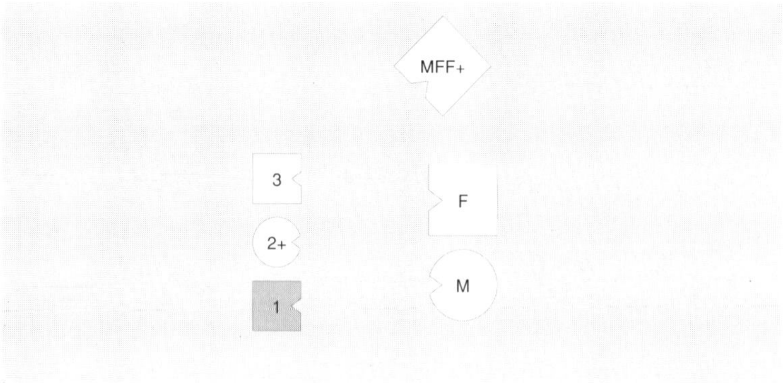

図2

ヘリンガー　父親はどう感じますか？
父親　良いですが、妻の以前の婚約者が少しわずらわしいです。
ヘリンガー　彼が尊重されることが重要です。
　母親の気分は？
母親　ちょっと向きを変えたいのですが、私の以前の婚約者が見えるように。（笑う）
ヘリンガー　ええ、あなたはそうすべきです。彼はここに属します。しかしあなたのご主人は、あなたとの間に立っていなくてはいけません。そうしなくては問題が生じます。
　（ジョナスの代理人に）長男はどう感じていますか？
第1子　良いです。
ヘリンガー　弟の方はどうですか？
第3子　私はとても動揺しています。どうしてなのか分からないですが。
ヘリンガー　死んだ妹はどう感じていますか？
第2子†　良いです。
母親の以前の婚約者†　私はもっと近づきたいのです、良くないことは分かっていますが。
ヘリンガー　（ジョナスに）自分の場所に行って立ちたいですか？
（ジョナスがコンステレーションの中の彼の場所に立ったとき）
　今、母親にいくつかの簡単な言葉を言うことができます。父親の方を見て、それから母親に言うのです。「彼が私の本当の父です」
（ジョナスは笑い、以前の婚約者を見つめる）
ヘリンガー　違う、違う。
　（グループに）彼は母親の以前の婚約者の代理をしているので、自動的に父親と張り合うのです。婚約者は母親にとって重要なので、母親のためにジョナスは彼の代理をしています。

（ジョナスに）あなたは自分の実家から遠く離れて住んでいると言いました。それはあなたの母親の以前の婚約者がしたのと全く同じことです。しかし、もしあなたが父親の横に立つなら、あなたにはとどまることができます。父親の横が、あなたにとって正しい場所です。母親に言ってください。「彼が私の本当の父親です」

ジョナス　（母親に）彼が本当の父親です。

ヘリンガー　「彼だけです」

ジョナス　彼だけです。

ヘリンガー　「私はもう１人の男性とは関係ありません」

ジョナス　（笑いながら）はい、私はもう１人の男性とは一切関係ありません。これでおしまいです。

ヘリンガー　神を探し求める人々について話します。

ジョナス　どうぞお願いしましょう。

ヘリンガー　彼らは自分の父親を探し求めています。そして父親を見つけたとき、神を探し求めることをやめます。または、違うやり方でするようになります。

オーケー、これですべてです。

（グループに）何か質問はありますか。

フランク　時々あなたは、その人をどこかに動かす前に、同一化の対象を同一化している本人の隣に配置することから始めます。ここではそうしませんでしたね。

ヘリンガー　ええ。ジョナスの同一化はあまりにも明白だったので、そうする必要がなかったのです。このワークショップが進行するにつれ、参加者たちが手順をもう熟知しているので、解決のためにはもう数歩のスッテプが必要なだけです。

バランスの体系的感覚

ヘリンガー　良心についてお話しする良い機会のようです。私たちは、自分たちをグループや人々に結び付ける所属の感覚を持っています。それは、ちょうど私たちの肉体的なバランス感覚が重力の影響下で安全に動かさせてくれるように、絶えず私たちを導き、調べ、私たちを関係の中にしっかり引き留めています。私たちは自分たちを前や後ろ、右左へと倒れさせることができますが、反射作用は私たちにバランスを取り戻させ、私たちが本当に倒れる前に元に戻らせるのです。

同様に私たちの所属の感覚は私たちの関係を見守り続けています。この感覚もまた、私たちが関係を維持する条件から逸脱するといつでも、それを正し、埋め合わせする反射作用のように働きます。肉体のバランス感覚のように、私たちの所属の感覚は私たちを周囲の状況から防御しています。それは私たちの自由の範囲と限度をわきまえていて、苦しみと喜びを用いて私たちを導きます。私たちはその苦しみを罪として、喜びを潔白として経験します。

私たちは罪と潔白を関係の中でのみ経験します。関係が他の人々に影響を与えるとすぐさま、私たちのすべての行為は罪か潔白の感覚を伴います。まるで観察する眼が絶えず光と闇の間を識別しているように、私たちの所属の感覚は、関係を危うくする行動とそれを支える行動を絶えず識別します。私たちは関係を危うくする行動を罪として、支える行動を潔白として経験します。

しかし罪と潔白の両方が同一の主人に仕えています。御者が彼の2頭の馬を1台の馬車につなぎ、1つの方向へ向かわせるように、罪と潔白感も私たちを1つのゴールへと向かって引っ張ります。それらは私たちの関係をさらに進ませ、それらの相互作用を通して私たちを軌道上に保ちます。そして時々、私たちが自分でコントロールしたいと望むとしても、御者は手綱を放しません。私たちは馬車に乗って、囚人あるいは客として旅をします。御者の名前は良心といいます。

異なる種類の良心

良心は、私たちが自分たちのグループに奉仕し、追従するように要求します。そして、そのグループの繁栄を危険にさらすものは何でも禁止し、あるいは私たちをグループから切り離します。違う家族、違うグループから来た人々の良心は、それぞれ違うグループの異なる価値観に従って異なる反応をします。そのために、1つのグループに利益をもたらすものが他のグループに害を及ぼすかもしれず、1つのグループの状況では私たちを潔白にするものが、もう1つのグループでは罪となるかもしれません。例えば、私たちはしばしば職場で、家庭とは違う良心に従います。

しかし良心は、同じ1つのグループ内でさえ、例えば愛と正義、自由と規律というような、互いに補完し合い、矛盾し合うゴールに仕えることがあります。

良心は、それらのそれぞれ違った目的のために罪と潔白の異なる感情を使います。こうして愛と忠誠のための罪と潔白の私たちの経験は、正義と償いのための罪と潔白の経験とは違います。法と秩序のための罪と潔白の私たちの経験は、再生と自由のための罪と潔白の経験とは違います。愛のためのものが正義に害を与えたり、また公明正大な人の無邪気さがその恋人にとっては罪となるかもしれません。

困っている子どもを急いで助けるときのように、時々、私たちは良心を単純なものとしてそして1つの目的のためのものとして経験します。しかしながら、通常ではもっと、私たちはそれを多様で多面的なものとして経験し、私たちの罪と潔白もそれに対応して複雑になります。私たちが時々、良心を単一のものとして経験するにもかかわらず、それはしばしば、異なるメンバーが、罪と潔白の異なる感覚を助けに、違うゴールへ向かうことを切望しているグループにより似ています。時には彼らは互いに援助し合い、時には全体の善のために互いを制御し合います。彼らがそれぞれの道に入ったときでさえ、いまだ共通の目的に仕えています。ちょうど戦争全般において、異なるゴールのために、異なる前線では、異なる戦術と異なる軍隊となるように、しかし、最終的には、平和のためにすべての前線から隊の一部を撤退させるのです。

これに関連したお話をしましょう。

潔白

ある男が自分を悩ませるものを捨てたいと思い、勇気を奮い起こし、新しい旅に出ました。日暮れが来て、休むために立ち止まると、少し離れた所に洞窟が見えました。「これは奇妙だ」彼は心の中で思いました。洞窟に近づいていき、入ろうとしたのですが、入り口は鉄のドアで閉ざされていました。「これは奇妙だ」彼は心の中で思いました。「たぶん何かが起ろうとしている」彼は洞窟の見える場所に座り、彼はそのドアを見つめ続けては眼をそらし、見つめ続けては眼をそらしていました。3日後、彼が見つめ続けては眼をそらしていたちょうどその時、彼は突然ドアが開いたのを見たのです。彼は洞窟の中に全速力で走り込むと、突然反対側の外に再びいるのに気づきました。

「これは奇妙だ」彼は心の中で思い、目をこすり、座りました。少し離れた所に、雪のように白い輪があり、その輪の中には身をかがめ、ちぢこまり、腰を曲げた、そして白く光り輝いている彼自身が見えました。そしてその小さな白い輪の周囲すべてに、まるで力づくで輪の中に入ろうとするかのように、影の巨大な燃えるような舌がその端々を舐めたのです。「これは奇妙だ」彼は心の中で思いました。「何かが起ろうとしている」

彼は輪の見える場所に座り、その輪を見つめ続けては眼をそらし、見つめ続けては眼をそらしました。3日後、彼が見つめ続けては眼をそらしたちょうどその時、彼は突然小さな白い輪が開くのを見ました。影のその巨大な燃えるような舌のいくつもが押し入り、その輪は広げられ、ついに彼は体を伸ばす広さを得ました。しかし今、輪は灰色でした。

良心と埋め合わせ

アイダ　ウイリアムが彼の家族のコンステレーションを立ててから、私はより自由に、精神的にはより油断なくなったと感じるようになっています。でも私は不思議に思っていることがあります。解決が見つかったときでも、まだなされなくてはならないことがあるのでしょうか？

ヘリンガー　カップルの関係やグループの中に、1人が楽しむ有利な立場と、もう1人が苦しむ不利な立場の間で不均衡があるとき、関係するすべての人が均衡への衝動を感じます。彼らはこの衝動を良心の要求として経験し、分かっていながらその指令に従うことに失敗するとき、彼らは本能的にそれらに従っているのです。この良心は、平衡の感覚と埋め合わせの必要性として経験されます。私たちは運命に関してまた、自分自身ではそれを得るために何もしていないのに、利益を得たり、幸運をつかんだときに、この埋め合わせの必要を感じます。

誰かが自分に何かをくれるときはいつでも、その受け取ったものが私にとって喜ばしいものであっても、私はある種の居心地の悪さを感じます。私がお返しとして何か同等の価値のものを与えるまでは解放されるはずがない、負い目と義務を経験します。義務の重圧が同等の価値の何かを与えるように私を余儀なくさせるとき、私は負い目から解放され、軽さと自由を感じます。義務を負うことを避けるために、受け取ることを拒否し、この自由と軽さを維持しようとする人たちがいます。ドロップアウトの人々は負い目から自由になるこの形態を支持し、また、受け取ることなく与えるヘルパーたちもそうです。しかし、この類の自由は人々を孤独で空っぽにするばかりです。

建設的均衡と破壊的均衡

男女の関係において、女性が男性に愛情の表現として何かを与えたなら、男性は彼女に対して何かお返しをするまでは負い目を感じます。しかし彼は彼女を愛しているので、彼女からもらったよりも少しだけ多くを彼女に与えます。今度は彼女が義務を感じ、彼女は彼を愛しているので、彼女は彼にもう少しだけ多くを返します。この愛情におけるギブ＆テイクはカップルの交換の量を増大させ、それにつれて2人の幸福と関係はより強く成長します。しかしその男性が女性に同じだけの価値しかないものを返すなら、等しくするためと、交換を続けるための義務の重圧は終わります。

ダグマー　もし彼がより少なく返したら何が起りますか？

ヘリンガー　パートナーが受け取ったものより少なく返した場合、彼はその関係を危険にさらしています。例をあげましょう。ギブ＆テイクのやり取りとその交換の増加は歩く行動にたとえることができます。私が前に進みたいとき、私はわずかな間バランスを失わなくてはならず、その後またバランスを取り戻します。もし私がすぐに姿勢を立て直せないと、私はバランスを崩して転び前へ進めません。同じことがカップルの関係に起きます。1人が与え、もう一方が受け取ることを拒否すると、その関係は壊れます。もし私たちがもはやバランスを保とうとしないのなら――例えば、カップルの関係でパートナーの2人ともが、自分が受け取ったのと全く同じでそれ以上を返そうとしないとき――私たちは前へ進むことをやめます。その男性が受け取ったよりも少なく返すとき、その女性も受け取ったよりも少なく返すでしょう。すると、前へ進む代わりに、彼らは後戻りします。彼らの幸福は減り、関係は弱まり、最終的に壊れます。

ブリジット　誰かが私に悪いことをしたらどうでしょう。同じやり方で平等にしなくてはなりませんか？

ヘリンガー　私たちは不平等を等しくする重圧を肯定的にも否定的にも経験します。誰かが私を不当に扱ったなら、私は仕返しをする必要があります。もし私が、相手に害を与える代わりに許したり、もしバランスを取り戻すために、何か苦痛の原因となるものを要求しなかったら、それは私がその人を本気で相手にしていないということで、その人は私から去っていきます。私が適切なやり方で仕返しをするとき、交際は存続します。しかし、たくさんの人が贈り物をするときと同じように、ただ逆にするだけで、不当に扱います。仕返しするため、彼らは自分に悪いことをした相手に、その人が自分にしたよりも少しだけ悪いことをします。そうするともう一方はもう一度悪いことをしても良い権利を感じ、このようにして悪いことと不当な扱いの交換はエスカレートし、それにともない苦しみと不幸も増します。

ここで問題は、この否定的な交換を終わらせ、肯定的なものを再び始めるためにパートナーたちは何ができるかです。その交換の量を増していくために、自分が受け取ったものより相手にほんの少し多くを与えるように、彼らは否定的な交換の場合は、同じことをその逆でしなくてはなりません――それは、自分が受けたことよりも少なめのお返しをするのです。そうすることで否定的な交換を終わらせることができ、肯定的な交換を再び始められるのです。

埋め合わせの限界

時々人は、様々な人間関係の中で有効である埋め合わせの必要性が、まるで神や運命との私たちの関係でも有効であるかのように行動します。例えば、もし他の人たちが死んでしまった危険な状況を生き残った人たちは、神や運命を、まるで埋め合わせをすることで気に入られなくてはならないパートナーたちであるかのように、その救済に対して報いようとする欲求を持ちます。人々は自分たちに制限を課したり、肉体的な症状を表したり、平衡を取ろうとする手段として何か価値あるものを犠牲にしたり、時々は誰かが、例えば子どもたちの中の１人がその代わりに償おうとしたりするかもしれません。

時々人は、以前に誰かと婚約や結婚したことのある人を、たとえその相手が死んだとしても、パートナーとして受け入れるのを拒否するでしょう。なぜなら前のパートナーの犠牲の下に、自分が新しいパートナーを得ることになってしまうからです。

また、再婚後に生まれた子どもたちは、自分たちの両親と自分たちの有利な立場を完全には受け入れることを拒否するかもしれません。なぜなら他の人によって、自分の場所が作られたからです。

運命が彼らに親切なときに、もし彼らが自分たちを特別でエリートだとし、彼らの幸運を自慢するとしたら、それはさらに悪いことです。もし彼らがそうするなら、私たちがいかに説明しようとも、彼らの幸運は悪い方へ転じてしまいます。なぜなら彼らにとっても他の人にとっても耐えられないものになるからです。

感謝と謙虚を通したバランス

私たちが不相応な贈り物を素直に感謝して受け取るとき、私たちは運命や神から適切に利益を受け取っているのです。感謝とは傲慢《ごうまん》のない受容です。代償を払うことなしに不均衡を等しくします。この感謝は単に「ありがとう」とだけ言うのとは違います。私が誰かに何かを贈り、相手が単に「ありがとう」とだけ言うなら、これは充分ではありません。でも、相手が顔を輝かし「なんて素敵な贈り物」と言ったなら、私と贈り物の両方に敬意を表したことになります。ある人たちは神や運命に対しても同じことをします。喜びに輝き愛をもって受け取る代わりに、彼らは機械的に「ありがとう」と言います。

運命から不相応な贈り物を受け取ると誰でも、義務から何かを返すことを意識します。しかし私たちは自分たちに重荷を負わせたり、制限を課したりする代わりに、他の人に肯定的な何かを与えることができます。それは有益な方法で私たちを義務から自由にします。

しかし、ちょうど肯定的なものが不相応に自分に来るとき、私たちがそれを受け取るように、自分が引き起こしたのではない否定的なものもまた受け取らなくてはなりません。もし私たちが良いときも悪いときも運命にお辞儀をするなら、私たちは運命と調和しており、自由です。この運命にお辞儀することを私は謙虚さと呼びます。

継続する明晰さ

ダグマー　今朝、私の家族のコンステレーションが見せてくれたことは完全に正しかったです。私は本当に母を誇りに思っていませんでした。最初は少し悲しかったのですが、私はその後、素晴らしく、そして継続する明晰さの感覚を持ちました。そしてその後はドミノ効果のようなものが私の中にありました。私の母は向きを変え、母の母に敬意をもってお辞儀しました。そして祖母もまた母に向かって、母が私に言ったのと同じように「私はそれに値しない」と言いました。祖父が祖母をだましていたのか、それともその反対なのか、もはや私には関係はありません。私はそれについてとらわれないでいられます。

私の家族の男性たちとの関係はすでに私の内では変化しています。例えば兄との関係です。それは新しくなっています。次に何が起こるのかとても好奇心があります。心の中では私は父方の方へ行ってしまいました。そして好き嫌いも変わりました。しかし疑問が1つあります。誰かが尊重されていないとき、何が起きるのでしょう。私の父方の祖母は生後6ヵ月で娘を亡くしました。それで彼女は、本当は自分の夫か、もしくは後に生まれた2人の息子たちを尊重したり、受け入れていなかったのではないかという印象を私は持っています。私のすべきことが何かありますか？

ヘリンガー　いいえ。あなたの祖母は、娘の死による痛みに縛りつけられたままだった、そして他の人に対して自由ではなかったという事実をあなたは認めなければなりません。

過去を平和に託す

ヘリンガー　（ダグマーに）あなたに話したいことがあります。家族と、次に続く家族の中には、時が経てば、過去は終わり、過ぎ去ることが許されなくてはならないと定める法則があります。これはとても重要です。例えば、あなたの祖母の代に起きたことは、今は終わり、過ぎ去ることが許されなくてはなりません。同じことが徴候にも当てはまります——フランク、あなたが先ほど説明した徴候のように、もしそれらが終わり過ぎ去ることが許されるなら、それはあなたに平和をもたらせてくれるでしょう。あらゆるものがはかなさの法則に従っており、私たちがもし適切なときに、はかないとされるものが終わるのを許し、過去であるものが過ぎ去ることを許すなら、私たちはこの法則を認め、栄誉を与えることになるのです。私たちは自分たちを引き止めている何かに対処する必要性があったり、そこに置いてきた自分たちの未来に必要な何かを取り戻するためにだけならば、過去に戻ることができるのです。これが、現在にまだ有害な影響を与えている何か本当に深刻なことでもない限り、あまり遠くまでさかのぼるべきではないというその理由です。例えば5世代も前というのはさかのぼり過ぎです。最もさかのぼっても4世代までとすべきでしょう。長い家系図を誇るような家族にはしばしば、醜い出来事が長い間、安らぐことを許されずにあります。

ダグマー　物事を平和に安らがせるという、この感覚は素晴らしい体験です。

ヘリンガー　私たちが物事、例えば死者に安らぐことを許すとき、私たちは平和を見つけます。そうすると彼らは安らかです。リルケの『ドゥイノの悲歌』にとても美しい1節があります。

> **「早くに連れ去られた者たちはもはや私たちを必要としていない。子どもたちが成長して母の柔らかな胸が要らなくなるようなおだやかさで、ついに彼らは地上の嘆きや喜びから引き離される」**

死者は地上の生から引き離されるために少しの時間を必要とします。なぜなら彼らは異なる王国にいて、そこにとどまることを許されなければならないからです。彼らはリルケの他の詩「オルフェウス、エウリュディケ、ヘルメス」の中で、オルフェウスはエウリュディケを死者の国から連れ戻そうとします。しかし彼女は躊躇します。

> **「彼女は自らのうちに満ち足りていた。**
> **そして死者であることが完結とでもいうように彼女を満たした」**

他に何かありますか、ダグマー？　今の自分を本当にはっきりと見ることです。

火の残すものすべてが灰

ダグマー　素晴らしい気分です。本当に素晴らしい。でも、それについて話すのはやや気乗りしないのですがまだ他にも何かあります。

ヘリンガー　今はよしましょう。まず第一に、あなたの気の進まなさを信頼してください。そのことを話すのが自分にとって正しく、適切だということを確かにしてください。疑わしいなら、それは適切ではないのです。

ダグマー　そのことについて話した方が正しいように思えるのです。私は気がついたのですが……。

ヘリンガー　やめてください。私の知覚するところでは今この瞬間は適切ではありません。

（グループに）セラピストが秘密を尊重し保護することは重要です。もし私たちが自発的に光らないものに明かりを投じようとするなら、それはそれ自身の輝きを一度に失ってしまいます。

アイダ　ここで起きていることを見ていると、私は理解したと、理解していないという両方の感覚を持ちます。

ヘリンガー　はっきりと把握できないのにもかかわらず、私たちを感動させるものがあります。それらは秘密のままにとどまります。もし、私たちが全部を理解しようとしてそれらを分析すれば、火の残すものすべてが灰となります。

消えた腰痛

ウーナ　良い気分です。とても疲れていたのですが、今はまた参加できる感じです。私の家族のコンステレーションに参加してくれた皆さんに感謝します。そうなんです、今この瞬間本当に良い気分です。それから、腰痛が消えてしまったのです。そのことを伝えるのをもうちょっとで忘れるところでした。

カップルの関係における不平等と償いの法則

ブリジット　私は働きかけを受ける決心がついたので、すぐに始めたいのですが。

ヘリンガー　良いですよ。

ブリジット　私の生まれた家族の方を配置したら良いのでしょうか？　それとも娘の方でしょうか？　私の問題は娘に関係しています。

ヘリンガー　あなたの現在の家族の方を立ててください。そこに所属するすべての男性、女性、そして子どもたちです。

ブリジット　私は2度結婚しました。最初の夫は私たちを残して去り、そして後に死にました。

ヘリンガー　なぜ別れたのですか？　何があったのですか？

ブリジット　私は心理学を勉強していました。そして私の勉学が終了したとき、私はもう夫を必要としていませんでした。

ヘリンガー　それは償いの力動の良い例です。結婚してパートナーの一方が知的職業を習得し、他方がその支払いをしている場合、与えられた方のパートナーがその後、婚姻をやめるということがよく起こります。一生の仕事とする職業を与えられた方は、同じ価値に値するものを返して不平等を等しくすることなどできません。結婚はそのようなひどい不平等に持ちこたえることはできません。それは等しくならなくてはならないのです。結婚している間、妻が夫の勉強のために支払をしているとき、同じことが当てはまります。しばしば夫は学業が終わるや否や妻を置いて去っていきます。もしあなたが誰かを愛しているなら、相手に返せる以上に与えないというのは愛を持続させる良いやり方です。あなたはまだ夫に何か借りがあります。

ブリジット　私は彼の弱さについて、ある特別の記憶があります。でも私は彼にまだ何か借りがあることは分っています。

ヘリンガー　記憶は意図的です。

ブリジット　昨日と一昨日、私は彼の写真を他の写真と一緒に写真立てに入れるために見つけたくて探したのですが、子どもたちが全部取ってしまったのです。私は1枚も見つけられませんでした。

ヘリンガー　あなたの子どもたちは、あなたが失敗したことの埋め合わせをしているのです。

ブリジット　私の夫は再婚して2番目の妻との間に2人子どもを持ちました。

ヘリンガー　彼らもコンステレーションに入れる必要があるでしょう。

ブリジット　私の2番目の夫は2人連れ子がいます。彼の最初の妻は死にました。

（ブリジットが彼女の家族のコンステレーションを立て始める）

ヘリンガー　私がやってあげましょう。このケースはとても簡単です。

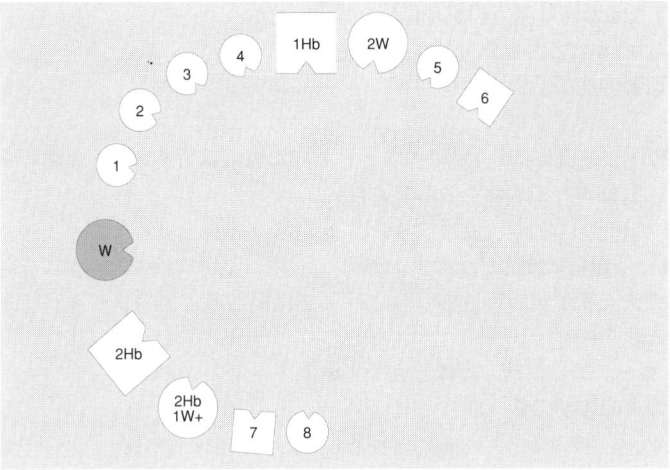

図1

1Hb	最初の夫、1～4と5～6の父
W	**妻、1～4の母**（＝ブリジット）
1	第1子、娘
2	第2子、娘
3	第3子、娘
4	第4子、娘
2W	最初の夫の2番目の妻、5～6の母
5	最初の夫と2番目の妻との第1子、娘
6	2番目の妻との第2子、息子
2Hb	2番目の夫、7～8の父
2Hb1W †	2番目の夫の前妻、死亡、7～8の母
7	2番目の夫の最初の結婚での第1子、息子
8	2番目の夫の最初の結婚での第2子、娘

ヘリンガー　娘たちはどう感じていますか？

第1子（問題の娘）　自分の両側に力を感じます。

第2子　全部そろった感じです。

第3子　感動しています。

第4子　気分が良いです。

ヘリンガー　父親はどう感じていますか？

最初の夫　娘たちが私の写真を取ったと聞いて感動しました。それまでは誰とも関係を持っていないと思っていました。

ヘリンガー　子どもたちは父親に属します。母親には彼らへの権利はありません。子どもたちは父方の家系に属します。
　2番目の妻はどんな気分ですか？
2番目の妻　良いです。
第5子　良いです。
ヘリンガー　（2番目の妻の2人の子どもに）彼らは皆あなたの兄弟姉妹です。
第6子　女性がとてもたくさんですね。
ヘリンガー　あなたにはそうです。
　2番目の夫の気分はどうですか？
2番目の夫　私と妻との間のこのギャップは偶然とは思いません。でもこの状態で結構です。
ヘリンガー　彼の最初の妻はどうですか？
2番目の夫の最初の妻　良いです。
ヘリンガー　彼の子どもたちはどう感じていますか？
第7子　皆、面白いやつらです。
第8子　良い感じです。
ヘリンガー　妻はどう感じていますか？
妻　全然良い気分ではありません。息苦しいです。全部あんまりです。私はもっと小さな輪の中にいたい。
第1子　私は父親の近くに行きたいです。
ヘリンガー　そのとおりです。

（ヘリンガー、コンステレーションを変える）

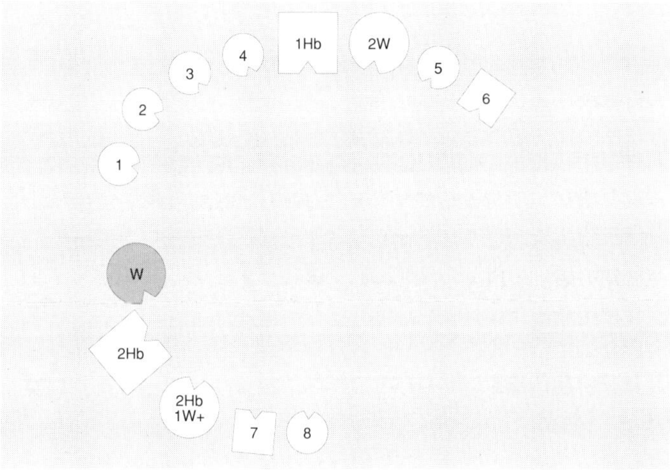

図2

妻　この方がずっと良いですが、でも娘たちを失ってとても悲しいです。娘たちにとても引きつけられます。
ヘリンガー　あなたは彼女たちがあなたを信頼するチャンスを失いました。彼女たちはあなたの夫や彼の家族体系の中にいる方がより良く感じますし、彼女たちはそこに属しています。あなたは娘たちを彼から取り上げるべきではありません。あなたの夫への借りは彼女たちです。
ブリジット　私は今2番目の夫との離婚の手続き中です。
ヘリンガー　あなたの代理の反応は、2番目の夫の体系の中にもあなたの場所がないことを示しています。あなたはどちらの体系にも属していません。

（ヘリンガー解決を配置する）

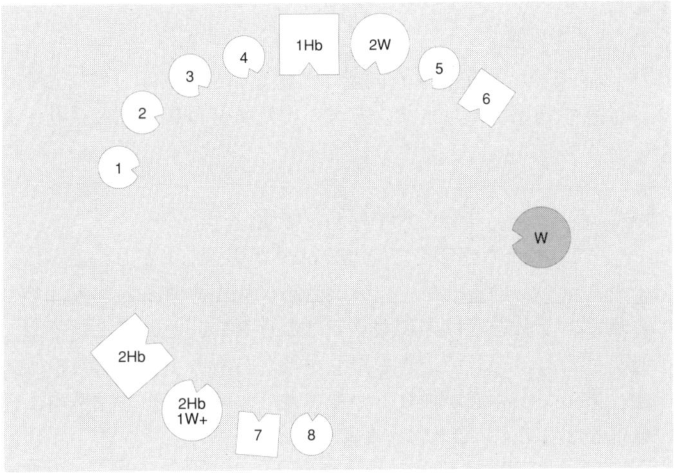

図3

ヘリンガー　（妻に）ここの場所ではどう感じますか？
妻　良いです。
ヘリンガー　あなたに適した場所です。
妻　ええ、良くなりました。広がりがあります。
第2子　初めて、母と自分の間に生きた感覚があることに気がつきました。
第1子　今は母と何かつながりがあると感じます。
ヘリンガー　（グループに）私たちは無責任な離婚の結果を今見ています。無責任な離婚をした人々は、家族体系の中で正式な一員として主張する権利を失います。
（ブリジッドに）あなたの場所に行って立みたいですか？

（ブリジット、コンステレーションの中の自分の場所に行く）

ヘリンガー　もしそうしたければ、あなたは違う場所に立ってみて、自分に一番良く感じる所はどこかを見てみることもできます。
ブリジット　裏切られたのは私の方です。
ヘリンガー　いいえ、あなたは自分の決断の結果を負っているだけです。あなたがその結果を負わなければ、あなたの娘たちが負うでしょう。
ブリジット　ええ、私が負わなくてはなりません。（彼女は泣く）
ヘリンガー　そうするのは良いことでしょうが、まだそうすることに同意していませんね。
ブリジット　たぶんそうでしょう。
ヘリンガー　あなたの反応はまだ同意していないことを示していますが、あなたの痛みは癒す効果があります。それが娘たちと母親を和解させます。良いですか？
（ブリジットうなずく）
ヘリンガー　オーケー、ではこれで終わりです。
（グループに）私たちがここで見たのは、ブリジットがしたように、他の人たちに十分な気づかいをせず、自分のために何かをすると、人はその結果から逃げられず、それを受け入れなくてはならない、ということです。彼女の夫が不当に扱われ、そして子どもたちが彼から取り上げられたのは公正さを欠きます。去っていく方が独りでいるべきで、子どもたちは不当に扱われた方といるべきなのです。これは重要な原則です。
ブリジット　私が心理学を勉強し始めたのは、夫が他の女性と1年半も関係を続けていたからです。
ヘリンガー　彼にも罪の分担はあります。それはもう1つの重要な付け加えられる側面ですが、それは、起きたことのあなたの分担に対する責任を負って、あなたを独りで立たせたままにするという、そのコンステレーションの力動を変えるには十分ではありません。あなたが犠牲者として、あなたの夫が加害者として起きたことを思い出すとき、それはあなたの罪悪感を減らすかもしれませんが、あなたが解決を全うするために効果的に行動することを不可能にもします。

嫉妬と償い

クラウディア　質問があります。ブリジットは勉強を始め、そしてそれを完了しました。それから別れがやって来ました。でも出ていったのは夫の方で、彼女ではなかった、と少なくとも私は理解しているのですが。

ヘリンガー　彼女のその状況での力動は明白なので、誰が先に去ったかを考え出そうとしてもブリジットにとって違いはありません。細部はそう重要ではありません。物事は人々の言うことと通常逆だという、このワークの基本的ルールを思い出してください。例えば、嫉妬では、嫉妬深いパートナーは普通、まるで彼にいて欲しいために嫉妬にかられているかのように行動しますが、実際は相手にとどまってもらうより、去って欲しいのです。誰かがあなたについて嫉妬にかられている、その影響を考えてみてください。それはあなたに近づきたいと思わせますか、それとも退かせますか？

嫉妬は別れの罪を相手に負わせようとする1つのやり方です。しかし実際の罪とその結末は、そのあるがままにあり、パートナーのどちらが物理的に先に去ったかは関係ありません。時にパートナーがもう一方への親切として婚姻から去ることがあります。しかしパートナーの1人がパートナーのもう一方を犠牲にして、結婚に貢献しない何かをするとき、そしてそのパートナーがそれを支払うなら、その人は効果的に関係を終わらせます。妻の親が妻の学費を払うとか、夫の親が夫の学費を払う場合は通常、うまくいきます。

（ブリジットに）誰があなたの勉学中に家計を支えましたか。

ブリジット　私です。

ヘリンガー　すると、もし夫が払っていたとした場合の力動と、その力動とは同じではありません。

あなたの勉強は、夫との関係から自由になるための方法だったのでしょう。そしてたぶんあなたは彼の女性関係に対し、彼に自分のあだを討ちたかったのでしょう。あなたの動機は彼と同等にすることだったかもしれません。問題は、2人の内どちらがより相手のせいで傷つけられたかです、あなたか夫か？　どちらのがより大きい報復だったか？　これこそが、まさにあなたが昨日、否定的な償いについて尋ねたとき、引き合いに出したことです。あなたが何を決断して行動するにせよ、これはあなたが熟慮しなければならないことです。

潔白と罪と

関係の体系の中で私が見てきた、もう1つの力動があります。罪のない者の側がいつもより危険な側です。彼らの怒りの方が大きく、そして、彼らの行動は関係に対し最も破壊的です。自分が正しいと感じているので、彼らは均整の感覚をなくしています。罪のある側は通常、よりはるかに降参し、賠償する覚悟をしています。和解の試みは普通、罪のある側ではなく、罪のない側のせいでうまくいきません。

不誠実と誠実

テア　私はいまだにその結果について考え続けています。ブリジットは、夫が他の女性と関係を持つようになって1年半経ってから、心理学の勉強を始めただけなのに、コンステレーションは彼女が娘たちへの権利を失ったと見せました。女性としてこれは不公平と感じます。

ヘリンガー　表面上はそのようですが、もっとよく見たら、はたしてそんなに不公平でしょうか？　あなたが見落としているのは、罪のない側の罪です。家族体系のワークでは、すべての罪が1人にあり、もう一方には全くないというのは稀です。ルールとして、罪のあるパートナーはもう一方に対して怒りの感情は持ちませんが、罪のないパートナーはもっともな怒りを感じ、その人の罪が正義感や潔白として姿を変えられている事実によって、それはより悪いものになります。婚姻の外に関係を持つことの何がそれほどひどいのでしょう？　実際の害として何がされたのでしょう？　異なる力動が作用していることを不倫の事実が示すとき、罪のない方のパートナーは忠誠への道徳的権利を主張します。まるでハートの忠誠が意志の力によって法的に制定され得るかのように、道徳的主張を使うことは思い上がりです。愛によってパートナーを引き留めようとする代わりに、相手を苦しめ、実際、相手が自分の所に戻ってくることを不可能にします。私はもっと人間的で穏やかな方向を支持します。私は忠誠であることに深い敬意を抱きますが、私が敬う忠誠は愛の結果で、道徳的な法律ではありません。結婚したパートナーたちは、しばしば自分だけが相手にとって重要な人間でありたいと望みます。しかし、時に夫や妻は重要な誰か他の人と出会います。そして彼らのパートナーたちが、そのことで彼らを苦しめるとき、その状況の現実を否定しています。もし愛が成就することを望むなら、パートナーの2人ともが状況をありのままに尊重しなくてはならず、そうすると、誰にとっても良い解決を見つけるチャンスを得ます。しかし、これが起こり得るのは愛を通してのみです。私が説明している力動の感じをつかめますか？

テア　はい。

ヘリンガー　もう1つ別の検討すべき側面もあります。パートナーの一方の相手を引き留めるための戦いは、しばしばそのエネルギーをインナーチャイルドの母親を失うことへの恐怖から引き出しています。もしそういうケースであれば、誠実さへの要求は、実際はパートナーよりももっと自分の母親に向けられているのです。結婚における誠実さとは、特に自己犠牲の要素を課すとき、夫や妻の上に向けられた、母親に対する子どもの忠誠心の転移です。そうだとすると、過去の終わっていない状況が、有害な形で現在に持ち込まれたのです。それは現実ではありません。

例をあげましょう。少し前に私はある男性から婚約をしたことを知らせる手紙を受け取りました。彼の婚約者は彼に対する彼女の愛は感情転移にすぎず、彼女は独立して、別の関係を得るために自由になりたい、と彼に言ったのです。それでも彼は、彼女に誠実で居続けなくてはならない、彼女が自分の元に戻るのを待たなくてはいけないと感じました。私は彼に次のような手紙を書きました。

「あなたはパートナーに対して、子どもが母親に示すのと同じ無批判の忠誠を表しています。そのためにあなたの感覚はあなた自身をあざむいています。彼女はあなたの母親ではないし、彼女はそのような忠誠に値しません」

私の手紙を読むや否や、たちまちに解放されたことを感じたと彼は返事をくれました。彼は婚約指輪をはずし、未来が抱える何からも自由になったのです。

復讐の見せかけの感覚

ウーナ　一方で私はまだブリジットのシステムを考えています。あなたが説明する愛の法則は、彼らに関しては動かし得ないものですし、それらはとても深いレベルで作用しているようです。私としてはそれらは単にあなたの考えだと信じたいところなのですが。このことについてはずっと考えてきました。

そのもう一方で、私は自分と母に関して心配しています。私はほんの短い期間、結婚していたことがあり、婚姻中、夫は頻繁に私に対して不誠実でした。彼と別れたとき、私は完全に罪がないことを感じました。それが母との同一化を私にもたらしています。なぜなら似たようなことが母に起きたからです。父が、母と病弱の兄を保養のために母の実家に送ったのは父の善意によるものでしたが、母が留守の間、父は秘書と不倫をしました。その人が父の2番目の子どもの母親です。私は、母の父に対する復讐に燃えた感情に気づいていましたが、ここでのコンステレーションを見ていて、私が母の感情を引き継いでいたという考えを持ちました。これは何か新しく、熱烈さの感覚とつながっています。でも、そのままにしておいて大丈夫と感じます。

罪がないことについての感想

カール　たった今腕時計を見て、今日のワークももうほとんど終わりだと気がつきました。自分がどんなに生き生きしていて、活動的なのかをいまだに感じていることに私は驚いています。私は「罪のない側が危険なのだ」というあなたの言葉についてまだ考えています。それは大変強い印象を私に与えました。

母親への贈り物

クラウディア　私は動揺しています。私の母について考えています。明日はヴァルターの母親の誕生日なので、彼はたった今出ていったところです。彼は母親を訪ねたいのです。明日は、私の母の誕生日でもあります。でも私は会いに行くなんてまっぴらです。これは本当は昨日の朝から始まったのです、あなたが……。(泣き出す)

ヘリンガー　ちょっと待ってください！　このワークショップからどんな贈り物を彼女に持っていくことができるのか考えてみなさい。彼女を驚かす素晴らしい機会です。しかし彼女に前もって何か特別なものを持っていくと必ず知らせなさい。それで、あなたは明日は明晰な良心を持ってここにいられます。同意しましたか？

クラウディア　（笑いながら）今までそんなふうにやってみたことは一度もありませんが、気にいりました。

難局はピークを過ぎて最も容易に解決される

ロバート　私は妻と別れたので、自分の家を手放して、息子とともにとどまるかどうか、すぐに決めなくてはならないので悩んでいます。

ヘリンガー　それはあまりにも早すぎです。難局が解決され得るのは、それがピークに達したときだけです。

　私はかつて大きな学校の校長でした。難局は頻繁にありましたが、私は何日もかけてその難局がピークに達するまで、発酵の過程を最後まで観察するようにしました。するとそれはすぐに解決されるのです。ピークにおいては解決法を見つけるのはとても簡単です。

ロバート　ええ、しかし次に妻に会うときに、私は決めなければなりません。彼女は会うことを提案したのですが、私は会いたくはありませんでした。この3ヵ月間、彼女とは全く連絡をとっていません。

ヘリンガー　適切な時が来たと、あなたが感じるまであなたは待つべきです。

ボールはあなたのコートの中にあります。どんな場合でもあなたの方が妻に連絡すべきです。

ロバート　分かっています。それはただ、いつどうやるかの問題です。

ヘリンガー　機が熟したら、あなたにはすぐに分かります。どのように決めるか、すでにあなたが分かっていたとしても、決断を実行に移す力を集めるための時間を自分に与えなくてはなりません。

ロバート　待つことがとても難しく感じます。

ヘリンガー　それはあなたが戦士でないからです。戦士はどう待つかを知っています。戦闘で敵が攻撃してきたとき、あなたは行動を起こす前に、敵が200フィート以内に来るまで待たなくてはなりません。これは非常に難しい。敵がまだ1マイル離れているとき、めくら撃ちすることは楽です。しかしそれが何を成し遂げますか？

それ以外のイメージ

フランク　私は自分の離婚について質問があります。ファミリー・コンステレーションで私が気づいたのは、例えばブリジットのように、父親がいつも親権を持っています。私のケースではどういう意味を持つのでしょうか？

ヘリンガー　それはあなたと子どもたちとの間には関係ありません。それが当てはまるのはブリジットのコンステレーションの中の関係だけです。あなたのケースに何が適切なのか、私たちはまだ知りません。もしあなたがそれを見つけたいのなら、あなたのファミリー・コンステレーションを立てることです。

フランク　やりたいです。

ヘリンガー　では今なさい。

フランク　私の家族のメンバーは、離婚した妻、私、2人の子どもたち、そしてここに一緒にいる、現在の私のパートナーであるダグマーです。

ヘリンガー　あなた方2人のどちらかが以前に結婚したことはありますか。

フランク　ダグマーがしていました。

ヘリンガー　彼女の夫も必要になります。

（フランクが現在の家族のコンステレーションを立てる）

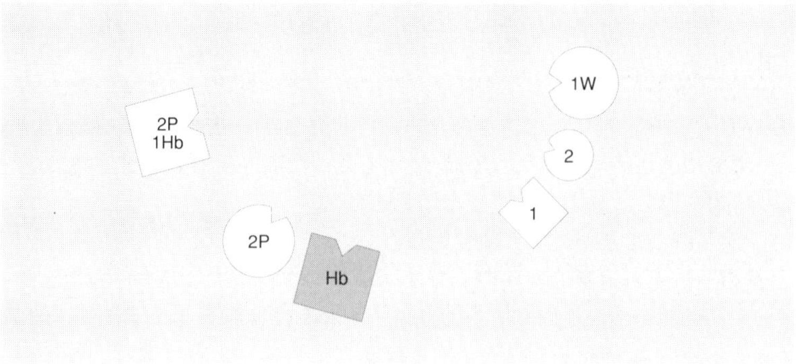

図1

Hb	**夫、1と2の父親**（＝フランク）
1W	離婚した最初の妻、1と2の母親
1	第1子、息子
2	第2子、娘
2P	2番目のパートナー、フランクと結婚していない
2P1Hb	2番目のパートナーの最初の夫、離婚した

ヘリンガー　夫はどう感じていますか？
夫　私の現在のパートナーが来て、私の横に立ったとき、暖かく感じました。でも子どもたちがいなくて寂しいです。
ヘリンガー　離婚した妻はどう感じていますか？
最初の妻　言えません。
第1子　今のように立っていると、私は父と何の接触もありません。私がもっと父に近づくと、母との接触を失うような気もしています。
ヘリンガー　どのように感じるか分かるので、彼に近づいてごらんなさい。

（息子が父の横に立つ）

第1子　この方が良い感じです。母とももっとつながりを持っています。
第2子　ここで良いのですが、むしろ1人で何かをしたいです。
最初の妻　自分の目が信じられません。
ヘリンガー　（娘に）行って、兄の横に立ちなさい。
（最初の妻に）向きを変えて彼らから顔をそらしなさい。それでどうですか？
最初の妻　良いです。
夫　それは私にとってもとても良く感じます。
ヘリンガー　（最初の妻に）前に一歩進んでください。それでどう感じますか？

最初の妻　良いです。
2番目のパートナーの最初の夫　私は彼らの誰とも一切関係ありませんが、私と以前のパートナーとの間にはまだ緊張が残っています。（以前のパートナーが笑う）

（ヘリンガーがコンステレーションを変える）

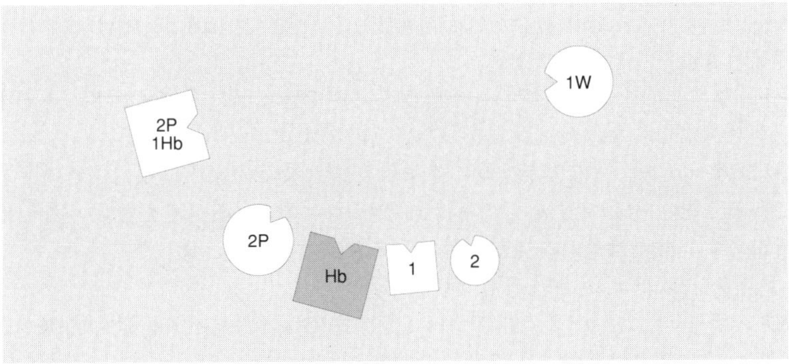

図2

ヘリンガー　（フランクとダグマーに）ではコンステレーションの中の、自分の場所に行って立ってください。
ヘリンガー　（娘に）そこで良い感じがしますか？
第2子　はい、でも私ともう一方の女性の間には面倒なことが起こりそうに思います。
ヘリンガー　そう、当然です。あなたは彼女に対して自分の母親の代理をすることになります。
第1子　私も母がいなくて寂しいです。
最初の妻　今から何が起こるのか見たい気持ちでした。

（彼女が再び家族に顔を向ける）

ヘリンガー　この距離から自分の家族を見て、どのように感じますか？
最初の妻　もっと完全です。
フランク　驚いています。
ヘリンガー　これは明確な、シンプルな解決です。良いですね。終わります。
フランク　（座席に戻って）全部が分かったわけではないのですが、突然はっきり理解したことがいくつかあります。

ヘリンガー　ただそれを楽しみなさい。あなたがただそれを楽しめばそれで十分です。

フランク　あまり確信がないのですが。

ヘリンガー　あなたがいかに確信がなくてもそれを楽しみなさい。スープの中に入っている髪の毛を見つけるまで、スープを楽しめない人がいます。しかし、髪の毛のことは忘れて、ともかくスープを飲み終えることは可能です。

　良いですか、それはあなたにも言えます。幸福は恐怖を創り出します。そしてそれは責任をもたらします。

フランク　どのような責任でも、負うことができる前に、マインドの中がもっとクリアにならなければならないと思うのです。

ヘリンガー　あなたの妻が彼女の生まれた国と彼女の家族体系に引き寄せられていること、そして子どもたちはあなたと一緒にいるべきだということは明らかです。彼女はそれを見たとき、とてもほっとしていました。

フランク　私はいつも罪を感じていました。

ヘリンガー　このケースで罪について話す必要はありません。他の力動が作用していて、それはそのままで良いのです。

　オーケー、今日はこれで終わりましょう。

3日目

ラウンド（一巡）

ヘリンガー　おはようございます。今日もまた一巡して始めたいと思います。誰でも、今起きていることを話したり、あるいはワークについて質問をしたり意見を言ったりするチャンスが与えられています。

参加者　始まる前に、それについて質問があります。ここで起こることは、私が今まで経験したどのグループセラピーともぜんぜん違います。参加者の間ではほとんど相互に影響することはなく、コンタクトがあるのはあなたとクライアントの間だけです。まるでグループセッティングでの個人セラピーみたいです。その背後にあるあなたの考えについて話してくれませんか？　あなたは私たちが参加することを積極的にやめさせているように見えます。

ヘリンガー　私は実際はあなた方の参加を強く奨励していますが、グループをまとめているのは私です。何年も前に南アフリカ共和国で、私は人種の混合したグループと全キリスト教派統一運動においてグループダイナミックを使うセラピストとして仕事を始めました。それらのグループでは参加者間にとても強烈な相互作用があり、たくさんの成果が上がりました。しかしここでは、あなたが気づいたように、ちょっと違ったことをしていて、あなた方全員が異なる自由を必要とします。

“一巡”では、誰にでもそのワークの影響について話したり、質問したり、異議を唱えたり、また意見を述べたりする自由があります。またはあなたは重要で適切な個人的問題に働きかけるかもしれません。他の人たちが注意深く居続け、中心に定まり、話し手が語るのを中断しないのなら、各参加者はグループの他のメンバーの批評や異議に乱されることを心配する必要なく、順に気にかかっていることを自由に話すチャンスを得ます。

このワークはこの深さで起こることができるのであり、グループの環境を支えている他の参加者がどれほど重要であるか、あなたはたぶん気づいていることでしょう。もしあなたがグループの環境に積極的に貢献しなければこのワークは起こり得ないのです。グループの他の人たちもまたセラピストにとって重要なパートナーです。なぜなら誰かが本筋からそれてしまい、説明や正当化に夢中になってしまったらたちまちに、そのグループは落ち着きを失い始めます。それはセラピストにとって、何かが正しくないと示す良い手懸かりなので、セラピストは中断し、次の人へ移ることができます。それはグループ全体が集中の状態にあり続け、人々が持ってきたテーマの真剣さに敬意を払う環境を創り出すよう助けます。参加者が何か真に重要なことに働きかけている限りは、たとえそのワークが長くかかっても、そのグループは注意深く、中心に定まったままで存続します。実際、1人の人にとって重要な問題は誰をも感動させ、また1人がその人にとって重要な何かを解決するとき、その他の人たちも自分自身に働きかけることをしなくても同様に利益を得ます。誰もが他の誰かのために働くのです。それはとても効率的です。

もう1つ考えておく点があります。私たちがここで働きかけていることの多くは、家族体系が子どもに課し、そして子どもが愛ゆえに受け入れてきたもつれの結果です。それらはたいてい私たちが選んだのではなく、それから自分を守ることができなかったものです。このレベルで働きかけることは、私たちの中の子どもの忠誠心と罪のない無防備さの両方をさらけ出します。人は、グループの他のメンバーたちからの意見、批判、フィードバック、提案について心配しなくてもよくなると、そのレベルまで打ち解けても安全だと感じます。たとえどれほど良い意味であろうと、意見は、私たち全員が今なお、小さな子どもたちのように、無邪気に愛する感じやすい部分を簡単に傷つけ、恥じ入らせることができるのです。グループのプロセスとグループダイナミックは他の仕事には効果的な方法ですが、私たちがここでしているワークをするために必要なレベルの安全性を提供してくれるものではありません。

ですから私たちがここで行うことを安全にするために、メンバー間の相互作用を少し犠牲にします。

引き受けた症状

アン　気分は良いです。とてもたくさんのことが私の内側で起こっていて、そのいくつかのことがよりはっきりしてきたと感じます。今自分が誰かと同一化していると分かります。たぶん、数人の人たちと……。

ヘリンガー　いいえ。ルールとして、同一化は1人に限られます。もしそれ以上だと、それは人を狂気に向かわせる傾向があります。

アン　では、私は祖母と同一化しているのではないかと思っています。時々、呼吸の仕方でそれを身体に感じます。まるで深い呼吸ができなくて、上半身だけを使って息をしているように。それと息を止めていることがあります。例えば、恐がっていたり、争いに巻き込まれている状況のときに。そのようなときに私は、自分の身体をできる限り小さくします。祖母がしょっちゅう被害妄想のふりをしていたのを思い出します。子どものころ、祖母はよく私に誰か隠れていないか見てきてくれと頼みました。私は祖母の恐怖をいくつか引き受けていたので、こういった状況でよく息が止まるのだと思うのです。

ヘリンガー　そのような状況では何をしたら良いでしょうね。

アン　呼吸すること、だと思います。

ヘリンガー　愛を込めておばあさんを見て、言うことです。「あなたのために私は息を止めています」（中断）それを受け入れる方法は見つかりましたか？

アン　努力しているところです。

ヘリンガー　おばあさんへのあなたの愛情を感じていますか？　それが明るみに出ることを許したら、あなたは自由になれます。何か他にありますか、アン？

アン　はい。今朝、初めて気がついたのですが、私が父の両親のことを話すとき、私は彼らが死んだとは言わず、殺されたと言います。

ヘリンガー　誰に殺されたのですか？

アン　ナチスの時代でした。私はユダヤ人の家系の出身です。

ヘリンガー　それはいつでも、とてもとても重要なことです。私が観察してきたことが分かりますか。ユダヤ人の女性はドイツ人男性とは結婚できません。

アン　私はドイツ人男性と結婚しました。

ヘリンガー　うまくいくはずがありません。ユダヤ人女性はドイツ人男性と幸せな結婚をすることはできないのです。必ず悪い方に向かうに決まっています。うまくいった例を見たことがありません。その反対にユダヤ人男性がドイツ人女性と結婚するのは、うまくいくようなのですが、逆はだめです。ただうまくいかないのです。

ジョン　どういうことなのか説明できますか？　それともただそうなると？

ヘリンガー　説明しようとしたこともありません。ただずっと観察してきたことなのです。

（アンに）あなたは今までユダヤ人女性と非ユダヤ人男性との結婚がうまくいっているのをみたことがありますか？

アン　はい。

ヘリンガー　本当に？

アン　本当です。

ヘリンガー　良いでしょう、では私の言い方が包括的すぎたのかもしれません。おそらくそれが非常に難しいと言う方がもっと正確です。

アン　その難しさは分かっています、信じてください。本当は私たちがうまくやっていけなくなったから、私は夫と別れたのです。

ヘリンガー　ユダヤ人女性が非ユダヤ人男性、特にドイツ人男性と結婚する際、彼女は暗黙のうちにユダヤ人の信仰を放棄しているのです。しかし、それはユダヤ人にできることではないのです。彼ら共通の運命によって創り出された絆は、ユダヤ人の間にとても強い、通常本当に壊すのが不可能な絆を創り出しています。

アン　どうしてユダヤ人男性とでは違うと言われるのですか？

ヘリンガー　昨日私がお話しした、女性が男性に従うということに関係しているのかもしれません。ユダヤ人女性がそうするとき、暗黙のうちに信仰を置いていきます。非ユダヤ人女性はユダヤ人男性に従いながらも自分の信仰への真実にとどまれますが、その反対はうまくいかないようなのです。

ジョージ　それはユダヤ教が女性によって伝えられてきたからではないのですか？　これは、子どもたちは自動的に父親の家族から去るということを意味するでしょう。

ヘリンガー　おそらくは、でも私がはっきり分かっていることは、何年にもわたって働きかけてきた実際のカップルたちから見聞きしたことです。ユダヤ人女性が非ユダヤ人男性と結婚すると、彼女は自分が育ってきた価値体系との絆を傷つけます。これはたくさんの側面の1つにすぎません。しかしどういう理由であれ、ユダヤ人女性と非ユダヤ人男性が結婚をうまくやっていこうと大変苦労しているのを、私は頻繁に見てきています。

アン　でも私がこの人を選んだのです。さらに事を複雑にしているのは、私の夫が司祭職への候補者だったことです。彼はカトリックの神学者なのです。彼の母親は彼を結婚させるつもりは全くありませんでした。

ヘリンガー　それは解決するにはそう難しくはありません。それは彼と結婚しない理由でも、彼の元を去る理由でもありません。困難なことはもっとあなたとあなたの両親、そしてあなたの運命の方にありそうです。

ロバート　たぶんユダヤ人の血の割合が関係しているのです。もし半分とか4分の1だけのユダヤ人なら違いがあるのではないですか？

ヘリンガー　今は形式主義的な側面に入り込みたくはありません。重要なことは現在作用している様々な力を識別することです。細部まで確かめられなくてはいけません。

（アンに）あなたは私たちに重要な情報を与えてくれました。それがあなたの家族のコンステレーションを立てやすくするでしょう。

ふさわしい尺度

アイダ　心臓がどきどきしています。それで、私が聞きたいことは、人はどうやってふさわしい尺度を見つけるのかということです。

ヘリンガー　ふさわしい尺度？

アイダ　ええ、ふさわしい尺度です。

ヘリンガー　内面的な方位感覚というものがあります。あなたがそれに注意を払い、十分に中心に定まっていたら、表現することとそれを見合わせることのバランスが正しくとれているときを感じることができます。私たちは往々にして知性を通して正しいバランスを見つけようとし、しばしば悪い結果になってしまいます。内面的な感覚の方がより頼りにできる方位感覚です。例えば、もしあなたが、一昨日のウーナの母親に対するの感情のように、何かをとても強く感じ、その感情を信頼し、それを自分が十二分に体験することを許したら、それは何が言葉にするのにふさわしいかを示します。もしそのようにすれば、あなたはバランス感覚を保ってふさわしい限度の内にとどまるでしょう。

ウィリアムが犠牲者でいる感情でそうしたように、人が感情を十二分に経験する代わりにそれを想像するなら、それは違うものです。その感情は彼の過去によって色づけされていました。あなたはバランス感覚を失い、ふさわしい限度を超えてしまいます。なぜならあなたはあなた自身にも現在にも中心が定まっていないからです。しかし現実の状況から直接湧《わ》き出てくる感情は、たとえもし極端に見えたとしてもいつもふさわしく、そして限度に至ったらあなたはすぐに知ります。似たような方法で、他の状況でもふさわしい限度を感じることができます。ある人たちは、もし自分たちに許す空間と視野をもっと狭くすれば、より安全だろうと考えます。しかし、本当はそうではありません。なぜなら、ふさわしい限度の範囲全体の内側で私たちは安全なのであり、それは時にとても広いのです。

アイダ　それは埋め合わせや償いの場合でも、与えたり受け取ったりするふさわしい尺度を私が見つけるまで待たなくてはならないということでしょうか。

ヘリンガー　バランスは、実際の状況や仕事、実際の人間とあなたとの相互作用から生まれます。あらかじめうまくいかせることはできません。

解放されて

ウィリアム　とても良く眠れました。それに突然私には時間がたっぷりあるようです。

ヘリンガー　良いですね。

ウィリアム　そして他の点でも良い気分です。

高い代償

ヘリンガー　クララ、気分はどうですか？

クララ　良いです。でもかなり疲れ切っています。

ヘリンガー　当然です。

クララ　ちょっとお聞きしたいことがあるのです。昨日、埋め合わせと償いのテーマが取り上げられてからずっと、私は自分の事故のことを考えています。9年前に私は大変な交通事故を起こしました。その事故に関して償いと埋め合わせを考えるときは、いつでも事故が起きた時に一緒にいた男性との関係のことを考えていました。でも昨日、もしかしてこの事故は私の家族に直接かかわっていたのではないだろうかと私は思い巡らせていました。

ヘリンガー　ありえます。

クララ　家族について、という意味ですか？

ヘリンガー　ええ。あなたはそれについて今どうするつもりですか？

クララ　分かりません。

ヘリンガー　私たちには事故の結果を変えることはできません。結果はあなたが負わなくてはならないことです。しかし、それらが昨日起きたことをあなたに思い出させることを許し、あなたがハートの中に、家族に属する人たち全員の居場所を与えることによって、その重荷を少し減らすことはできます。残りは運命としてあなたが受け入れなくてはなりません。

（グループに）トラウマや事故、不運についてお話ししたいと思います。過酷な運命を負った多くの人たち、例えば、拷問を受けた人たちや、強制収容所から逃げ出した人たちは、しばしば最も重要なことを見落とします。

クララ　生き残ったということ？

ヘリンガー　ええ、その意味ではそれは完全に終わっているのです。それこそ受け入れるのが最もつらいことです。

少し前に、ある男性が私に電話で話してくれたのですが、彼はグループでロードス島に行き、そこで彼とそのグループはとても狭い古代水道をはって通り抜けたのだそうです。トンネルの真ん中で彼はパニックになりました。彼はなんとか抜け出してホテルに帰りました。そこで彼は別のパニックになってしまったのです。彼はすぐに荷物を詰めて帰路につき、家に着いたその夜、また別のパニックに襲われました。彼が私に電話でこれを説明したとき、私は「それらの感情はあなたの誕生にかかわっています」と言いました。それで、ワークショップで私が彼に働きかけられる場ができたら、彼に知らせると約束しました。彼はワークショップにやって来て、彼の誕生を再体験しました。でもそれは役には立ちませんでした。私は彼に「誕生時に何があったんですか？」と尋ねると、彼は言いました。「母は出血多量で死にかけたのです」。私は彼に「分かりました。ひざまずいて壁を見て、あなたの母親を思い浮かべなさい。彼女を見て言うのです。『あなたが支払わなくてはならなかった代償によって、私は自分の命をあなたから受け取ります』」と。しかし、彼は言えませんでした。それは彼にとってあんまりでした。3日経って、彼は言えるようになり、そしてすべてうまくいきました。

（クララに）これが昨日のあなたの深いお辞儀の意味です。あなたはそれぞれの人たちが支払った代償の上に自分の命を受け取ったのです。そして皆あなたの幸せを願っていますよね？　そういうことです。代償を払った人たちは誰もそれを無駄ではなかったと見たいのです。

クララ　あの事故が代償だったということですか？

ヘリンガー　いいえ、他の人たちはあなたの命のために代償を払って、それが無駄ではなかったことを見たいのです。だからもしあなたが、他の人たちが支払った代償による自分の命を受け入れ、それから何かを生み出すなら、彼らはその代償に満足するでしょう。でももしあなたが自分を不幸なままにしていたら、彼らが払った代償は無駄になってしまうでしょう。分かりましたか？

クララ　はい。

ヘリンガー　結構です。他に何かありますか？

クララ　ありがとうございました。

感覚の基盤、そしてそれをいかに変えるか

ソフィー　夕べは良く眠れました、2つの違った面で。しばらく本当に深く眠った後、目が覚めて、最初はとても穏かに感じました。でもそれから過去に起きたあらゆる種類のことが思考にやって来ました。私は家族との問題を特に持っていませんでしたが、私は突然、私の現在の幸福は、母が死んだ時、私が父と一緒に安全な場所にいたことのおかげだと、とても強く感じたのです。

ヘリンガー　あなたの母親はいつ死んだのですか？

ソフィー　ちょうど7歳の時です。兄弟たちはかなりひどい時期を過ごしました。

ヘリンガー　人々を見るとき、時に彼らの感覚の基盤を見ることができます。この感覚の基盤というのはストレスを避けようとするときに人が立ち戻る感覚です。その感覚の基盤よりももっと幸せになったり、もっと不幸になったりすると、あなたのストレスは増加します。下はマイナス100から上はプラス100まで目盛がある計測器を思い浮かべてもらうと、あなたの感覚の基盤というのはマイナス50あたりではないかと私は思います。マイナスの領域にいる人々は普通片親を失っています。例えば、アンはプラスの領域内にいます。ウィリアムはマイナス。全くおかしなことに、クララは計測器上かなり上に位置します。感覚の基盤は変えることはできないと言われています。しかし私は変える方法を見つけました。

ソフィー　（笑って）どうするのか教えて欲しいわ。

ヘリンガー　もし教えないのだったら、前置きを長々と述べたりなどしませんでしたよ。もしあなたが、失っていたり除外されていた親を融合させられるなら、感覚の基盤は75ポイント上がります。

（グループに笑い声）

（ソフィーに）7歳の時に母親を失ったのですから、あなたはもちろん母親を恋しがっています。それはとても明白です。でもあなたはハートの中で母親に居場所をあげることで埋め合わせをすることができます。片親を失った子どもは悲嘆や悲しみの苦痛に耐えられるほど強くはありません。その代わりに子どもは怒りによって反応します。怒りは子どもにとっての嘆きの方法です。その後、彼女が悲嘆とつながりを持ちたいと思っても、それを見つけることはできず、代わりに怒りを経験します。このことは彼女を恥ずかしくさせます。なぜなら彼女は実際の経験に対して、真実でいられていないからです。しかしそれどころか怒りは子どもにふさわしい嘆きの形なのです。親はそれを知っています。あなたの母親も分かっていたでしょう。

あなたの母親はどうして死んだのですか？

ソフィー　手術の結果です。実は彼女は心身症でした。母はいつも病気で、ついに良くなれなかったのです。

ヘリンガー　あなたとやってみたいことがあります。あなたが母親とつながりを持ち、母親への愛を感じる手助けをするために。それはそれほど劇的ではありません。もしあなたが望むのであればやりましょう。

ソフィー　ちょっと怖い気がします。

ヘリンガー　本質に近づくときはいつも怖いものです。しかしそれはとても簡単で、あなたにとって役に立ちます。

ソフィー　分かりました。

愛を通した安らぎ

ヘリンガー　（クララに）手伝っていただけますか？

クララ　はい。

ヘリンガー　仰向けに床に横になってください。目を閉じて、ただそこに横になってください。

（ソフィーに）では、彼女の隣に仰向けに横になって、ちょっと離れて、あなたの頭が彼女の頭と同じ高さになるように。

今、あなたは小さな子どもで、病気の母親の横に寝ていると想像なさい。彼女の方を愛をもって見るのです。彼女を見て。深く息をして。

あなたは病気でいる母親を見ています。愛情込めて見るのです。

（ソフィーは激しい呼吸をし、悲嘆を感じて、目を開けたまま泣く）

ヘリンガー　愛を込めて！　子どもの時母親を何と呼んでましたか？

ソフィー　マミー。

ヘリンガー　「大好きなマミー」と言うのです。

ソフィー　大好きなマミー。

ヘリンガー　「大好きなマミー」。あなたの愛すべてを込めて。あなたの愛の力のすべてを込めて「大好きなマミー」と言いなさい。

ソフィー　大好きなマミー。（ソフィーはしゃくりあげ始める）

ヘリンガー　静かに言うのです。

ソフィー　大好きなマミー。

ヘリンガー　「大好きなマミー、あなたの祝福をください」と言なさい。

ソフィー　大好きなマミー、あなたの祝福をください。

ヘリンガー　（ちょっと休んで、ソフィーの嘆きが治まると）よろしい、これだけです。

（グループに）彼女がとても輝いているのが見えますか？　美しい！

基本的なセラピーの方法は愛を通した癒しです。愛につながれば、次の段階への準備ができたのです。

秘密の幸せ

ハリー　私の基盤となるレベルをどう査定しますか？

（グループに笑いが起こる）

ヘリンガー　実におかしなことに、プラス側ですね。

ハリー　それには驚かされます、でも嬉しいです。

ヘリンガー　誰もがその人の基盤となるレベルがどれくらいの高さなのか述べられます。あなたがどう感じるかで言うことができます。

ハリー　私は自分をゆううつな人間ととらえており、私のゆううつさは私をマイナスの側に置くだろうと思いました。

ヘリンガー　ゆううつさはあなたの密かな幸せを守っています。

ハリー　（笑う）いいですね。

私は大いに学びました。そして深く感謝しています。私はまた、ここで、このワークショップの中で、癒しとしてのヴァイブレーションも経験しました。このような形で参加したのは初めてですが、私にとって全く新しかった、そしてすぐに役に立つことを3つあげたいのです。

ヘリンガー　どうぞ。

異なった種類の知識

ハリー　私は以前には、自分たちの中に言葉で伝えられない直接的な知識や、本能的な認識のようなものがあるなんて、気づいたことは一度もありませんでした。このような知識が存在するなど考えたこともなかったのですが、それは突然私に明白になりました。もし私がそのような知識を発見していなかったら、あなたが言ったことや、やって見せたことを何も理解できなかったでしょう。それらすべては私が私の家族から知っていた表面的なリアリティとは完璧に矛盾するように見えていただろうし、完全に逆説的か、あるいは少なくとも仮説に過ぎないように見えたでしょう。しかし、私はあなたの言っていることが真実であるというそのやり方が本当に分かります。これが第1のことです。

2つ目は、この10年20年、私は家族のメンバーの間をとりなそうと必死に試みてきました。私は、自分のメッセージを配達しようとするまさにその矢先に倒れてしまう狂った配達人のようです。結果として自分の問題をなおざりにしてきました。私はある種の法と秩序を再構築するための和解の準備をしようとして、莫大な量のエネルギーを費やしてきました。それは、今なら分かるのですが、決して本当には存在しなかったし、よくても見せかけだけだったのです。あなたとこのワークを通じて、個人的に渡り合うことなく、父親に顔を向けることができることを学びました。父が私と直接向き合うのをいつも避けていたので、私は父をひどく恨んでいました。私がどれほど挑発しても、父は一度もどのような方向付けの方法も私に与えてくれませんでした。自分自身を守るために、父の魂はレインコートを着ていました。そして私は父をひどく恨んでいました。父はもう5年も前に死んだのですが、今初めて、私は彼を受け入れることが可能だと思います。特に、最も父を気にかけていたのが私で、そういう私から父は断固として撤退したので、父と永久に絶交しなくてもいいことを知って、とても解放されています。

3つ目として、これで終わりますが、私は今まで一度も自分の攻撃性や怒りを使ったことがないということ、たくさんのことへの権利を、それらのために闘ったことがないゆえに喪失してきたという、その事実を認め始めています。最初、私はそれを取り戻さなくてはならない、もっと攻撃的にならなくてはいけないと思ったのですが、このすべての抑圧によって窒息させられていた力とエネルギーを得るための、内面的な方法が分かり始めています。

受け取ることなく与える

ヘリンガー　怒りはしばしば愛情の代用です。人に愛をもって近づくことは、怒りをもって近づくことよりももっと難しいことです。

ハリー　私の親しい人たちは、私が彼らを窒息させる、過度に私が自分の愛を押し付けると言います。彼らが私の愛を待ったり、求めたりする機会を私は決して与えないのだそうです。

ヘリンガー　とりわけ、あなたは彼らから受け取らない。受け取ることなく与える人は、相手にこう言っているのです。「私は自分よりあなたが罪を感じる方が良い」。すると相手は当然ながら怒り出します。ヴィンセント・デ・ポール、彼のことを聞いたことがありますか？

ハリー　聞いたことはありますが、調べたことはありません。

ヘリンガー　彼はパリに住んでいた聖人で、良い意味で兄弟愛のエキスパートでした。彼は友人に一度、長い人生の中で何を学んだかを話したことがありました。彼は、「彼らがあなたを助けたいというときは気をつけなさい」と言いました。

ハリー　その不信にはなじみがあります。私もそれで苦しみます。

ヘリンガー　当然でしょう。あなたへの格言があります。「ヘルパー志望の人は、その小さな足で糞を転がしながら、自分は世界を転がしていると考えるスカラベと比べられることがある」

（グループに笑い声）

クラウディア　スカラベって何ですか？

ハリー　平たく言えば、そいつは糞転がしさ。

ヘリンガー　そのとおりです。

新しい見方

ロバート　決断を下すのはまだ早すぎると、昨日あなたが言ってくれて、それは私にとって良かったです。気持ちを落ち着かせてくれました。一昨日から、妻への怒りや苛立ちが消えてしまったことに気づきました。たとえそれを見つけようとしても、もうないのです。（笑う）

ヘリンガー　それは大変だ！（笑う）

ロバート　全く新しい見え方です。これから何が出てくるかはまだ分かりませんが。待って、そして見ます。でも、良い気分です。

関係についての無益な幻想

ジョン　私は落ち着かなくていらいらしていて、両手が湿っています。昨日はまる一日中、晩まで精神的に動揺していました。何もかもが私をいらつかせました。まだちょっと混乱しています。不確かなことがすごくたくさんあるようです。私はこのファミリー・コンステレーションのワークを本当に理解しているとは思いません。それで理想とするパートナーシップと関係についての私の幻想はバラバラに崩れ落ちています。

ヘリンガー　それは好都合です。

私の友人の1人、サイコセラピストのハンス・ジェローシェックは、書いた本の中でこういう理想的幻想の影響について述べています。その本は『カップルで暮らす術／The Art of Living as a Couple』という本です。

ジョン　書かれていることにはとても興味があります、ハリーが今さっき言ったことも含めて。私自身も同じことを経験しています。私はいっぱいの愛を与えようとする傾向がありますが、何かを受け取ったり、受け入れることはとてつもなく難しいのです。私はそれが恐いのです。

パートナーシップでの与え、受け取ること

ヘリンガー　愛をもって他の人から受け取る用意ができている人々は謙虚です。愛をもって受け取るには、相手から少し退き、一定の量のパワーを手放すことが要求されます。それが相手に与えることをもっと容易にさせます。しかしこの方法で相手から受け取るとき、私たちは力を集め、それが私たちにお返しとして与えることを可能にさせるのです。すると2人ともそれぞれ自分の依存と限界を認めているので謙虚になります。

カップルの関係において、男性は女性に欠けているものを持っており、女性はまた男性に欠けているものを持っています。彼らは与える能力と受け取る必要の両方に関して完全に平等です。このレベルでは、彼らの平等は明らかで、この平等はさらに別のレベルにまで拡張することができます。パートナーの1人が他方よりも多くを与えたり、あるいは他方より多くを受け取ったりするや否や、その関係はバランスを崩し、悪くなっていきます。だからカップルのセラピーでは、最初にはっきりさせなくてはいけないことは、誰がより多くを与え、誰がより多く取っているかであり、そしてそれから与え受け取る均衡を安定させるのです。実際、パートナーのそれぞれは、どちらが与え過ぎで、あるいは受け取り過ぎか、ただちに識別します。

ジョン　私は完全にパートナーの言いなりになっていると思います。

ヘリンガー　何を恐がるのですか。あなたがパートナーの言いなりになっているということは、彼女がお返しとして与えることができるか、あるいは彼女がお返しとして与えたいと望んでいる以上のものをあなたは彼女に与えていないということを意味します。これは、自動的にあなたの与え、受け取ることに制限を設け、そして私たち誰もがこれらの制限の言いなりだということです。最初、すべての関係は与え、受け取る能力には限度があるので、抑制の必要とともに始まります。これはすべての関係に当てはまります。人は時に、お互いの与え、受け取ることに限度がない関係を探しますが、そんな関係は存在しません。この幻想を手放した人たちは、より控えめな関係を作り上げ、そして彼らが控えめであるがゆえに、より幸せになるようです。

ジョン　私のガールフレンドも全く同じことを言っています。

ヘリンガー　分かりましたか！

ジョン　今理解しました。

ヘリンガー　カップルの関係における、与え、受け取ることの問題に対処するための一番良い方法を知っていますか？　パートナーに何か具体的なことを頼むのです、何かはっきりとした制限をつけて。例えば、「私をもっと愛して」と言ってはだめです。これは具体的ではないので、パートナーはあなたが本当に意味していることを知りようがありません。代わりに、「30分一緒にいて私と話してください」と言ってみるのです。するとあなたのパートナーは30分が過ぎれば、あなたが彼女に求めたことをやり遂げたと分かります。もしあなたが、「永遠に私と一緒にいてください」と言えば、あなたは彼女にあなたの希望に応えることを不可能にさせているわけで、彼女ははっきりとあなたの要求を満たすことの可能性のなさを感じてしまうのは無理からぬことです。これは簡単で、穏当な忠告です。

ジョン　知性のレベルでは分かります。

ヘリンガー　頭のてっぺんから足の先まで徐々に分かってきますよ。

圧迫感を流れ行かせる

マーサ　私は頭にひどい圧迫感があります。たぶんそれは涙か恐れのどちらかに違いないと思うのですが、どちらか分かりません。

ヘリンガー　椅子を持ってきて私の前に座りなさい！

（マーサは椅子を持ち上げてヘリンガーの前に座り、彼と向き合う）

気持ちを楽にして。

（マーサはリラックスし、笑う）

目を閉じて。

（ヘリンガーは彼女の頭を優しくゆるめ、前に動かす）

息をして！

（ヘリンガーは手を彼女の首の後に置いて彼女の頭を優しく左右に揺り動かす）

私につかまって！

（彼女はヘリンガーに腕をまわし、静かに左右に揺り動かす）

動きに任せなさい、どうなろうとも。

あなたの愛が自由に流れていると想像しなさい。そして流れていく先にいる人を想像して。力強く！

（彼女は激しく息をする）

強く吐き出して！　もっと早く！　もっと強く吐いて！　もっと早く！

（彼女の苦痛は打ち破られ、彼女は大声で泣いている）

ヘリンガー　（彼女の苦痛が治まり）さぁ、声を出さずに息をしてください。

（彼女は少し静かに息をする）

今はどう感じていますか？

マーサ　良いです。はい、今それは自由に流れます。

宗教の問題

ロルフ　私のクライアントたちに関して、自信がないことがあります。彼らは問題点がはっきりしてくると、いつも宗教の問題を持ち出します。いつもそれは遅かれ早かれ起こるようです。いつも私はできる限り少ししか話さないのですが、時々もっと話さなければいけないと思います。

ヘリンガー　彼らは本当には宗教の問題には触れていません。

ロルフ　しかし、それが持ち上がると、彼らはそのエネルギーと創造性をもって何をすべきなのでしょう？

ヘリンガー　われわれは宗教の問題についは何も分かりません。あなたのクライアントは神秘に触れています。それはかなり異なったものです。人はしばしば未知をつかもうとすることで、その恐怖に打ち勝とうとします。しかしそうすると神秘は退き、人々を盲目で弱いままにします。

強制収容所で死んだおばへの悲しみ

クラウディア　気になることが2つあります。時々、1つが前面に、時にはもう1つが前面にあります。最初の1つは父の家族に関することです。それが本当にまだ重要なのか分かりません。私は強制収容所で死んだ父の2人の姉のことを急に思い出したんです。

（彼女は泣き始める）

ヘリンガー　それは重要です。とても重要なことです。どうしておばさんたちは強制収容所で死んだのですか？

クラウディア　おばたちは戦後ポーランドの収容所に入れられました。（泣く）

ヘリンガー　彼女たちのことを尊敬の念をもって見なさい。彼女たちの運命に対する尊敬です。良いですか？　あなたの家族のコンステレーションを立てるときに、またこの問題に戻りましょう。彼女たちは明らかに含まれなくてはなりません。そうしたらあなたは彼女たちから来る力が分かるでしょう。

障害児を持つ親への尊敬

カール　私は一緒に働いている人たちや、障害児を持った親たちが払わなくてはならない犠牲についてずっと考えてきています。ちょっと前にあなたがヘルパー志望の人たちについて話されたとき、私は自分がどれほど無力か分かりました。

ヘリンガー　私はあなたやあなたの仕事に非常に深い尊敬の念を抱いています。とても多くの人たちが、幸せな生活のために努力することが一番大切だという錯覚を持っていますが、そうではありません。いわゆる幸せな生活によっては、決して近づくことさえできない、価値と偉大さというものが障害児の世話への挑戦と献身の中にはあります。これは障害児の親によって選ばれたのでもなく、そして避けようもない運命づけられた道です。あなたのやるべきことは、彼らを憐れみなしに尊敬することです。それが重要です。

ロルフ　私は特別に難しい患者のことを考えています。私は彼女をとても気の毒だと感じていることに気がついています。

ヘリンガー　慈悲についてのことわざがあります。「慈悲はそのすべての苦痛を直視する勇気を要求する」

推定とその結末

ウーナ　精神的にも肉体的にも良い感じです。もう怖くはありませんが、あるテーマが持ち上がると、まだ胸が締めつけられる感じがします。はっきりした痛みではなくて、ある種の圧迫感です。昨日、罪のない集団の罪について私たちが話したとき、その圧迫感を感じました。それは母についてのことなのですが、私のことでもあります。私の父は母と結婚している間に、他の女性との間に子どもを持ちました。特にその子どもがとても病んでいたために、それがどれほど母を大変難しい状況に置いたのか、いつもとても強く私に植え付けていました。父の不誠実さがどのように母を窮地に置き去りにしたか、そしてできるものなら2人の子どもを連れて父の元を去りたかったと母は繰り返し私に話していました。もしかするとこれが私に彼女へ頭を下げさせない原因なのだろうかと思うのです。

ヘリンガー　子どもは親の問題に口出しするものではありません。両親がお互いの関係において、幸せであるか、不幸であるか知ることは、子どもに重荷を負わせることになりますし、また親は自分たちの性的な関係のことは何一つ子どもに言ってはなりません。それは子どもの知ったことではありません。あなたにとって一番良いことは、母親の言ったことを忘れることです。忘れることは本当にできるのです。

ウーナ　本当に？

ヘリンガー　忘れることは高度な精神修行です。この意味での忘れるとは内側に引き下がることでなされ、すべての記憶は直ちに消えます。忘れた後は、両親の争いは両親に任せておけば良いのです。そしてあなたには両親のどちらをも愛をもって見、両親があなたにくれた良いことを受け取れる自由があるのです。

ウーナ　分かりました。良いですね。

ヘリンガー　他にも言っておきましょう。罪人だけが寛大になり得るのです。

ウーナ　寛大に？

ヘリンガー　ええ、寛大に。罪なき者は許しません。

ウーナ　ああ、今分かりました。

ヘリンガー　罪なき者と罪ある者とは、善と悪とそっくり同じではありません。実際、それは多くの場合、逆です。

ウーナ　とりわけ私の判断や、善悪の評価において、私が何年間も厳しく、許していないことがだんだん分かり始めてきました。

ヘリンガー　説明するのはやめなさい。さもなければ、また最初からやり直さなくてはならなくなりますよ！

ウーナ　分かりました。それもテーマの内の1つでした。もう1つはクララのワークの間に浮かんできました。父が死んで3ヵ月後、私はひどい車の事故に遭いました。とりわけ、私は頭蓋骨の基部を骨折し、脊椎骨を2〜3個折りました。それ以来……。

ヘリンガー　十分です。その力動は何ですか？

ウーナ　その事故のことと、あなたの墓に関する言及について考え始めました。というのは私はその後何度も事故に遭い、いまだに事故に遭いがちなのです。

ヘリンガー　何があなたを事故に遭いがちにさせるのか分かりますか？

ウーナ　まるで私が父への連帯と忠誠心を表したがっているようです。

ヘリンガー　それはそれの一面ですが、同様にもう1つの可能性もあります。あなたが説明していることは、両親の性生活について、子どもが知るべき以上を知ってしまったという、愛の法則への違反に対する償いを試みているかのようです。例えば、両親の間の私的な事柄を、子どもが生意気にも知り、判断するとき、彼女は自分を両親の上位に据えます。優先の法則の違反は、家庭内にしばしば悲劇や、重大な事故、自殺を生じさせます。家族の一員のその順位のより低い者が、より高い誰かの位置に自分を据えるとき、彼もしくは彼女は、失敗し、不幸で、不運に苦しもうとする衝動に無意識に呼応します。

あなたのための解決は、両親の私的生活のもつれの中からあなた自身を引き抜くこと、今までに比較的に良い結果となったすべてに感謝すること、起きたことから学ぶこと、物事を正しく据えると決心することでしょう。

ウーナ　私はそれを本当にぜんぶ理解したいのですが、なにか霧のようなものの中にいるような感じで、あなたをうまく捉えられません。

ヘリンガー　それは問題ではありません。もし分からないのなら、異議もないということです。それはいずれ邪魔のない所に落ち着くでしょう。

ウーナ　私の全部の事故のことを考えると、説明できない感覚を得ます。それは霧がかかっていて、熱いのです。私は、54歳で極度の疲労から事故死した父の兄のことを考えずにはいられません。私もしょっちゅう疲れ切っています。それについては何も感情はないのですが、下からくると思われる熱の感覚があって、それは嫌な感じです。

ヘリンガー　もうあのエスキモーの話はしましたね。覚えていますか？　彼は夏のバケーションにカリブ海に行って、2週間後に慣れました。彼は何に慣れたのでした？

ウーナ　熱さです。ええ、分かりました。

中間点

フランク　私はまだ、昨日の夕方のコンステレーションのことを考えています。私がやった役について、何かはっきりとは理解していないものがあります。

ヘリンガー　あなたはすでに解決に必要なものはすべて見ました。もし必要以上に見つけ出そうとするなら、あなたはその解決を失ってしまうでしょう。真の知識は常に行動に向けられます。行動できるようになるために、あなたの知る必要以上を知ろうとするや否や、知識は破壊的となり、行動する代替となります。

フランク　実は、それが私に関する基本的な質問なのです。もしこのコンステレーションが正しければ、子どもたちと一緒に暮らすことが私にとって正しいのですよね？

ヘリンガー　もちろんそれが正しいです。

フランク　それが、この瞬間私が理解していることを否定するのです。子どもたちは母親と一緒で幸せそうなのです。

ヘリンガー　もちろん。あなたの妻は良い母親です。ですから、あなたはこの瞬間に何も決めなくていいのです。しなくてはいけないことは、ただ、あなたのハートと頭に正しいイメージをたずさえ、それをあなたのために役立たせることです。

フランク　なるほど、それは心地良く感じます。

ヘリンガー　そのイメージがあなたのためにそれをします。あなたはその影響が発現するのをただ待つだけです。いいですか？

フランク　ほぼ。なかばくらい。

ヘリンガー　幸福への中間点という意味ですか？

フランク　中間点です。

自分の子どもを持つことへのイエスとノー

ダグマー　昨日の晩の、フランクのコンステレーションの終わりに起きたことは、私にとってとても重要でした。言いにくいことなのですが、日ごろからずっと望んでいたことなのです。私の最初の反応は、私もフランクと子どもを作らない限り、彼が自分の子どもたちと一緒に暮らすのは良くないだろうというものでした。これは今までに何年も考えてきたことで、私はそれが中絶と、そして最近の流産と何か関係があると確信しています。ですからフランクとの子どもが欲しいのか、将来何か他の一緒にやることを計画するべきなのか迷っています。

ヘリンガー　フランクのコンステレーションに関して、他にも言いたいことがあります。あなたがコンステレーションのイメージがいかに現実へ転換されていくのかを理解し始めたとき、覚えておかなければならない根本原理は、あなたにはフランクの子どもたちに関して、何の権利も責任も持っていないということです。それはフランクと最初の奥さんの問題で、他の誰のものでもありません。

ダグマー　全く同意します。

ヘリンガー　あなたはただフランクの2番目の妻であるだけで、それ以上ではありません。あなたは彼の子どもたちに、「私はフランクの2番目の妻であるだけで、その他のあなたたちに関することすべてフランクとあなたたちの母親の問題なの」と言えるのです。もしあなたが彼の子どもたちに優しいなら、あなたは自分の責任外のことをしているのだから、フランクはあなたに借りができます。

ダグマー　私は彼の子どもたちにとても優しいです。

ヘリンガー　人は誰にも優しくなれます。それはここでの論点ではありません。子どもたちがあなたといるときに、例えば彼らに料理を作ってあげるとか、あなたが何か特別なことをしてあげるとき、フランクの感謝に値します。もちろん、あなたはある程度はフランクへの愛情ゆえにやっているのでしょうが、それでも彼の感謝に値します。

ダグマー　あの子たちにプレゼトをあげたし、クリスマスを楽しく過ごしてもらうために私は精一杯やりました……。

ヘリンガー　自分をその子たちの母親の場所に置かないように気をつけなさい。あなたの彼らへの優しさはほぼ偶発的で、ほとんどそっけないものでなければいけません。あなたは彼の手助けをするでしょうが、子どもたちに必要なことをするのはフランクの責任です。もしあなたが目立たないようにしていず、子どもたちの愛情のために母親と競うようになると、あなたは子どもたちに辛い思いをさせることになります。2番目の妻というものは極端に控えめであるべきなのです。

　他にもあります。2番目のパートナーは元々の序列に敬意を払わなければなりません。パートナーシップにおいては、カップルとしての夫と妻の関係は、彼らの子どもたちとの関係より常に優先します。両親が、子どもたちへの心配の方を、カップルとしての自分たちの愛情よりも優先することがよくありますが、これは序列を乱し、子どもたちは落ち着かなくなります。子どもを安心させるためには序列は再構築されなくてはなりません。夫と妻の関係は、子どもへの心配よりも優先順位を取り戻さなくてはなりません。両親が自分たちを子どもの犠牲とするのは、両親にとっても、子どもにとっても良くないのです。かかわる人たちの誰もがこれについてはっきり明確にしておく必要があります。

一方のパートナーが前の相手との間にすでに子どもがある場合は、優先の順番は違います。あなたの場合では、フランクは最初の妻の夫で、彼の子どもたちの父親で、次にようやくあなたの夫となります。彼の子どもへの気づかいと愛はあなたへの愛よりも優先権を持たなくてはならず、あなたもこれを認め、受け入れなくてはなりません。もしあなたが彼に、「私が最初で、あなたの子どもは2番目よ」と言ったら、これは優先順位への違反であり、あなたたちの関係に深刻な結果をもたらすでしょう。

ダグマー　これは素晴らしいアドバイスです。

ヘリンガー　何か他には？

喫煙へのイエスとノー

ダグマー　私たちが話し合ってきたこととは関係ないのですが、私にとっては重要なことです。タバコをやめたいのです。この自己破壊的な習慣をやめたくて、あなたに助けを求めたいのです。

ヘリンガー　（間を置いて）あなたへ提案があります。タバコに手を伸ばしたくなったら、あなたは流産した子どもを腕に抱いてあやしていると想像するのです。

頭痛を取り除く

エラ　私はぜんぜん気分良くありません。今朝あまりにもひどい頭痛があり、もう少しでワークショップに来られないところでした。

ヘリンガー　どんなタイプの頭痛ですか？

エラ　風邪を引いているのですが、それとは関係ないと思います。頭の後ろと首の所が痛いです。

ヘリンガー　しばしばうっ積した愛から頭痛が起こります。この愛はどこへ流れたいのでしょう？

（エラは深いため息をつく）

深く吐き出して！　それも愛を流れさせる1つの方法です。誰かを親しみを込めて見ることももう1つの方法です。そう、私を見なさい！　おはよう！

エラ　おはよう！

ヘリンガー　もう1つはあなたの手を通して流れさせる方法です。手のひらを上にして手を開いて。そう、そのように。深く息をしたり、親しみ込めて見たり、手のひらを上にする、これらはすべてうっ積した愛を再び流れさせるやり方です。

エラ　私は夫を十分に愛していないとよく感じます。

ヘリンガー　同意します。あなたはそうして十分に愛していません。

エラ　想像の中で彼の近くに立つと、この感覚はなくなります。

ヘリンガー　そのとおり。

エラ　でもそれは自発的には流れないのです。いつも私が意識的に努力しなくてはなりません。

ヘリンガー　それは問題じゃありません。主要なことは、それは助けになるということです。

　他に誰の近くにあなたは立たなくてはならないのですか？　休憩の時に、それが誰か、どうやったら良いか、ソフィーに聞くと良いでしょう。彼女が教えてくれるでしょう。他には？

エラ　また後で。

父親を敬う、そして父親の後に神を

ヘリンガー　どなたか何か言いたいことはありますか？

ハリー　はい。ウーナが両親のことを話したとき、両親の私的な事柄へのでしゃばりと干渉は、不運と逆境への願望によって埋め合わされると、あなたが彼女に言ったことに非常にびっくりしました。13年以上も前のことですが、私が10代のころ、母は多くの時間を費やして私に、父についてのネガティヴなことを話していました。母は本当に執念深くて、私は逃げられませんでした。これが私と父の関係に悪い影響を与えたのは確かです。それ以降の私の父との唯一の関係は、ホメロス笑い*だけでした。今気づいたのですが、何かくだらない冗談に2人で大笑いしたときだけ、私は父と調和していました。他の誰ともそんな風に笑ったことはありません。

ヘリンガー　ホメロス笑いというのは実際にはどういうものですか？

ハリー　ええと……ああ、実際にはよく分かってないです。

（グループに笑い声）

　とにかく、他の誰ともそんな風に笑ったことはないのです。

　たぶん私がしょっちゅう大きな危険を冒していたのは、何か私が両親の秘密を知っていたことに関係があるのです。例えば、巨額な金を危険にさらしていた……。

＊原注：ホメロス笑いとは響き渡る笑いのことで、「神々の抑えきれない笑い」のことを言う。

ヘリンガー　いえいえ、いけません。あなたの言っていることは問題を強めているだけです。あなたは本質的なことが語られたらすぐにやめなくては。

ハリー　良いです。

ヘリンガー　では、解決は何ですか？

ハリー　忘れることの精神修養です。

ヘリンガー　あなたの場合は、父親への深いお辞儀です。

あなたがそれをするとき、父親の後ろに神を見なさい！

償いを受け取ることの拒否

ジェイ　質問があります。パートナーの関係にある1人が相手を不正にひどく傷つけたとき、そして傷つけられた人がそれを話し合うことを拒否したら、その苦痛を与えた人はどうしたら良いのでしょうか。

ヘリンガー　何も。何ができますか？　彼は自分がしたことの結果を背負わなくてはなりません。そうすることで再び自由になれるのです。そうでなければまるで「私はパートナーを傷つけてしまった。そして今、彼女は私が再び気分良くなるよう私を助けなくちゃならない」と言っているようなものです。物事はそういうふうにはいきません！（グループに笑い声）

末娘の母親との同一化

ルース　ゆううつは秘密の幸せを守るためにあるとあなたが言われたことは、私の急所を突きました。ですが、これにはもううんざりだと今は感じています。私の生まれた家族のコンステレーションを立てて、自分の居場所をそこに得たいのです。私の感じでは……。

ヘリンガー　説明の必要はありません。それがあなたの望んでいることなら、それが私たちのすることです。あなたの生まれた家族には誰が属しますか？

ルース　父と母、双子の姉たち、それに私です。双子の姉の方は生後4日で死にました。

ヘリンガー　何があったのですか？

ルース　姉たちは未熟児でした。かなり長い間入院していなくてはなりませんでした。それで母が妹の方を家に連れて帰りました。姉の方は病院に残り、そこで死にました。

ヘリンガー　このコンステレーションに属する人は他に誰かいますか？

ルース　父の妹が出産の時に死んでいて、その少し後に父の兄弟の1人が首を吊りました。

ヘリンガー　あなたの父親の両親の家族に何か特別なことが起きましたか？

ルース　彼らの息子の自殺の後、誰もが他の誰かを責めていたようです。

ヘリンガー　それは悲しみとの直面を避ける1つのやり方なのです。

分かりました、コンステレーションを立てなさい！

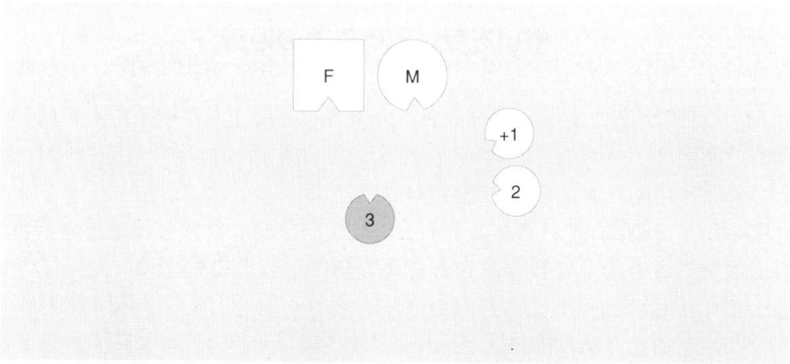

図1

F	父親
M	母親
1†	双子の姉、生後まもなく死亡
2	双子の妹
3	**第3子、娘**（＝ルース）

ヘリンガー　あなたの両親は子どもが死んだことで誰かを非難していましたか？

ルース　ええ。両親は病院を非難し、母は自分を責めました。母は、まず1人を家に連れて帰り、家に赤ん坊がいることに慣れる方がより楽だろうと教えられていました。父も責められました。私自身、父を責めました。もし父がもっとしっかりしていたら、母はもう1人の子どもも家に連れて帰っていたでしょう。

ヘリンガー　父親はどう感じていますか？

父親　最初は、妻の横で気分良く感じました。彼女とのつながりが好きでした。しかし子どもたちがこの場に現れたら、そのつながりは消えました。今は2人の間に距離を感じています。私の右側には空虚な感じがあります。そこには何かが欠けています。私の一番下の娘はそこに立って、学校の先生のように私を非難がましく指差し、私を正そうとしています。

母親　私はなんだか証人席にいるみたいに感じています。私の一番下の娘はひどく怒っていて、情け容赦なく、とがめ立てているように見えます。

第1子†　私の右肩が痛みます。肩の痛み、それが感じられる唯一のことです。そして左の腕は長くて重く感じます。

第2子　妹が来て私の隣に立ったら、戦慄が走りました。ものすごい怒りを感じました。まるで攻撃を受けたみたいに感じました。他の誰かを見たときにだけ、それは治まりました。私には支えとして姉が必要な感じがします。姉は私にとても重要です。両親は遠く見えます。

ヘリンガー　（ルースの代理人に）一番下の妹はどう感じますか？

第3子　まず、私が家族を楽しく保とうとしなければいけないと感じました。そしてそれから、私が両親にお互いにうまくやれる方法を教えやらなくてはと感じました。（笑う）

ヘリンガー　それは自己同一化です。それは子どもが普通感じることではありません。彼女は誰か他の人の役割を背負い込んでいますね。問題は誰のかということです。

（ルースに）あなたの母親の家族に何があったのですか？

ルース　母の母は4人の子どもの一番下でした。3人の兄姉たちはとても幼いころに、何か子どもの病気で生後2週間以内にそれぞれ皆死んだのです。母の母1人が生き残りました。

ヘリンガー　あなたは彼女と同一化しています。あなたのゆううつは彼女からきているもので、それに両親の幸せに責任があるという感覚もそうです。

ヘリンガー　（双子の死んだ方の代理人に）両親の前に行って座り、彼らにもたれなさい。

どう感じますか？

第1子†　とても良くなりました。肩がそれほど痛んでいません。

（ヘリンガーがコンステレーションを変える）

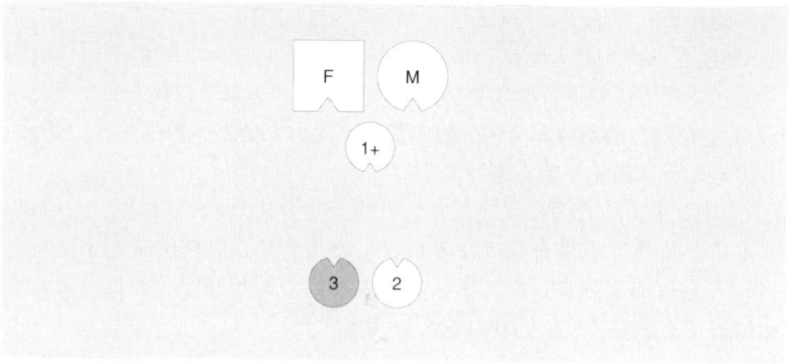

図2

ヘリンガー　両親の今の感じはどうですか？

父親　良いです。妻と気持ちの良いつながりを持っています。子どもたちもここにいます。何もかもバランスが良く思えます。

（母親も同意してうなずく）

ヘリンガー　（両親に）2人とも愛情を込めて、片手を死んだ子の頭に置きなさい、その子を祝福しているかのように。

ヘリンガー　一番下の妹はどんな感じですか？

第3子　あなたが私を姉と同じレベルに置いた途端、すぐにほっとしました。

第2子　あなたが双子の姉を私の所から連れていったときはとても嫌でした。彼女が恋しいです。でも、今私がいる所に慣れることはできます。長くここに立っていればいるほど、気分は良くなります。

第1子†　良い気分です。

ヘリンガー　両親から十分にもらったら、あなたの妹の所に行って隣に立っても良いですよ。

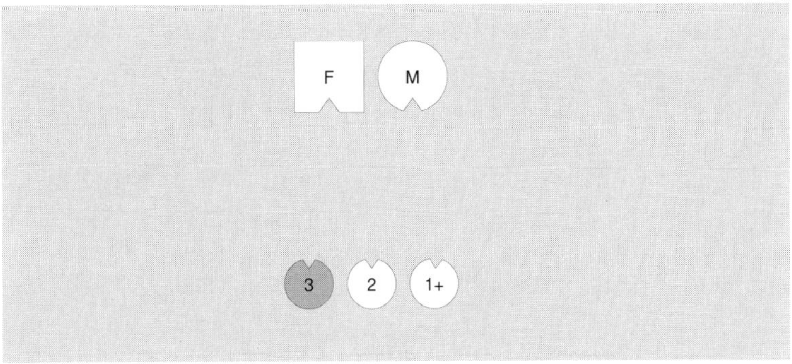

図3

ヘリンガー　今はどうですか？
第1子†　大丈夫です。
第3子　良いです。もちろん、私はあまり重要じゃなくなりますね。
（三姉妹笑う）
父親　良いです。
母親　ええ、良いです。
ヘリンガー　（ルースに）あなたの場所に行って立ってみますか？

(ルースはコンステレーションの中の彼女の場所に行き、彼女の周りを見回す。ヘリンガーは彼女の母親の母親、出産の時に死んだ父親の妹、そして首吊り自殺をした父親の兄を加える）

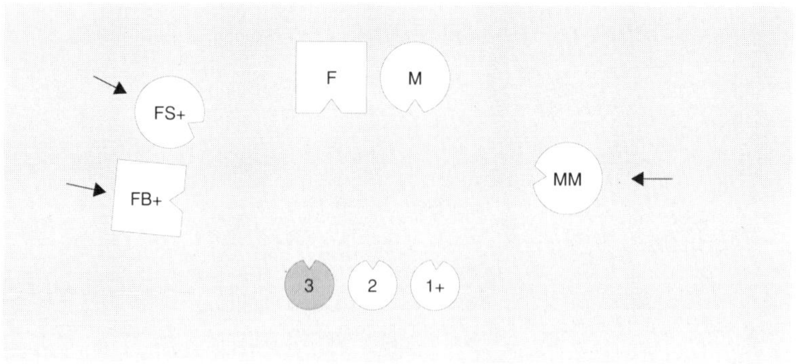

図4

FS † 父親の妹、出産時に死亡
FB † 父親の兄、自殺
MM 母親の母親

ヘリンガー (ルースに)おばあさんがそこに立っているというのはあなたにとってどうですか？ 実際には加えていませんが、おばあさんの隣には死んだ3人の姉妹が立っているのを想像しなくてはいけません。

ルース 彼女が今の所に立っていれば大丈夫です。もしもっと近かったら、悲しすぎたでしょう。

ヘリンガー おばあさんの気分はどうですか？

母親の母親 良いです。

ヘリンガー そこは名誉ある場所です。
(父親に) 死んだ兄妹がグループに加わってどう感じていますか？

父親 良いです。空虚さが満たされました。

ルース こういうのは私にも良いです。

ヘリンガー 良いでしょう。これでおしまいです。

代価のある相続、代価なき相続

ルース 父の死んだ妹から銀の食器を相続しました。モノグラム（イニシャル）が私と同じなのです。

ヘリンガー それは返すべきですね。

ルース どうやってですか？

ヘリンガー 返すべき相手がどこにいる誰なのか私には分かりません。でも返さなくてはなりません。分かりますか？

ルース ええ。

ヘリンガー　もし返さなかったら、あなたは彼女の不幸から利益を得ることになり、それは深刻な結果をもたらすでしょう。

母親の代理人　ルースは相続したものを返すべきだとあなたが言われる前に、私には胸が締めつけられる感じがありましたが、ルースが同意したら消えました。

ルース　私のマインドの目にその銀のスプーンが見えます。こんなに銀の食器に愛着があるなんておかしいわ！　それらはとても特別な意味があります。(笑う)

ヘリンガー　それがなんと呼ばれているか知っていますか？　不運の愛です。

フランク　物を返すことに関連して私もちょっと思い出したことがあります。私は名付け親のホモセクシュアルのおじからルビーの指輪をもらっています。

ヘリンガー　私ならもらっておくでしょうね。

フランク　身につけたことはありません。机の引出しの中にあります。

ヘリンガー　なるほど、しかしあなたは持っている。私ならその指輪を尊重します。

フランク　そのままにしておくべきだと？

ヘリンガー　そのとおり。厳密なルールはありませんが、あなたに正しいかどうか感じることができるかです。私たちの中の何かがこれらの物に執着し、それらには影響があります。それらは生の一部です。それらは単に死んでいるのではなく、生命のない物体です。これを理解するのは重要なことです。

(ルースに) その銀のスプーンは、あなたよりもあなたの父親の妹に近い人が持つべきです。

ルース　他に誰も思いつきません。

ヘリンガー　良いでしょう。ではそのイメージだけを心に持っていなさい。

ウィリアム　質問があります。あなたは彼女がその相続を返すか、誰かにあげなさいと言われました。では反対のケースでは、例えば、相続の権利を与えられている場合はどうなるのですか？　その人は受ける義務があるのか、必要なら要求するのですか？

ヘリンガー　いくつかのケースでは、相続された責任を負う義務というものがあります。

ウィリアム　つまり相続を受ける義務があるかもしれないということですか？

ヘリンガー　いつもではありません。しかし、例えば時に、忠誠は誰かがビジネスを引き継ぐことを要求することがあります。

ウィリアム　その人の親のビジネスですか？

ヘリンガー　ええ。その責任を引き受けることを拒否することは、別のところでの失敗を招くかもしれません。しかしそれは状況によります。

ウィリアム　もっと具体的な質問があります。もし2人の子どもの両親が、片一方に「あなたには何もあげない」、そしてもう片方に「あなたにすべてあげる」と言ったらどうなるでしょうか。

ヘリンガー　そうしたら、全部をもらう方の子どもが全部をもらい、後で半分をもう片方の子どもにあげれば良いのです。

（グループに笑い）

そうして正義は万事になされたのです。

ウィリアム　私の質問に完璧に答えていますね。

ダグマー　質問があります。もし母親が娘に残したものが、娘の受け取るものよりも、たぶん税金でもっと支払わなくてはならないようなものでも、娘はその相続を受けなくてはならないのでしょうか？

ヘリンガー　コンステレーションからのイメージのようですね。イメージは道を指し示しますが、私たちは個々の状況においてそれぞれどういう意味なのかを慎重に考える必要があります。一般化は危険です。子どもには親の借金を払う義務はないというのが一般原則です。借金は親の個人的な問題であって、子どもには何のかかわりもありません。

ダグマー　それはつまり、その娘はあらかじめ相続を受けないように決めることができるという意味でしょうか？

ヘリンガー　それをするかは自由ですが、彼女が、両親の善なる意図と同盟を結び、その中にとどまった上でというような方法でそれをするとき、それは愛のために良く尽くしたとなるのです。だから、たとえもし後で拒否するにしても、相続を受けると言うことができるのです。相続が何か別の点で重荷となるとき、例えば不正とかかわるようなとき、子どもが受け取ることを拒否すれば、それは愛のためにより良く仕えたということになります。さもなければ、彼女は何の関係もない何か否定的なものともつれることになりかねません。

運命の手のうちで

クラウディア　私の生まれた家族のコンステレーションを立てても良いでしょうか。

ヘリンガー　はい。誰がいますか？

クラウディア　父に母、そして3人の娘たちです。それから別の男性との間にできた、12年後に生まれた私の弟。それで両親は別れ、私の母は再婚しました。その後、母は2番目の夫とも離婚しています。

ヘリンガー　両親はどうして別れたのですか？

クラウディア　長い間、私たちは父がアルコール依存症だったからだと思っていました。父はすごく飲みました。でも実際は、両親の関係にはかなり早くから隔たりができていました。

ヘリンガー　強制収容所で死んだおばさんたちはどこの出身ですか？

クラウディア　曾祖父の最初の妻の異父姉妹でした。祖父の最初の妻は6番目か7番目の子どもを生んで死にました。

（クラウディアがコンステレーションを立てていたとき、彼女は妹の代理人に「あなたはカナダに移民したのよ」と言った）

ヘリンガー　彼女にその情報を与えたために、あなたは彼女が自然に感じることをできなくさせてしまいました。今や、もし彼女が去りたいと感じても、それが元々ある自然な感情なのか、もしくは、あなたが言ったことでそれを感じているだけなのか、言うことができなくなるでしょう。

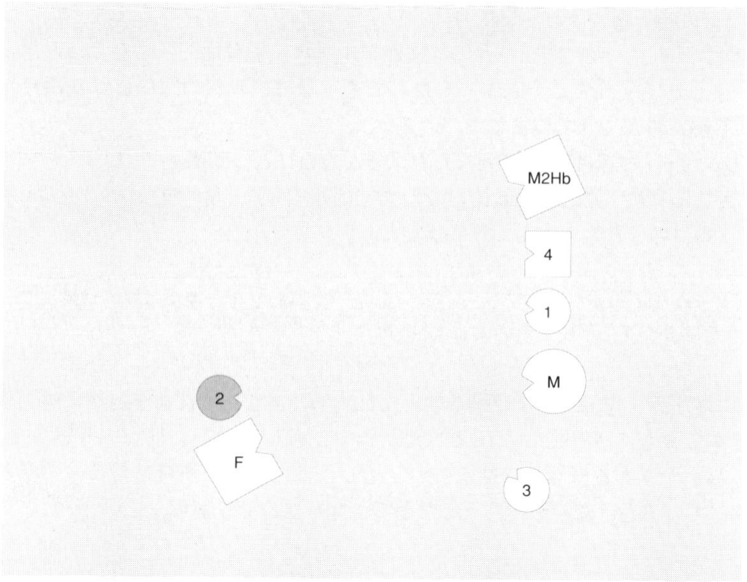

図1

F	父親
M	母親
1	第1子、娘
2	**第2子、娘**（＝**クラウディア**）
3	第3子、娘
M2Hb	母親の2番目の夫、4の父
4	第4子、息子

ヘリンガー　父親はどのように感じていますか？

父親　私は娘を腕の中に抱くことをこらえなくてはなりません。たくさんのことが正しくないと感じます。私が何か間違ったことをしてしまったように感じます。

（父親と娘は互いに微笑む）

ヘリンガー　（クラウディアに）父親の感情をどう思いますか。父親が同一化しているのは誰でしょう。

クラウディア　父の父です。

ヘリンガー　それに父親は娘をどう見ているでしょう。まるで最初の妻を見ていたようです。父親と娘は、祖父と最初の妻との関係を代理しています。コンステレーションに彼らを加えましょう。

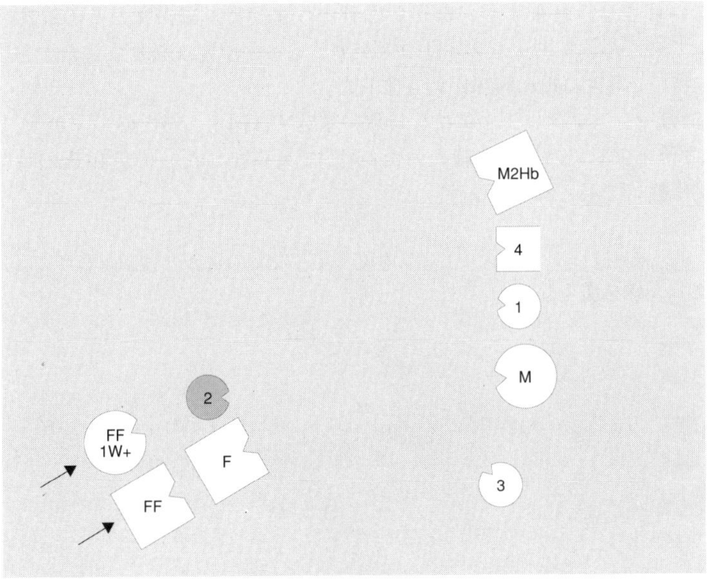

図2

FF　　　　父親の父親
FF1W †　　父親の父親の最初の妻、出産時に死亡

ヘリンガー　今、父親はどう感じますか？
父親　自分がどこから来たのかは分かりましたが、どこに行きたいのかは分かりません。
ヘリンガー　良くなりましたか、悪くなりましたか？
父親　3分の2は良くなりました。
ヘリンガー　ないよりはましですね。娘との関係では何か変わりましたか？
父親　ごくわずかです。
ヘリンガー　（クラウディアの代理人に）2番目の娘はどう感じていますか？
第2子　前よりちょっとはましになりました。前は、私はそこにいる人たちに興味がなかったのですが、今はこの場を立ち去りたいと感じています。ほとんど母を見ることには耐えられません。
ヘリンガー　母親はどうですか？
母親　あなたがコンステレーションを立て、私の夫を連れて去ったとき、突然息がもっと楽にできると感じました。それから、一番下の娘が遠くに行ってしまったとき、「神に感謝します。やっと彼女からも解放されます」と思いました。私はあの中の誰とも関係がありません。私の一番上の娘にはちょっといらいらさせられますが、なぜかは分かりません。夫の父とその最初の妻がやって来たら、私の夫と2番目の娘が突然もっと重要になりました。急に彼らに、特に2番目の娘に興味がわきました。

ヘリンガー　（クラウディアに）母親の家庭では何があったのですか？

クラウディア　母の兄は生後たった6週間で死にました。母が10歳の時に、母の父は戦争で殺されています。

（ヘリンガーはコンステレーションを変えて、父親の母親と強制収容所で死んだ父親の異父妹を加える）

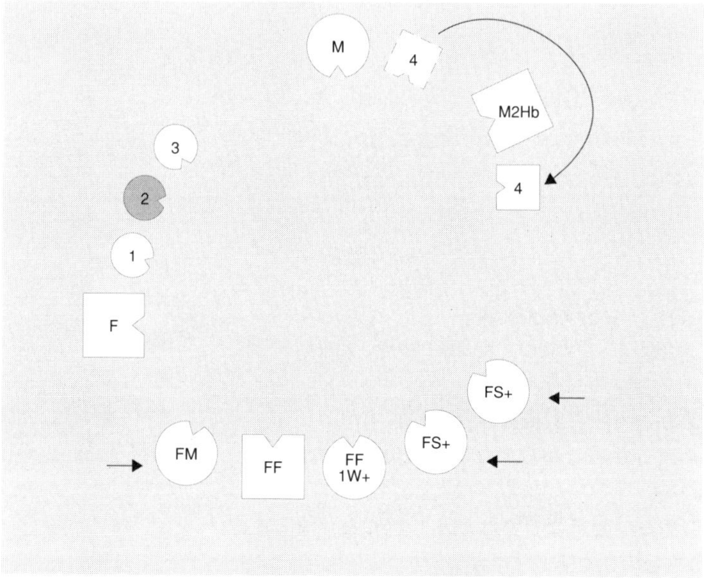

図3

FM	父親の母親
FS †	父親の異母姉、ポーランドの強制収容所で死亡

ヘリンガー　今、父親はどう感じているのでしょう？

父親　ずいぶん良くなりました。

第1子　父の隣に立ってからは、父にそれほど頼っているとは感じません。

第2子　私は父の家族を見るべきか、目をそらすべきか決められません。最初は、私は目をそらさざるをえないと感じましたが、今は彼らを見ることができると感じます。

ヘリンガー　いつそうなりましたか？

第2子　祖父の最初の妻が視野に入ったとき、それを感じました。

ヘリンガー　彼女がこのコンステレーションで最も強い影響を持つ人物です。

第3子　私は良い気分です。

母親　気分は全く良くないです。ここではとても落ち着かない感じがします。私の左側の人たちについて知りません。

第4子　母の最初の夫の方へ向いたとき、すごく攻撃的な気分になりました。彼の父親が来て彼の後ろに立ったらすぐに変わりましたが。今は母の隣にいて、私は彼女に対して攻撃的に感じています。ここは居心地が悪いです。

ヘリンガー　あなたの父親の向こう側に行って立ちなさい。今度はどうですか？

第4子　ずっと良いです。

ヘリンガー　（母親に）今はどういう気分ですか？

母親　良くはありません。

ヘリンガー　（クラウディアに）あなたの母親は去るように引っ張られていますね。彼女は自殺をしようとしたことがありますか？

（クラウディアすすり泣く）

ヘリンガー　自殺しようとしたのですか？

クラウディア　時々、母はいつか本当に自殺するだろうと思うのです。

ヘリンガー　ええ、彼女は去るように強いられています。

では彼女の死んだ兄を加えてみましょう。

（ヘリンガーは死んだ兄を母親の右に置く）

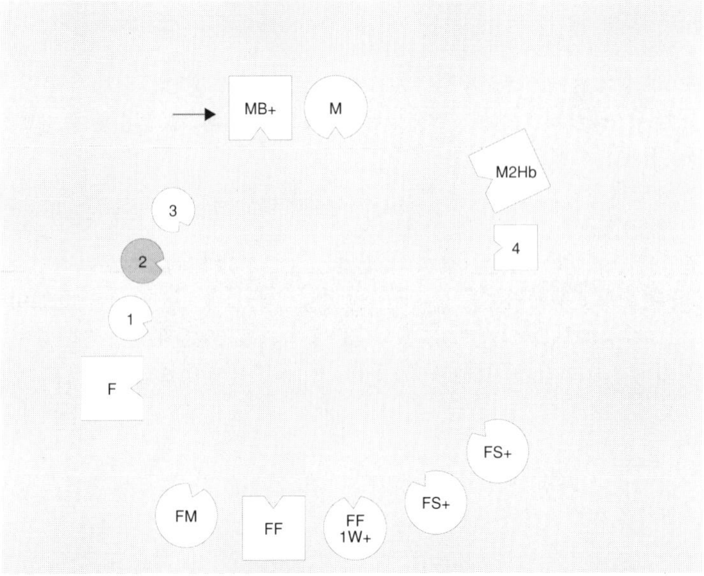

図4

MB † 母親の兄、生後6週間で死亡

母親 この方が良いです。
第4子 私にも。
ヘリンガー あなたは彼と同一化している可能性があります。
（母親に）それで良いですか？ これで正しいと感じますか？
母親 頭から背中にかけて戦慄を感じました。大丈夫ですが、とても寒いです。

（ヘリンガーは母親の戦死した父親を加える）

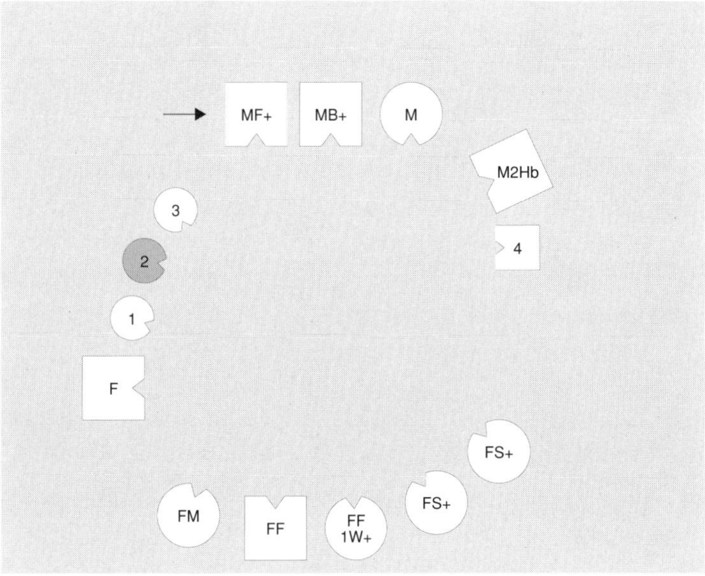

図5

MF † 母親の父親、戦争で殺された

ヘリンガー 母親の兄はどう感じていますか？
母親の兄† 父が来てからずっと良いです。
母親 いるべき所にいると感じています。
ヘリンガー 私のイメージでは、もうしばらく兄の側にいれば、彼女は現家族の元に帰り、彼女の正当な場所を取ることができるようになるでしょう。

（ヘリンガーは母親の父親と兄をわずかに後の方に移動させる）

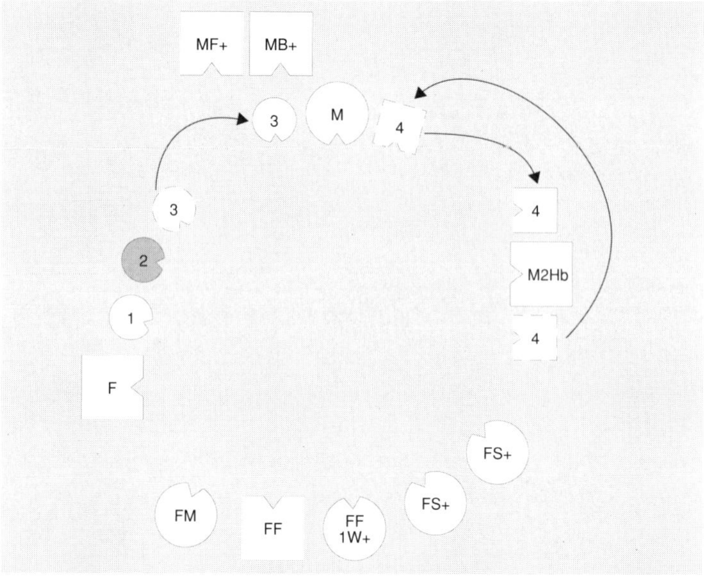

図6

ヘリンガー　（母親に）今はどう感じますか？

母親　良くなりました。なぜなら私の兄と父がそこにいるのですから。私の気分の悪さは彼らが来たときに消えました。今は全員を見ることができます。同時に、まだ孤立した感じはあります。私の左の方、私の2番目の夫と私の息子が立っているあたりに正しくない何かがあります。

母親の2番目の夫　彼女は私に何か隠していると思います。私の横に誰か欠けています。

（ヘリンガーは息子を母親の隣に置く）

第4子　手が湿っぽく感じます。私は彼（母親の死んだ兄）を見たいのです。

（ヘリンガーは息子を父親の隣に置く）

第4子　ここの方が良いです。

第3子　私はあまり良いとは感じません。

ヘリンガー　母親の隣に行って、立ちなさい。

（グループに）娘はこう言っています。「愛しいお母さん、あなたの代わりに私が行きます」

ヘリンガー　（クラウディアに）さあ、あなたの場所に行って立ちなさい。良いですか？

（長い間彼女はためらう）

妹の隣に行って立ちなさい。

（クラウディアは首を振る）

やってみるのです！

（彼女は拒絶し、泣き始める）

試さなくては、あなたにはそれがどのようなものか分かりようがないでしょう。

（彼女は妹の隣に立つ）

クラウディア　私は母を信頼していません。

母親　私は娘のことが心配なのです。娘が近くに来たとき、彼女の方に温かいものを感じました。

（クラウディアは泣く。ヘリンガーは母親の兄を母親の左に置く）

ヘリンガー　（クラウディアに）今はどうです？

（彼女はうなずく）

ヘリンガー　前より良いですか？

（彼女はうなずく）

第1子　（クラウディアに）あなたが私の妹として隣に来たとき、急に気分が悪くなってめまいがしました。

ヘリンガー　（一番年上の姉に）あなたの妹たちの所に行ってもっと近くに立ちなさい。どうですか？

第1子　ええ、良くなりました。

父親　もうそろそろ私がどんな悪いことしたか、知っても良いころだと思います。

ヘリンガー　（父親に）それはあなたの父親の質問です。そしてそれは彼の感じていることです。あなたは自分の父親から引き受けたんです。あなたの娘の隣に行って立ってください。

父親　今なら大丈夫です。

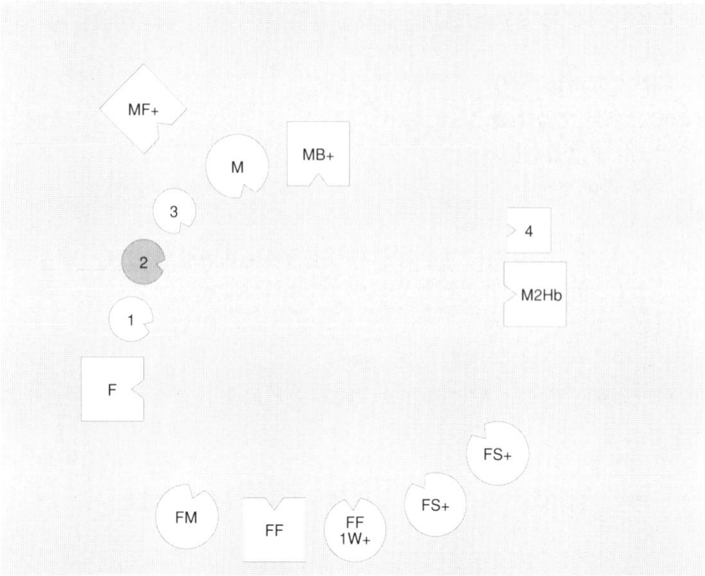

図7

母親の2番目の夫　両肩に緊張した感じがあります。彼女の兄が彼女の隣に行って立ってからずっと、私は妻の所に行きたいのです。

ヘリンガー　彼によって、あなたは彼女を違う光を通して見ているのです。

（クラウディアに）これで大丈夫とあなたは感じますか？

（彼女は微笑みうなずく）

ヘリンガー　結構。これで終わりです。

ショートラウンド（短い一巡）

ヘリンガー　ショートラウンドをやりましょう。これはたっぷりの食事の後の昼寝《シエスタ》のようなものです。次に来るワークのために、あなた方が気持ちを鎮め、力を集める時間が必要ですし、質問をし、抜かしていたどんなことにでも追いつく機会を得ます。あなた方は他の人たちの思考の中で何が最上位かを聞くことができ、私たちにはあなた方がなおもやりたいワークのイメージが得られます。

両足でしっかり立つ

アン　今朝からずっと、両足でよりしっかりと立てている感じがしています。

私はよく片足でだけ立って、もう片方は支えとして使っています。あなたの呼吸についてのアドバイスで呼吸をすることが楽になりました。あなたの言ったことを実行すると、私は両足でしっかり立つことができます。

感情的にいっぱいの状態から逃れたい

アイダ　今朝ソフィーがワークしていたとき、私は自分に言いました。「私にはこの幸福と不幸の全部には耐えられない」。私はひどく部屋を離れたかったのですが、とどまりました。

ヘリンガー　一度にそんなにたくさんの幸福と不幸を負うのは困難です。

アイダ　ええ、とても耐えられません。

ヘリンガー　だからこそ人々はしばしばそれから退き、ゆううつになる方を好むのです。その方が心地良いのです。ゆううつはより楽な生き方です。幸福を、挑戦するように、まともに真正面から見てみることです。

充足し、完璧であり

ウィリアム　良い気分です。今朝私は妙な考えを持ちました。私は自分が本当にほぼ完全だと思うのです。本当にこれ以上何も必要ありません。

ヘリンガー　そのとおりです。

その完全であることの感覚と、どのようにその感覚が起こるのかについてお話ししましょう。あなたの家族体系に所属する誰もがあなたのハートに居場所を持つとき、あなたは完全だと感じるのです。それが完全であることや、完璧の本当の意味です。あなたがこの充足に到達したその時だけ、あなたは自由に発展し、前進します。たった1人でも家族が欠けていたら、あなたは完全とは感じません。

（クラウディアに）クラウディア、あなたはこのように感じる必要があると私は思います。そこに家族が皆いるのだから、あなたは完全だと感じているべきなのです。

（クラウディアうなずく）

ヘリンガー　それは素晴らしい。

ソフィー　良い気分です。起きている何もかもがとても興味深いです。ちょっと疲れましたけど、それ以外は良いです。

ヘリンガー　あなたには疲れを感じる権利があります。

（ソフィー笑う）

クララ　今朝あなたが私の質問に答えてくれてから、私は素晴らしく自由に感じていて、ほっと安心しています。

ヘリンガー　良いですね。昨日のあなたのワークは完全となる過程の完璧な実例でした。

§

皆さんに、完全であること、そしていかにしてそれに到達するかについての物語をお話したいと思います。もし皆さんがその物語に自分を没入させられるなら、聞いている間にも、それはおそらくより深いレベルであなた方に影響を与えることでしょう。

再会

長い間さすらっていた男が遠くに目をやると、遠方の一軒の家が目に入り、彼はそれが自分の家だと知ります。それに向かって歩いていき、たどり着いて、ドアを開け、部屋の中に入っていきます。そこには素晴らしい饗宴のために満たされたテーブルがあります。

彼とこれまで親しかった人は皆招待されていて、招待された人は皆来て、しばらくそこにいて、そして去ります。来る人は皆贈り物を持ってきます。彼の母親と父親、彼の兄弟姉妹たち、父方の祖父と祖母、母方の祖父と祖母、彼のおじたち、おばたち。それら彼のための場所を作ってくれた人たち全員、彼を思いやってくれた人たちすべて——友人たち、先生たち、パートナーたち、子どもたち——彼にとってずっと大切だった人たち、今もなお大切な人たち。そして、来た人の誰もが、そのために代償を払った何かを持ってきて、しばらくそこにいて、そして去ります。思考が来て、何かを持ってきて、しばらくそこにいて、そして去っていくかのように。そして願いが来るように、そして苦しみが、何かを持ってきて、しばらくそこにいて、それから去るように。人生そのものが、何かを持ってきて、しばらくそこにいて、それから去るように。

宴の後で、さすらい人は彼のたくさんの客たちとともに後に残り、そして彼と一緒に残った人たちはとどまるのにふさわしい人たちだけです。彼は窓の所に行き、外を眺め、他の家々を見て、いつかそれらの家々でも饗宴があり、その時は自分もそこに何かを持っていき、しばらくそこにいて、それから去ることを知っています。

私たちもまた、このワークショップで饗宴にいます。それぞれが何かを持ってきて、それぞれが何か得ました。しばらくここにとどまり——それから去ります。

好きであること、尊敬すること

ハリー　解決が見つけられると分かって、私はものすごく幸せです。かかわっている人への私の幸福感はほとんど圧倒的です。

ゆうべ帰るとき、私はまだ死んだ家族に正当な居場所を与えていませんでした。私の父の兄や姉を含めて、彼らのほとんどを全く知りませんでした。彼らは神秘主義者でしたので、私は彼らについて何も知ってはいけなかったのです。彼らは完全にタブーでした。私が父の姉に会ったのは、彼女が降霊術をしていたころで自動筆記の最中でした。彼女はあらゆる種類の強迫観念の症状を持っていましたが、おじのことは全く知りません。彼のことは、このおばから以外は話されたことがなく、すべての報告によると、彼は……。

ヘリンガー　私たちは細部まで知る必要はありません。あなたが、これらの人たちがあなたに属していることを知り、あなたのハートの中で彼らに尊敬に値する場所をあげるだけで十分です。しかしあなたはずいぶんと彼らをさげすんで話していました、分かりますね。

ハリー　目立ちましたか？

（グループに笑い）

ヘリンガー　あなたはそういうようなことを隠せません。

ハリー　彼らについての私の感じはおおかたポジティヴです。おばのことは好きでした。

ヘリンガー　好くことではなく、尊敬の問題なのです。それの方がはるかに偉大です。

対等中の対等

テア　頭の中がさえわたっている感じで、とても良い気分です。「受け入れること」と「尊重すること」の違いがとても重要になりました。今まで、その違いにはぜんぜん気づかなかったのですが、今、それには違いがあり、尊重は受容の後の次の段階だということが、完全にはっきりしています。今はそのように感じています。

ヘリンガー　受容はこの状況ではふさわしくありません。もしあなたが何かを受け入れるなら、あなたはまるで、それを拒否し、そのあり方を変える権利があるかのように振る舞います。

テア　私は少なくともここまで来たことを嬉しく感じました。

ヘリンガー　十分ではないのです。十分どころではありません。

テア　気がつきました。

ヘリンガー　本質的なことは、後悔や隠れた動機なしにものごとと調和していることです。もし私が何かを尊重するなら、その意味は、それを変えようと望まず、そのあるがままと私が調和しているということです。そして、もし人を敬うなら、私はその人のあるがままと調和し、運命のそのあるがままと調和し、その人のもつれとそのあるがままと調和するという意味です。それはとても謙虚であり、とらわれのなさを保ちます。しかし、この目に見えなく働く、とらわれのなさと力には思いやりがあります。私が運命と調和している限り、運命を変える力をそこから得ることができるでしょう。

テア　ええ。それはとても重要なポイントだと思います。私は自分の運命と他人の運命を一緒くたにしてしまう傾向があります。

ヘリンガー　あなたの懺悔《ざんげ》は全く何のためにもなりません。自分の品位を落とします。人がこのように述べることで、あるいは自分の行動を解釈することで、自らの品格を落とすことは有害です。それが人に良いことをしたというのを私は見たことがありません。自分自身の品位を落としめるときに、人が言っている本当のことは「どうか私を受け入れてください、私はこんなにちっぽけで取るに足らないのです」。しかし、この言葉は他の人を操るものであり、これをすることであなたは相手を自分より優位に置き、その人はあなたの面倒を見なくてはならなくなり、あなたは相手が対等となる機会を与えません。

明晰さを通しての和解

ロバート　昨日の働きかけがだんだん効力を表してきていることに、私はとても衝撃を受けています。私の心の中には、私の娘の背後に私の死んだ小さな妹がいる映像が浮かびます。彼女のために私はひどく悲しまなくてはなりませんでした。私は他の人たちの感情を見落としていて、彼らにひどいことをしました。特に妻に対してです。

（ロバートは非常に感情をかきたてられる）

ヘリンガー　彼女にそれを伝えなさい。それが彼女と和解させるかもしれません。

注意深いまま

クラウディア　私はまだ私の家族への新しい理解について考え続けていて、ようやくそれの意味するすべてをつかみ始めています。

ヘリンガー　コンステレーションとはそういうもので、それは長い間にわたって作用し続けます。

クラウディア　私はかつて、母はいつか本当に自殺するだろうと思っていたので、あなたに母の自殺傾向についてお話ししました。今はそのことを理解しています。私にできる一番良いことは、ただこのコンステレーションを働かせることだと思います。

ヘリンガー　もしあなたが望むなら、このことを母親に話しても良いのです。コンステレーションについて話して、母親の兄が彼女の隣に立ったときの皆への影響を説明なさい。このワークショップから彼女へ誕生日プレゼントを持っていきたかったのではありませんか？

クラウディア　起きたことで一番良かったことは、母に会いに行く必要がなくなったことだと、昨日私は思いました。

ヘリンガー　今あなたは台無しにしてしまいました。気がつきましたか？

クラウディア　台無しにしようとしました。

ヘリンガー　あなたはうまくやり遂げました。もはやそれを変えるためにできることは何もありません。人は行動した後は自由だと考えます。行動の後で自由な人は誰もいません。私たちが自由なのは、何かをやってしまう前だけです。

注意深さとエネルギーを伴う自制

レオ　私は、よりいっそう所属していると感じ、家に帰ったら自分が何をするかにすごく興味があります。

ヘリンガー　あなたが何かをしたり、あなたの意図なくしても、物事がそれぞれ自発的に変化することに驚く準備をしておきなさい。そのような変化とともに生きることには、自制という大きな力を使います。しかし、そのあなた自身を抑制することにかけている力は方向を変え、家族の他のメンバーに向かって流れていくでしょう。

フランク　私の中でたくさんのことが起きていて、何かがおのずと起こるまで、私はただ待たなくてはならない、がんばり抜かなくてはいけないし、払いのけてもいけないと考えるのは良い気分です。

ヘリンガー　あなたがどう待つかによって違いが生まれます。注意深く待ちなさい。

罪のなさの限界

ジョナス　困っていることがあります。それについてあなたがどう考えられるか知りたいです。この10年間、私はどんどん父と親しくなってきていて、私たちの間に素晴らしい愛を見つけ出しました。お互いの信頼から、父は彼が20歳の時に3週間、強制収容所の守衛をしていたと話してくれたのです。それについて考えるのは耐えられないので、それから自由になりたいのです。

ヘリンガー　あなたは、父親がしたことを知っていることから自由になりたいのですか、それともあなたの彼への批判から？　彼がその仕事を求めたのではありません。

ジョナス　求めなかった？

ヘリンガー　十中八九、彼に選択の余地はありませんでした。もし父親が自分のしたことを恥じていなかったのなら、そのことをあなたに言うのにそんなにも長く待たなかったでしょう。

ジョナス　父がそれをしたという事実を受け入れることができません。

ヘリンガー　あなた自身が同じような状況に置かれない限り、あなたには父親を裁く権利はありません。それに、もしそのような状況に置かれたなら、あなたは間違いなく彼を裁くよりも、その葛藤を理解することになるでしょう。

しばらく前に、私はあるドイツ人兵士の記念碑を立てたいと思っている、ユーゴスラビアの女性詩人のレポートをテレビで見ました。その兵士はパルチザンの銃殺隊に任命されましたが、彼は銃を向けるのを拒否し、パルチザンの方に行き、彼らと一緒に撃たれました。

彼の行動は英雄的に聞こえますが、彼は実際、どういう種類の人間だったのでしょうか？　私たちに彼が善か悪か決めることができますか？　彼は、本当は何をしたのでしょう？　命令に従ってパルチザンを撃つという、運命が彼に課したであろう、途方もない罪を受け入れる代わりに彼は死を選びました。しかし、もしあなたのハートが開いていたら、より耐えるのが困難なのは何でしょうか、死でしょうか、罪でしょうか？　もし彼が自分に対してこう言っていたとしたら、「私は運命によって私のグループに縛られていて、パルチザンは運命によって彼らのグループに縛られている。私は、彼らを殺したのはこの私であるという定めを受け入れ、その運命から来るすべての罪とすべての結果を受け入れる」。それもまた英雄的な勇気を必要としたでしょう。しかし、死ぬことが人に運命から逃れることを許すと考えることは、本当に安易な解決法を取っています。時に、被害者でいる方が加害者でいるよりも耐えやすいことがあります。あなたが父親の情況にいたならもっとましな行動を取ったかのように、父親を裁くことがいかに難しく不適切か分かり始めたでしょうか？

あなたが説明したような状況に父親がいた事実を、あなたは尊重こそできても、それによって彼を裁くのは傲慢《ごうまん》です。あなたには父親を理解しようと努力することはできます。綿密に調査したり、裁くのは裁判所の仕事であって、あなたの仕事ではありません。彼がしたことが善か悪かのどちらかを決める権利はあなたにはありません。

ジョナス　ことの複雑さがもっと分かり始めています。

ヘリンガー　いかにわれわれ人間が、運命の前では時に無力かということが分かれば、そこには運命の力への尊重があります。

この瞬間に生きることの安心

エラ　私は頭と手の間に、ある種の動きを経験しています。私が100パーセントここにいるときには、私の手は暖かくてエネルギーに満ちています。でも私が、今朝来なかったなんて、私はなんて馬鹿だったのだろうと考えると、頭が痛くなります。

ヘリンガー　「自分は馬鹿だった、そして今その結果に苦しんでいる」と自分に言ってごらんなさい。気分がもっと良くなります。

（エラ、笑う）

内側のプロセスに注意を払う

ダグマー　とても満ちた感じがしています。母を心から敬い、私の生まれた家系と私の家族をずっと認識しています。本当に良い気分です。専門家としての質問があります。性的虐待の被害者だったクライアントたちにあなたはどのように体系的に対処されますか。

近親相姦の被害者を助ける

ヘリンガー　私が性的虐待の被害者を扱うときの唯一の関心は、その子どもを助けなくてはいけないということだけです。その他のことは二義的なことです。体系的に、子どもへの非暴力的な近親相姦の性的虐待の、1つの最もよく見られる力動とは、両親間における与え、受け取ることの不均衡です。これは妻が以前結婚していて、その最初の結婚からの子どもがいる場合に典型的に起こります。この不均等は、彼女がその後、子どものいない男性と結婚し、彼に彼女と彼女の子どもの面倒を見てもらうことを期待するときに現れます。彼の彼女への贈り物に対し、同じだけの価値があると彼に分かるような何かを彼女が与えることで、彼女が十分に認識し、重要性を評価しなければ、彼は自分が受け取ったものよりも多くを与えることを終わりにします。そのような体系では強力な埋め合わせの必要が生じ、その妻にとってそれを解決する1つの方法は、意識的に、もしくは無意識的に、埋め合わせとして自分の娘を夫に与えることです。両親の与え受け取ることの不均衡の結果からの虐待において、またしばしばその他の形の性的虐待でも同様に、母親が裏に、父親が表として、両親2人ともがかかわっています。両親双方がかかわっているとなると、両親の分担する責任が明るみに出されない限り、解決方法を見つけることは不可能です。

例えば、グループの中の女性が父親、あるいは義父から受けてきた性的虐待の影響を取り除くことができないと言うとき、私は彼女に母親が彼女の前に立っていることをイメージし、その母親に「お母さん、あなたの助けになったのなら、それをすることをいといませんでした」と言うことを勧めます。もしこれを彼女が心からこれを言えるなら、状況は直ちに変わります。そうしたら次に私は彼女に、父親をイメージして、彼に対してこう言うことを勧めます。「お父さん、私はお母さんを助けたかったの」。これらの言葉は両親の間の隠された力動を明るみに引き出し、責任を分担しているその大人たちに、あたかも自分たちに罪がないかのように行動し続けることを不可能にします。

私たちが現時点での近親相姦的な状況を扱うときには、例えばクライアントが母親である場合、私は彼女に子どもの面前でこう言います。「その子どもは母親のためにしたのです」。そして子どもには母親に、「私はあなたを助けたかった」と言わせます。それが近親相姦を終わらせます。母親がそれを聞いたら、それはもう続くことができません。もしその男性がいたら、私は子どもに「私はお母さんがバランスを回復するのを助けたかった」と彼に対して言ってもらいます。その言葉は、子どもに自分自身の良い点を見ることを可能にし、そのようなことを公に言った後で、子どもは自分には罪がなく、それがまるで自分の過ちだったかのように感じる必要はもはやないと知るのです。

2番目に私がすることは、子どもが自分の尊厳を回復するのを助けることです。これは彼女が近親相姦によって、自分が汚れたと感じているときに必要でしょう。たぶん私は彼女に、不注意な少年によって引き抜かれ、茎が折られた美しいバラのことを書いたゲーテの物語を話すでしょう。それは身を守ろうと少年を刺したものの、引き抜かれ苦しまなくてはならなかったというものです。それから私は子どもにある秘密を教えます。そのバラはそれでもまだ素晴らしく良い香りがするのだと！

体系的に見ると、加害者がたった1人ということは稀です。ほとんどの経験豊かなセラピストは母親の密かな共犯に警戒するのですが、ヘルパーたちがうかつにも虐待に付け足しをするたくさんのケースを私は見ました。例えば、加害者をしつこくいじめることに夢中になったヘルパーは、子どもを全く助けません。そしてもし彼らがとても注意深くないとしたら、セクシュアリティについてのヘルパー自身の道徳的な姿勢が、その子どものセクシュアリティに非常に悪い見方を与えることがあります。私はたくさんの子どもたちに大変助けになる、セクシュアリティへの、地に足のついた、良識ある姿勢を見つけました。時に近親相姦の近しさや親密さには、子どもに喜びを与える側面があるのですが、子どもたちの母親や、その他のヘルパーたちが、子どもたちが経験したことは邪悪なことだと子どもたちに伝えるために、子どもはそれを認めることを恥ずかしく感じます。この状態の子どもたちは混乱しています。そして、彼らには経験した喜びを肯定する方法が必要です——もちろん、彼らが実際に喜びを経験したと仮定して。同時に、どれほど喜びを感じたか、あるいは感じなかったにしても、子どもたちにはいつでも罪がないという確信が必要です。子どもたちにとって、好奇心があって新しい経験を欲することは妥当で自然なことで、しかもなお、彼らは何が起ころうとけがれないままとどまります。近親相姦であっても喜びを経験したとして少女が非難されると、彼女のセクシュアリティ全体が何かひどいことのように不利な立場に投げこまれます。実際、セクシュアリティに関するかぎりは、真に起きていることのすべては、どんな事情にせよ遅かれ早かれ経験することを、子どもが早すぎて経験しているということです。少々挑発的に言うなら、人間誰もがいずれは経験することを、子どもによってあまりにも早く経験されてしまったのです。彼女のセクシュアリティに起きたことは何も悪いことではないというメッセージを得るなら、それはその子にとって素晴らしい救済です。

近親相姦によるトラウマは、子どもの後の発達を妨げるという一般的な考えがあります。これはしばしば確かに起きていますが、私が観察したことのより多くでは、子どもの後の成長は、その子と加害者の間の性的接触から生じた絆によって妨げられています。その子どもが自分の最初のパートナーを尊重しない限りは、その最初の絆がその後の人生において、彼女のパートナーへの性的明け渡しの中、自由に感じることを困難にさせることがあります。彼女の自分を性的に差し出すという最初の経験と最初の絆が公に非難され、相手が犯罪者として扱われてしまうと、加害者を尊重することはその子どもにとって難しいことです。しかし、もし彼女が自分の最初の絆を認め、肯定することができるなら、彼女は最初のパートナーとの経験を新しい関係へ統合し、そして解決することができます。近親相姦に対して、もっともな憤りと道徳的怒りで反応することは、問題を解決することを難しくし、実際、被害者のダメージを増すのです。

クラウディア　その経験が子どもにとって喜びでも、楽しいものでもなかったとしても、子どもと犯罪者の間の絆はあるのでしょうか？

ヘリンガー　私の観察してきたところではいかなるケースでも絆はあります。しかし、その経験が喜びであったかどうかにかかわらず、子どもは犯罪者をとがめるあらゆる権利を持っています。彼女は「あなたは私を虐待した。そのことで私は決してあなたを許しはしない。あなたを許す力など私にはない」と言うあらゆる権利を持っています。彼女がこう言うとき、彼女は罪を自分自身から加害者へシフトし、自分を彼から引き離し、状況から身を退いています。しかしながら、もし彼女が感情を表現し、感情的なレベルで彼を非難すれば、彼への執着を増します。感情は絆を強めるのみで、もしその子どもが近親相姦の結果を犯罪者に返すことができれば、彼女は自由になるでしょう。争いも批判も状況を解決できません。解決には、彼女が近親相姦の結果を彼女にできる最大限、加害者に預け、その状況から自分自身の身を引くことが求められます。もがいたり、争うことは単に結び付きを強めるだけです。

もう1つ重要な側面があります。体系的に見ると、セラピストは常に見捨てられた人に味方します。ですからあなたが近親相姦のワークをする際には、いつもあなたのハートに犯罪者の居場所を与えなくてはなりません。

ダグマー　私のハートに？

ヘリンガー　そうです、あなたのハートにです。そうしなければ、被害者のために解決方法を見つけることはできないでしょう。どうしてなのかあなたに分からなくても、加害者もまたもつれているということをあなたは覚えておかなくてはいけません。もし彼のもつれが分かったら、彼の行動を理解するでしょうし、あなたはかなり違う対応をすることでしょう。あなたのハートに彼の居場所を与えること、彼のもつれを理解することは、決して彼の責任と罪を取り除くことではなく、しかし彼もまたある意味では被害者なのだとあなたが理解することを可能にさせます。そうすれば自由に解決策を探せるでしょう。はっきりしましたか？

ジョン　子ども、あるいは犠牲者が近親相姦の加害者を許す必要がないということに驚いています。加害者を許さずにその子は自由になれるのでしょうか。

ヘリンガー　許しというのは、実際はおこがましいことなのです。考えてごらんなさい。子どもには本当に許す力がありますか？　もし許すことができたなら、彼女は自分自身にすべての罪と結果を引き受けなくてはならないでしょう。私たちが唯一許すことができるときとは、私たちの罪が共同の場合だけです。共同の罪では、当事者たちが許しを通して、お互いのために新しい始まりを生み出すことを可能にします。しかし子どもは近親相姦の罪を分担しません。彼女はこのように言う方法を見つける必要があります。「あなたがしたことは間違っています。あなたがその結果を負わなくてはなりません。これをものともせず、私は自分の人生から何かを作り上げるでしょう」。その子どもが性的虐待の被害者だった事実にもかかわらず、もし後に彼女が幸せなパートナーシップに入っていくなら、それはその犯罪者にとってもまた救済です。逆に、もしも被害者が不幸になるなら、彼女自身にとって過酷な代償を払い、加害者に復讐することになります。現象学的、そして体系的に見ると、これらのことは全く違っています。

クラウディア　子どもが性的虐待を気持ちが良いものとして経験すると、その子はしばしば他の大人たちに挑発的なやり方で近づきます。それからその子は罰せられ、「不道徳だ、禁じられている」のなだれの山が押し寄せます。

ヘリンガー　虐待を受けてきた子どもが、このように別の大人たちに近づくのは、「私が売女で、私に罪があるのだから、あなたたちは罪を感じる必要はありません」という、彼女なりの両親に伝えている方法なのです。それが、そのような少女とワークしている私が分かることで、彼女の両親への愛ゆえに、両親を楽にするために、罪を一身に引き受け、自らを悪とするのです。私に見えていることを、もし彼女が見えるようになるために学ぶことができれば、この点でも同様に自分を良いものとして経験でき、自由になれるのです。あなたはいつも愛を探さなくてはならず、そこにこそ解決があります。

ダグマー　子どものポルノで、愛がどんな役でもやるのがちょっと信じられません。

ヘリンガー　そのような議論は私たちの注意をそらし、理解することの障害になります。

ダグマー　私には分かりません。

ヘリンガー　あなたは、たとえポルノ映画を作るために子どもたちにひどいことをする人たちや、またそれを見に行く人たちにさえも、すべての点で動機を与える力としての愛を考慮しなくてはなりません。私は誰も憎むことなく、不正や悪として何かを経験することができます。セラピストとして、とりわけすべての被害者のために、私は常にもつれを解決する方法を探しています。犠牲者が出来事の全容から身を引き、その行為の罪と結果を犯罪者の元に置いていくとき、そして彼女が自分のためにその経験から何か良いものを作り出すとき、起きたことは終わり、彼女にとっては解決されたのです。しかし、「さあ、私たちは不道徳な罪人を罰しなくてはいけない」というような感情的な衝動が動き始めるや否や、その被害者の解決への道は閉ざされてしまいます。加害者を憎むことを自らに許すセラピストたちはクライアントにダメージを与えるだけです。

　例を挙げましょう。私が精神科医のために開催したコースで、ある女性が、自分の父親にレイプされ続けてきた自分のクライアントのことをグループに話しました。その父親への彼女の態度は、正義の嫌悪と非難でいっぱいでした。私は彼女に、彼女のクライアントの家族体系を立てさせ、それからどこであれ正しいと感じた場所に、彼女自身をコンステレーションに加えました。彼女は自分を彼女のクライアントの隣に置きました。奇妙なことに、そのコンステレーションの中にいた誰もがその精神科医に怒りを感じ、誰も彼女を信用しませんでした。私が彼女を父親の隣に置いた途端に全員が静まり、彼女を信用し始め、クライアントはとても安心しました。加害者の隣に立つことが、セラピストが解決を探すために、多くの場合、一番良い場所です。

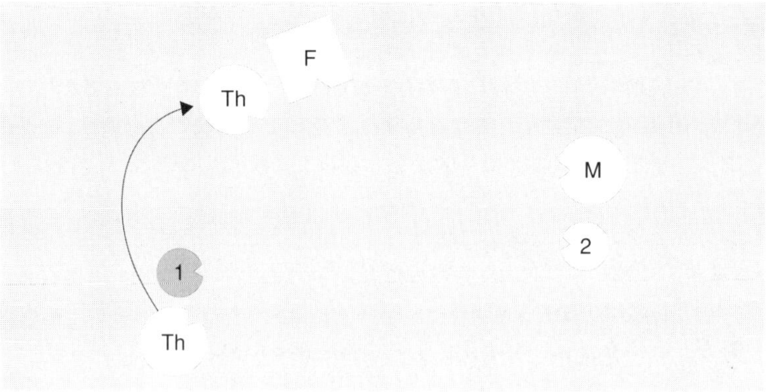

図1

F	父親
M	母親
1	**第1子、娘**（＝クライアント）
2	第2子、娘
Th	セラピスト

私たちは重大な犯罪のケースを除いて、家族体系から誰も除外することはできません。非暴力の近親相姦は、原則として、加害者がその家族体系に所属する権利を失うような犯罪ではありません。被害者のための解決法は、私たちがもし除外されていた者たち全員を加え、家族体系全体を守るなら、それによってのみ見つけることができます。父親は明らかに加害者ですが、母親もしばしば背後で働く秘密の加害者で、近親相姦の黒幕であることを私たちが思い出せば、きっともっと多くの解決法を見つけられるでしょう。もしそのセラピストが被害者に味方するだけで、家族体系を全体として守ろうとしないならば、その人はただ物事を悪くするだけで、結果に至るには程遠いでしょう。

近親相姦の加害者をどう助けるか

ブリジット　あなたが近親相姦の加害者に対応するとき、どう扱われますか？
ヘリンガー　まず、私は普通、彼と保護された枠組みの中で、個人的に話します。時に私は彼に、犠牲者を彼自身から、そして彼が彼女にした誤りから自由にし、結果を良い方に転ずることを助けることができる方法を何か考えることはできないかと尋ねます。もし彼がこれに耳を傾けるなら、彼は防御的な立場から抜け出し、建設的に考え始めることができます。真の後悔こそ、最も彼が見つける必要のある主たるものです。これが主要な内面の変化の過程となりますが、彼が心から「私があなたにしたことがあなたを傷つけてしまったことを申し訳なく思います」と言うなら、それが時に助けになります。これは子どもを重荷から解放し、犯罪者が罰せられたとしても、それはしばしば、それよりも子どもを助けます。しかし彼が彼女に言えることはそれがすべてでしょう。

はっきりしていることは、加害者が言い逃れをしようとしたり、正当化したり、自分の行為を軽んじようとするとき、被害者をより一層傷つけることになりますが、彼が彼女の前で、自らをおとしめることもまた彼女を傷つけます。彼は決して自分の罪の中に溺れてはいけませんし、また子どもに許しや自分の重荷を軽くするだろう何ものをも子どもに求めてはいけません。それはさらなる虐待です。なぜなら、子どもに別の重荷を創り出し、彼への絆を強めるからです。ちなみにこれはまた何が起きているのかを知っていた母親にも当てはまることです。

たとえ罪ある両親であっても、両親であり、子どもは彼らなしには存在しないでしょう。ある意味で、子どもたちは彼らの両親であり、このように、親に屈辱を与えることは子どもたちに屈辱を与えます。それはつまり、この問題は、親と子の間でも彼ら自身の間でも、また特に、例えば、心理療法者のような第三者の前でも、品位を落とすような形で議論されてはならないということを意味します。表面的に、彼らの正しさを立証しているようであっても、それはただ子どもたちの目には両親に屈辱を与えており、子どもたちにも屈辱を与えるだけです。屈辱を与えられた両親は、もはや子どもたちにどうすることもできません。

犯罪者が裁判にかけられるケースでは、私は彼に、ごまかしの助けや良い言及で罪を軽減しようとせず、自分の処罰に同意するよう勧めます。この方法で彼は自己の尊厳をいくらか、より回復することになりそうです。

正当なかたちで罰せられるのとは別に、近親相姦の加害者たちは時々、度を超した、被害者にとっての解決を不可能にする、憎悪キャンペーンの対象になります。時々、無実の人たちが近親相姦で告訴され、単なる罪状が乾いた草の上に落ちた火花のように燃え広がり、自らの無実を証明することができなくなります。彼らのために物語があります。それはこう呼ばれます。

静止

心理療法の会議で、ある有名な心理学者が、女らしさについての講義をして、若い女性のグループに反論された。彼女たちは、それは非常に不公平で、女性を前にして女らしさを講義するとは、彼は男としておこがましいと文句を言いました。よ

かれと思って話したその心理学者は、不当に告発され、隅に追いやられたと感じ、事態はますます悪くなり、結果として彼が納得のいく論拠をさほど持っていないようだとされてしまいました。

討論が終わり、彼は何が起きたのかを考え、彼がどんな悪いことをしたのか見つけようとしました。彼は同僚とそれを検討し、それからある賢人を訪ねて助言を求めようと決心しました。

その賢人は言いました。「その若い女性たちは正しい。あなた自身が理解したように、彼女たちは男性に対して自己を主張することに困難はないにもかかわらず、そしておそらく、彼女たち自身が不公平に扱われた経験をしたことはないけれども、他の女性が不当に扱われた経験を、まるで彼女たち自身が経験したと同じぐらいハートに取り込んで、そしてヤドリギのように、彼女たちは宿主から力を引き出すのです。彼女たちは自分の人生経験からはわずかしか得ず、女性の愛に頼ったままでいます。しかし彼女たちは後に続く者たちを助けます。1人が種をまき、別の人がそれを刈るというように。

その心理学者は答えました。「私はそんなことには全く興味がありません。私が知りたいのはもし私が同じような状況に陥ったらどうしたら良いのかなんです」

「広々とした野原で嵐に遭った者がすることをしなさい。彼は何でも良いから見つけられる避難所を探して嵐が過ぎるのを待ちます。その後、彼は外に出てその新鮮な空気を楽しみます」

その心理学者が次に同僚たちに会ったとき、彼らはその賢人が彼に何をするようにとアドバイスしたのか尋ねました。「正確には思い出せない」彼は言いました。「新鮮な空気の中に入っていくべきだ、たとえ嵐の中でも、と言ったと思うよ」

道徳的憤りについて

ヘリンガー　犠牲者と犯罪者に、その傷や罪をいかにして良いものに転じるかを見せようと努力しているセラピストは、しばしば彼ら自身が憤りと激怒の対象になります。道徳的に正しい人たちは、彼らがより高次の法に奉仕していると感じています。それはモーセの法であろうと、キリストの法であろうと、天国の法であろうと、自然の道徳の法であろうと、グループの法であろうと、あるいはただ、盲目的な時代精神の法でさえあろうと。それがどう呼ばれようと、何も違いはなく、道徳的に正しい人たちは、その法が彼らに犯罪者も犠牲者も支配する力を与え、彼ら憤る人たちが他の人たちにする危害を正当化すると信じます。問題は、犯罪者や犠牲者、彼ら自身、あるいは法を傷つけることなしに、セラピストたちはいかにしてこのような憤りに、迎え撃つことができるのでしょうか？　ある物語をお話ししましょう。すでにお聞きになったことがあると思いますが。

姦婦

エルサレムの早朝、1人の男がオリーブの山から下りて来て、寺に行きました。中で、彼は博識で高潔な男たちの輪の真中に座り、教え始めました。すると彼らは、彼の元に1人の女を連れてきて輪の中に入れ、言いました。「この女は姦淫で捕らえられました。モーセの法では彼女は石をぶつけられなくてはなりません。あなたには何か言うことがありますか？」。しかし彼らは、実際はその女のことも、彼女がしたことにも関心はありませんでした。彼らが本当に興味を持っていたことは、人々を助けることで知られ、その寛容さで有名なこの男に罠を仕掛けることでした。彼の寛大さが彼らを怒らせ、憤慨させていました。そして、もし彼が彼らとともに憤りを共有しないなら、彼がその行いと一切関係なくても、彼らは法が彼らにその女性だけではなく、この男をも滅ぼす権利を与えていると感じていました。

ここには2つの犯罪者グループがあります。1つはこの女性に属します。彼女は姦婦で、そして高潔で憤る人たちは彼女を罪人だと言います。もう一方のグループにはこの憤る人たちが属します。彼らはハートの中で殺人者ですが、彼らは自分たちを公平で高潔の人と呼びます。2つのグループはともに苛酷な法によって重荷を背負わされていますが、ただ1つの違いは、最初のグループに関して、法は悪い行為は間違っていると言い、2番目のグループはより悪い行為であっても正しいと言っていることです。しかし、彼らが罠に掛けようとしていた男はそれらすべて、姦婦、殺人者、法、裁判官、そして彼の指を振る誘惑からも逃げおおせました。彼ら全員の前で、彼は大地に向かって身をかがめました。そして高潔で憤る男たちが彼のヒントをつかみ損ねて、彼に何を考えているのか彼らに話すよう頼み続けたとき、彼は身体をまっすぐにして言いました。「罪なき者に最初の石を投げさせよ」そして再び身体を前に屈めて砂に書きました。

たちまち、すべてが変わりました。法が許したり命じたりするものよりもずっと多くをハートは知っているからです。憤る男たちは1人また1人と寺を去り、一番若い者がしんがりをつとめました。その男は彼らの羞恥心を敬い、砂に書き続けました。彼らが去ってしまったとき、彼は身をまっすぐにして、その女に尋ねました。「あなたの告発人たちはどこですか？　誰もあなたをとがめなかったのですか？」「誰も。主よ」彼女は答えました。それから彼は、あたかも彼があの高潔で憤る男たちと同じ考えであるかのように「私もまたあなたをとがめません」言ったのです。

これが物語の本当の終わりです。伝えられている原文では、そのオリーブの山から下りて来た男はこう付け加えたと報告されています。「行きなさい、そして二度と罪を犯さないように」。しかしこれらの言葉は、聖書学者たちが証明したように、おそらくは、この物語の愛と偉大さが、人が受け取りきれるより多いと感じた誰かによって、後から付け加えられたものです。

この話には興味を引くポイントが他にもあります。高潔で憤る男たちも、この物語自体も、本当の被害者、この女性の夫のことを語っていないのです。もし高潔で憤る男たちがこの女性に石を投げていたら、彼女の夫は妻を2度も繰り返し失ったことでしょう。このように、高潔で憤る男たちの妨害もなく、そのカップルは彼らの問題に彼ら自身で対処し、愛を通して和解に達し、そしておそらく新しい出発をするチャンスを持ちました。高潔で憤る男たちが彼らの間に入ることを許されていたとしたら、この解決方法は不可能だったでしょうし、彼女ばかりか彼女の夫までもがより悪いことになっていたでしょう。

このようなことは時々、虐待された子どもたちが愛する者よりも、道徳的に憤る人たちの手に落ちたときに起こります。憤る人たちは子どものことに本当にはかかわっていません。彼らが奨励する基準は、彼らの憤りの産物であり、彼らは事態を犠牲者にとってよりつらいものにするだけです。子どもは、犠牲者であっても、しばしば犯罪者に束縛され、忠誠心を持ったままでいます。ですから、彼女の父親が迫害され、道徳的にも肉体的にも破滅させられるなら、その子どももまた道徳的にも肉体的にも死ぬか、あるいは彼女の子どもの1人が後になって償います。それは憤りの呪いであり、正当化に仕える法の呪いです。

それでは、思いやりがあり、賢明なセラピストはどうするべきでしょうか？彼らは出来事のいかなる脚色をも退けて、犠牲者と犯罪者の両方が、以前よりももっと洞察と愛をもって新しく始められるようなシンプルな道を探さなくてはなりません。いわゆる高次の法を探すのではなく、賢明なセラピストたちは実際の人たち、犠牲者と犯罪者だけを見、彼らの中に彼らの場所を見つけます。彼らは、法だけが確固として永遠に見えながら、この世ですべてのものは移ろいやすく、終わりの後には新たな始まりが続くことを知っています。彼らは謙虚なままとどまり、すべての人たちへの、犠牲者、犯罪者、その陰にいる密かな煽動者たち、そして報復者たちへの愛があります。その姿勢について、私は明確にしましたか？

ダグマー　はい。

神の役を引き受けた後、何が彼女たちの大きさを縮小させるのか

ヘリンガー　さて、最後の一巡を始めましょう。このワークショップで働きか

ける最後のチャンスです。トーマス？

トーマス　私の生まれた家族を立てて、祖父のことを見てみたいと思います。

ヘリンガー　その家族には誰がいますか？

トーマス　私の父と母、一番年上の子どもの私、それに4人の妹です。

ヘリンガー　あなたの両親のどちらかが、その以前に結婚したり婚約していましたか？

トーマス　母が父と結婚する前に、既婚の男性と親しい関係がありました。母は自分とその人の魂が同類だと感じましたが、母が父に会ったとき、「この人は私と運命づけられている」と言って、母は父と結婚しました。私の父が死んだ後、母は再びその男性と付き合いはじめました。

ヘリンガー　あなたの父親は母親と結婚する前に親しい関係はありましたか？

トーマス　いいえ。父は挫折した神学者でした。

ヘリンガー　挫折した神学者とはどういう意味ですか。

トーマス　彼はある修道会に入りました。父は私に「150パーセント徹底的にやる」と望んでいたと話してくれました。例えば、父はよく自分を手厳しく非難していました。それから父は神経衰弱になり、修道会を去りました。

ヘリンガー　どうやら父親は自分が授かった隠された祝福への感謝を忘れたようですね。父親の神経衰弱は、寛大な措置でした。

トーマス　失敗が父の人生の特徴でした。

ヘリンガー　それはつまり彼がその祝福に気づかなかったからです。

物語をお話ししましょう。

慈悲は永遠ならず

大洪水の間、1人のラビが彼の家の屋根に登り、神に助けを求めて祈りました。その直後、1人の男が彼の方に舟を漕いで近づき、彼を助けようとしました。しかしラビは「神自身が私を助けてくださいます」と言って、その男を行かせてしまいました。それから、ヘリコプターが飛んできて、彼を屋根から連れ出そうと申し出ましたが、彼はそれもまた「神自身が私を助けてくださいます」と言って行かせてしまいました。ついに彼は溺れてしまいました。

そのラビが天国で神の玉座の前に立って、神が助けてくれなかったと不満を言うと、神は答えました。「私はお前にボートを送り、ヘリコプターを送った。それ以上何が欲しかったのだ？」

良いでしょう。さぁ、あなたの生まれた家族を立てましょう。

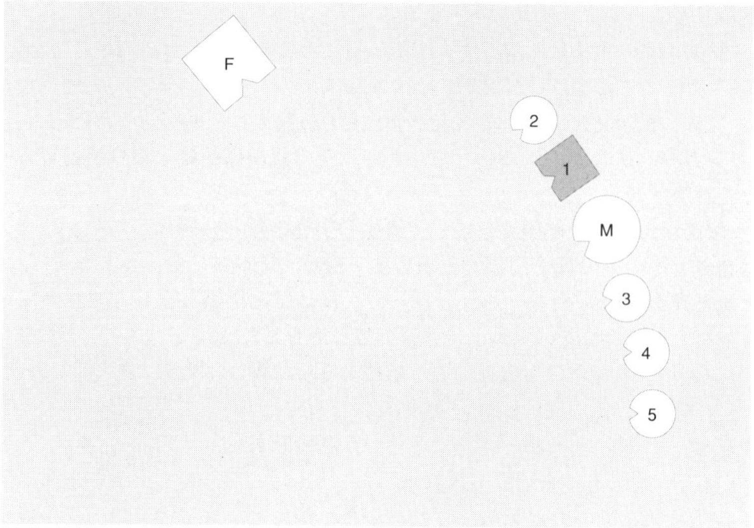

図1

F	父親
M	母親
1	**第1子、息子**（＝トーマス）
2	第2子、娘
3	第3子、娘
4	第4子、娘
5	第5子、娘

ヘリンガー　（家族の代理人たちに）あなた方は誰に対してそんなに怒っているのですか？

第2子　父にかしら？

ヘリンガー　いいえ。

（トーマスに）神にです。このコンステレーションでは神は男でしょうか、女でしょうか？

トーマス　はっきりしません。理解しているか自信がありません。

ヘリンガー　家族体系に神が現れるときには、神はいつもその体系の中の実際の誰かなのです。

トーマス　それなら男です。

ヘリンガー　私にはそれほど確信していません。良いでしょう、始めましょう。

父親はどんなふうに感じていますか？

父親　ひどいです。虚空を見つめています。誰とも関係がありません。

ヘリンガー　父親の孤立がそれを立証しています。慈悲による措置は助けになりませんでした。

ヘリンガー　母親はどう感じていますか？

母親　一言で言えば、ありえない！　絶対ありえない！

ヘリンガー　息子はどうですか？

第1子　良くないです。ここから逃げ出したいです。

第2子　重圧を受けています。

第3子　私はまるで風を避けて、隅に立っているみたいな感じがしています。

第4子　私も気分良くありません。何にも感じません。言えることはそれだけです。

ヘリンガー　（トーマスに）あなたの父親の家族のことを話してください。

トーマス　父は一番年上の子でした。兄弟が7人いました。父は母の父親が持っていたデパートの経営を立て直しました。父はその一族に婿入りしたのです。母は、今もですが、中心人物でした。

ヘリンガー　父親の家族には、子だくさんということを別にして何か特別なことがありましたか？

トーマス　姉妹の1人は結核で死にました。父の一番下の弟は双子でした。その1人は階段から落ちて、その怪我がもとで死にました。父の祖母は父に司祭になって欲しかったのですが、父の祖父がそれを引き止めました。

ヘリンガー　父親のおじいさんが引き止めた？

トーマス　私の祖父は、やはり父や私のように司祭になるはずだったのですが、祖父の父が妨げました。家族に司祭がいるという望みは明らかに母親たちによって受け継がれ、父親たちがそれを止めました。

ヘリンガー　良いでしょう。この家族における神は男でしょうか、女でしょうか？

彼をこのコンステレーションに加えてみましょう。

トーマス　誰を？

ヘリンガー　この神です。誰にします？

トーマス　今は女性を加えたい感じです。

ヘリンガー　ええ、では神を代理する女性を選びなさい。

（グループに）でも皆さんは心配する必要はありません。コンステレーションでは、神は結局は人間になりますから。

（トーマスは神を代理する女性をコンステレーションに配置する）

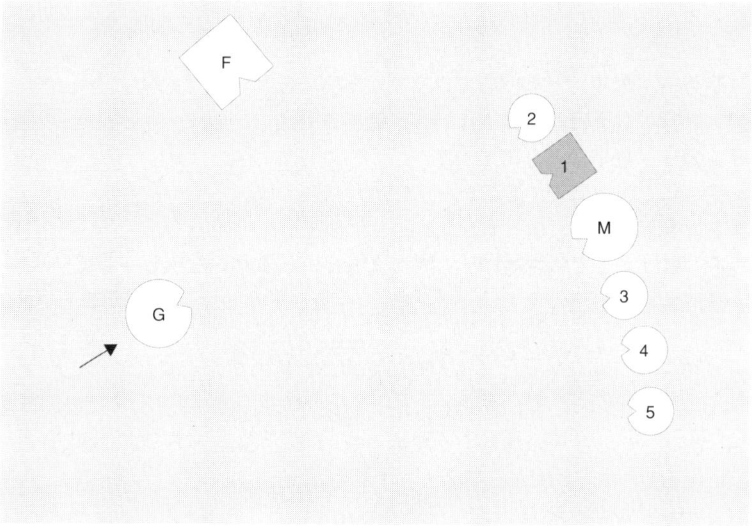

図2

G　　　神

ヘリンガー　何が変わりましたか？
第1子　かなりほっとしました。
第3子　彼女がそこで何をしているのか分かりません。それは別にして、彼女は私を見ていません。
ヘリンガー　しかしエネルギーレベルは上がりました。父親はどう感じていますか？
父親　私はこの神とはかかわりたくありません。
ヘリンガー　ええ、人は家庭の中で神に遭うと、しばしば神とかかわりたがりません。
父親　これは私を落ち込ませ、落ち着かなくさせます。立ち去りたいです。
母親　彼女の首をねじってやりたい。
神の代理人（テア）　トーマスがこの役に私を選ぶだろうと知っていました、人は私にいつも脅されていると感じているから。
ヘリンガー　弁明しなくていいのです。この役ではどう感じていますか？
神の代理人　良くないです。
ヘリンガー　あなたのエネルギーはどこに向かって流れていますか？
神の代理人　虚空です、真正面の。
ヘリンガー　（トーマスに）本当はこの女性は誰で、彼女が見つめているものは何でしょうか。

トーマス　私たちと一緒に暮らしていたもう1人の祖母（母方の祖母）のことを、ちょうど考えていました。

ヘリンガー　彼女に何があったのですか？

トーマス　祖母は子どもを死産して、死にかけました。その後、私の母を生んだのです。

ヘリンガー　彼女をコンステレーションに加えましょう。彼女をあなたの母親の隣に置いてください。さて、神の代理人を父親の母親にします。おそらく彼女が神の役をする人だと思います。

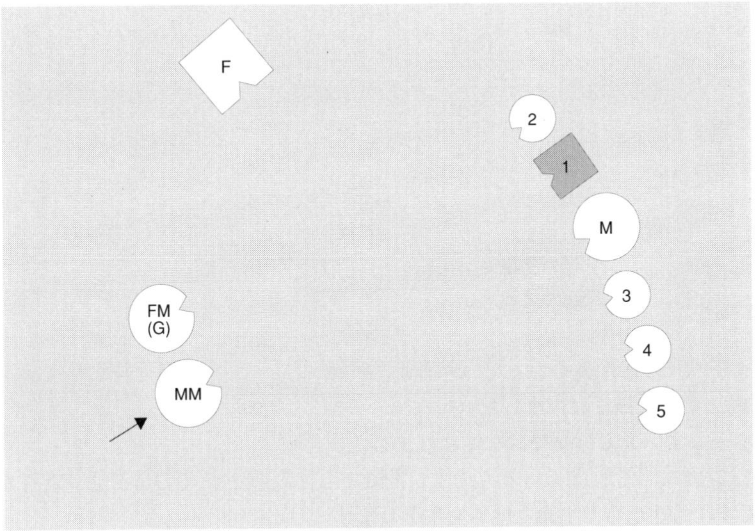

図3

FM(G)	父親の母親（神）
MM	母親の母親

第2子　エネルギーレベルが信じられないほど上がっています。

第1子　私も少し感じます。でも、それは正しくないです。

ヘリンガー　（トーマスに）どうしたら神の代理人をしている女性からその力を奪うことができるでしょうか？　彼女の夫を通してです。2人のおじいさんを加えましょうか？　彼らをそれぞれの妻の隣に置いてください。

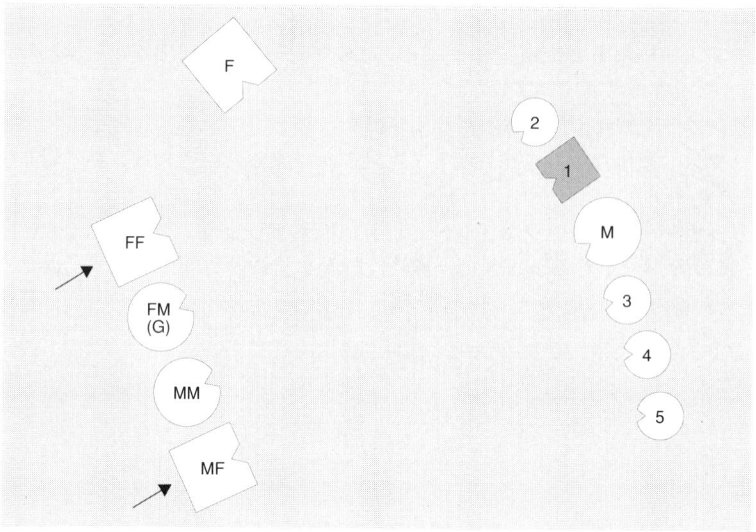

図4

FF　　父親の父親
MF　　母親の父親

第1子　どんどん良くなっていきます。
父親　ずっと軽くなりました。
第2子　ずいぶん危険ではなくなりました。
ヘリンガー　それはもっともです。危険として経験されるのは普通、女性なのです。男性たちは生命と地球を象徴します。
第2子　地球を？
ヘリンガー　とても変でしょうが、地球です。子どもが危険にさらされたとき、例えば、子どもに自殺への衝動があるとき、彼らはほとんどの場合、母親とともにいるより父親と一緒にいる方が安全なのです。
父親　祖父が来てからずいぶんと安心しています。
ヘリンガー　さぁ、奥さんを連れてきなさい！

（彼は手を打ち鳴らして、彼の妻の所に行き、腕を彼女に回して、そして彼女を彼の横に置いた。彼女は微笑みながら彼とともに行く。その間に、一番年上の娘が彼女の兄の左側に移動した）

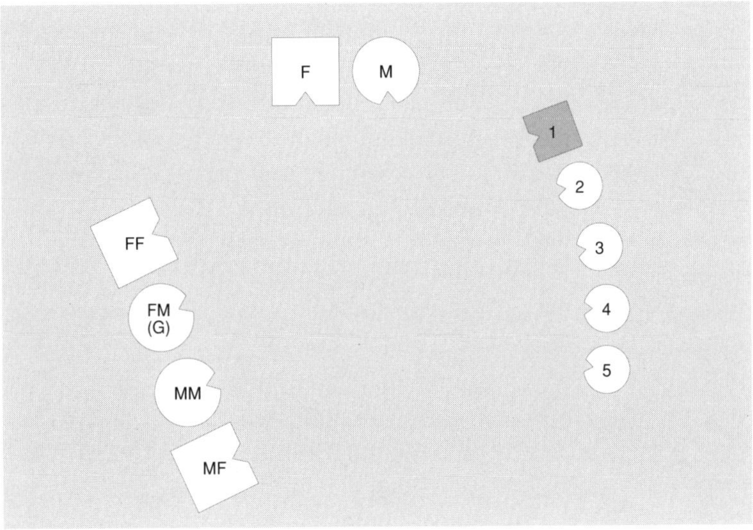

図5

ヘリンガー　(父親と母親の両親に) どんな感じですか？

父親の母親　今は良いです。

父親の父親　中立に感じていて、良いです。

母親の母親　今は良い感じです。

母親の父親　皆を祝福しています。

母親　祖父が視界に現れたとき、手が震えなくなって、今は暖かです。

ヘリンガー　私は一度父親が牧師という女性のコンステレーションを立てたことがあります。牧師の家族では、神はしばしばそのコンステレーションに含まれなければなりません。彼女が人々をコンステレーションの中に配置したとき、妻は子どもたちとその乳母たちと一緒に片側に立ち、父親は1人きりで立ちました。

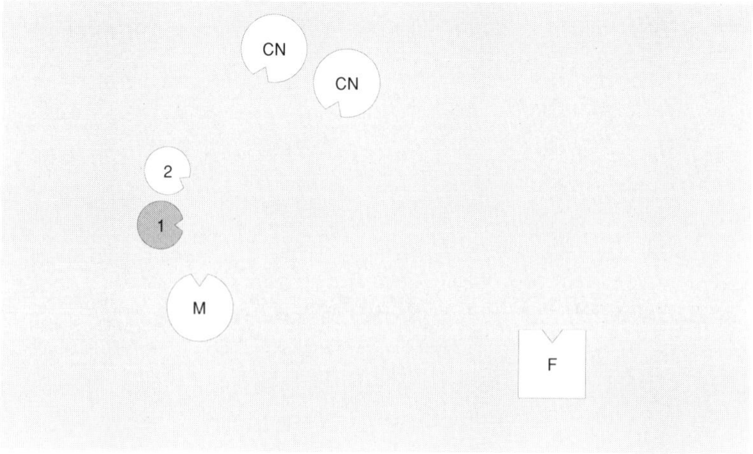

図1

F	父親
M	母親
1	**第1子、娘**（＝クライアント）
2	第2子、娘
CN	子どもの乳母たち

ヘリンガー　それから私は彼女に尋ねました。この家族では、神は男ですか、女ですか？　彼女は、それは女だと言いました。私たちがこの女性である神を加えて、すぐに全員がまるで邪悪な老婦人が訪ねてきたように感じたのです。

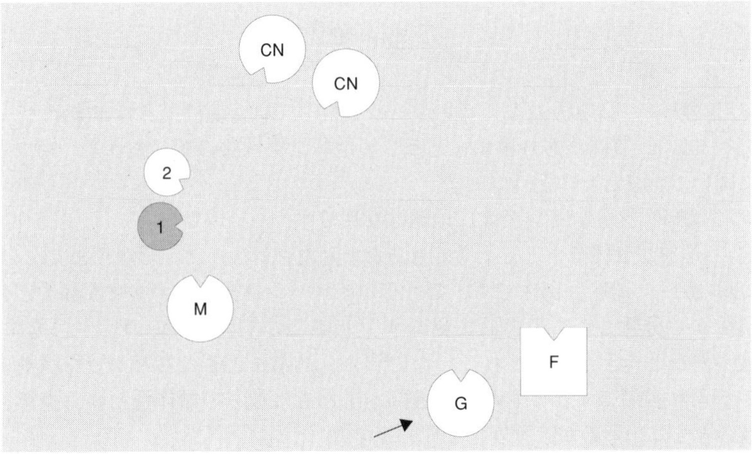

図2

G　　　神

ヘリンガー　神がこのように家族の中に現れるのは常に恐ろしいことです。このような家族では、神は生命の敵として経験され、ほとんど常に女性によって代理されます。コンステレーションの中で、神が男ならば、普通、生命を脅かすようには経験されません。

§

（トーマスのコンステレーションの続き）

父親の母親（神）　ここに1人で立っていたときに、私は突然、この部屋のすべての攻撃性を自分に集めているという感覚を持ちました。

ヘリンガー　男性たちが周りにいるということは、時には良いことです！

（トーマスに）もう十分はっきりしたと思います。自分の場所に行って立ってみますか？

（トーマスは彼の場所に行き、周囲を満足げに見回す）

ヘリンガー　必要なものはすべて見たので、私たちはこのコンステレーションの本質を逸脱しませんでした。良いですね？

（トーマスうなずく）

ヘリンガー　結構です。それではこれで終わりです。

女と男

ヘリンガー　（グループに）このワークに関して何か質問はありますか？

アン　はい。質問があります。どうして地球は男性なのでしょう？　いつも逆に聞いていましたけど。

ヘリンガー　ええ、そうです。地球は女性です。

アン　地球が女性ですって？　でもあなたが女性は……？　分かりません。

ヘリンガー　地球は女性です。でもそのイメージは複雑です。女性は子どもを自分から分離したものとして見なすことがたいてい難しいのです。男性は、彼らがひどく混乱させられていない限り、通常子どもたちと自分を区別するのがより容易です。ですから、通例、子どもは彼らの個体性という点で、父親とともにいるのがより安全な理由です。

アン　分かりました。

ヘリンガー　それに関して何も間違ってはいません、それはただ物事の本性なのです。だからこそ、男性たちはまだ演じる明確な役を持っているのです。

トーマス　私はずっと自分の中の破壊的な要素、破壊的な落ち着かなさをどうしたら良いのかずっと思っています。

ヘリンガー　男たちの所に行かねばなりません。それはもうあなたに言いました。あなたのようにあごひげのある男性は、男たちの所に、とりわけ父親の所へ行くべきなのです。母親の影響の領域を出て、父親の領域に入らなくてはなりません。立派なあご髭を生やした男性についての私の観察を知りたいですか？　彼らは自分の生まれた家族と、数世代にわたる父方の家系の両方で、男性がみくびられ、骨抜きにされた家族出身です。

神との決別

ヘリンガー　（トーマスに）望んだことはすべて得ましたか？

トーマス　同一化という問題にまだ興味があります。私は誰と同一化されていたのでしょうか？

ヘリンガー　あなたの場合には、同一化という言葉はふさわしくないと思います。あなたの家族では、道徳的な義務が伝えられたのに、その指令が果たされていないのです。

トーマス　それはまさに私が経験していることです。

ヘリンガー　あなたはその義務を果たすことと、拒絶することの両方に縛られています。

トーマス　はい、そのとおりです。

ヘリンガー　では、その解決とは何でしょうか？　神との関係を絶つことです。

なぜなら、この神はとても小さな神ですから。尊厳をもって彼女に別れを告げ、より偉大な何かへと進みなさい。そうすればあなたは正しい場所にいるでしょう。より偉大な神があなたの父親に神経衰弱を届けました。しかしあなたの父親には神の祝福を見分けられませんでした。

トーマス　質問です、どうしたら私に神を見分けることができますか？

ヘリンガー　あなたにはできません。地球を愛しなさい。あなたの家族の中であのような役をしている神は、地球や生命の敵として現れます。しかし地球のみが、私たちが知っているリアリティです。天国ではなく、地球が最も偉大なる神秘を包含しています。

トーマス　私は地球の方を向きました。

ヘリンガー　大人としてですね。しかし、あなたの内なる子どもが地球の方を向くことも重要です。あなたが男たちの隣に立つとき、あるいは彼らがあなたの後ろに立っていると感じるとき、それは可能でしょう。それだけです。いいですか？

私は少し神のお召しについて、いわゆる聖なるお召しについて付け加えたいと思います。それらは普通、家族に影響を及ぼしている神によって言い渡されますが、それは通常、母親です。

そのような神のお召し、例えば司祭になる神のお召しに従うことを拒否する人は、その家族特有の信仰や宗教もまた絶たなくてはなりません。さもなければ、彼はその神のお召しに従うことで得たであろう人生よりも、制限された人生を生きるかもしれません。このような神のお召しから逃れるただ1つの方法は、家族の神との関係を絶つことです。そしてこれは大いなる信仰と大いなる力を持った者によってのみなされるのです。その能力のない人は神のお召しを無視することもできません。物語の形で1つの例をお話ししましょう。それは「放棄」あるいは「信仰」または「愛」と呼ぶことができます。この物語では、それらはすべて同じです。

より偉大なる信仰

昔々、ある男が夜、夢の中で神の声が、「起きよ。お前の息子、たった1人の愛する息子を連れ、私が指し示す山の頂に彼とともに登り、そこで彼を私への生贄として捧げよ」と言うのを聞きました。

翌朝、その男は起きて息子を、たった1人の愛する息子を見ました。それから妻を、息子の母親を見て、そして彼の神を見ました。彼は息子を連れ、神が示した山の頂に行き、そこに祭壇を作りました。そこで彼は別の声を聞きました。そして彼の息子の代わりに羊を生贄にしました。

その息子は父親をどう見るでしょう？
その父親は息子をどう見るでしょう？
その妻は夫をどう見るでしょう？
その夫は妻をどう見るでしょう？
彼らは神をどう見るでしょう？
そして神はどう――もし神がいるならば――どう彼らを見るでしょう？

別の男が夢の中で神が、「起きよ。お前の息子を、たった1人の愛する息子を連れ、私が指し示す山の頂に彼とともに登り、そこで彼を私への生贄として捧げよ」と言うのを聞きました。
翌朝、その男は起きて、息子を、たった1人の愛する息子を見ました。それから妻を、息子の母親を見て、そして彼の神を見ました。彼は神の顔を見て答えました。
「私はそうしません」

その息子は父親をどう見るでしょう？
その父親は息子をどう見るでしょう？
その妻は夫をどう見るでしょう？
その夫は妻をどう見るでしょう？
彼らは神をどう見るでしょう？
そして神はどう――もし神がいるならば――どう彼らを見るでしょう？

私は要点を伝えましたか？
ハリー　確かに。
ヘリンガー　この物語は、家族の神との関係を絶つということは何を意味するのか、そしてそれはどれほど途方もなく強い信仰と愛を要求するのかということを明らかにしていると思います。それに比べ、この神に彼らの子どもを生贄にする覚悟ができている者たちの信仰がなんと弱いことでしょう。

父親の両親は強制収容所で殺され、母親の両親は隠れて生き延びた

アン　私の生まれた家族を配置したいのですが。
ヘリンガー　良いですよ。

アン　私の家族は、父と母と2歳年上の姉と私です。

ヘリンガー　あなたの父親の両親とその家族に何が起きましたか？

アン　彼らは1930年代初頭に逮捕され、強制収容所で殺害されました。私の父と父の妹は両親から引き離され、生き延びました。彼らは1937年にイギリスへ渡りました。

ヘリンガー　あなたの母親の両親はどうですか？

アン　母の父はキリスト教徒でしたが、祖母と結婚するためにユダヤ教に改宗しました。祖父母と母は、祖父の姉妹の1人にかくまわれました。それで助かったのです。

ヘリンガー　ユダヤ教に改宗したおじいさんはとても重要です。前に私たちが論じたことにもかかわらず、あなたとドイツ人との結婚が上手くいくことを彼が可能にさせるかもしれません。そう、彼が大きな違いをもたらすと私には感じられます。

（グループに）そのことが埋め合わせの役目をするだろうとあなたがたには感じられますか？

例をあげましょう。

ある男の祖父は、独身で小さな村へやって来て、一番裕福な農家の1人娘と結婚しました。彼女はプロテスタントで彼はカトリックでしたが、彼女の両親はそのことを知りませんでした。結婚の日、カトリック教会の鐘が鳴り響いたとき、彼女の両親はショックを受けました。若いカップルは彼女の両親に、計画していたことを話していませんでした。そしてカトリックの結婚式をして、子どもたちすべてはカトリックとして育てました。ある日、その男は妹に「何できみの娘をカレンって名付けたの？」と尋ねると、彼女は「キャサリンと呼ぼうとしていたのだけど、カレンの方が現代風だと思って」と答えました。彼は「僕らのプロテスタントのおばあさんの名前はキャサリンだったよ」と言いました。彼の妹は関連を理解してはいないのです。彼女自身プロテスタントとカトリック教会で結婚して、彼等はその子どもたちを皆カトリック信徒にすることで同意していました。しかし、誰もがそれをよく理解できなかった何か神秘的なやり方で、この子ども、カレンは、プロテスタントの教会で洗礼を受け、プロテスタントとして育てられていたのです。それは埋め合わせでした。

アン　私の別れた夫はカトリックで、子どもたちは洗礼を受けました。

ヘリンガー　それは適切ですね。オーケー、さあ、あなたの両親とあなた自身と姉、それからその他の重要な人たち、父親の両親と母親の両親と、彼らをかくまった母親のおばと一緒に立てましょう。

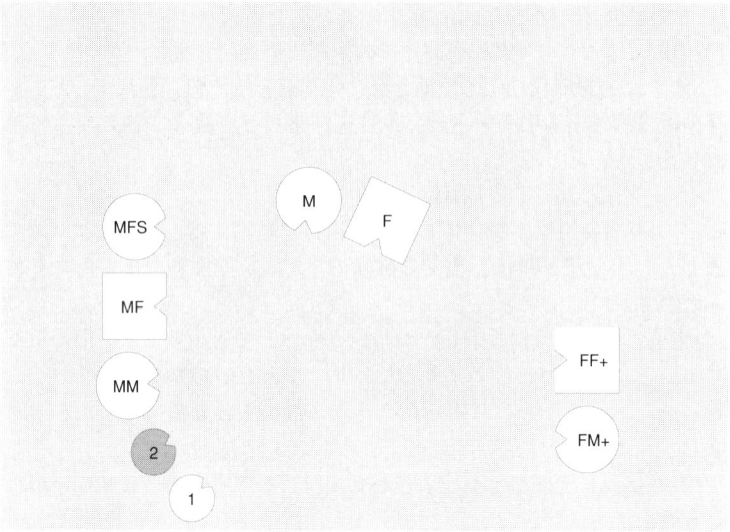

図1

F	父親
M	母親
1	第1子、娘
2	**第2子、娘**（＝アン）
FF †	父親の父親、強制収容所で殺された
FM †	父親の母親、強制収容所で殺された
MF	母親の父親、改宗した
MM	母親の母親、生き延びた
MFS	母親の父親の姉、MFとMMをかくまった

ヘリンガー　母親はどう感じていますか？

母親　今は大丈夫です。アンがコンステレーションを立てていた間、2人の娘を見失い、娘たちを失うことをとても強烈に感じました。

ヘリンガー　父親はどう感じていますか？

父親　多くのエネルギーが周りにあり、それは耐え難いほどです。私の両親が強制収容所で死んだと聞いたとき、「私が十分に気をつけなかったからだ」と思いました。でも、それについて私はかなり客観的に感じました。私は彼らに何が起こったのか分かりました。恐ろしく、と同時に「私が十分に気をつけなかったからだ」と思いました。私はそんなふうにそのことを受け入れられます。

ヘリンガー　姉はどう感じていますか？

第1子　独りでここに立っていたとき、私は両親に向かって暖かい感じがしました。それから動き回らされて、寒くなりました。父の両親が登場したとき、彼らに引き付けられましたが、悪いことになりそうな感じがしました。妹とはずいぶん上手くやれます。母方の祖父母が支えとなってくれているのが分かります。私はかなりうまくここに立っていられます。

ヘリンガー　妹はどう感じていますか？

第2子　ものすごくひどい感じがしています。激怒で叫び出しかねません。彼らは皆とても優しくて友好的ですが、それに耐えられません。私のわずかなつながりは大おばだけです。彼女は非常に素晴らしいと思います。でも、他の人はあまりにも友好的すぎます。（彼女は身体を震わす）

ヘリンガー　取り乱すのは一番楽な方法です。

第2子　彼らと向き合うより楽だっていう意味ですか？

ヘリンガー　そのとおり。

第2子　ええ、それが楽だということは気づいています。

父親の父親　妙です。私は、まるで足が床の中に伸びていく感じします。それと同時に、まるで空に飛んでいくような感じがしています。暖かい流れが私の息子や彼の家族に向かって流れていっています、そして、何かとても親しみがこもったエネルギーが、他の祖父母たちやその姉妹の方へ流れていっています。彼らは私が漠然としか知らない人のグループのように見えます。それは彼らの健康を願う感情と混じり合っています。

父親の母親　私は奇妙にもかかわっていない感覚です。まるで誰も私に興味がないかのようです。

（ヘリンガーは子どもたちがその両親と向き合うようにコンステレーションを変え、父方の殺された両親を後ろの離れた方へ動かす）

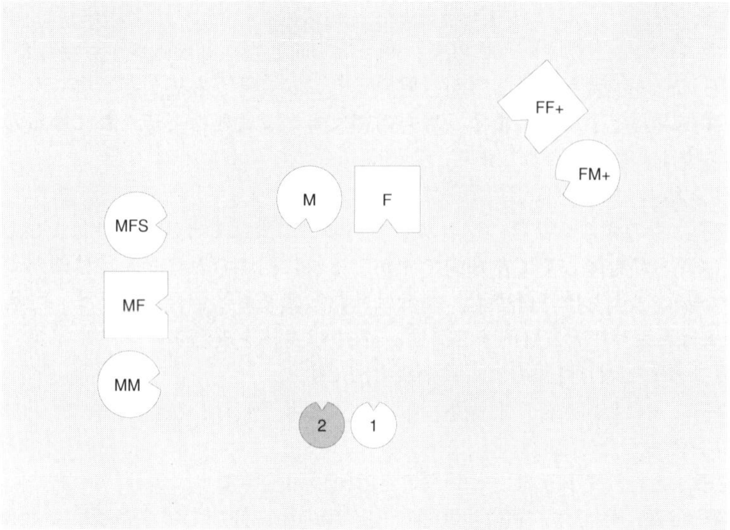

図2

父親の母親　ここはずっと良いです。
ヘリンガー　（父親に）あなたにとってはどうですか？
父親　前よりもっと力があります。
ヘリンガー　死者もまた場所を作らなくてはなりません。
母親の父親　今は気分が良いです。前は、他の祖父母の2人が私の反対側に立っていたとき、私たちの間には力の強い感覚があって、それは私に良くて、自分が強く感じました。彼らが離れていったとき、その力も離れました。私の2人の孫娘たちはあまりに遠すぎました。今は私の目の前に立っているのでより良いです。
母親の母親　さっきまでは、私はまるでここにいる全員の母親のように感じていました。今はもっと楽に夫の方を向くことができます。
母親の父親の姉　私の動悸は激しいのですが、これはこのようで大丈夫だと分かっています。

（ヘリンガーは、今度は母親の両親とおばを離れた後ろの方へ動かす）

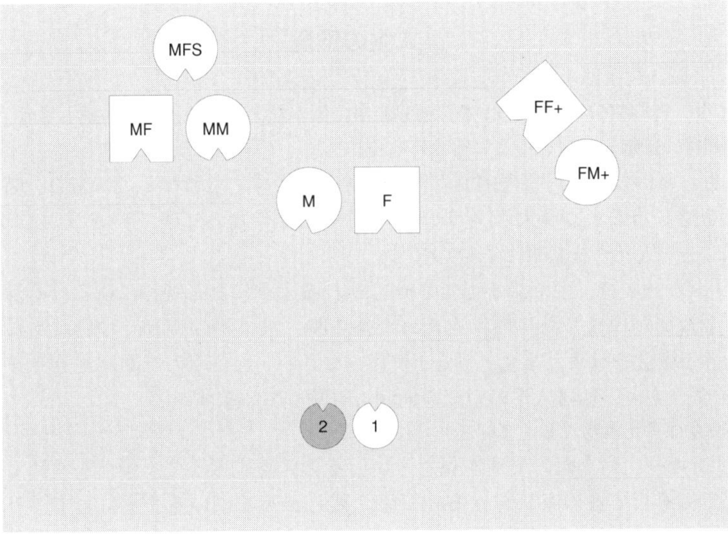

図3

母親の父親の姉　この方が良いです。ここが一番落ち着く場所です。

第2子　両親は今安全な場所にいます。私は彼らを見、彼らに注意を払うことができます。私の祖父母も今は良い場所にいます。でも、大おばをよく見ることができません。

ヘリンガー　（母親に）両親とおばさんが後ろに立っているというのはどう感じますか？

母親　良いです。

ヘリンガー　私たちがかかわるのが除外された人たちなのか、力を持った人たちなのかによって、大きな違いがあります。力のある人たちは後ろに立つでしょうし、除外された人たちは前に立つ必要があります。しかし、この家族においては、死んだ人たちは皆、認められ尊重されているので、他の人たちにとって、人生は過去によって妨げられることなく続いていくことができます。

（アンに）さぁ、行ってあなたの場所に立ちなさい。

（彼女はコンステレーションの自分の場所に行って涙を流し始めた）

ヘリンガー　目を開けたまま、皆のことを愛をもって見なさい。
（彼女はうなずいて彼らを見る）

ヘリンガー　よろしい、これでおしまいです。

人生の恩寵

アイダ　良い気分です。そして、自分の中に何か燃えるようなものを感じます。
（彼女は感動して涙をこぼしそうになる）

もっといつでも自分の内側の声を聞きたいです。それはそこにあり、時々それを感じることがありますが、ますます頻繁になってきています。しかし、私はもっとそれを信頼したいのです。

ヘリンガー　昔、宝くじを当てさせてくれるようにと毎晩神に祈る信心深いユダヤ教徒がいました。何年もたったある晩、彼は神の声が「ついにあなたを助ける機会を与えたまえ。券を1枚買いなさい」と言うのを聞いたそうです。

アイダ　ええ、私は人生の恩寵を何回も経験しています。
（彼女はまだ涙をこらえている）

ヘリンガー　あなたの父親を見なさい、その距離を保って。愛情を込めて彼を見て、そして彼の家族を見るのです。彼らがそこにいるままにして、そして愛情をもって彼らを見つめるのです。そして彼の祝福を受け取り、殺された父親の兄弟たちをあなたのハートに受け入れなさい。彼らはその子どものものも一緒に処分したのですか？

アイダ　いいえ。
（彼女は安堵のため息をつく）

ヘリンガー　不可能だったでしょう。それは今もなおどこかに保管されて存在しています。預かって保管してくれている所に置いておくことです。そのままにできますか？
（彼女はうなずく）

共同墓地を呼ぶ良いドイツの言葉が有ります。『フリートホフ』、「平和の場所」という意味です。平和であるべき場所です。死者は平和に休むことを許されるべきです。それはあなたにとっても今は良いですか？
（彼女はうなずく）

ヘリンガー　さあ、私たちはより良い案内役を見つけました。

ウィリアム　あまり話すことがありません。とても感動しています。

ソフィー　良い気分で、落ち着いています。私のエネルギーレベルはまた上がりました。今朝よりかなり高いです。そしてそれ以外に望むものはありません。

クララ　私も良い気分です。とても満たされて豊かに感じます。

息子が幼いうちに死んだ父親を取り戻し、受け入れる

ジェイ　私の家族のコンステレーションを立てたいと思います。
ヘリンガー　よろしい。
ジェイ　私の父は母と結婚する前に結婚し、離婚しました。父はこの最初の結婚で息子を1人もうけました。
ヘリンガー　その息子は誰と育ったのですか？
ジェイ　彼は父が死ぬ前の最初の2年間、私たちと暮らしました。その後、彼の父方のお祖母さんと暮らすために出ていきました。その4年後、彼の産みの母親が彼を呼びにやり、彼は彼女と暮らすためにイタリアに行き、その後ずっとそこにとどまりました。私の父は薬におぼれて腎不全で死にました。
ヘリンガー　あなたはなぜ父親の最初の結婚が破綻したか知っていますか？
ジェイ　明らかに父の依存症のせいです。私の両親はうまくいっていませんでした。
ヘリンガー　父親の家族に何か特別なことでも起きたのですか？
ジェイ　父の父はアルコール依存症でした。
（ジェイは彼の家系を配置する）

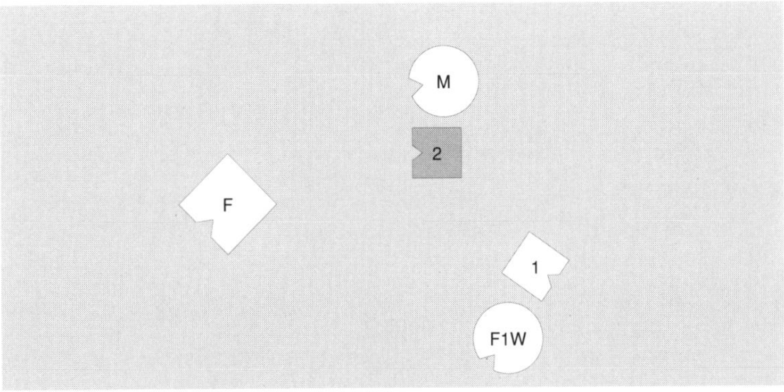

図1

F	父親
M	母親、父親の2番目の妻
F1W	父親の最初の妻、1の母親
1	第1子、息子、父親の最初の結婚による
2	**第2子、息子、父親の2番目の結婚による**（＝ジェイ）
FF	父親の父親

ヘリンガー　父親はどう感じますか？

父親　とても悲しいです。

ヘリンガー　最初の妻はどうですか？

父親の最初の妻　この位置では全く幸せじゃありません。息子がいることは知っていますが、私は誰ともかかわりがなくて、それが私を怒らせます。私は完全に独りきりで、私は息子と一緒にいたいです。少なくともそのことだけはかなえられるべきです。

ヘリンガー　年上の息子はどう感じていますか？

第1子　すべてがとても非現実的です。理論に走っている感じです。

ヘリンガー　ええ、確かに非現実的です。

（ヘリンガーは父親の父親を、父親の前に顔を向かせて配置する。と、彼らは微笑みをかわし、そして、父親は一歩後ろに退く。ヘリンガーは最初の妻の息子を家族の方に向かせる。そして、最初の妻を彼女の息子の隣にしたとき、彼女は安堵のため息をつく）

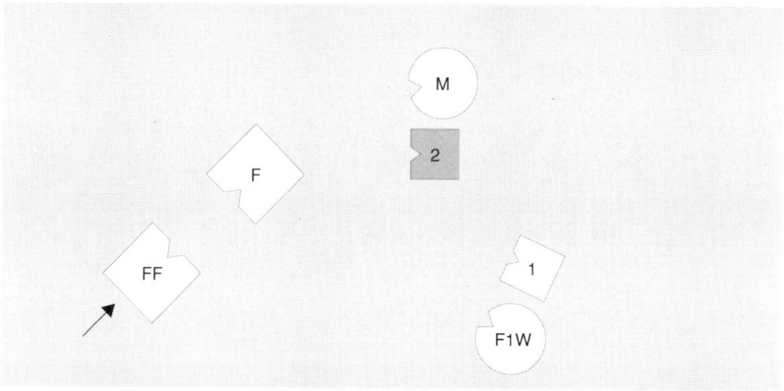

図2

ヘリンガー　（父親に）どうですか？

父親　素晴らしいです。

ヘリンガー　母親はどう感じますか？

母親　夫の父親がこの場に来る前には、私は後ろを向いて、息子を連れて去りたいと思っていました。でも、彼の父親が来たとき、突然、再び夫が興味深く、魅力的に見えました。

第2子　最初、彼が1人でそこに立っていたとき、私は「あれは面白い男に違いない、顔をもっとはっきり見たい。母が頼みの綱だ、彼女がそこにいて嬉しい」と思いました。私の父の父がこの場に来たとき、父は前より気分が良いと気づき、それは私の気分も良くしました。最初より気分が良いです。

（ヘリンガーはコンステレーションを変える）

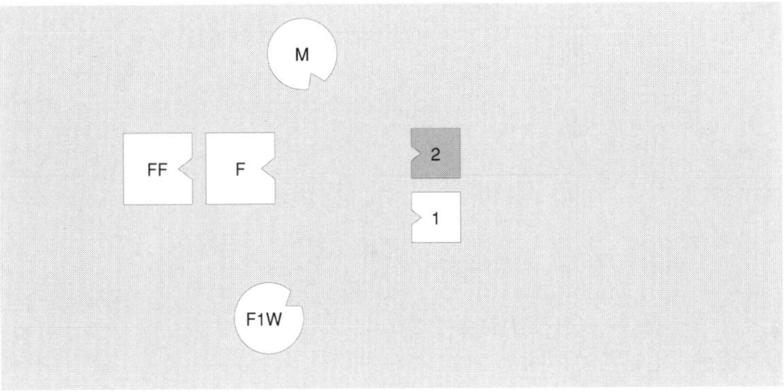

図3

父親　今は視野が広いです。両方の女性が親しげでポジティヴに見えます。息子たちを見ることができ、コンステレーション全体が落ち着いて安定したように見えます。

第1子　風が、熱く冷たく吹いているようです。私は弟の隣にいることが好きですが、違う母から生まれたことを知っています。

第2子　私の左手のあたりで冷たい隙間風が吹いていましたが、祖父が着いたとき、それはなくなりました。良いです。

ヘリンガー　（ジェイに）あなたの場所に行って立ちなさい。

（ジェイはコンステレーションの彼の場所へ行き、周りを見回し、満足げにうなずく）

ヘリンガー　男たちが意味するものを見せる実験をあなたとちょっとしてみたいです。

（ヘリンガーはジェイを彼の父親の前に背中を向けて立たせる）

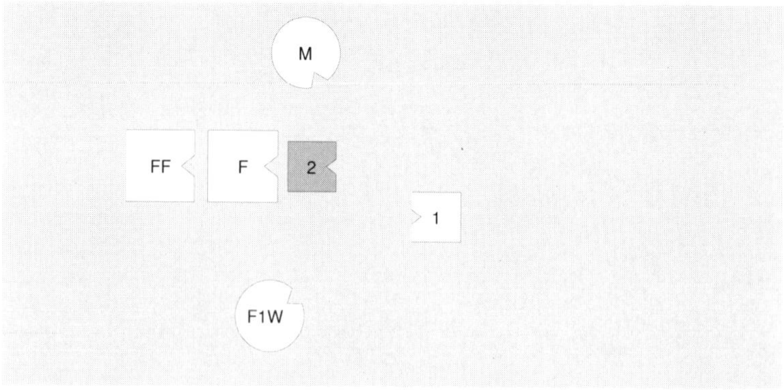

図4

ジェイ　（一息ついて）これは私を少しおびえさせます。
ヘリンガー　しばらくの間そこにいて。
（長い中断の後）あなたの感じるままに動きなさい。向きを変えて父親と向き合って。

（ジェイは振り向き、父親に腕をまわす。彼らは抱擁しジェイは大声で泣きじゃくる）

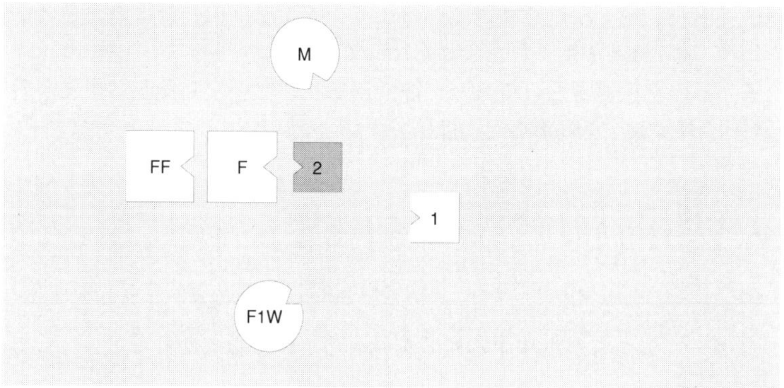

図5

ヘリンガー　（ジェイに）深く口で呼吸して。音をたてずに、ただ深く息をして。深い呼吸を、吸って、吐いて。力強く。弱さに屈しないで！
ヘリンガー　（父親の父親に）もし彼らを抱きしめいたいならそうして良いの

ですよ。
（彼は2人を抱きしめる）

ヘリンガー　（ジェイが落ち着いてきたので、彼に）あなたの場所に帰って、彼ら全員を見てみなさい。

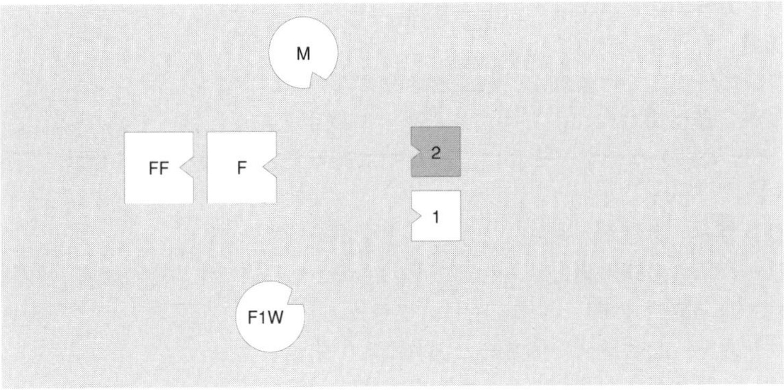

図6

ヘリンガー　（ジェイに）これで良いですか？

ジェイ　はい。

適切な別れ

ヘリンガー　ハリー、次はあなたとワークしましょう。

ハリー　気がついたことがあります。衝撃を受けました。そしてそれら古い物事はもうこれ以上私を傷つけることはできないと今は分かりましたから嬉しいです。
（グループに笑いが起こる）
　今、私は現在の家族の意味についていぶかっているところです。私が作った2番目の家族ですが、ここでのコンステレーションのほとんどすべてが、生まれた家族に関するものばかりでした。私がこれを聞きたいのは、私が結婚した女性は……。

ヘリンガー　あなたが望むのは何ですか？

ハリー　私は、この家族から精神的に自由になりたいのです。私が始めた、そして20年前に分裂した家族です。というのも、今まで私は……。

ヘリンガー　コンステレーションを立てましょう。そうしたら、すぐそのすべてについて分かるでしょう。

ハリー　私はたった数語ですむと思います。

ヘリンガー　コンステレーションを立てなさい。

参加者　そうだ、やれよ！

ヘリンガー。　いけません、彼をせき立てないで。

ハリー　私はやりたいのです。ただもう時間がそんなに残っていないのではないかと気掛かりです。それに、あなたは時々たった数語で事を解決してしまいます。

ヘリンガー　あなたの家族には誰がいますか？

ハリー　私の最初の妻と私、そして私たちの2人の娘です。それから、2番目の妻です。彼女との間には子どもはいません。

ヘリンガー　なぜ最初の奥さんと別れたんですか？

ハリー　彼女が私と別れたかったからです。

（ハリーは今の家族のコンステレーションを立てる）

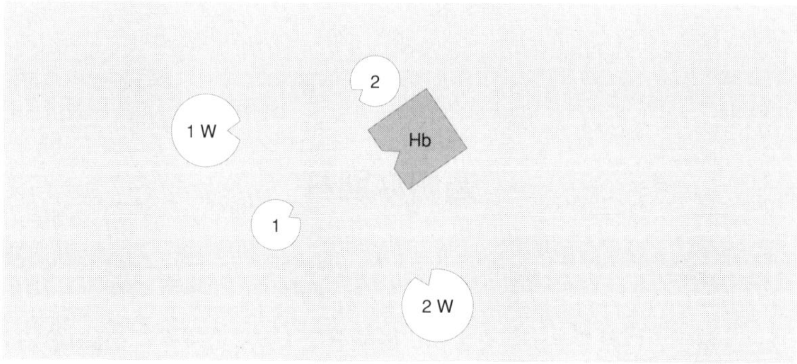

図1

Hb	**夫**（＝ハリー）
1W	最初の妻、1と2の母
1	第1子、娘
2	第2子、娘
2W	2番目の妻

ヘリンガー　夫はどう感じていますか？

夫　最初、強い性的な感情を娘たちの方に感じました。私はハリーに私の場所を正してくれるように頼みました。なぜならこれは異常なようだったし、私が位置を変えたとき、それが変わるかどうか知りたかったので。でも、それはまだあります。私は家族の他の人たちにほとんど全く注意が向きません。

ヘリンガー　最初の妻はどう感じていますか？

最初の妻　私はすごく怒っています。特に私の下の娘が私に微笑むときに。彼女が私と夫の間に立っている感じがします。彼女はここにいるべきではありません。

（父親は彼の下の娘に微笑みかける）

ヘリンガー　上の娘はどう感じていますか？

第1子　私は他の誰よりも父に気づいています。彼に不満があります。私は母の代理だという感じも持っています。本当に父を叱りつけなくてはなりません。

第2子　私は全く場違いな感じがします。もし父が私に1インチでも近づいたら打ちのめしてやります。私は母を怒っているのか、父を怒っているのかはっきりしません。

第1子　妹はここで何をしているのか不思議です。

2番目の妻　私はとても彼に怒っていて喉がけいれんし始めています。私は追い出されたように感じています。利用され、そして追い出された。

（ヘリンガーはコンステレーションを変える）

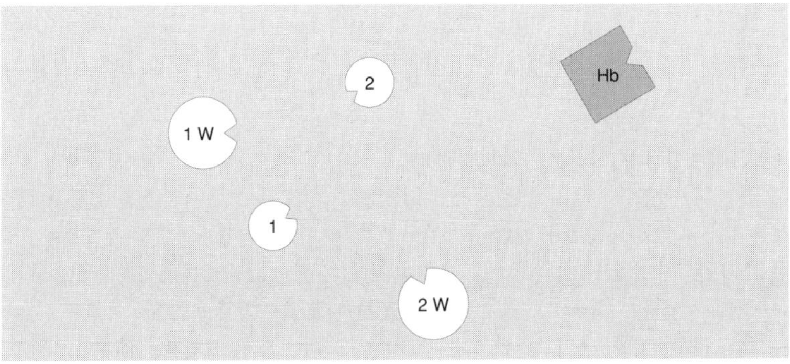

図2

ヘリンガー　（夫に）それでどうですか？

夫　窓を通して大聖堂が見えます。

ヘリンガー　それで、あなたはどう感じますか？

夫　あれが私を引き付けます。いや、本当にそうで、ナンセンスなことを言っているのではありません。あれは良いです。あそこに行きたいです。私の後ろにいる人たちには実際何も感じません。

ヘリンガー　最初の妻はどう感じますか？

最初の妻　私は良いです。でも、子どもたちと話をして、物事をはっきりさせなければなりません。

第1子　私は少し腹を立てています。父に不満がありました、そして今父は身を引いて去ろうとしています。後ろから絞め殺してやりたいと感じます。

（ヘリンガーはまたコンステレーションを変える）

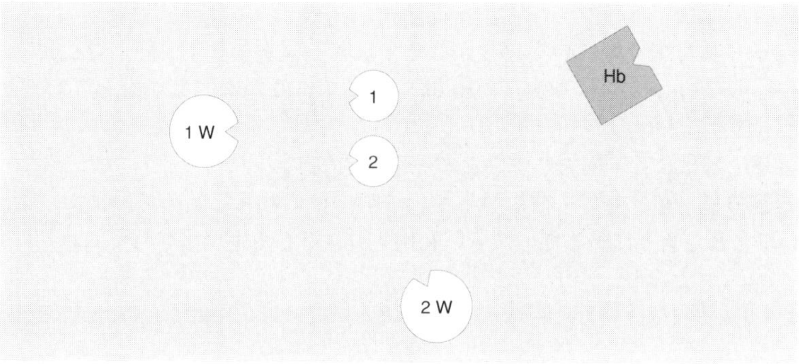

図3

ヘリンガー　これでどうですか？

（母と娘たちは互いに微笑みかわす）

第2子　父が遠くへ行ったときと、母が私たちに話したいことがあると言ったときに、気分が良くなり始めました。

2番目の妻　また自由な感じがします。そして去りたいです。

ヘリンガー　（ハリーに）あなたの家族の別離は適切ですね。

夫　私には別の感じがします。最初のものからきたものです。麻痺してここに立ちすくんでしまったように感じるのです。

ヘリンガー　（ハリーに）あなたの生まれた家族に何か特別なことが起きましたか？

ハリー　私の父の母は、私の祖父と愛のない結婚をしました。そして彼女が本当に一緒に暮らしたいと思っていた私のおじと、私は同一化しているのです。

（最初の妻を指差し）この女性は私と結婚することも子どもを持つことも本当には望んでいませんでした。彼女を説得するのに長い時間がかかりました。

ヘリンガー　生まれた家族とあなたのもつれのために、そんなことはするべきではありませんでした。それこそあなたが家族から去るべきであることが適切なわけです。

ハリー　それでは、私に適切で、許されているのは何ですか？

ヘリンガー　私ができるのはコンステレーションから明白な何かをあなたに見せるだけです。何事についても私が意見を表すのではありません。

（ヘリンガーは解決案を配置する）

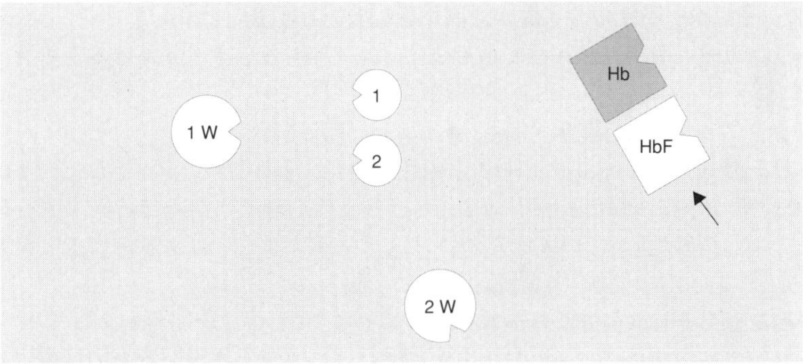

図4

HbF　　夫の父親

ヘリンガー　（ハリーに）自分の場所に行って立ちたいですか？

（ハリーはコンステレーションの彼の位置へ行き、ヘリンガーは彼の父を彼の隣に配置する）

ハリー　自由を感じます。そして父の側にいるのが好きです。父と和解したと感じます。父の運命は私の運命でもありました。

ヘリンガー　よろしい、これでおしまいです。

間違えたことの中に隠された祝福

フランク　自分が結婚をどう始めたかについて考えると不安を感じます。妻と結婚したら、十分に愛してはいなかったので、それが間違いになるだろうことは非常によく分かっていました。それを感じはしたのですが、もし彼女と結婚しなかったとしても、物事は同じ古い破壊的な方向に進んでいたことでしょう。

あの時、私たち2人は「結婚しよう、それで、もしうまくいかなかったら、いつだって別れられる」と言いました。もちろん、そのようにはうまくいきませんでした。それで私は逃れたかったし、自由が欲しかったのです。そしてそれもまたうまくいきませんでした。私は気がつかずに何度も悪いことをしました。私はわめきたて、どなりちらし、最もひどいことをしでかしました。それが、私がいつも罪の意識を感じている理由です。

ヘリンガー　簡単な解決法があります。ル・ボンという人がある本を書きました。

フランク　『集団心理学／The Psychology of the Masses』

ヘリンガー　そのとおり。彼は『集団心理学』を書きました。そして、その同じ、そう今言われたル・ボンは、エリートの心理学についての別の本も書きました。私は読んでいませんが、ル・ボンがエリートはある一点で大衆と違うことを見つけたという論評は読みました。

フランク　それは自分たちがエリートだと信じていることですか？

ヘリンガー　いいえ、それによると彼らは罪の当事者を自分たちの外側に探さないで、自分たちの行動の責任を即座に受け入れることです。だから彼らはいつも行動可能なのです。しかし、残念なことにエリートに属しているのはほんの数人なのです。

（グループに笑いが起こる）

フランク　でも、あなたは、私たちが到達できる最高の状態というのは、普通のことだといつも言っているじゃないですか。

ヘリンガー　あなたの解決法は「私がやったことは間違いで、その結果を受け止めます」と言うことです。それであなたはすぐに行動できるようになります。間違ったことをして経験を積むという事実とは全く別です。それはコインの裏側です。そこには祝福もなく、困難以外何物もありません。

次の一歩

ウーナ　違ういくつかの方向に引っ張られて、引き裂かれた感じがしますが、なぜだかよく分からないのです。私は自分が学んだことに働きかける時間を与えたいのですが、とても落ち着きません。なぜだかは分かりません。

ヘリンガー　おそらく、次の一歩を踏み出す時だからでしょう。一歩を踏み出したら、あなたの落ち着かなさは消えるかもしれませんね。

親密さと制限

ウーナ　私がいままでに見たほとんどのコンステレーションでは、家族のメンバーはお互いに比較的離れて立っていたと思い浮かびました。私にとっては、彼ら皆をとても近くに一緒に配置することがとても重要でした。これはそれらの家族の中に過度な親密さと制限があるということを意味するのですか？

ヘリンガー　ええ、家族のメンバーのそれぞれには空間が必要です。

ウーナ　そして、その空間が失われていたのですか？

ヘリンガー　そうです。近すぎるのは発達拒否なのです。

母親と子ども

ジョン　私は母の所へ行って抱き締めるべきだとずっと考えています。

ヘリンガー　いけません、それは生意気です。母親をそっとしておいてあげなさい。でも、あなたにできるのは母親に祝福を乞《こ》うことです。そして、あなたが入院していたとき、母親がどれほど辛かったか理解していると彼女に言うことができます。もしあなたがこれ以上やるなら、子どもとして受け取り、受け入れるレベルにとどまる代わりに、与えようとすることで、またすべてを再びやり直すことになるでしょう。あなたのために彼女がしてくれたことを理解しているし、それを尊敬し、感謝していると母親に言いなさい。

年老いた両親のために正しいことをする

リオ　また弱くなったと感じています、でも、今は何らかの自制を働かせる用意があります。もし父がまた子どものように行動し始めることがあればどうしたら良いのだろうと私は考えていました。なぜならそれは何もかもを違うようにしてしまいます。でもそれから、もし必要なら、母の夫が、治療に同意することを理解するのは本当に母次第だと私は考えました。

ヘリンガー　ええ、それは彼女の仕事で、あなたのではありません。あなたにふさわしいのは、もし母親ができない場合、あなたが父親の世話をすることだけです。

　その難しさは、子どもたちが彼らの親を見るとき、彼らは再びすぐに自分を5歳か7歳の子どものように感じ、また親が彼らの子どもたちを見るとき、子どもたちが何歳であろうが、彼らは子どもたちをまだ5歳か7歳であるかのように扱うことです。親の前ではまだ子どものように感じてしまうので、多くの成人が年老いた親の世話をするのが難しいのです。

彼らのための解決法は、彼らの親に「もし、あなたが私を必要とするなら、ふさわしいようにお世話します」と言うことです。それがカギの言葉です。子どもたちがこの言葉を言うとき、彼らは成人として話しています。そして、このレベルで彼らは自分の両親を子どもとして尊敬し、なおかつふさわしいことができるのです。

成人となった子どもは、両親のためだけに存在してはいません。従って子どもたちは、彼らの両親が望むことをいつでもできるとは限りませんが、正しいことをするのはたいてい可能です。

適切なことをする勇気

ロルフ　私は自分の中心が定まっているのを感じます。そしてすべてのものが泡立ち流れて――どこへ向かっているのかはっきり分かりません。私は自分の幸せを探していて、そして私の行く手に多くを見ます。

ヘリンガー　次の一歩は適切なことをする勇気を奮い起こすことです。

ロルフ　あなたが私に何か良いことを言おうとしているのを知っていました。

展望

マーサ　気分が良いです。自分が正しい道にいると感じますが、ゴールに達するまでプロセスを進まなくてはならないことを知っています。

ヘリンガー　あなたはすでに始めていて、そのコースは設定されています。その後、種が芽を出して、バラの茂みが花を咲かせ始めるのに普通は1～2年かかります。

ティア　あなたが言った、プロセスが進展するのに2年かかるということは、まさに私の経験と一致します。1年前、私はあなたのワークショップの1つに参加しました。そこで起こったことは、その後ずっと私の中で進行しています。

ダグマー　この瞬間、とても、とても感謝しています。私はすごく満ち足りています。種々は芽を出すのに時間が必要です。自制は、試さず、詰め込み過ぎず、そして与えることと受け取ることのバランスに注意を払う私の職業ではとても重要です。素晴らしいです。それに私はこのワークショップから多くを得ています。もう1つだけあります。ちょっと奇妙に聞こえるでしょうが、私は徹底ということに強い憧れを持っています。私はとても熱中して何かを始めがちですが、その後あきらめて、何か別のことをします。

ヘリンガー　あなたに精神療法での徹底についてお話ししましょう。それは、全体の20％以上であることは決してありません。20％を超えることは皆徹底しすぎで、トラブルの原因になるだけです。

カール　到着したとき私が持っていたゴールについて考えると、素晴らしく自由な感じがしています。今、私は主に抑制の力について考えています。それが私の持っていくものでしょう。

エラ　私はエネルギーに充ち、両手が温かです。レオが話してくれた、彼はまず物事を内面で検討して、そうしたら母親に頭を下げることができたのだということが気に入りました。私も同じような状況だと思いますが、彼がしたようにはできませんでした。

ヘリンガー　内緒でならあなたもできますよ。それが、一番うまくいくやり方です。

エラ　（笑って）そうですか？　私はいままで母を尊敬し、誇りに思ったことは全くなかった、とずっと考えていました。私はいつもほんの少し自分を母より上に置いています。母を尊敬したいです。

ヘリンガー　そうですね、どうやったらそれができるでしょう？　あなたにあるお話をするのが一番良いことでしょう。

世界の道

1匹のマルハナバチが桜の花の群れに飛んでいって、花の蜜をお腹一杯飲み、満足して飛び去りました。しかし、その後良心の呵責に苛まれ始めました。「何かが間違っている」と彼女は考えました、というのも、彼女は豪華に飾られたテーブルで食事をして、その主人を喜ばすプレゼントを持っていくのを忘れてしまったように感じたからでした。彼女は、何をすればそれを改めることができるのだろうと考えましたが、彼女が心を決められないままに数週間、数カ月と過ぎていきました。

それでも彼女は忘れていませんでした。そして、ある日彼女は「戻って桜の花にお礼を言わなくてはいけない」と自分に言いました。それで彼女は飛び立っていき、あの桜の木を見つけました。しかし、ああ、悲しや、花が咲いていた所には、ただ深紅のサクランボの房があるだけでした。そのマルハナバチはとても悲しみました。「ああ、私はもう決してあなたにお礼を言えないのですね」と彼女は考えました。「私は永遠にチャンスを失ってしまった。でも、それが1つの教訓を教えてくれた」

そしてその後、彼女がまだそのことについて考えているとき、甘い香が彼女の鼻につんときて、ピンクの花の盃が手招きし、彼女は喜んで新しい冒険へ自ら飛び込んで行きました。

それまでのことに敬意を払う

マーカス　あなたのワークショップの終わりには、少なくとも1週間の間は、私は自分の役についていつでも混乱を感じています。助けになるような別の話はありますか？

ヘリンガー　私自身の話をしましょう。私はファミリー・セラピストとして訓練を受けました。そして、私の訓練が終わったとき、「これこそまさに私が実践するためのものだ」と私は考えました。しかしその後、自分がそれまでやって来たことを見てみると、それもまた良かったと気がつきました。それで私はそれまでと同じ種類のセラピーを続ける決心をしたのです。しかし、とてもおかしなことに、1年後にそれはファミリー・セラピーに発展していました。

（ワークショップの終了）

所属の法則

――ファミリー・セラピストたちのためのワークショップより――

宗教的行為としての解決

リタ　もう何年もの間、何かにもつれている気がしています。それがなぜなのか探そうとしましたが、毎回、ある側面でははっきりしてくると、別の角度で再び引き込まれてしまうようです。

ヘリンガー　もつれを解決することに成功した人はほとんどいません。本当です。洞察を得ることは1つですが、決断するということになると、反対方向に引く力があまりに強いので、ほとんどの人はもつれたままです。もつれからその解決への移行はスピリチュアルな行動です。これはあなたが別のもっと高いレベルへ移らなければならないことを意味し、これはかつて起きたことへの深遠で、遠大な告別とかかわっています。その移行は人を孤独にします。

あなたが山の谷間の小さな村に住んでいるとすると、例えば、あなたの人生は他の人たちの人生と堅く結び付けられています。あなたが村を去り、高い山に登るなら、それ以前よりもはるかに広がる視界を得るでしょう。異なる物事や人々と結び付いたと感じることができますが、谷間の村で感じていたのと同じ親密さや安全さで、物事や人々と繋がっているとは感じません。それが、広がる地平線が人々を孤独にする理由です。またそれとは別に、親密さから自由への移行は、子どもには罪として、以前の罪のなさや受容を捨てることとして、深い本来の忠誠への冒涜《ぼうとく》として経験されます。同様に、私たちが問題からその解決へ移行することは、私たちが馴染みのものにではなく、暗く予測できない未知のものに信頼をおくことで初めて成功し得るのです。これは本質的に宗教行為です。従って、セラピストは決して解決をお膳立てしたり、操作することができるという幻想の虜《とりこ》になってはいけません。その途をより楽にするために、私たちには多くのことができますが、深いもつれの中では、解決と癒しが成功するとき、それらはセラピストとクライアント双方で恩寵《おんちょう》として経験されます。

リタ　私は姉妹というテーマについてよく考えています。(彼女は泣き始める)

ヘリンガー　姉妹が意味するのはどういうことですか？

リタ　私の妹は殺されました。彼女はボーイフレンドの元を去ることを望んだために、彼に刺されました。そして今、その重荷が私にのしかかっています。

ヘリンガー　あなたが苦しみを背負ったら、それが妹を助けるのですか？

リタ　いいえ。論理的にはそうでないと分かっています。

ヘリンガー　何が論理的なのかにかかわらず、それでも自分に重荷を置くことに強い引力をあなたは感じています。それがまさに私が説明してきたジレンマです。山の澄んだ空気を吸い、より高い王国の眺望が私たちのハートに触れるのを許すより、馴染みの村にいることの方がずっと楽なのです。移行することがあなたにとってどれほど痛みを伴うものとなるか、あなたには感じることができるでしょう。

子どもができない女性が養子縁組をすること

ヘリンガー　（休憩後リタに）あなたの生まれた家族を立てることにしましょう。

（グループに）エネルギーの集まる所に働きかけることで、グループの力が最も強烈になります。休憩前、リタに最も強いエネルギーがありました。それで彼女から始めています。

ヘリンガー　結婚していますか？

リタ　はい。

ヘリンガー　子どもはいますか？

リタ　養子が1人。

ヘリンガー　養子ですか？　どうして？

リタ　私には子どもができないので、夫も私も養子を欲しました。

ヘリンガー　その子どももそれを望んでいましたか？

リタ　そう思います。

ヘリンガー　養子にしたとき彼女はいくつでしたか？

リタ　生後5日でした。

ヘリンガー　どうやってあなたの所へやって来ましたか？

リタ　子どもの母親が養子縁組を申し出しました。彼女は入院していて、そこで私を待っていました。

ヘリンガー　子どもの父親は？

リタ　母親は父親のことについて触れませんでした。子どもの書類上にも父親は触れられていません。

ヘリンガー　（グループに）奇妙です！　男性は社会で重要でないのです。それなのにそれは家父長制と呼ばれます！

（リタに）結婚前に子どもができないと知っていましたか？

リタ　いいえ。

ヘリンガー　それでは、結婚後に初めてそれを知ったのですね。

リタ　はい。

ヘリンガー　ご主人の反応はどうでしたか？

リタ　問題とは見なしませんでした。それによって私たちの関係を問題にしたことも全然ありません。

ヘリンガー　（グループに）パートナーの一方に子どもを作る能力がないとき、その人には相手に関係を続けることを強く主張する権利はありません。しかしながら、相手がとどまることを決めたなら、その決断は敬われるべきです。これは重要なことです。するとそれは明確となり、オーケーです。

リタ　夫にはそのことでとても感謝しています。

ヘリンガー　「感謝」とは曖昧な言葉ですね。

リタ　はい。気づいています。

ヘリンガー　「敬意」がより正確に表す言葉です。それならオーケーです。でもそれはあなたの権利が彼よりも少なくなるということです。

別の参加者　あなたが言われたように、もしカップルの関係が親子の関係より優先されるのなら、あなたがつい先ほど話されたことの意味が分かりません。結局のところ、危険にさらされているのはリタと夫の間の愛情関係です。

ヘリンガー　あなたの異議は何かに貢献しますか？

参加者　ええ。そう思います。

ヘリンガー　いえ、その反対です。

（グループに）彼女が言ったことはリタを助けましたか？　彼女は論点を理論的なレベルへ転換して、リタからテーマの真剣さを奪い去りました。これこそがそのような干渉の影響というものです。そのようなことには大変なリスクがあります。セラピストの中には、もっぱらそのような反論でワークする人がいます。誰かが問題を抱えてやって来たとき、セラピストが、例えば、そんなに大変な問題ではないと言うことから始めます。

参加者　私はリタの質問や、彼女が言ったことにではなく、あなたの解釈に対して異議を唱えたのです。

ヘリンガー　あなたはここでまた新たに異議を唱えました。それでは今、私が意図したところと、あなたが言ったことを皆で話し合ってみましょうか。しかしそれで、私たちはまたリタを見捨てたことになるでしょう。

（その参加者が笑う）

（リタに）まず、あなたの現在の家族を立てることにしましょう。あなた、またはあなたの夫は以前に結婚もしくは婚約されていましたか？

リタ　夫は結婚していました。

ヘリンガー　彼にはその結婚での子どもはいますか？

リタ　いません。

ヘリンガー　どうして彼は彼の妻と別れたのですか？

リタ　私が知っている限りでは、お互いに合わなかったということです。夫の見方では——それが唯一私の知ることですが——彼は義務感からのみ結婚しました。

ヘリンガー　ということは？

リタ　それが彼の言うことです。
ヘリンガー　そう、それが彼の言うことです。
（グループに笑い）
まず、最初の妻、あなたの夫、あなた、養子、養子の実の両親が必要です。それがこの家族体系となります。子どもは何歳ですか？
リタ　5歳です。
ヘリンガー　男の子？　女の子？
リタ　女の子です。
（リタはコンステレーションを立て始めた）

ヘリンガー　（グループに）リタが1人1人の場所を決めていく間、彼女が本当に自分の中心に落ち着いているか、それとも彼女が前もって考えた家族の概念に従っているのか、注意深く見なさい。その人が本当に真剣にやっているのかどうかに気づくのは重要です。もしそうでなければ、中断しなくてはいけません。このワークでは、身を入れずに物事をするのは良くありません。これはとても真剣な問題であり、真剣に受け取られてのみ作用するのです。注意を払うことで、その人が真剣かどうか普通分かります。

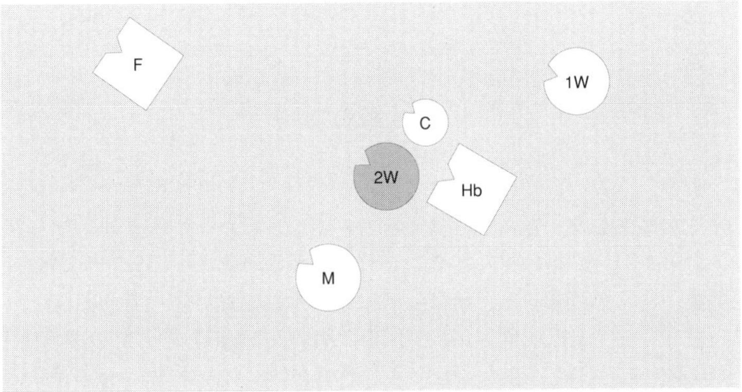

図1

Hb	夫
1W	最初の妻
2W	**2番目の妻**（＝リタ）
C	養子縁組した女の子
F	子どもの実の父親
M	子どもの実の母親

ヘリンガー　（グループに）コンステレーションの中で皆が誰を見ているか分かりましたか？　除外されてきた父親です。ここに解決の鍵があります。

ヘリンガー　夫はどんな感じがしていますか？

夫　私と最初の妻との間に緊張感があります。彼女には私の前に立ってほしいです。

ヘリンガー　分かりました。あなたの動きたい感覚に従って、彼女の隣に立ちなさい。

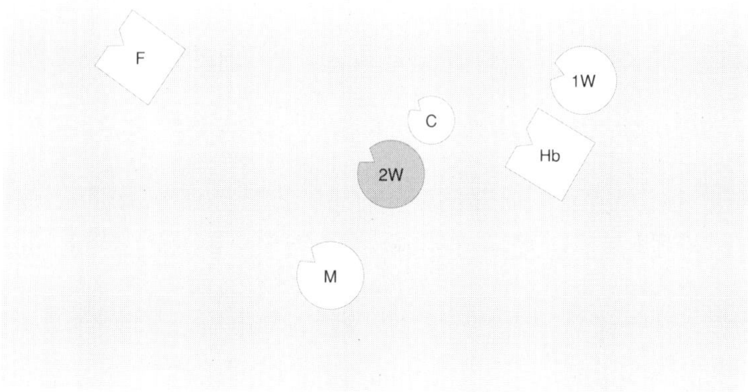

図2

ヘリンガー　（夫に）これでどうですか？

夫　良くなりました。さっきは狭すぎると感じました。

ヘリンガー　最初の妻はどんな感じがしていますか？

最初の妻　良くなりました。前はこの家族に対して腹が立っていました。

ヘリンガー　（リタの代理人に）2番目の妻はどんな感じがしていますか？

2番目の妻　あそこにいる人にとても心が引きつけられます。（子どもの実父を指差して）自分のすぐ後に何かありますが、何か分かりません。とても不思議なことに、夫が後ろに立っていることが不愉快ではありません。

ヘリンガー　養子になった子どもはどんな感じがしていますか？

子ども　かなり虚弱でエネルギーが欠乏しています。

ヘリンガー　子どもの母親はどんな感じがしていますか？

母親　まるで立ち去りたいように感じます。でもできません。とどまらなければならない感じがします。

（ヘリンガー、コンステレーションを変える）

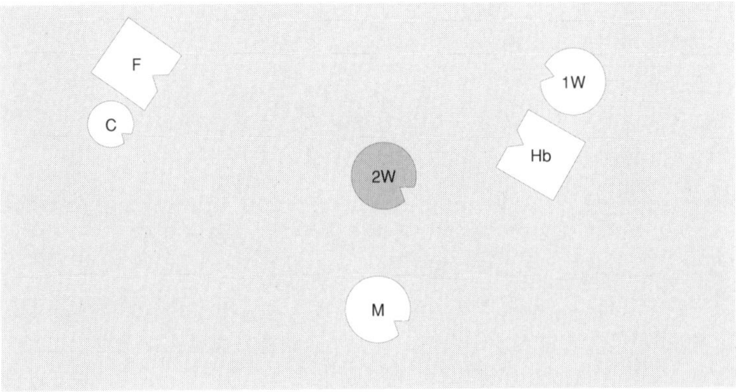

図3

ヘリンガー　これが解決です。

（父親に）子どもの父親はどんな感じがしていますか？

父親　最初すぐに、ここに自分は属していないと感じました。次にもう1人の男性がコンステレーションの後ろに行ったとき、子どもを養子にした女性に対して何か感じ始めました。子どもが私の隣に立っているので、彼女が私の子であると初めて分かりました。

ヘリンガー　子どもの母親はどんな感じがしていますか？

母親　ずいぶん良くなりました。少し離れたいです。

ヘリンガー　どうぞ。そうしさい。

（彼女は皆から離れて前方に少し移動した）

ヘリンガー　（グループに）代理人の反応から、彼女のしたやり方で子どもを養子に出したことで、この女性が母親としての権利を失ったことが分かります。軽率に自分の子どもを養子に出す、あるいは利己主義からそれをする母親は、子どもに対する自分の権利を失います。でも父親やその家族がまだ子どもにつながりがあると見ることができます。その子は父親だけでなく、父親の家族、その両親、兄弟、姉妹にも属しています。子どもはいまだにその家族の一員です。父親につながっているだけではなく。この関係は考慮されなければなりません。彼女が大きくなって、自分の父親やその家族のことを探したいという強い衝動を感じるようになったとしても、私は驚きません。

そしてもしそうなら、あなたは彼女が家族を探すのを手伝ってあげるべきです。その家族への所属を認められるとき、彼女は安全となります。彼らと一緒にいるとき、彼女は父親だけでなく、家族体系に属しています。でもこちらの家族体系（母親を指差し）、母親の体系は、その子に対する権利をすべて失ってしまいました。コンステレーションの中にそれを見ることができます。そこには引き寄せるものが一切ありません。さらに見ることができるのは、リタの夫は最初の妻から本当には別れていません。

最初の妻　2番目の妻が反対を向いたとき、これ以上ここには自分は属さないという感じを持ちました。私のいるべき場所ではありません。

ヘリンガー　（夫に）そこではどう感じますか？

夫　3つの中では、この場所が一番良いです。とても良い気分です。最初の場所では2番目の妻とはわずかなコンタクトしかありませんでした。ここ、前妻の隣で、ずっと良くなりました。彼女が振り返ったことから、今、私は彼女と直接コンタクトがあります。これは良い感じです。でも何より、子どものことは良いと感じます。事実、彼女が実父の隣に立っているのはとてつもない安心です。

ヘリンガー　そこが彼女の属する所です。それではこれからあなたを2番目の妻の隣に配置しましょう。

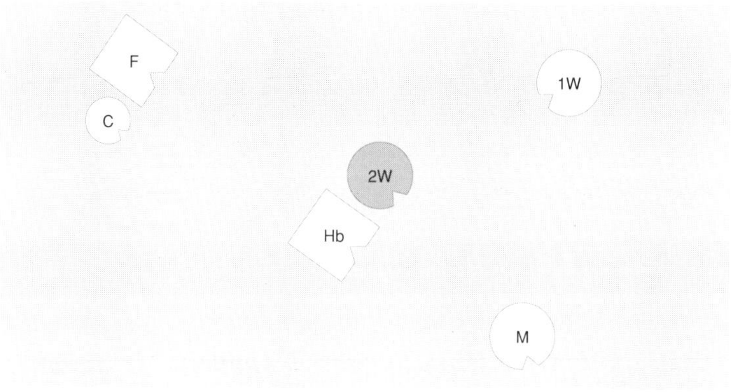

図4

ヘリンガー　（リタの代理人に）どう感じていますか？

2番目の妻　夫がやって来て私の隣に立って以来ずっと良くなりました。さっきまではとても孤独でした。でも少し最初の妻が私をいらいらさせます。

ヘリンガー　（最初の妻に）彼が2番目の妻の所へ行ったとき、あなたは離れました。あなたにとっての正しい場所はどこか見つけなさい。

最初の妻　もっと遠くへ行きたいです。

ヘリンガー　（グループに）このケースのように夫がすでに次の妻を持っているとき、ルールとして、2番目の妻は彼とその最初の妻の間に立たなければなりません。この位置を取るのは勇気がいることですが、最初の妻が前の夫を手放すことができるのは、2番目の妻が夫と最初の妻の間に立つときだけです。もし夫が2人の妻の間に立っていたら、彼は最初の妻の方に引き寄せられます。

ヘリンガー　子どもの気分はどう感じていますか？

子ども　良いです。こんなに離れているのに、全然心配にならないので驚いています。ここの方が前より気持ちが良いです。

ヘリンガー　（リタに）では養子縁組はそんなに良い考えではなかったのです。

リタ　それはどういう意味でしょう？

ヘリンガー　どういう意味かはもう見てきました。物事を正す方法は、このコンステレーションの中であなたが見たことをそっくりやることです。もし望むなら自分の場所に立ってもいいです。

リタ　（コンステレーションの中から）ここは良い感じがしません。

ヘリンガー　だめですか？

リタ　だめです。ここでは子どもとコンタクトがないから。

ヘリンガー　あなたには手の施しようがありません。

（長い中断）

それはただそういうことです。

リタ　なにがどうだというのですか？

ヘリンガー　あなたの注意が向くのは、あなたが考えるあなたにとって良い、あなたの必要なことにであって、その子どもに必要なことではありません。子どもが必要とするものよりも自分の必要の方が重要である限り、あなたには手の施しようがないのです。

代償

ヘリンガー　（グループに）私はこれまで数多くの社会機関と一緒に、なぜ養子縁組の中にひどく悪くなるものがあるのか理解しようとしてきました。そして、1つ、子どもの幸福の感覚には、実父とその家族がいかに重要であるかということを、繰り返し見てきました。子どもの権利を認めるどころか、父親を見つける試みもなされず、子どもが無責任に養子にされると、そこには常に払うべき高い代償があります。これはリタが彼女の家族体系を配置したやり方からも、とても明らかでした。彼女は子どものために自分の夫を犠牲にしました。それが、彼女が払わなければならない代償です。彼女の夫にはこの家族の中にいられる見込みがなく、私たちには、去るべきという家族体系のプレッシャーの下に彼がいることが見えました。養父母は、無責任な養子縁組のためにその夫婦のいずれか、あるいは実の子どもの1人で代価を支払います。私は、子どもを養子に取った女性が妊娠し中絶したり、そのカップルの実子の1人が死んだり、自殺したという数多くの家族を見てきました。これらが無責任な養子縁組への償いのし方なのです。

所属の階級

ヘリンガー　養子縁組は、その子に全く他に誰もいないので養子にされることが本当に必要なとき、機能します。どの子どもも父母だけを持っているのではないということを忘れるのは危険です。例えばリタの場合、彼女が養子にした子どもには母親しかいないように振る舞っています。実際はその子には父親が、祖父母や、おじ、おばがいて、この子が何か神秘的な体系的な方法で彼らとまだつながっていることを見ることができました。本当に誰1人としていないのであれば、見知らぬ人間が血族のために代役を勤めるかもしれませんが、それでも多くの養子にされた子どもたちはいまだに、実父母とその家族へのつながりを無意識に感じています。そういう場合では、実際に養子縁組をするよりも里子として養育される方がより良いのです。

養子縁組は通常、度を超し過ぎています。その子はそれを必要としていません。子どもは、里子として養育されるのと比べて養子縁組を通して何を本当に得るのでしょう？　里子であればずっと謙虚で、問題が生じても、より謙虚な方法で解決され得ます。

異論

ヘリンガー　その子が大人になると、実の親とその家族から自分を奪った養父母に報復するでしょう。間違いなくそうです。

参加者　（怒りを込めて）あなたの解釈は聞いていられない。そんなことはあなたの個人的意見に過ぎないし、とても危険だ。

ヘリンガー　あなたにお話ししましょう。

2人が入った部屋には1枚の絵が曲がってかかっていました。1人が言いました。「絵が曲がっている」。するともう1人が言いました。「あなたがそう言うので、絵は曲がっています」。最初の人が答えました。「それが曲がっている理由なら、あなたには簡単にまっすぐにすることができる」

ややわかりにくい話ですが、気にしないください。

同じ参加者　母親は子どもへの権利を失いました。それは理解できます。でも父親が同じように子どもへの権利を失っていないのはどうしてですか？　彼は子どものそばに立たなかったし、名前すら告げずに子どもの母親を捨てたのですよ。私の意見では、体系的な観点から父親も子どもに対する権利を失っています。子どもには誰もいません。そこにリタが現れてその子を受け止めたのです。

ヘリンガー　（グループに）彼女は私たちが得ていない情報で進めています。これはリタが私たちにくれた情報ではなかったので、このことについて議論したくありません。彼女が父親について話していることは完全に仮説に基づいたものであり、彼についての物語を彼女は作り上げました。リタは、子どもの母親が父親の名前を明かさなかった、と言ったのです。それが、私たちが本当に知っているすべてで、彼が名前すら告げずに彼女を捨てたということとは全く違います。もちろん私には、代理人たちの行動を見なかったふりをすることもできました。でもそれでは、リタがすでに感じている、家族の中に働く隠された力動を、理解したいという彼女の偽りのない願いを欺くことになるでしょう。それにまた、彼女が実際に何が起きているのかを理解することより、物事を心地よく保つことにもっと興味があると、まるで私が信じているかのように彼女を扱ってしまうことになります。もしそれが誰かの望むことであるならば、そうするのは難しいことではありません。もし私が誰かを欺きたいなら、これら異論に沿って進めていきます。

別の参加者　しかし、たとえその体系が適切でないとしても、きっとそのまま永遠にとどまる必要はありません。この体系の中で秩序を再構築する可能性は何でしょうか？

ヘリンガー　私たちはもうすでに、父親の家族への、その子のつながりと所属が明るみに出ることを許されたとき、子どもの代理人がどれほど気分良く感じたかを見ています。それが方法です。

同じ参加者　他の可能性もあるはずです。

ヘリンガー　いいえ。体系を操作することはできません。

別の参加者　誰かをだますことについてあなたが言ったことがよく分かりません。彼らの異論に沿って進めば……？

ヘリンガー　もし私がこのような異論を出す人に屈すれば、その人をだましていることになります。おとぎ話の勇敢な小さな仕立屋が、自分に突っ込んできたユニコーンを横によけてだましたように。

参加者　子どもが十分な年令になったら、父親を探そうとするだろうということはあり得ると考えますか？

ヘリンガー　たぶん。でも養父母がそれに反対すれば難しいでしょう。

参加者　15歳とか20歳でも？

ヘリンガー　ええ。大人たちによって扱われるべき葛藤の中にその子どもを陥らせます。

参加者　父親を探すことは養父母の責務だということですか？

ヘリンガー　ええ。探すだけではなくて、子どもを父親とその家族の所に連れていくのです。

参加者　もし子どもが行くことを望まなかったら？

ヘリンガー　それこそがこのコンステレーションがしようとしたことです。最初、リタは父親やその家族について考慮したことも、想像したことすらありませんでした。もし子どもが実の父や、父方の家族に会いたいと思わないとすると、それがその子の真の願いなのか、無意識のうちの養母の願いに対する折り合いなのか、知ることは難しいでしょう。それは、子どもが自分自身の真実と、周囲の大人たちの必要とを区別するのを手助けすることにかかわっています。その体系全体の中での位置を認めることは大人たちの責任であり、私たちに分かっているのは父親が無視されてきたこと、人々が彼をはずしておきたいと思っていることです。私たちはそれを見てきました。

親に対する子どもの権利

3人目の参加者　そうすると、母親が父親の名前を明かさなかった理由というのはどうでもよくなりますね？

ヘリンガー　父親を知る子どもの必要にとって、それは重要ではありません。もし基本的人権というようなものが存在するなら、その1つには確かに、その子の両親、家族、拡張家族に対する子どもの権利があります。

まるで実の両親と子どもがつながっていないかのように振る舞い、子どもを彼らから遠ざけ、実の親の場所に自分たちを配置することを人々に許すとは、どんな類の法律なのでしょう？　どのような法律が、まるで父親は無関係で不適切であるとして、苦しみの中にいる母親に子どもを養子に出すことを許すのでしょう？こじつけ以外の何ものでもないのに、多くの人たちはそれを正常だと見なしています。子どもは自分の家族とそして拡張家族とつながっており、両親に対して持っているのとまさに同じだけ、拡張家族に対しての権利を持っています。

犯人に対してではなく子どもという犠牲者へのフォーカス

参加者　私が見るところでは、リタのコンステレーションは彼女への働きかけにおける最初のステップで、それによる結果がどうあろうと、それは次のステップです。私たちが得た情報は母親が父親の名前を明かしたくなかったということで、その背後には何か理由があるに違いないと思います。そこから状況が進みました。もし彼女が父親を見つけたら、その子は何に直面するか誰にも分かりませんね？

ヘリンガー　再び、あなたは子どもを代償に、リタをなぐさめようとしています。そのような協議に伴う危険とは、私たちが大人をいたわり、1番の弱者である子どもに重荷を負わせることです。本当に責任のある人、大人たちに重荷を預けることのどこが悪いのでしょうか？

あなたがこの母親のために言い訳を探そうとするとき、あなたは彼女の行動の深刻さすべてと直面することから、彼女を逃れさせます。もし私たちが、彼女の行動がまるで結果から解放されているかのような態度を取るなら、本当の解決法を見つけていく可能性を断ち切ることになります。彼女が自分の全責任と立ち向かうとき、何をすべきか理解でき、そしてそれについて何かをすることが可能になります。あなたが何かについて本当に真剣なとき、多くのセラピストや養子縁組の機関がしているように、子どもに重荷を課する代わりに、その責任の重荷に耐える力のある人々にそれを預けることができます。

思い出してください。リタは誰もが子どもの父親を見ているようにコンステレーションを立てました。私がそうしたのではなく、私はただ解決法を探しただけです。あなたがもし結果は違ったはずだったと言うなら、あなたが見たものの厳粛さと力を損ない、リタよりも自分の方が今起きていることをよく分かっていると見なしているのです。

コンステレーションが示したことをあなたが真剣に受け取ったときにだけ、ふさわしい解決への必要なステップが現れます。だからこそ私は、コンステレーションにおいて働きかけているとき、人々と彼らの行動の最も深刻な結果とを対立させることをためらわないのです。なぜなら真の解決とは、起きていることの真実の部分を注視することからのみ現れると信じているからです。

あのコンステレーションは、リタに現家族体系の中で作用している破壊的な力を見せ、それが彼女に状況の深刻さを理解させることを可能にしました。あなたが彼女の家族体系の中で作用している破壊的な力をはっきり見る用意がない限り、後に彼女を助ける立場にはいられません。それがその状況に認められた重力であり、それが彼女にそれについて何かをする力を与えるのです。

最初の段階から、私の注意は子どもに、そしてコンステレーションの中にいた誰もが子どもの父親を見ていた、リタの配置したやり方に焦点が当てられていました。彼らが重荷を背負う人たちであるから、私は彼らと同調しています。彼らが被害者であり、両者を視界に入れ続けているときにのみ、私たちは解決法を見いだせるのです。母親と養父母の気持ちだけに関与していると、父親が除外されていることや、その子どもが父親へのつながりを持っており、それがシステムに無視されていることに私たちは気づきません。そして私たちは暗黙のうちに加害者の仲間入りをし、被害者に対していたでしょうし、私たち皆が、問題を正当化し、被害者を助ける代わりに加害者を見逃してやっていたでしょう。

次のステップ

リタ　養女が私たちの所にやって来たとき、何か特別なことをしたかったのです（泣く）。花の鉢を教会に持っていき、子どもの母親のために祈りました。私たちの間に問題があると感じたことなど一度もなかったのです。実父のことを考えたことなど一度もありませんでした。でも何かしなくてはいけないとは知っていました。

ヘリンガー　心理療法における主要な問題の1つは、しばしば女性が夫や父親が無関係であるかのように振る舞うことです。考慮にさえ入れられていない。まるで女性が子どもに対する独占的な責任を要求できるかのようです。男性セラピストたちでさえ男性の権利をほとんど考えません。女性たちが男性たちを非難するとき、女性の言うことを信頼し、女性の味方をします。それは良き解決法を見つけることを不可能にします。セラピストたちは、自分のハートの中に除外されてきた人たちの居場所を与えたときにだけ強くなれるのです。私に解決を見つけることを可能にする力は私が持っています。なぜなら子どもの父親は私のハートの中に居場所を持っているからです。最初から彼は居場所を持っていました。だから私には解決法が分かるのです。

（リタに）あなたにはまだ事態を正すことができます。よろしいですか。

（リタうなずく）

ヘリンガー　あなたはすでに明るく見え始めていますよ。

リタ　楽になってきました。

参加者　ある意味で、あなたが言われたことにとても感銘しました。あなたの言葉に込められている知恵に感動し、私の中の熱望を満たします。私はたくさんの人が同じように感じていると思います。何が何なのか伝える人、何が本当に起こっていて、何が幻想なのか見る人がついにここにいるということを。それと同時に、あなたが危険なほどに教条主義に近づいていると感じて心配です。あなたは時々とても大雑把な一般化をし、そしてそれはあなたの真実と、私には破壊的に感じる、教条的一般化の混ざったものです。例えば、少し前にあなたがした予言によれば、リタの家族の中ではすべてのことがひどく混乱して悪く、夫は出ていく、でした。今あなたはある程度それを譲歩して、リタに解決法を見つけるチャンスを与えました。

ヘリンガー　何が本当に起こっているかを受け入れる、リタの心からの関心を信じ、コンステレーションが明るみに出した破壊的な力動を率直に口にすることをいとわないことで、私は彼女に変わるチャンスを与えました。その力動に心を開くことで彼女はチャンスをつかみ、だから私たちは一緒に次のステップへ進むことができたのです。

参加者　はい。私はただ自分が混乱していたと言いたかっただけです。

ヘリンガー　最初の一歩を歩くまで、二歩目を歩くことはできません。しばしば、直面するショックは助けとなり、それがその後になされる必要のあることへの道を開きます。

もしあなたが願うなら、その混乱と不安をどう扱うか教えてあげましょう。あなたがこのように感じ、自分の感情への抵抗に気がついたら、思考で一杯になっている代わりに、実際に起きていることを見なさい。問題を見なさい。そしてそれについて何が正しいのか、何が正しくないのか知ることを自分に許しなさい。あなたがそうして、それであなたがまだ私のやり方とは違って物事を見るとき、それについて私に話してください。私はそれを価値ある訂正ととらえます。あはあ、これは私がまだ見ていない側面なのだと。そうすると私たちはそれについて話すことができます。ここで誰かが自分が経験したことについて本気で話しているとき、語られたことを私が真剣に受け止めるのをもうあなたはご覧になりました。今リタはこの問題に大切なことを付け加えました。彼女が実際に体験したことです。しかしこれまでに、あなたの反対意見は仮説上のもので、もし私たちが仮定的可能性と実際の経験を混同するなら、私たちが対話に入ることは不可能です。あなたがリタをずっと観察してきたなら、どの力が作用していて、何が変化したか、見たでしょう。

あなたが正当化された反対論を持っているとき、それに関与している人を見ることが大切です。それからその人と向き合い、あなたがそれを表現するとしたら、あなたの反対意見がどんな影響を及ぼすだろうかと、あなたは自分に問いかけなくてはなりません。それはその人を強くするのか、弱くするのか、それはその人に滋養を与えるのか、害するのか？　これはあなたに直ちに判断基準を与え、その介入が助けになるか、破壊的になるだろうか分かります。良いですか？

参加者　はい。

溶解していくことでの解決

参加者　何か私の中で動いているものがあります。コンステレーションの間、遠くに離れ去っていくというのに、一体彼女はどうやって微笑み続けていられるものなのか、その子どもの母親の代理人を私は見つめ続けていました。

私が気をもむのは、あなたが話された拡張家族の絆と、法律による状況に関係なく、養子が子どもの実家族に所属するという事実です。今のこの時点まで、私はいつも、あるカップルが子どもを養子に取るとは、偉大で崇高なことだと考えてきました。私はそれを人間的な行為と考えました。私の両親は離婚して父は遠くに住むようになりましたが、父を探し始めたとき、そして母親がどれほど父のことをさげすんで話して聞かせようとも、自分にとって父親を見つけることがどんなに大切か分かりました。このようなことは子どもにとって救いに違いないと十分想像できます。でもまだこの全体がはっきりしません。なぜならリタの娘にとって実父と暮らすことが最終的な解決法であると信じられないからです。

ヘリンガー　あなたが言っていることがよく分かりません。

参加者　解決とあなたが意味していることがあまりはっきりしないのです。この解決法、リタの解決法は最終のものとはなり得ません。

ヘリンガー　これこそがまさにその最終的な解決法です。

参加者　え？

ヘリンガー　この解決法が最終です。

参加者　本当に？

ヘリンガー　「解決」という言葉には二重の意味があります。それは溶解を通しての解決です。

参加者　溶け去るという意味で？

ヘリンガー　言ったとおりの意味です。言葉遊びでもなく逆説的な介入でもありません。

ショックと恐れ

レイモンド　今は落ち着いてきました。少し前まではひどい気分でした。ありとあらゆることが一緒くたに胃の中に詰め込まれているような感じで、あなたがリタに「あなたには手の施しようがない」と言ったときに経験したショックをいまだに感じています。それはひどく必然的に思え、まるであなたが「もう行きなさい。あなたとはもうやりたくない」と言っているように私には聞こえました。でも一巡していく中でそれは解決されました。

ヘリンガー　ショックがあなたを圧倒できるのは、あなたが目をそらすときだけです。もしあなたがリタを見続けていたなら、あなたはそれを違うように経験していたでしょう。ショッキングなようなことを耳にすると、多くの人たちはすぐに目を閉じてしまい、自分独自の内側のイメージを作り始めます。そしてそれらのイメージは本当にショッキングです。

レイモンド　もうひとつショッキングなイメージを作りました。私が想像したのは……。

ヘリンガー　気がつきましたか？　まさにその時どのように目をそらしたか。

レイモンド　ええ。確かに。

ヘリンガー　私を真っ直ぐ見ているときに、自分が言いたかったことを言うことができるか見ようとしなさい。それは実に難しいのです。分かりますか？目を閉じているときにだけ、そのような“馬鹿げた”考えを抱くことができます。あなたが接触しているかいないかを見るのは簡単です。接触を保ちながら、即時の知覚に対し自分を制限しているのはとても大変です。それは、ショッキングなことの方を選ぶためには多くの自由をあきらめなくてはならないことを意味します。

レイモンド　あなたは恐ろしく強いです。

ヘリンガー　ええ、そうです。なぜだか分かりますか？　それは私が、たとえその中に私たちが恐れこわがる、ぞっとするものがあっても、世界のあるがままと調和しているからです。人生の中で、私は美しい物事と同様に本当にひどいことにも出遭ってきました。そして世界のあるがままに対する自分の恐れを失ってきました。なぜなら私はすべてと調和しているので、だから、私はこのように言えるのです。すべての偉大なるものは、私たちが恐れるものからその力を得ます。それらから目をそらす人は、最後は夢想の国で終わるのです。

レイモンド　私は、目をそらすと、何か大切なことを言うための内なる力を集められると思いました。

ヘリンガー　いいえ。それはあなたを弱くします。なぜなら他の人との接触を失うからです。問題になっている人と接触していることでのみ、あなたは強くいられます。今はどう感じていますか？

レイモンド　もっとエネルギーがあります。

ヘリンガー　もう1つの秘密を教えましょう。あるセラピストたちは善き母のようで、また別のセラピストたちは戦士のようです。戦士であるセラピストは戦士の勇気が必要です。戦士は究極の限界にまで向かいます。なぜなら決定的な行為は、完全な窮境においてのみつかまえ得るからです。勝敗の確率がほぼ五分五分のように見えても、限界まで達する勇気を持つ人は自分がより強くなっていることを発見します。真剣に受け取られた現実は友好的であり、それは真剣に受け取るに値します。現実は、真剣に受け取られず、矮小化されるならその仕返しをします。

私たちの行為の結果は、私たちの現実のとても重要な部分です。だからたとえ、その結果が彼らに最大限を要求しても、結局永久に、私たちの存在は現実につながっていることから、セラピストは彼ら自身に行動の結果を受け入れる手助けをすることで、最も彼らを助けることになるのです。まるで人が行為の結果から逃げることが可能であるかのように振る舞うセラピストは、幻想を容易に助長します。特に全面的に罪のない人たちにとって、責任の負われていない結果には悪い影響があります。

哀れみと忘れること

参加者　私はそのことをずっと考えてきました。1つには、養子縁組という問題があまりにも軽く扱われていると気づいたからです。それが1つでした。もう1つは、リタの反応に私が巻き込まれた感じがし、子どもをあきらめることが彼女のための解決というのは私には想像できません。

ヘリンガー　あなたに哀れみについてのお話をしましょう。

むかしある所にヨブと呼ばれる男がいました。彼は持っていたすべてを失い、頭から足までできものに覆われていました。絶望のうちに彼は灰の山に腰をおろしました。彼の友人たちが彼の苦境について耳にし、慰めにやって来ました。彼らが何をしたか分かりますか？　彼から少し離れた地面に腰をおろし、誰1人として7日の間、一言も話しませんでした。彼らは真の力を持った友人たちでした。

セラピストなら彼の所に行き、こう言ったかもしれません。「心配しないで。それほどひどくはないですし、すぐに良くなりますよ」。あるいはその類のことを。それは彼の痛みの深刻さに対して、不適切だったことでしょう。痛みの深刻さに対して、それを軽減させようとする試みは、決してふさわしくはありません。別の大切なことをお話ししましょう。誰もが自分の問題と解決に立ち向かう力を持っています。唯一その本人だけで、他の誰でもありません。リタについてのあなたの心配は、ただ彼女を弱くするだけです。

このような問題にどのように対処するか、あなたに1つ例をあげましょう。私はリタと彼女の状況についてはもう忘れてしまいました。彼女のことは、彼女と直接ワークしているときだけ考え、そうでないときは考えません。

あるグループに参加した女性は、大変な自殺衝動のある人で、2日目に彼女はワークショップを飛び出しました。何人かの人は彼女が自殺するかもしれないと心配しました。私は彼女を忘れました。私はただそれ以上彼女のことは考えなかったのです。

ワークショップの最終日に、何人かの人たちが、彼女が毛布を持って森の中へ入っていったのを見たと言いました。何人かは彼女が自殺するのではと考えました。しかし私は彼女のことを忘れました。実際、私は彼女がワークショップの中にいなくても気になりませんでした。終了の10分前になって彼女が入ってきて、やるべきことをすべてやりました。私が彼女のことを忘れてしまっていたので、彼女はそれをする力を持っていました。

彼女について私がどんな心配をしていたとしても、それは彼女の力を奪ってしまったでしょう。しかし私は彼女と調和していました。彼女を忘れることは、彼女への可能な限り最高の敬意を表しました。忘れることによって、私は彼女を彼女の魂にゆだねました。それ以上の方法はありません。しかし、それはたくさんの力を要求します。人の心配をする方がずっと楽です。時に人は、心配でかなりふくらんだりしますが、それはただの空気以外の何ものでもありません。

見ることと聞くこと

別の参加者　私は恐怖と驚きの間で引き裂かれ、全然理解できませんでした。今は少しはっきりしていると思いますが、恐怖は私が耳にした実際の言葉に関するもので、驚きは私が目にしたものに関係しています。今は聞くことより、見ることにもっと信頼を置いていると気づいています。

ヘリンガー　正しい言葉はプロセスを進めます。

同一の罪は同一の結果をもたらす

参加者　女性が子どもを養子に出したら、彼女は子どもに対する母親としての権利を失うと言われました。それは分かります。しかし男性が子どもをやってしまったなら何が起きますか？　何か違いはありますか？

ヘリンガー　男性にとっても何の違いもありません。

反対意見が解決を妨げる

参加者　私の脳裏には、リタの解決は未決のままで、彼女のコンステレーションは次のステップを見せただけだというイメージがあります。父親も、子どもを養子縁組に出したことで、母親と同様に罪があるとするのは可能ではないでしょうか？

ヘリンガー　仮説上の可能性で自分をいっぱいにすることは、私を弱くさせすぎ、断固とした行動を取れなくなります。私はそのようなことはしません。私がリタに「あなたには手の施しようがない」と言ったとき、その瞬間においてそれが正しかったということは私にとって歴然としていました。彼女を批判していたのではなく、私は彼女に対しても私自身に対しても完全に開いていました。もし問題がその後、違うコースを取り始めたのなら、それは私たち両者が本当の問題をとても真剣にとらえたからです。もし結果が違ったとしても、私にとってはそれも良いことだったはずです。それがあなたと私の手順の違いです。この仮説的な類の思考に巻き込まれることを拒否するのはスピリチュアルな訓練です。それは暗闇に足を踏み入れながら、現実を信頼するようなものです。

参加者　でも、私にはそのイメージがまだ浮かんできたので、あなたにそのことを伝えたかったのです。

ヘリンガー　1つのイメージがあなたに浮かんだという事実は物事を正しません。ある人たちは、何かイメージが浮かんだり、何かを感じるとき、それを正しいに違いないと考えますが、それは馬鹿げています。何の目的もなく、どんな優先もなく、一切恐れず自己の中心から暗闇を覗き込むと、そこからあなたに訪れるイメージがあります。それらのイメージは、あなたが夢に描いたり、ただ浮かんだものとは違う質を持っています。あなたの中心から浮かび上がったイメージが現れ、受け渡されるとき、それは有効です。

洞察と行動

リタ　これまで私を悩ませてきたいくつかの問題について、多くのことを学びました。それについてお話ししたいと思います。私は今個人セラピーにかかっていて……。

ヘリンガー　あなたが続ける前に、話をさえぎりたいと思います。

ちょっと時間をとって、あなたがどれだけ強くなったか感じてください。感じることができますか？　あなたはどれだけ自分の中心に定まっていますか？

（グループに）彼女はもう泣いていません。それは過去の話です。分かりますか。彼女の強さは、先の介入のポジティヴな影響からきています。

（リタ笑う）

オーケー、続けて！

リタ　ええ、自分のセラピーから、別離のテーマが私にとっての問題であることは分っています。あなたが言ってくれたことは象徴的なこととして解釈します。子どもから向きを変え、夫の方を向く瞬間、私は子どもに私から自由になるチャンスを与えます。それが私たちの葛藤であると思いますし、私にとても重くのしかかります。私はその解決法を「共 - 信頼」という言葉で説明することができます。

ヘリンガー　その言葉については忘れなさい。それは実はあなたの力を奪います。あなたが説明したことは完全に明確でした。

リタ　解決とは子どもが自由になることを許すことだと思います。もし私にそれができるなら……。

ヘリンガー　いいえ、違います。子どもが自由になることを許すのはあなたの権限ではありません。その子どもは両親に属しているのであり、彼女は属しているところで自由なのです。彼女は自分が属する場所へ連れていかれるべきです。あなたは彼女を助け、父親とその家族の所へ行くのを見届けるのです。そこが、彼女が成長できる場所です。あなたがそうするや否や、子どもは感謝を持ってあなたの方を向くでしょう。それはもう1つの側面です。あなたが彼女を尊重するがゆえに、彼女は感謝を感じるのです。

リタ　これを実行に移すのはまだ難しいように感じます。どうやってすれば良いのか本当に分かりません。

ヘリンガー　あなたが言うとおり、行動について考え始めるにはまだあまりに早すぎます。今はあなたには1つのイメージがあり、そのイメージがあなたのために働きます。いきなり行動してはいけません。内側のイメージがあなたに力を与えるまで待たなければなりません。機が熟せば、突然、それはすべて、かなり早く、そして簡単に起こるでしょう。洞察と行動はしばしば別々に分けられなければなりません。洞察を得た途端に行動を起こす人は、しばしば要求されていることと反対のことをします。ルールとして、それがどれほど正しかろうと、洞察を得た後は待たなくてはなりません。これは適例です。その力が明るみに出て、あなたに行動できるようにするまで、あなたはそのイメージを持ち続け、そのイメージを宿していなければなりません。良いですか？

リタ　この子を養子にするとした決断について、あなたが無責任だと言われたことにいまだに心地よくありません。すみませんが、それには同意できません。私はこれらの疑問にもう何年も没頭してきて、常に正しい方法を模索してきました。自分自身にとって楽には全くしてきていません。

ヘリンガー　私の言葉を客観的説明としてとらえてください。主観的な観点からは、あなたは自分の決定について注意深く熟慮したのですが、しかし、それでもなお、あなたは子どもの父親や、子どもの父親とのつながりを見落としました。もちろん、その時点ではそれより良い方法は分からなかったし、今になってそれを後悔する必要はありません。それは全員に影響を与える重大な見落としでした。たとえもしあなたが間違いを犯したとしても——実際それは間違いでしたが——それが以前にはそこに存在しなかった力を生みます。回り道は本当には回り道ではありませんでした。それはあなたの役に立つ、経験を積む道でした。だからそれは無駄ではなかったのです、その子どもにとってでさえも。私たちの間違いはしばしば私たちの最も偉大な教師となります。あなたはこれを受け入れられますか？

リタ　はい。でもまだその意味が見いだせません。いずれ分かるでしょうが。

ヘリンガー　呪術師ドン・ファンについてのカルロス・カスタネダの本の一冊に、知識の敵についての素晴らしい一節があります。知識の最初の敵は恐れです。恐れを克服した者は明晰さを得、そして明晰さが次の敵です。明晰さを克服した者は力を得、そして力が次の敵となります。力を克服した人間は、ほぼゴールにたどり着いていますが、その時、最悪の敵がやって来ます。それは平和の必要性です。この敵が完全に克服されることは決してありません。しかし最後に知識の小さな一瞥があり、その瞬間こそすべてに値します。よろしいですか？

リタ　はい。

相続された子どもたち

アルバート　私には自分の子どもが3人いて、結婚して20年になります。そして今は、父親と母親を亡くした家族から4人の子どもを相続しました。どうしたら良いのだろうかと思います。

ヘリンガー　その状況の何かが正しくないように思えます。彼らの親戚が子どもたちに責任があります。もし親戚の家族が面倒をみられるなら、あなたが子どもたちへの責任を引き受けるのは間違っているでしょう。もし誰もいないのなら、あなたが割り込むことは良いことでしょうが、もし誰かいるのなら、あなたは不適切に責任を負っています。物であるかのように子どもを相続することはできません。あり得ない考えです。その両親からいくらかのお金でも相続しているのですか？

アルバート　いいえ。

ヘリンガー　子どもたちだけですか？　彼らはあなたのことを完全なばか者と思っていたに違いありません。

アルバート　あり得ます。

ヘリンガー　私たちがまだ見ていない何か奇妙なことが起こっています。子どもたちを引き取ってはいけません。あなたの尊厳へのあなたの義務です。

アルバート　他にも同様に入り組んだいくつか問題があります。親戚たちが遺書の存在を知る前に、子どもたちを親戚の中で分けて、これについて私を心配させたことがありました。

ヘリンガー　彼らに自分たちのやり方で状況を処理させなさい。あなたは、他の家族の終わっていない問題をあなたに押し付けようとする試みから、自分の魂を守る必要があります。それについて知ることすらいけません。

非嫡出の娘は母親の２番目の夫によって養女に
父親がそれに同意する

レイモンド　私は心理学者で、既婚で２人子どもがいます。私には１人私生児の娘がいます。彼女は前のパートナーとの間の子どもで、別の大陸に住んでいます。

ヘリンガー　ずいぶんと遠くへ行ったのですね。年はいくつですか？

レイモンド　16歳です。彼女の母親はボーイフレンドと移住しました。

ヘリンガー　あなたと娘との関係はいったいどういうものですか？

レイモンド　娘はドイツに6年前に帰ってきて、2年間いました。そのころの私たちは良い関係でした。今の私たちの関係は、彼女の年齢にふさわしいものです。私のクリスマスプレゼントへの礼状や、私の誕生日に手紙を受け取ります。時々ビデオを送り合っています。私の家族のコンステレーションを立てたいのですが。

ヘリンガー　どうぞ。

レイモンド　以前のガールフレンドから始めます。

ヘリンガー　何ですって？　誰から始めるのですか？

レイモンド　私の以前のガールフレンドです。

ヘリンガー　最初の妻から始めなくてはいけません。

レイモンド　私たちは結婚していませんでした。

ヘリンガー　最初の妻から始めなくてはいけません。

レイモンド　はい。分かりました。

ヘリンガー　私は軽視された人を守っています。他に誰がコンステレーションに属しますか？

レイモンド　最初のパートナーとの私の娘です。それから2番目のパートナー、現在の妻で、妻とは2人の子ども、娘と息子がいます。

ヘリンガー　以前に結婚したり、深い関係にあったりした人はいましたか？

レイモンド　私の最初のパートナーは結婚していました。彼らの別れた原因が私でした。

ヘリンガー　その結婚では子どもはいましたか？

レイモンド　いいえ。それが、結婚が破綻した原因の１つです。夫は子どもを持てなかったのです。

ヘリンガー　それは重要な情報です。なぜならそれは彼らの絆が制限されていたということを意味します。法律的な側面は小さな役目を果たすだけです。

レイモンド　私の現在の妻は、私と出会う前に2年間、深い関係にありました。

それは少なからぬカオスで終わりました。

ヘリンガー　結婚の経験がある人が、ない人と一緒になろうとするよりも、2番目のパートナーもまた以前に結婚していたという方がずっと楽です。

レイモンド　最初のパートナーには今新しい夫がいます。

ヘリンガー　子どもはいますか？

レイモンド　いいえ。でもその夫は私の娘を養女にしました。それは役目を果たしますか？

ヘリンガー　役目を果たしています。娘はその復讐を彼にするでしょうね。これは人がすべきことではありません。あなたは抵抗しなかったのですか？

レイモンド　いいえ。養子縁組には同意しました。

ヘリンガー　同意したのですか？　なんということでしょう！　娘はあなたにひどく怒っているに違いありません。他の男性に父親役をやらせるためにあなたが娘をあげるなんてできません！　与えられたすべての権利を持って、彼女に、あなたがその決断を破棄することと彼女はまだあなたの娘であることを伝えなさい。

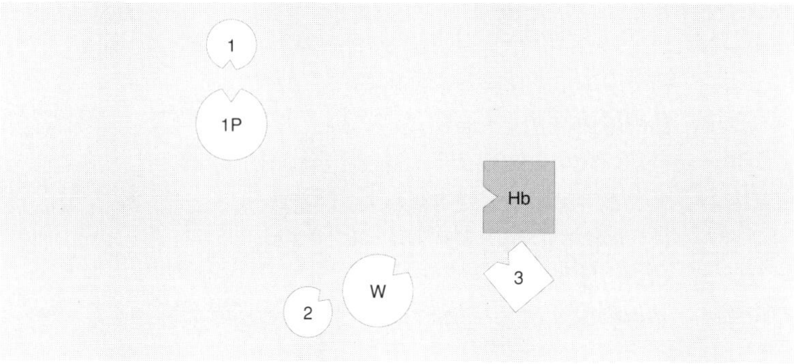

図1

Hb	**夫（＝レイモンド）**
1P	夫の最初のパートナー、彼と結婚はしなかった
1	この女性との子ども、娘
W	妻
2	妻との第1子、娘
3	妻との第2子、息子
1PHb	最初のパートナーの夫

ヘリンガー　（レイモンドに）今朝夢を見ましたか？

レイモンド　息子がドアの外に立っている夢を見ました。

ヘリンガー　もちろん、ドアの外に立っていたのはあなたです。それはコンステレーションからも明らかです。

最初のパートナーはどう感じていますか？

最初のパートナー　背中が痛みます。背後に奇妙な感じがあって、なんだか引っ張られているような感じで、でも同時にこの方向に動けません。とても異様です。

ヘリンガー　最初の娘はどんな感じがしていますか？

第1子　母と2人きりで立っているときは良かったです。今は胃が痛いです。自分の中でちくちくするような何かが起こっています。不快ですが脅迫的ではありません。

ヘリンガー　夫はどうでしょう？

夫　私は今の家族に満足しています。でもあちら側の2人、私の最初のパートナーと最初の娘が私を居心地悪く感じさせます。他の2人の子どもたちが私を守っているようです。

ヘリンガー　妻はどんな気分ですか？

妻　あまり良くないです。どういうわけか私の夫は本当のパートナーではないのです。むしろ対決に近いです。

ヘリンガー　それは対決です。

妻　ええ、それに子どもたちに関して何かが正しくありません。娘は私の後ろのそんな遠く離れた脇に立っているべきではないという感じがあります。息子とはアイコンタクトがあるのでまだましです。でも娘を見るには振り向かないといけないでしょう。

ヘリンガー　（背中の痛みがどんどんひどくなっているレイモンドの最初のパートナーに）良く感じられるまで、向きを変えていてください。そのような反応で、あなたをそこに置いておけません。

（ヘリンガーはレイモンドの最初のパートナーを彼女の娘の隣に並べた）

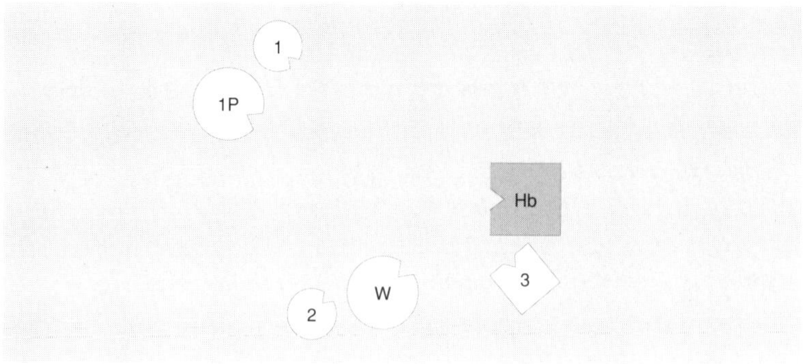

図2

ヘリンガー　2番目の娘はどんな感じがしますか？

第2子　良くありません。どうすることもできなく、無防備で、安全でないと感じます。

ヘリンガー　（レイモンドに）彼女はあなたの最初の娘の感覚を持っています。

レイモンド　彼女たちは手紙のやりとりをよくしています。

ヘリンガー　彼女は最初の娘の感覚を持っています。

ヘリンガー　息子はどう感じていますか？

第3子　父を支えなくてはならないと感じます。使われている感じです。

ヘリンガー　（レイモンドに）あなたたち2人、あなたと息子はドアの外に立っています。

ヘリンガー　ここで、最初の重要な並び替えをします。

（ヘリンガーは年上の娘を父親の隣にした）

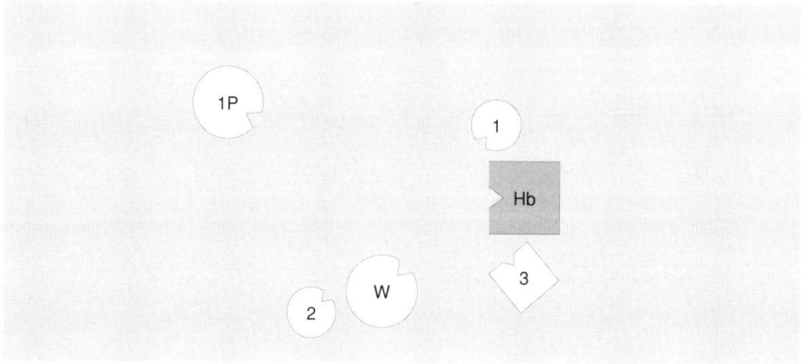

図3

第1子　ここは嫌です。もっと遠くへ移動したいです。
ヘリンガー　やってみてください。

（彼女は少し父親から離れた）

第1子　彼女が私をじっと見る見方が嫌です。脅しです。

（ヘリンガーは最初のパートナーの夫を加えた）

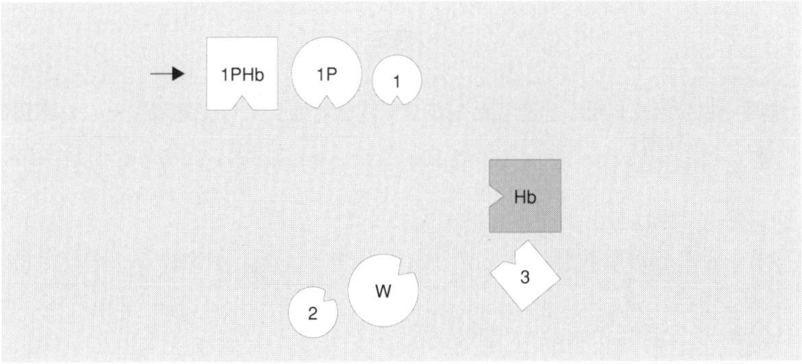

図4

ヘリンガー　最初の娘にはこれはどうですか？
第1子　母が私の隣に立っている、今の方がずっと良いです。
ヘリンガー　夫には何が変わりましたか？
夫　最初の娘がやって来たのは好きでした。しかしその時、妻は脅しているようでした。最初の娘に引き付けられていますが、今の家族から離れることはしたくありません。私は引き裂かれています。
ヘリンガー　2番目の娘には何か変わりましたか？
第2子　中間にいるような感じです。父と私の間には何もありません。彼に安全も保護も感じません。どちらかというと姉の方を向きたいです。どこに行ったら良いのか分かりません。そこに（彼女の父親に）あるものが少なければ少ないほど、ますますもっと姉の方へ引きつけられる感じがします。
ヘリンガー　（レイモンドに）彼女は彼女の姉のように感じています。彼女も同様に中間にいると感じています。

（ヘリンガーは解決を配置した）

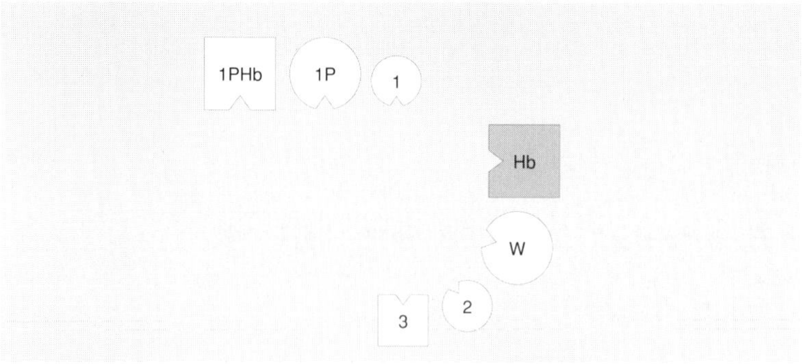

図5

（結婚で生まれた2人の子どもたちがまず親と対面した形で立ち、それから母親のより近へく移動）

ヘリンガー　妻は今どのように感じていますか？
妻　子どもたちが反対側に立っていたのは嫌でした。今は横にいるのでずっと良く感じます。
ヘリンガー　2番目の娘の今の感じはどうですか？
第2子　良くなりました。
第3子　私にも良いです。
ヘリンガー　（レイモンドに）子どもたちはあなたを信頼していません。母親をより信頼しています。
第3子　最初の娘が来たとき、ほっとした感じがしました。圧迫感が突然消えました。今はとても気持ちが良いです。
ヘリンガー　（最初の娘に）さて、あなたの父親にどれくらい近寄りたいか試してみなさい。

（彼女は父親に近づき、それから母親の元へ戻る）

第1子　安全な感じが全然しませんでした。むしろ母とこちらにいたいです。妹弟を見ることができるのが好ましいです。おかしいですが、妹が遠くへ離れたとき、彼女が行ってしまうので悲しかったのですが、弟を見ることができたので嬉しくもありました。それは何かとても新しいことです。嫌な気が全然しません。父の隣に2人が見えるのが私には必要です。それは私にとっては重要なことです。
ヘリンガー　最初のパートナーは今どんな感じがしますか？

最初のパートナー　素晴らしいです。もう一方の家族に目を向ける必要がなかったのはこれが初めてです。自分の娘よりも、彼の2番目の娘をずっと見つめていました。

ヘリンガー　最初のパートナーの夫はどう感じていますか？

最初のパートナーの夫　この場所が正しいようです。

ヘリンガー　（レイモンドに）あなたは自分の娘の養子縁組に同意したことで、彼女に関してのあなたの権利を失ってしまいました。彼女はそれに従って反応しています。

レイモンド　はい。

ヘリンガー　以前の結婚、あるいはパートナーの1人の以前の関係で生まれた子どもは、そのカップルによって養子縁組されるべきではありません。それは普通、子どもと家族システムの両方にとって、とても悪いものとなるでしょう。

レイモンド　私は娘にとってその方が良いと考えたのです。

ヘリンガー　合理的な考察でした。娘に申し訳なく思っていることを、何が起ころうと、彼女の父であるためにあなたを当てにすることができると伝えることで、あなたは状況をより良くすることができます。いつでもあなたが応じられること、そして相続や類似した諸問題に関して、彼女も他の子どもたちと同じ権利を持っていることを伝えなさい。そうするともっと物事は落ち着くかもしれません。自分の場所に立ちたいですか？

（レイモンドは彼の場所に行き、あたりを見回す）

レイモンド　穏やかです。本当に穏やかです。

ヘリンガー　システムが正常な状態なので穏やかなのです。家族のそれぞれが正しい場所にいます。あなたの最初の娘にもっと近づいて、それがどんな感じのものか見てください。

ヘリンガー　（最初の娘に）彼がより近くに立っているので、和解したと感じますか？

第1子　ええ、はい！　それを十分に想像できます。（笑）

ヘリンガー　（グループに）養子縁組をテーマにした物語をお話ししましょう。そう難しくはありません。

天と地と

ある森のはずれに、木こりとその妻が住んでいました。彼らには1人の子ども、3歳の娘がいましたが、あまりにも貧乏で食べるものを娘に与えることができないこともしばしばありました。ある日、聖母マリアが彼らの所にやって来て言いました。「あなた方はあまりに貧しいのでちゃんと娘の面倒を見ることができませんね。彼女を私の所に連れてきなさい。私が彼女を天国に連れていって、母親となり、面倒を見てあげましょう」。木こりと妻のハートは重く沈みましたが、彼らは言いました。「もしそれが聖母マリアの望みだとしたら、私たちに何ができようか？」そうして彼らは娘を連れていき、聖母マリアに託しました。聖母マリアは娘を天国へ連れていき、そこで娘は甘いミルクを飲み、天使と一緒に遊びました。でも彼女は密かに両親と美しい地球のことを恋しがっていました。

子どもが14歳になった時、聖母マリアは再び旅に立たれました。彼女もまたしばしば地球を恋しく思っていたのです。彼女は子どもを彼女の所に呼び、言いました。「天国の13の扉の鍵を受け取り、安全に保管してください。12の扉は開けて、その中にある素晴らしいものを見て良いのです。でもこの小さな鍵を使う、その13番目の扉は、あなたには禁じられています。あなたがもし開けてしまったら、災いなるかな、悪運を招くでしょう」。そして子どもは約束しました。「私は決して13番目の部屋には入りません！」

聖母マリアが旅立つと、天上の住まいをすべて見て回りました。12部屋すべてが開けられるまで、毎日1つずつドアを開けました。それぞれのドアの向こうには1人の男、偉大な栄光に包まれた一使徒が座っていました。まばゆいばかりの光景に子どもはその度に喜びました。そしてその禁じられた部屋だけが鍵のかけられたまま残り、子どもはその向こうに何があるのか見るという大いなる欲望にさいなまれました。ある日彼女が独りきりのとき、彼女は「今、私は完全に独りぼっちだわ。私がドアを開けても誰も気づかないでしょう」と思いました。彼女はその小さな鍵を手に取り、鍵穴に入れ、それを回しました。ドアはぱっと開き、そして燃えるような金色の光によって彼女は引き寄せられました。それは内なる聖域、聖なる部屋だったに違いありませんでした。子どもは恍惚《こうこつ》に顔を輝かせ、部屋の中に入り、指で黄金に触れ、喜びにうち震えました。突然、彼女は聖母マリアの言いつけを思い出しました。彼女は金から指を離し、部屋から走り去り、ドアを閉めました。でも彼女の指は見事に金色になっていました。金を洗い流そうとしたのですが無駄でした。そして聖母マリアが戻ってくるのをびくびくしながら待ちました。

でも聖母マリアはなかなか帰ってきませんでした。彼女は地上が好きで、天国に戻ってきたときは、喜びで一杯でした。彼女は天使たちと娘を呼び、地上からの良い知らせを話しました。人間は奇妙な箱を持っていて、ボタンをただ押しさえすれば世界中で何が起きているのかを見ることができるのだと。

ある日、彼女は、その箱の1つに、マウンテンゴリラたちにあえて会いにいった女性を見たと話しました。マウンテンゴリラは人間の8倍強いので、それはとても危険なことでした。でもゴリラたちは彼女が近寄ることを許し、ある日若い雄ゴリラが1頭とても近くにやって来たので、彼女は手で雄ゴリラの背中を撫でることができました。そのゴリラはとても穏やかで、彼女がしたいことはなんでもさせてくれました。

やがて間もなく、原住民が赤ちゃんゴリラを彼女に連れてきました。父親と母親を亡くし、十分な世話も食べ物も与えられず、すでにかなり弱っていました。彼女はまるで母親のように赤ちゃんゴリラを腕に抱き、新鮮なミルクを与え、よく面倒をみたので、ゴリラはすぐに元気に強くなりました。しかし彼女がこのいっぷう変わった赤ん坊を愛すれば愛するほど、この赤ちゃんゴリラは他のゴリラたちを恋しがっているのが分かりました。それで次にマウンテンゴリラを訪ねたとき、彼女は赤ちゃんゴリラを一緒に連れていき、ゴリラたちの所に着くと、彼女は赤ちゃんを彼らに差し出しました。ゴリラの長老が赤ちゃんゴリラを見ると、叫び声をあげ彼女の上に飛びかかり、彼女の腕から赤ちゃんをひったくり、赤ちゃんと仲間の元へ走り戻り、そして雌の1頭に手渡し、その雌ゴリラは自分のおっぱいをすぐにあげました。長老ゴリラはこの女性を傷つけませんでした。でも女性はこの赤ちゃんゴリラが仲間の中で、幸せで安全だということを見ました。

聖母マリアはもっとたくさんの話をし、そして鍵のことについて聞くことをほとんど忘れていました。でも次の朝その子を呼び出し、鍵について尋ねました。「あなたは本当に13番目の部屋には行かなかったのですね」彼女が聞くと、「いいえ。あなたが行くことを禁じました」と子どもが答えました。「それでは、どうしてあなたの手を背中に隠しているのですか？」聖母マリアが聞きました。「もう片方の手をお見せなさい！」子どもはとても恥ずかしかったのですが、拒絶も役に立たず、金色の指の手を差し出しました。聖母マリアはため息をつき、言いました。「いつか起こるだろうと思っていました」。彼女が白い手袋を外すと、驚くなかれ！　彼女もまた金色の指でした。

そして聖母マリアは子どもに言われました。「これくらい知ったのですから、他の何もかも同じようにすぐ分かるようになるでしょう。両親や兄弟姉妹、男や女、子どもたちがいる地上に戻りなさい」。子どもは大喜びして、惜しみない感謝を捧げました。聖母マリアは彼女が荷物をまとめるのを手伝い、子どもが別れを告げると、彼女の知識の証拠を護るために一組の白い手袋をくれました。

病気と健康の家族体系的な条件づけ

——医療と宗教についての国際会議の中で開催された
難病を患う人々、その医師とセラピストのためのセミナーより——

導入の講義

病気を助勢する信条、
そして癒しをもたらす目醒め

私たちがそれらを認識していようが、いまいが、私たちの誰もが皆、自分を病気にかかりやすくさせ、事故に遭いがちにさせる魔法のような信条を持っています。次に述べるのは、治癒の力を活性化させ、より良いものへの変化を引き起こすことを時として可能にする、それらの信条とそこから目醒めさせることに関するコンステレーションからの観察記録です。

家族と拡張家族内の、致命的な病気や事故、自殺は、もしかしたら、例えば、誰か他の人の身代わりに苦しんだり、誰か他の人の罪を償ったり、愛する人が死んだ後にもまだ生きているかのように再びつながるのは可能だとする、子どもじみた宗教的信条に結び付いた出来事の連鎖の結果であるかもしれないのです。

運命共同体

私たちはこうした信条を家族の他のメンバーと共通して持っています。家族とともに私たちは、災いをもたらしかねないこれらの信条の中での運命共同体です。以下に述べる人たちがその共同体に属します：両親とその兄弟姉妹、祖父母、1人かそれ以上の曽祖父母、そして今述べた人たちの誰かのために場所を作った人たち、例えば両親または祖父母の過去の結婚相手、あるいは以前の婚約者、死や不運が、家族内の自分の場所を誰か他の人に取らせることを可能にしたすべての人たちもまたそうです。

家族の忠誠とその結果

運命共同体のすべてのメンバーは、深い忠誠で容赦なく結び合わされています。子どもの親への愛情から忠誠心が湧《わ》き上がるとき、またそれが兄弟姉妹の間や、夫婦の間でも、彼らの忠誠心が運命を決定する影響は最も強いのです。しかしある特別な忠誠心が、去らねばならなかった者から利益を得た者によっても感じ取られます。そこにおいては、夫の2番目の妻はしばしば最初の妻に対する無意識の忠誠心を見せ、また2番目の結婚での子どもたちは、密かに父か母の最初の結婚での子どもたちに対して忠誠であるかもしれません。親の子どもへの忠誠心は、子どもから親に対するものほど強くはありません。他にも私たちは強力で予想し得ない忠誠心が、加害者と被害者、そして兵役経験者とその戦死した戦友との間にもあることをよく見ます。

均衡への切望

この忠誠は、グループのより弱い者たちが、より強い者たちが去ったり、死んだりするのを防ぐためにつかまえていようとし、あるいは、もし強い者がすでに行ってしまった後であれば、彼らの後を追いたいという結果をもたらします。

それはまた、有利な立場の者が不利な立場の者の運命を分かち合い、家族の中の運命に恵まれない人たちと健康や幸福、罪のないこと、そして人生への責任を分かち合うということです。例えば、子どもは、病気の両親や兄弟姉妹に対してこのように振る舞うかもしれません。または罪のない子どもが親の罪を背負おうとするかもしれません。

こうして、これら有利な立場の者は、魔法の希望に従って、自分自身の幸福、自分自身の人生を放棄することで、彼らが他の人たちの人生と幸福を救えるだろうと、彼らの健康、罪のなさ、健康で罪なくいるための人生、他者の人生をもしばしば危うくし危険にさらし――失います。

家族と拡張家族のメンバーの中のこの忠誠は、1人のメンバーに楽しまれた恩恵と、もう1人によって苦しまれた不利益の間で、体系的なバランスを取る必要として現れます。このバランスを取ろうとする体系的衝動は、グループの1人が苦しんでいるとき、別の人に不運を自ら招き寄せさせたり、またはもう1人に病気や罪があると、別の人を病気や不運に引き込んだり、家族体系の1人が死ぬと、別の誰かに死を思い焦がれさせます。

このように、狭く閉じられた運命共同体の中では、忠誠とバランスの必要と償いは、メンバーの1人が、他の人の罪や病気、運命や死に加わることを確実にします。それらは自分の不運を通して誰かの幸福を、自分の病気を通して誰かの健康を、自分の罪のなさを通して誰かの罪を、または自分の罪を通して誰かの潔白を、そして自分の死を通して誰かの生を成就させることを試みます。

病はハートの願いに従う

バランスと償いの体系的な必要が、病気や死を利用することから、この類の病気は、私たちの運命共同体に属するための心からの願いの結果です。このように、もっと普通の意味での医療上の助けに加えて、心理的な助けやケアも同様に癒しを引き起こすためには必要です。しかし医師たちが患者の病気を治すためにできるすべてを積極的にしている一方で、病気の体系的な諸次元に気がついているサイコセラピストたちは、愛と所属の力とともに作用していることを理解しており、競うのは出過ぎたことであろうともっと控え目です。彼らの仕事は、クライアントと患者をそれらの力と、敵手としてよりむしろ味方として同盟を結ばせ、調和させる助けをすることに限られています。

「あなたより、私の方が」

催眠療法のグループのセッション中、多発性硬化症に苦しむ女性が、麻痺した母親のベッドの脇にひざまずき、「私が苦しむ方が良いの、大好きなお母さん。あなたの代わりに私が苦しみます」とハートの中で決断しているビジョンを見ました。グループの中の誰もがその子どもの愛情に感動しました。しかし、ある参加者はその愛の深さや、強さを無視し、セラピストに「あなたは彼女をあそこから出さなければなりません！」と懇願しました。

しかし、どうやってその様なやり方で介入し、その子どもの愛をあえて侮辱することができるでしょう？　間違いなく、幼いころの約束を捨てさせようと彼女に試みることは、苦しみを減らすよりむしろ増すだけです。それは彼女に愛を隠すよう強制し、自分の苦しみにもかかわらず、母親を助けるという彼女の決意にかえってより密かにしがみつかせます。

医師やサイコセラピストにできることが何で、また彼らが注意深く避けなければならないことが何かは、もう1つの例で明らかになるでしょう。同じように多発性硬化症を患っている若い女性が、父親の右側に母親を置くファミリーコンステレーションを立てました。彼らの向かい側に病人である彼女自身が立ち、彼女の左には心不全により14歳で死んだ弟が、その左にはもう1人の弟、一番年下の子どもが立ちました。

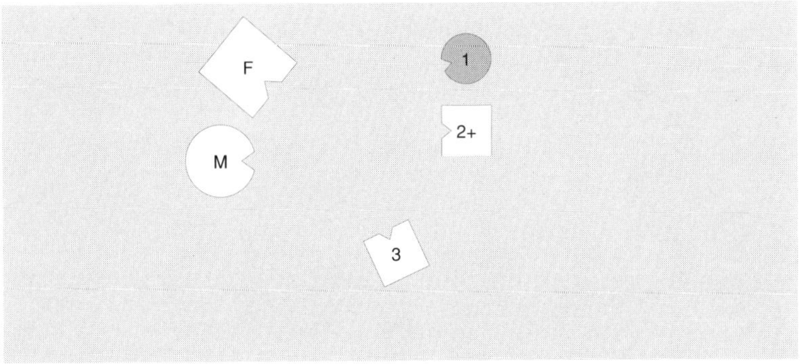

図1

F	父親
M	母親
1	**第1子、娘**（=クライアント）
2†	第2子、息子、14歳で死亡
3	第3子、息子

代理人のレポートによると、サイコセラピストは長男の代理人を部屋から退出させました。それは彼の死という現実を映し出したものです。彼が部屋を出ていったとき、クライアントの代理人の表情はすぐさま明るくなりました。そして母親もまたもっと楽に感じられるようになったのは明らかでした。父と次男の代理人が部屋を出ていきたい衝動を感じていたのが観察されたので、セラピストは彼らも同様に退室させました。男性陣がすべて退室したとき(彼らが死んだことを意味します)、母親は顔にほっとした表情で、居ずまいを正しました。理由がなんであれ、彼女こそが死への体系的な圧力を受けていた人で、そして彼女の家族の男性たちが彼女の代わりに死ぬ用意があることに感動し、ほっとしたということが、そこにいた誰にも明白になりました。

図2

潜在する力動を明白にするためには、サイコセラピストは男性たちを呼び戻し、母親を退室させました。すぐさま他の代理人の全員が、母親の運命を自分たちが引き受ける体系的な圧力から解放されたと感じ、皆気分がずっと良くなりました。

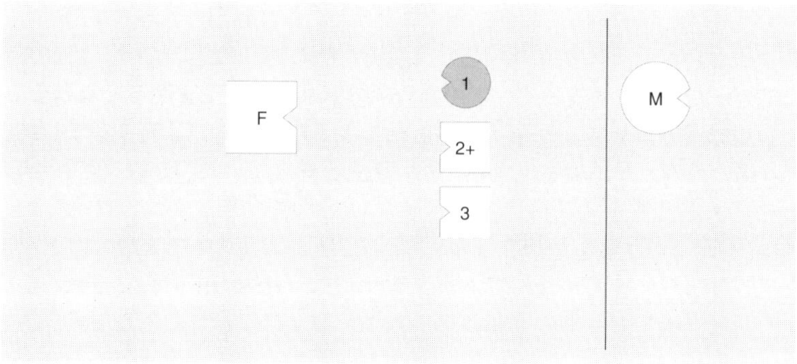

図3

娘の多発性硬化症が、母親の「死ななければならない」という隠された信念と体系的に関係しているかをテストするために、セラピストは母親を部屋に呼び戻し、彼女を夫の左に配置し、娘を母親の隣に配置しました。

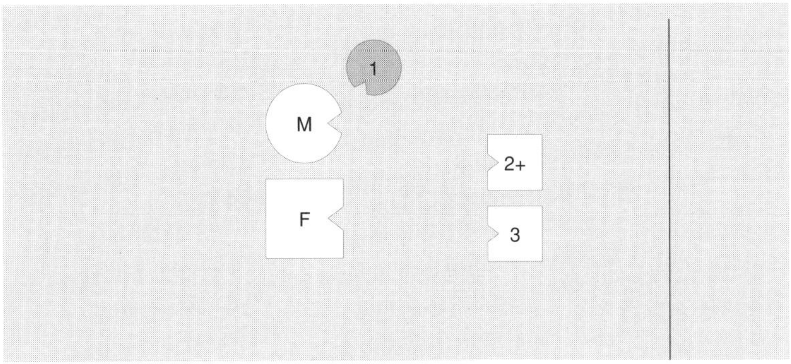

図4

彼は娘に母親の目をまっすぐ見つめ、愛を込めて「お母さん、あなたのために私がそれをします！」と言うように求めました。その言葉を言うなり、彼女の表情は輝きに満ち、彼女の病気の体系的な意味と目的が誰にも明白になりました。

目醒めた愛

しばしば、すべてのサイコセラピストにできるのは、子どもの愛を明るみに出し、そして愛自身の力動は真に必要なものが何かを見つけると信頼することです。たとえ子どもが何を引き受けていたとしても、それは善なる良心と、そうすることが正しく気高いことだという確信でなされました。しかしながら、理解あるサイコセラピストの助けによって、この愛が明るみに出されると、盲目的な愛は決して目的に達することができないと、またその子どもにも明白になります。

子どもたちは、犠牲によって、最愛の者を癒し、彼らを危害から守り、彼らの罪を償い、死の危機から素早く救出することができるという魔法の希望を心に抱いています。しかし大人として、この盲目的な愛や、子どもらしい希望や願いが明るみに出されるとき、彼らの盲目的な愛や犠牲は、愛する者の病気や苦しみ、死に打ち勝つことに必ず失敗するに違いないと理解するでしょう。

子どもの愛の目的や、それを成し遂げるために使われる方法が明るみに出されると、それらは大人の世界では生き残ることができない魔法の信念に根ざしているので、子どもたちは魔法の力を失います。しかしながら、その愛は持ちこたえます。理由と結合されるとより違いが分かります。一度は病気を引き起こしたまさに同じ愛が、今や異なる目醒めた解決法を探し、もし愛の真実のゴールを実現することがまだ可能とすれば、病気を不要のものにします。医師やサイコセラピストは方向性を示すことができます。しかし、子どもの魂は、彼らがその子の愛を尊重し、彼らはその愛がより良い方法でゴールへ到達する手助けをするだけということを保証されなければなりません。

「あなたの代わりに私が行きます」

命にかかわる病気に伴う、最も多く見られる魔法の信念の1つが、子どもの「私が代わりに行きます」という決心です。拒食症の場合、子どもの魂はしばしば「私が代わりに行きます、大好きなお父さん」と決心しています。そして先述の多発性硬化症の例でのその子どもの決心とは「私が代わりに行きます、大好きなお母さん」でした。このような力動はまた、自殺や、致命的な事故の背後で作用していることがしばしば発見されています。

「私は残ります、たとえあなたが行っても」

このような力動が明るみに出るとき、助けになり、癒す解決とは何でしょう。あなたが最愛の人と向かい合って立ち、愛のすべての力と信念を持って、盲目の愛のセンテンス、「あなたの代わりに私が行きます」と言うとき、その解決が浮かび上がります。時には、愛する人を、愛の深さに抵抗しない、分離し、別々である1人の個人として認識するまで、センテンスを何度か繰り返すことが必要です。もしそれが起こらなければ、共依存と同一化はそのまま残りますが、そのセンテンスが子どもの魂の深みから言われるとき、そこには紛れもない愛らしさと無垢さ、趣のある優しさと単純さがあります。

愛のすべての力と確信を持って、その言葉を伝えることに成功する人は、子どもの愛を宣言するのですが、最愛の人と面と向かい合って立っている大人として、違うコンテクストでそれを宣言します。この、子どもの愛の宣言と、大人としての接触との組み合わせは、子どもの魂に、その相手も同様に愛することを、愛する人も愛される人もお互いに両方とも大人であると理解するのを許します。この知った愛は、彼らの間に、これらのそれぞれ異なった運命に、線を引くのです。それは、私の犠牲からもう一方は何も得ない、その反対に最愛の人に利益になるための私の努力は、助けるよりは重荷なのだろうという気づきを可能にします。

愛を、盲目の愛から知った愛へ高めることは、私たちの魔法の信念に挑戦するもので、愛の力動を説明するセンテンスを変えます。「愛するお父さん、愛するお母さん、私の愛する兄弟、私の愛する姉妹、もしくはそれが誰であろうと、たとえあなたが行ってしまっても、私は残ります」。次のように付け加える人もいます。「愛するお母さん、愛するお父さん、私が残るとき、祝福してください。たとえあなたが行っても私の幸福を願ってください」

例をあげて説明をさせてください。ある女性の父親に2人の障害を持った兄弟がいました。1人は聴覚障害者で、もう1人は精神病者でした。体系的に彼は兄弟たちと、彼らの運命に引き寄せられていました。そして彼らへの忠誠から、彼自身の幸福と比べると、彼らの苦しみを見ることが耐えられませんでした。彼の娘はその父親の危険を無意識に知っていて、危機から救おうとしました。彼女が家族のコンステレーションを立てたとき、彼女の代理人は父の兄弟たちの所に突進して駆け寄り、彼らを抱きしめ、まるでハートの中でこう言ったかのようでした。「愛するお父さん、私が行くから、お父さんは残ることができます」。このクライアントは拒食症でした。

ここでの解決とは何でしょうか？　娘は父親の兄弟たちをまず個々人として見なければなりません。そしてハートの中で彼らに言います。「もしお父さんが私たちととどまっても、どうかお父さんを愛してあげてください。そしてもし私がお父さんととどまっても、私を愛してください」

「あなたについていきます」

もう1つ、始めの方のセンテンスは、去るか、死ぬかの親の願望が背後にあって、それをその子どもは次の言葉で防ごうとします。「あなたより、私の方が良い」。それは親が、自身の病気や死んだ親兄弟に対して言いたいかもしれないセンテンスです。それは「あなたについていきます」またはもっと正確には「病気の中にまでもあなたについていきます」または「死の中へもあなたについていきます」です。

こうして、家族の中で、その効果を生じる最初のセンテンスは「あなたについていきます」であり、それらは子どもの言葉です。これらの子どもたちが成長すると、彼ら自身の子どもたちが「あなたより、私の方が良い」と言って、彼らがその言葉を実行する邪魔をします。

「私はもう少し生き続けます」

いつでも「あなたについていきます」というその力動が、致命的な病気や事故、自殺の背後で作用しているときには、助けになり、癒す解決方法は、まずその子どもの愛の全部の力と信念を持って、最愛の人へ大声でその言葉を言わせ、その力動を明るみに出すことです。通常、その力動を指す言葉はいくつかの種類のセンテンスです。「愛するお父さん、愛するお母さん、私の愛する兄弟、愛する姉妹——それが誰であろうと——私はあなたについていきます。たとえそれが死の中でさえも」

ここでまた、患者が愛する人たちを個人、別の存在として認めるまで、何度でもその言葉が繰り返されることが大切です。他の人にも分かるように、この力動を公に述べることが、愛には生きている者と死んだ者の別離をなくすことはできないと、そして私たちの誰もがその限界を見分け、受け入れなくてはならないということを、その子どもに理解させるのです。盲目的なその子どもの愛が、知っている愛に発達するにつれ、愛する人が自分の運命を全うすることは、誰かが、特に彼ら自身の子どもたちが邪魔しないとき、より容易だと、その子どもに理解しやすくなります。

コンステレーションの中で多くの人が、自由を与えるもう1つのセンテンスを見つけていました。「愛するお父さん、愛するお母さん、愛する兄弟、愛する姉妹——それが誰であろうと——あなたは死にました。私はもう少し生き続けます。そして、それから、私も死ぬでしょう」または「私は自分の生を十分に生きます。それが続く限り。そして、それから、私もまた死ぬでしょう」

子どもたちが、両親の1人がその生まれた家族の誰かに続くために、病気や死に引き寄せられるのを見るとき、真剣に次の言葉を言うと、自分たちを自由にすることができます。「愛するお父さん、愛するお母さん、あなたが行こうとも私は残ります」または「たとえあなたが行こうとも、あなたを父として誇りに思います。あなたを母として誇りに思います」また、もし両親のどちらかが自殺をしたなら、「私はあなたの決断を尊重し、あなたの運命に頭を下げます。そしてあなたを私の父として誇りに思います。あなたを私の母として誇りに思います」

病気の原因となる信念

2つの言葉「あなたより私が良い」と「あなたについていきます」は、全く罪のない確信を持ったもつれた子どもたちによって、密かに語られています。同時にそれらはキリスト教のメッセージやクリスチャンの模範に一致しています。例えばヨハネの福音書でのキリストの言葉に「人がその友のために自分の命を捨てること、これよりも大きな愛はない」また、キリスト教の伝統において真の信者とは、十字架に向かう苦難の道の上でさえも、死へまでもキリストに従うことをいとわないことです。

受難や死を通してのキリスト教の贖罪《しょくざい》の教え、またキリスト教の聖者と英雄たちが、誰か他の人の代わりに病気や苦しみや死を引き受けることができるという、子どもの魔法の希望や魔法の信仰を固めます。苦しみの代金を支払うことによって、彼らは他の人をその苦しみから買い戻すことを願い、誰か他の人の代わりに死ぬことで、彼らを死から救い出すことを願います。また彼らは、もしその贖罪がもはやこの世で可能でないなら、彼らのように命を失えば、先立った、愛する人たちと再会し、死を通して再びそれを発見することを（そのように彼らは信じています）願います。

癒す愛

このような信仰が勝るとき、癒しと贖罪は単なる医学的、セラピー的尺度を越えます。彼らはハートの変化を求めます。時に、医師やサイコセラピストにそのようなハートの変化の道を開くことが可能となります。しかし、それが起きるときはいつでも、人間の力を超えたものであり、恩寵《おんちょう》としてて経験されます。

次のお話で説明します。

信仰と愛

昔、昔、ある男が夜、夢の中で神の声が「起きよ、息子を、お前のたった1人の、最愛の息子を連れて、彼とともに私が指し示す山の頂に登り、そこで彼を私への生贄として捧げよ」と言うのを聞きました。

翌朝、その男は起きて息子を、たった1人の最愛の息子を見ました。妻を、息子の母親を見、それから彼の神を見ました。彼は息子を連れてその神が示した山の頂に行き、そこに祭壇を作りました。そこで彼は別の声を聞きました。そして彼の息子の代わりに羊を生贄にしました。

その息子は父親をどう見るでしょう？
その父親は息子をどう見るでしょう？
その妻は夫をどう見るでしょう？
その夫は妻をどう見るでしょう？
彼らは神をどう見るでしょう？
そして神は――もし神がいるならば――彼らをどう見るでしょう？

別の男が夢の中で神がこう言うのを聞きました。「起きよ、息子を、お前のたった1人の最愛の息子を連れて、彼とともに私が指し示す山の頂に登り、そこで彼を私への生贄に捧げよ」

翌朝、その男は起きて、彼の息子、たった1人の最愛の息子を見、妻を、息子の母親を見、そして彼の神を見ました。彼は神を直視して答えました。「私はやりません」

その息子は父親をどう見るでしょう？
その父親は息子をどう見るでしょう？

その妻は夫をどう見るでしょう？
その夫は妻をどう見るでしょう？
彼らは神をどう見るでしょう？
そして神は——もし神がいるならば——彼らをどう見るでしょう？

贖罪《しょくざい》としての病気

罪を償う必要は、病気、事故、自殺、若死に至る、もう1つの体系的力です。様々な文化で、償いは何か価値ある良いことであるとして認識されていますが、私たちがそれを体系的に見るなら、それは苦しみを永続させるだけの残酷な歪みであると分かります。避けられなかったり、運命によって決められた出来事は、時にまるでそれらが個人的な罪を伴っていたり、償いを求めているかのように扱われます。例えば、子どもの流産や、病気、障害、早死の後、親が病気になったり、ふさぎこんだりすることがあります。そのようなケースでは、その親が愛をもって死んだ子どもを見、死が引き起こした深い悲しみに直面し、過去を過去とすることがより助けになります。

似たこととして、別の人にとっての害となっている間に、ある人が恩恵や生命までも受け取るような出来事の後では、人は病気になったり、自分自身を傷つけたりすることがあります。例えば、母親が出産時に死ぬと、まるでその子どもの失敗が母親の犠牲を償うことができるかのように、彼女の子どもはしばしば人生での十分な成功を求めることを困難とします。

害を起こしたことに誰かが本当に責任がある状態があります。例えば、誰かが差し迫った理由もなく中絶したり、子どもをあげるとか、誰か他の人に無慈悲に悪いことをするときです。そのようなケースでは、個人的な罪に対する償いは、潜在意識のレベルで、その母親の無実の主張や、彼女の行動の正当化に対してのあからさまな反感として頻繁に起ります。

これらの状況においても、それが現実であろうと想像であろうと、自分自身が苦しむことを通して、他の誰かの苦しみのための埋め合わせをすることで、人は罪を償う体系的な圧力下にあります。あるいは、私たちがこれまでもたくさんの例で見てきたように、子どもたちの1人がその重荷を負います。しかし私たちの罪が真正であれば、助けとなるのは良い行いをすることで、私たち自身が苦しむことでさらなる苦しみを増すということではありません。

償うことで埋め合わせを達成させるというこのゆがんだ希望は、実は、苦しみを通しての贖罪、自ら加えた罰と苦痛を通しての過ちと罪の浄化という、宗教の教えによって助長されています。

代償を支払うことで罪を償うのは二重の不幸

償いは、埋め合わせと均衡のための私たちの盲目的な要求を満たします。しかし、この埋め合わせが病気、事故、死を通して求められるとき、何が本当に成し遂げられるのでしょう？　傷ついた1人の代わりに、そこには2人いて、そして1つの死が2番目の死によって追われます。さらに悪いことに、償いは被害者が受けるダメージを2倍にします。なぜなら被害者の苦しみはもっと多くの苦しみの原因となり、そしてその人自身の死が、誰か他の人の死をもたらすからです。

まるである人自身の苦しみや死が、誰か他の人に癒しや贖罪を起こすことができるという、償いは錯覚です。

誰か他の人の罪を償う願望は、似たようなものを支払う願望を引き起こします。苦しみは建設的な行動の代わり、死は生の代わりを、償いは罪の代わりをします。

出産時に母親が死んだ子どもは、母親が自分の死を代価にして子どもに生命を与えたので、罪を感じます。もし子どもが母親の死を苦しみや自殺によって償おうとするなら、その不幸は母親にとっていっそう大きなものになります――彼女は自分の生命を失い、彼女の子どもは死ぬのです。彼女が子どもに与えた命は尊ばれず、彼女の愛は気づかれず、感謝されることもありません。彼女の死は無駄にされ、さらに悪いことに、幸福の代わりに苦しみをもたらしたこととなり、そこには死が1つではなく2つあるのです。

もしこのような状況にある子どもを助けたいならば、私たちには償いが成し遂げるものが本当は何かをはっきりと見なければならず、この幻想と歪みを見抜き、償いを通しての体系的均衡への願望に加えて、その子どももまた、「あなたより、私が良い」そして「あなたについていきます」という願いを持っていることを思い出さなくてはなりません。私たちがそれらの「あなたより、私が良い」そして「あなたについていきます」という言葉を捨てる去るときにのみ、私たちは償いのための不幸をもたらす切望を捨てることができます。

埋め合わせの癒しの方法

それでは、この子どもと母親の双方にとって、何が適切な解決法でしょうか？　子どもはこう言うことができます。「愛するお母さん、あなたが私の命のために払った犠牲は無駄ではありません。あなたを忘れないために、あなたを誇りに、私は自分の人生で何かを成します」

この意味は、子どもは苦しむ代わりに建設的に行動し、失敗する代わりに良いものを成し遂げ、死ぬ代わりに十分に生きるということです。そのようにすることで、母を追って苦しみ、死んでいくよりも、子どもは一層深く母親と結び付くようになります。受け入れ、生を十分に生きることで、子どもたちは彼らのハートの中で母親を抱きしめ、強さと恩寵が母親から子どもへと流れます。

苦しみと死を増す償いを通しての埋め合わせと違って、この埋め合わせは幸福と健康へと導きます。償いを通した埋め合わせは安っぽく、害になり、貪欲で、和解を達成することに失敗します。ポジティヴな行動を通した埋め合わせは、高価で祝福を授けます。そうすると母親と子どもの双方がそれぞれの運命に対して和解します。なぜなら母親はその子どもの生と達成の中に加わるからです。

和解は償いよりも良い

苦しみによって罪から解放されることができると信じることで、私たちは人間関係の豊かさと向き合うことを避けます。自分が不当に扱った相手を見失うと、私たちは苦しみを通した償いを試みるだけです。しかし、もし私たちが相手を完全に1人の人間として真に見るなら、すでに苦しまれてしまったダメージは、何を試みようとも、取り返しがつかないと気づかざるを得ません。

これは、あなた個人の責任である罪にとっても真実です。母親の罪で死んだ子どもでさえ、「あなたより、私が良い」という隠された願いを持っていたのかもしれません。従って、もし母親が病気になったり、死ぬことで子どもの死を償おうとしたら、その子どもの母親への愛と、死への意志は理解されず、無駄だったのです。

解決法は、償いの代わりに和解を探すことです。あなたが不当に扱った人を本当に見るとき、和解は可能になります。例えば、母親、父親が中絶されたり、認知されなかったり、捨てられた子どもの目をのぞき込んで言います。「ごめんなさい」「今私はハートの中にあなたの居場所を与えます」そして「あなたを忘れないために、私がする良いことにあなたは参加します」。子どもを偲《しの》んで母親、父親のする良いことは、その子どもとともに、そして子どもを通して起こります。その子どもは参加し、しばらくとどまり、両親とそしてその行動と1つになり、その子どもの苦しみは無駄ではなくなるのです。

この地上で、すべてのものはつかの間で、そしてしばらくして、罪でさえも過ぎゆくことを許されなくてはいけないのです。

誰かへの償いの試みとしての病

コンステレーションの中で、家族のメンバーが、他の人が拒否する罪とその結果を自分たちで引き受けることよって、その他の人の罪を償うことが、しばしば明らかになります。その場合は、子どもやパートナーは「あなたについていき、あなたの罪やその結果を分かち合います」または「あなたより私の方が良いのです。あなたの代わりに私が罪を負います」と言っているのでしょう。

1つの例です。グループセッションの間で、ある女性が、彼女の母親がその女性の家族と一緒に暮したいという求めを拒否し、代わりに母親を老人ホームへ送った、と話しました。その同じ週に、彼女の娘の1人が拒食症になり、黒ずくめの服を着始めて、いろいろな老人ホームへ行き、そこの住人たちの世話をし始めました。誰も、娘本人でさえも、なぜそうしたのか分かりませんでした。

親を敬うことを拒否する結果としての病気

深刻な病に導くもう1つの隠された家族の力動は、両親を敬うことへの子どもの拒絶です。例えば、癌患者たちは、時に、父や母の前で頭を下げるぐらいなら死ぬ方が良いのです。

両親を敬うとは地球を敬うこと

両親を敬うとは、彼らをあるがまま愛し、受け入れることです。そして地球を敬うとは、地球をあるがまま愛し、受け入れることです。生と死、健康と病気、始まりと終わり。これは深い宗教的な行為です。昔、私たちはこれを礼拝と呼びました。それは究極の宗教的行為で、私たちはそれを、まさしくすべてをかける、完全なる明け渡しとして経験します。それはすべてを与え、すべてを受け取り、すべてを受け取り、そしてすべてを与える明け渡しです——愛とともに。

まとめとして、ある哲学のお話をさせてください。

不在と存在

絶対を捜し求めている修道僧が
市場の商人に近づき、食べ物を請いました

商人はちらっと僧を見て、少し間をおきました
分けて上げられるものを手渡し、質問をしました

「あなたがあなたの食べ物として必要なものを
あなたが私に求めることは、
私のことや私の商売のことを
あなたやあなたの持っているものと比べて
何か低いものとして考えられることはご自由ですが
どんな意味を持ち得ますか？」

僧が答えました。
「私が追い求める絶対と釣り合います
確かに他は低いようです」

商人は満足せず
2番目の質問で試そうとしました。

「もしそのような絶対が存在するなら
それは私たちの手の届かない所に達します
まるでそれは長い道のりの果てに横たわっているのを
見つけることができるかのように
どうやって誰かがそれを大胆にも追い求めることができましょう？
どうやって誰かがそれを占有したり
他の人たちより多い分け前を要求したりできるのでしょう？
そして逆に、もしこの絶対が存在するなら
どうやって誰かがそれから遠くそれることが
そして、その意志と加護から除外されることができるのでしょう？」

僧は答えた。
「今、自分に最も近くにあるものすべてを
置いていく準備のある者だけが
そして、自ら進んで、ここと今に、縛り付けられたものなしで
済ませる者だけが

その絶対へいつもたどり着くであろう」

まだ納得せず
商人はさらにもう1つ別の考えで彼を試してみました

「絶対が存在するとしたら
それは誰の近くにもあるはずです
明白さと永続の中に隠されてはいながらも
ちょうど不在が、現在、過去、未来が、
今とここの中に隠されているように」

「現存するものと限られており、
はかなさとして私たちの前に現れるものと比較され
不在は空間と時間に限りがないようです
過去と未来が、ここと今に比較されるように」

「それでも不在であるものは、現在においてのみ私たちに正体を現します
ちょうど過去と未来が
ここと今でのみ正体を現すように」

「夜と死のように
不在は、私たちに未知なるもの、
まだ来ていないを何かを保ち
しかし、瞳のきらめきの中に
稲妻の閃光が夜を照らすように
絶対が突然現存を照らす瞬間があります」

「ゆえに、絶対もまた私たちのそばに近づきます
現在のここに
そして今を照らします」

僧はそれから商人に話しかけました
彼自身の質問で

「もしあなたが言うことが真実なら
それでは何が残るのでしょう
私にとって
そしてあなたにとって」

商人は言いました
「私たちには、まだ残っているものがあります
でもほんのしばらくの間だけ
この地球です」

セミナー

「あなたについていきます」

ヘリンガー　このセミナーでは、私が病気と健康の体系的な条件に関する講義の中で話したことを明白にしていきます。従って私は、癌や、糖尿病、多発性硬化症や自殺傾向のある方という、生命を脅かす病気に苦しんでいる参加者に主に働きかけていきます。

（車椅子のアストリッドに）あなたと始めたいと思います。こちらにおいでなさい。車椅子のままで良いです。あなたの病気は何ですか？

アストリッド　私は糖尿病です。私は長い間人工透析に耐えてこなくてはなりませんでした。それで、腎臓移植を受けています。

ヘリンガー　私の知識のすべてがあなたに役立つようにしましょう。あなたが私と、そしてあなた自身のハートのポジティヴな衝動と、あなたの父親と母親とともにワークするなら、私たちはたぶんあなたに役立つことを発見することでしょう。良いですか？　よろしい。あなたの家族について話してください。何か家族の中で強烈な出来事はありましたか？　例えば誰かが若くして死んだとか、誰かが自殺しましたか？

アストリッド　私の次に生まれた3番目の子どもが、生後3日で死にました。

ヘリンガー　それは重要です。死んだ子どもの兄弟姉妹は、とても強く反応します。他にも家族に何かがありましたか？

アストリッド　私の祖父が癌で死んだのと同時に、私の糖尿病が発症しました。彼は私たちの家族と同居していました。

ヘリンガー　彼は誰の父親ですか？

アストリッド　私の母のです。

ヘリンガー　母親の家族に何か重大なことは起きませんでしたか？　例えば、誰かが若くして死にませんでしたか？

アストリッド　母の弟はジフテリアで戦争中に死にました。彼は14歳でした。

ヘリンガー　あなたの両親か祖父母のどちらかに、以前結婚していたか、深い関係にあった人はいますか？

アストリッド　いいえ。

ヘリンガー　グループのメンバーの助けを借りて、あなたの家族のコンステレーションを立てましょう。まず始めに、人を選んでください。あなたの父親と母親の代理人が必要です。第1子は？

アストリッド　私の兄*です。

ヘリンガー　第2子は？

アストリッド　私です。

ヘリンガー　誰かあなたを代理する人も必要です。死んだ子は？

アストリッド　女の子でした。

ヘリンガー　彼女のためにも代理人が必要です。死因は何だったのですか？

アストリッド　はっきりしません。

ヘリンガー　はっきりしないとはどういうことでしょう？

アストリッド　母は赤ちゃんがミルクを飲まなかったと言いました。それが、私が彼女の死について知っているすべてです。

ヘリンガー　彼女は餓死し、それから？

アストリッド　私が聞いたことのある説明はそれだけです。他には、その子のことは一切語られたことがありません。

ヘリンガー　あなたの両親のどちらかが、その子の死について相手をとがめませんでしたか？

アストリッド　彼女について誰も決して話しません。

ヘリンガー　分かりました。家族のコンステレーションを立てましょう。それをするためぐらいなら歩けますか？

アストリッド　ええ。

ヘリンガー　どのようにコンステレーションを立てるか知っていますか？

アストリッド　いいえ。

ヘリンガー　あなたがグループから選んだ人を連れて、その人を他の人との関係において一番正しいと思われる場所に配置してください。あなたが、全員が正しい位置に置かれたと感じたら、彼らをそこに立たせたままあなたは離れてください。彼らをその瞬間のあなたの感覚に完全に従って配置してください。あなたが感じているとおりが正しいのです。やり終えたら座ってください。

*原注：後にアストリッドの兄は妹が死んだ時に喘息になったことが判明した。兄は妹の死を5年後まで知らされていなかったのだが。

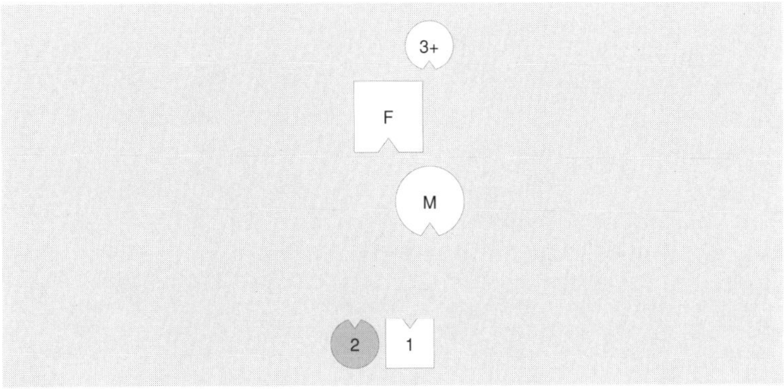

図1

F	父親
M	母親
1	第1子、息子
2	**第2子、娘**（＝アストリッド）
3†	第3子、娘、生後間もなく死亡

ヘリンガー　父親はどう感じていますか？

父親　この2人に取り囲まれ、後ろからは脅されているように感じます。気味の悪い感覚が背後にあります。ちょっと周りを見てみたい衝動があります。

ヘリンガー　母親はどう感じていますか？

母親　私に見ることができない多くが私の背後にあります。後ろにあまりにも多すぎです。

ヘリンガー　息子はどう感じています？

第1子　妹にとても近く感じ、両親からはとても遠く離れた感じがします。

ヘリンガー　（アストリッドの代理人に）長女はどんな感じがしますか？

第2子　両親が近づきすぎで、私を観察していると感じます。彼らとこれより近くなくてうれしいです。

ヘリンガー　死んだ子どもはどう感じていますか？

第3子†　誰も見分けられません。ここに属している感じがしません。

ヘリンガー　この死んだ子を皆に見える所に連れていきます。

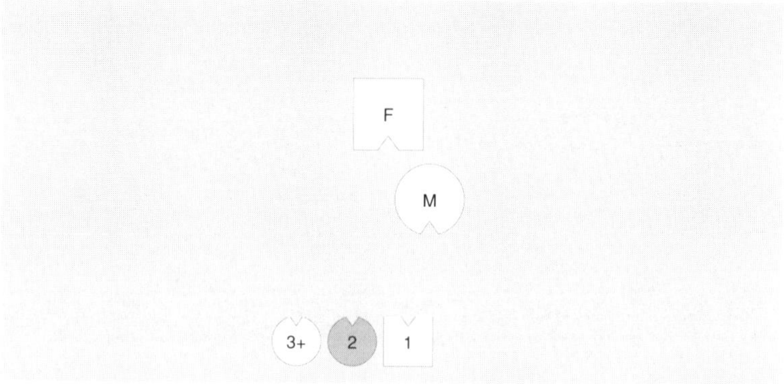

図2

ヘリンガー　両親には何が変わりましたか？

父親　もっと自由になったと感じます。まだ妻によって閉じ込められていると感じますが。でもずっと楽に呼吸できます。

ヘリンガー　母親は今どう感じていますか？

母親　ほっとしました。

第2子　私も良くなりました。（姉妹はお互いに微笑みあう）

ヘリンガー　あなた方の間に、たった今何が起こりましたか？

第2子　妹が自分の近くにいるのがとても良い感じです。

ヘリンガー　（グループに）私にはこの家族についていくつかの違った考えがあります。第1は、母親は家族を離れ、死んだ子どもの後を追うことを望んでいます。第2の考えは、長女は、自分自身が去ることで、母親がいなくなる邪魔をすることを望んでいます。そして第3の考えは、長女は死ぬことで死んだ妹の後を追うことを望んでいます。

この2人の姉妹の間の思いやりを見ましたか？　その愛を？

（2人の姉妹は再び微笑み合う）

見えましたか？　彼女たちには隠せないのです。

（グループ内に笑いが起きる）

そのとおり。ここで私は母親を父親の隣に置くことにします。

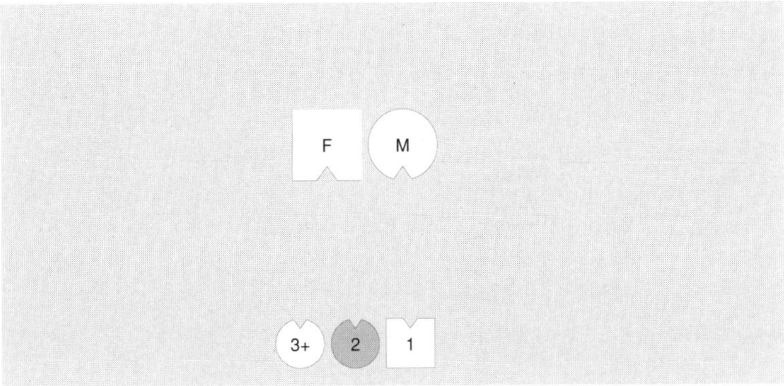

図3

ヘリンガー　今はどう感じますか？

父親　右側に引っ張られている感じがします、妻から離れるように。

ヘリンガー　（父親に）去る衝動をあなたが感じる可能性はあります。死んだ子の所に行って隣に立ちなさい。どんな感じがしますか？

父親　良い感じです。

ヘリンガー　（アストリッドに）あなたの父親の家族には何がありましたか？

アストリッド　父の弟の1人が、戦争中に肺炎で死にました、とても突然に。

ヘリンガー　（父親に）戻って妻の隣に立ってください。あなたの死んだ弟もグループに加えます。

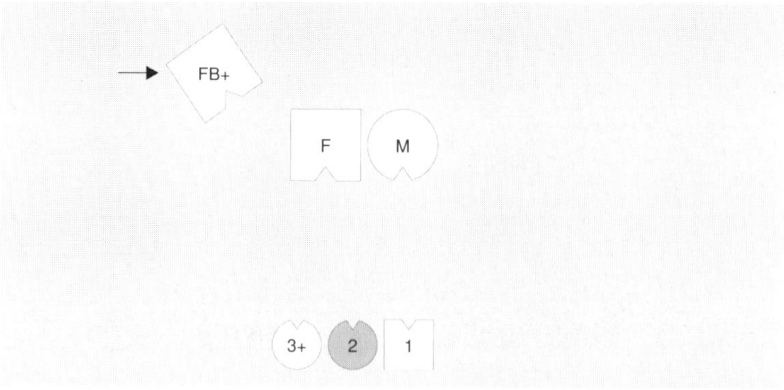

図4

FB † 父親の弟、死亡

父親 よい感じです。右へ引く力はなくなりました。

（娘をはじめ家族の他のメンバーに変化はない）

ヘリンガー （グループに）父親はたぶん死んだ弟に言いたいのです。「あなたについていきます」と。

ヘリンガー 今母親はどう感じていますか？

母親 弟が加わって、何かが変わったように思います。以前は夫との関係がどうもうまくいっていないように思えていました。それが今は変わりました。でも彼の弟はあまり近づいてはいけません。

ヘリンガー そうです。もし弟が近づきすぎたら、あなたは夫を失うでしょう。

（アストリッドに）自分の場所に行って立ってみたいですか？

（アストリッドはコンステレーションの彼女の場所へ行く）

ヘリンガー あなたの死んだ妹の名前は何ですか？

アストリッド マリア。

ヘリンガー 彼女を見て言いなさい。「愛しいマリア」

アストリッド 愛しいマリア。

ヘリンガー もう一度。

アストリッド 愛しいマリア。

（長い中断）

ヘリンガー 彼女に言いなさい。「あなたについていきます」

アストリッド あなたについていきます。

ヘリンガー　「愛とともに」
アストリッド　愛とともに。
ヘリンガー　もう一度言って。
アストリッド　愛とともにあなたについていきます。
ヘリンガー　その言葉は正しい感じですか？　言葉は真実ですか？
アストリッド　はい。
ヘリンガー　死んだ妹は今どう感じていますか？
第3子†　あまり良くないです。
ヘリンガー　そのとおりです。
第3子†　私は彼女を必要としません。
ヘリンガー　これが幻滅感です。
（アストリッドに）妹をあなたから離して、彼女が属する場所に置きます。
（死んだ妹の代理人に）両親の前の床に座って、彼らにもたれかかってください。

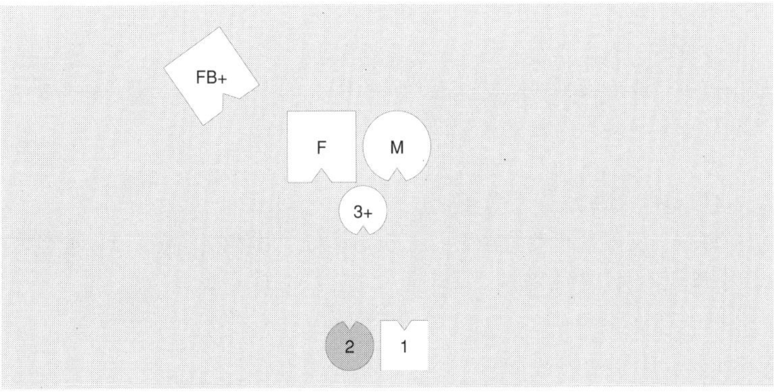

図5

ヘリンガー　（両親に）片手をそっと彼女の頭に置きなさい。2人ともです。
ヘリンガー　死んだ子どもは今どんな感じがしていますか？
第3子†　さっきより良いです。
ヘリンガー　両親はどんな感じていますか？
（両親は互いにうなずき、微笑み合う）
ヘリンガー　（アストリッドに）死んだ妹に言いなさい。「愛しいマリア」
アストリッド　愛しいマリア。
ヘリンガー　「ここがあなたの正しい居場所です」
アストリッド　ここがあなたの正しい居場所です。

ヘリンガー　「そして私はここにとどまります」。目をあけなさい！
アストリッド　そして私はここにとどまります。
（長い中断）
ヘリンガー　深く呼吸して。あなたの母親を見て言うのです。「愛しいお母さん」
アストリッド　愛しいお母さん。
ヘリンガー　「私はとどまります」
アストリッド　私はとどまります。（彼女は泣き出す）
ヘリンガー　彼女を見つめて、愛を込めて言いなさい。「愛しいお母さん」
（彼女はためらう）
アストリッド　愛しいお母さん。（彼女は泣きじゃくる）
ヘリンガー　「私はとどまります」
アストリッド　私…、私…、私……。
ヘリンガー　「私はとどまります」
アストリッド　私はとどまります。
ヘリンガー　もう一度。ただ言うのです。「愛しいお母さん」
アストリッド　お母さん、私はとどまります。
ヘリンガー　今度は父親を見つめて、そして言いなさい。「愛しいお父さん」
アストリッド　愛しいお父さん。
ヘリンガー　「私はとどまります」
アストリッド　私はとどまります。
ヘリンガー　父親に言う方が楽なようですね。母親の方をもう一度見て。あなたを母親の隣に移します。このようにとても近くに。

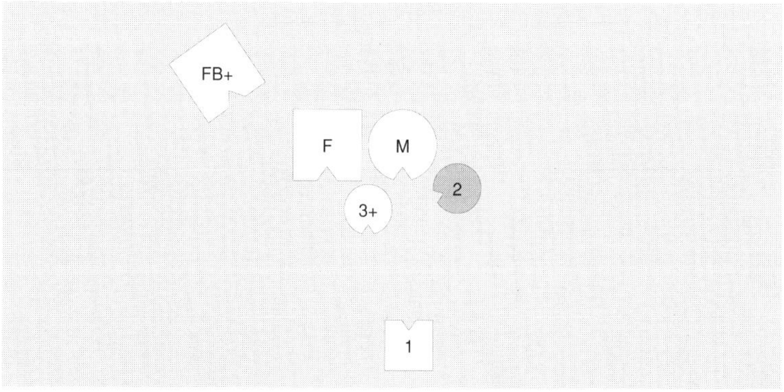

図6

ヘリンガー　彼女を見つめて。目を見つめて、言いなさい。「愛しいお母さん」

アストリッド　愛しいお母さん。

ヘリンガー　「私はとどまります」

アストリッド　（力強く）私はとどまります。

ヘリンガー　そうです。もう一度言いなさい。

アストリッド　愛しいお母さん、私はとどまります。

ヘリンガー　（母親に）両手を彼女に回して。両腕です。

（アストリッドに）言いなさい。「愛しいお母さん、私はとどまります」

アストリッド　（大きな声で）愛しいお母さん、私はとどまります。

ヘリンガー　そのとおり。「愛しいお母さん、私はとどまります」

アストリッド　愛しいお母さん、私はとどまります。（彼女は泣きじゃくる）

ヘリンガー　深く呼吸して。吸って、吐いて、深く。口から呼吸して。深く吸って、吐いて。そうです。そのように。そうやって優しく繰り返してください。「愛しいお母さん」

アストリッド　愛しいお母さん

ヘリンガー　「私はとどまります」

アストリッド　私はとどまります。

ヘリンガー　（グループに）今では彼女は普通の声で話しています。それが、本心を伝えていると分かります。今彼女の言葉には力があります。

（アストリッドに）「愛しいお母さん、私はとどまります」

アストリッド　愛しいお母さん、私はとどまります。

ヘリンガー　それで良いです。しかし、あなたは言ったことを本当にやりますか？　母親を見つめて。目を見つめて、そして言いなさい。「はい、私は本気で言っています」

アストリッド　はい、私は本気で言っています。

ヘリンガー　よろしい。以上です。

（ヘリンガーはアストリッドを彼女の場所へ連れ戻った。隣に座る女性がアストリッドに腕を回そうとした）

ヘリンガー　あなたの慰めの申し出は、かえって彼女の内側深く起きていることを邪魔します。彼女は可能な限り最良の手の中で、自分自身と出会っています。あなたの慰めは、彼女の注意をそらすだけでしょう。

（グループに）とても強烈なワークでした。病気へ導く作用している最中の力と、ヒーリングへの移行を発見するために必要な強さも、私たちは見たと思います。そして私たちは、病気へ導く愛とヒーリングへ導く愛は同じものであることを見ました。目標だけが違って、愛そのものは不変です。何か質問はありますか？

参加者　父親のことで解決していないことがあったのではないですか？　彼は死ぬことを望んでいました。

ヘリンガー　このワークで重要な原則の1つは、患者にとって必要以上をしないことです。アストリッドはあれ以上必要としていませんでした。それははっきりしていました。それが終える瞬間で、そうしなければエネルギーは徐々に消失します。やめる時は強烈さが最大の瞬間です。細かいことを整理したり、例えば「今どう感じていますか？」などと聞いてはいけません。それはエネルギーを浪費するだけです。それを感じられますか？

参加者　はい。

§

4カ月後、私はアストリッドから次のような手紙をもらいました。

「……その後数カ月が過ぎて、今まで私は、私たちのエンカウンターが私の生にもたらした大きな変化についてあなたに話したいという私のまさに真実の願いと、私が書くことを妨げる恥ずかしさの感情の間で引き裂かれていました。

最も実際的な「成功の証」は、過去3年間、定期的に再発していた腎臓と尿道の感染症が突然消えてしまったことです。

これは、一見して明白でしょうが、私にはそれ以上のずっとたくさんのことを意味します。感染症は私の腎臓移植の成功を危険にさらすだけでなく、それはそれ自体さまざまな事情で複雑になっていたであろう、その成功がかなり疑わしかった再手術という考えと和解することをまた押し付けました。

「私はとどまります」という言葉は、この間、母に対して元来持っている挑戦的態度を失わせ、そして私は生きることが許されているという自由な確信となりました。

「あなたについていきます」や「あなたより私が良い」という言葉の気づきは、家族の様々なメンバーに広く行き渡り、少なくとも私と私の死んだ小さな妹との関係においては、明確にもつれを解消させ、大きな救済の感覚をもたらしました。

突然、私はほぼ生涯に渡る病歴と症状の進行を終わらせることに自由となり、遠回しな自殺への願望は、その動機を与える力とその正当性をなくしてしまったのです」

死んだ障害児の後を追う母親

ヘリンガー　（ブルーノに）あなたの問題は何ですか？

ブルーノ　落ち着かなくて、自由に感じません。何をして良いのか、どっちへ向いたら良いのか分かりません。

ヘリンガー　家族の中で何か特別なことが起こりましたか？

ブルーノ　母が4年前に死にました。父と山の中にいました。

ヘリンガー　事故だったのですか？　登山中の？

ブルーノ　滑ったのです。しばらくしてから、これと関係があると思うのですが、父親が私にあることを話しました。もっと前に知っているべきだったのですが、父は同じ職場で働いていた女性と関係を持っていました。

ヘリンガー　彼はそのことをあなたに言うべきではありませんでした。子どもは両親に関するそのようなことを知る必要はありません。そういったことは家族の階級の上位のレベル、両親のレベルに属します。低いレベルの人たち、すなわち子どもたちはそれらについて知ってはなりません。子どもは親の秘密を知るべきではありません。セラピーをしているときは、私は親の秘密を守ることにいつも注意深くします。これはあなたに重要な情報ではありません。家族の中で誰か早くに死んでいますか？

ブルーノ　はい、私の妹が。

ヘリンガー　何歳でしたか？

ブルーノ　18歳でした。私より2歳年下でした。彼女はダウン症でした。

ヘリンガー　ダウン症ですか？　それは重要な情報です。1人の子どもが障害児だと、家族の中の健康なメンバーたちは自分が受けるに値しない有利な立場にあると感じる傾向があります。たとえ彼らが他の人の障害に責任があるどころか、その有利な立場に責任がなくても。そしてしばしば自分自身に制限を課します。なぜなら彼らは兄弟姉妹の障害を考慮すると自分の生を受け取ることができないからです。これが、あなたを悩ましているものを探す最初の場所です。

（グループに）このような体系的もつれを探っていくときには、誰かが悪いとか、個人的に責任があるということはありません。それは単に運命の問題です。罪のあるなしを越えて作用する力があります。私たちは罪のある人を探しているのではなく、そこに作用している体系的な力を観察し、それらと調和する解決を見つけようとしているのです。

（ブルーノに）他に何か重要なことは起きましたか？　子どもは何人いたのですか？

ブルーノ　私たち2人だけです。

ヘリンガー　2人だけ？　それは事態をもっと強烈なものにしますね。あなたの両親のどちらかが以前に結婚していたとか、親密な関係にあったことがありますか？

ブルーノ　いいえ。

ヘリンガー　両親のどちらかが、あなたの妹の障害について相手を責めましたか？　彼らのどちらかがそれが相手のせいだったかもしれないと考えましたか？

ブルーノ　妹を生んだとき、私の母は比較的に高齢でした。

ヘリンガー　何歳でしたか？

ブルーノ　40歳でした。

ヘリンガー　あなたの父親は母親を責めましたか？　あるいは彼女が彼を責めましたか？　あなたの印象はどうですか？

ブルーノ　父は母を責めませんでした。でも母は罪を感じて、そのことが起こった理由を見つけようとしていたと思います。

ヘリンガー　あなたの生まれた家族を立てて見ましょう。父親から始めて、それから母親、あなた、あなたの妹です。

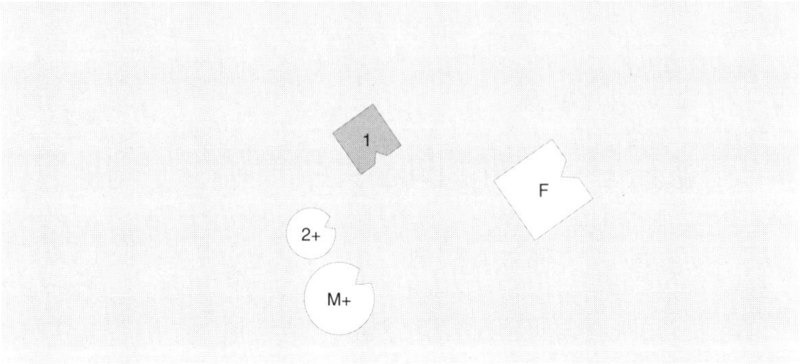

図1

F	父親
M †	母親
1	**第1子、息子**（＝ブルーノ）
2 †	第2子、障害を持った娘、18歳で死亡

ヘリンガー　父親はどんな感じがしますか？

父親　重い感じです。

ヘリンガー　重い？　それはどういうことを意味するのか説明できますか？

父親　私は家族から顔をそむけています。それが不愉快な感じです。

ヘリンガー　母親の感じはどうですか？

母親†　とても心配です。夫や息子と接触する方法がありません。望みがないと感じます。

ヘリンガー　そう、そのとおりです。息子の感じはどうですか？

第1子　ばらばらに引き裂かれ、別々の方向に引っ張られている感じがします。妹は私から母を取り上げています。

ヘリンガー　（グループに）時折このようにワークすると、コンステレーションの中に立っている人たちは、内側からものを自由に感じる代わりに、人々が配置された様子を見て、どのように感じるべきかを結論づけたりします。今はまさにそれが起こったところです。彼は妹について述べました。なぜならそれが、彼はこのように感じるべきだというようなものだったからです。

（ブルーノの代理人に）今この瞬間にあなたが実際感じていることに集中する方がより良いのです。コンステレーションがどのように見えるかとは一切関係なく。

第1子　別々の方向に引き裂かれる感じがします。

ヘリンガー　妹はどう感じていますか？

第2子†　なんだかとても落ち着かなく、制限されていて、ひどく依存している感じがします。

ヘリンガー　部屋を出て、戸を閉めてください。

（グループに）誰かが部屋を去ると、それはその人が死んだか、自殺したことを意味します。このケースでは彼女は死にました。

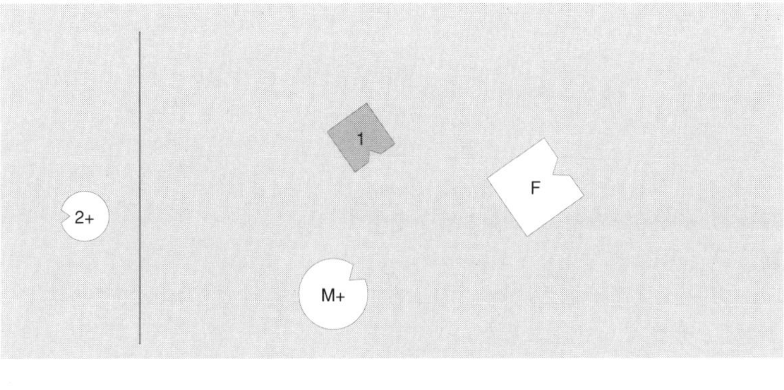

図2

ヘリンガー　母親にとって何が変わりましたか？　良くなりましたか？　悪くなりましたか？

母親†　良いというよりは悪いです。とても独りぼっちに感じます。

ヘリンガー　父親は？　良くなりました？　悪くなりました？

父親　悪くなりました。

ヘリンガー　兄としてはどうですか？　良くなりました？　悪くなりました？

第1子　両方です。一方で、母をよく見ることができ、それは安心です。

ヘリンガー　誰かが死んだときに、安心したと言うのはかなり辛いことです。しかし、それはよくあるケースです。彼が同時に良くも、悪くも感じると言うとき、私は彼がより良く感じたと解釈します。

第1子　はい、確かにそうです。

ヘリンガー　それが真実です。それはそうあるのであり、何も悪いことはありません。誰かが悪いとか不道徳という意味ではありません。

（母親に）部屋を出ていきなさい。あなたが次に死んだ人です。出ていき、ドアを閉めなさい。

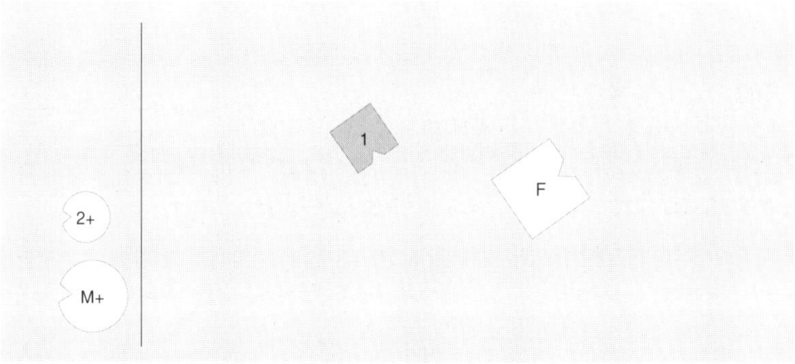

図3

ヘリンガー　父親の今の感じはどうですか？

父親　ひどいです。

ヘリンガー　父親が本当に感じていることをよく注意して見てください。彼は本気でそう言っていましたか？

（父親の代理人が笑う）

分かりますか？　これは禁じられた感情です。真実は、彼はより良く感じています。彼はこの家族の中で何の希望もありませんでした。他の女性を愛する以外この状況で彼に何ができたでしょうか？　このような立場におかれている彼を見て、彼を責めることはできますか？　いいえ、できません。

（ブルーノの代理人に）今あなたはどう感じていますか？

第1子　悪いです。本当に1人きりだと感じます。

ヘリンガー　（グループに）私たちがここで得たものが、良い解決法でないことは明らかです。しかし、これがこの家族の見つけた解決法の1つです。ではここで、私たちにもっと良い解決法を見つけることができるかを見てみましょう。

（部屋の外にいる娘と母親に）さあ戻ってきても良いです。あなたが先ほど立っていた場所に立ってください。

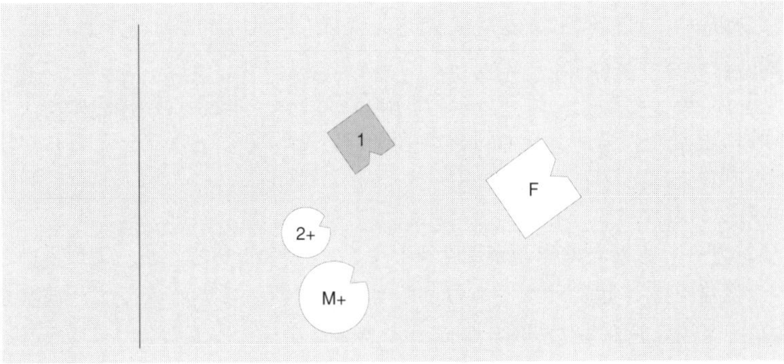

図4

ヘリンガー　（娘に）部屋の外ではどう感じましたか？　良かったですか？　悪かったですか？

第2子†　深呼吸をしたら、良くなりました。

ヘリンガー　（母親に）あなたは部屋の外でどう感じましたか？　良かったですか？　悪かったですか？

母親†　良かったです。娘に会えて嬉しかったです。（母親と娘は互いに微笑みあう）

ヘリンガー　（ブルーノに）彼女は娘に会えて嬉しかったのです。今、あなたの母親の死の裏側に隠された力動が分かりますか？　彼女は娘の後を追ったのです。それは敬意を払われるべき動機ですが、不満足な解決法です。

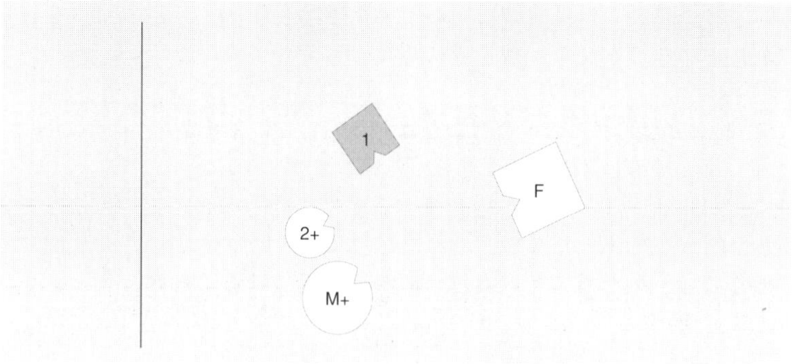

図5

ヘリンガー　（父親に）今あなたはどんな感じです？

父親　良くなりました。

ヘリンガー　（ブルーノに）あなたの両親は、その親密な関係を娘が生まれた時に壊したのです。それは誰の考えだったのでしょう？　どちらが壊したのでしょう？

ブルーノ　母です。

ヘリンガー　あなたの母親が壊しました。だから彼女こそが、より良いことへの変化を引き起こせたであろう、その鍵を持っていた人です。彼女をあなたの父親、彼女の夫の隣にしたらどうなるか見てみましょう。

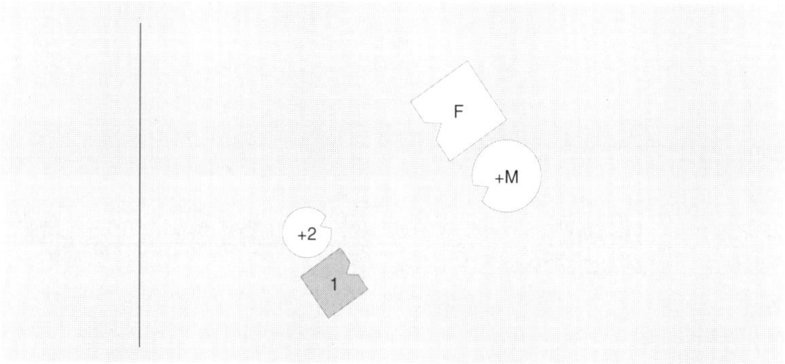

図6

ヘリンガー　（父親に）どうですか？今どう感じますか？

父親　なかなか良いです、本当に。ええ。

ヘリンガー　（娘に）どう感じますか？　良いですか？　悪いですか？

第2子†　良いです。空気や生を私の周りに感じます。

ヘリンガー　（グループに）おかしくはありませんか？　両親が本当のカップルとなって、子どもたちについてひどく心配するのをやめるや否や、子どもたちの気分は良くなり始めました。障害を持った子でさえも。

ヘリンガー　（息子に）どう感じますか？

第1子　良い感じです。

ヘリンガー　娘はどう感じますか？

第2子†　私も良い気分です。

ヘリンガー　母親はどうですか？

母親†　とても安心しています。

ヘリンガー　こちらの方がずっと良い解決法だったことでしょう。現代の親は、しばしば子どもを宿したときの危険性を軽視しがちです。たぶんそれがここで起こったことです。もし、彼らが障害児を持つリスクを完全に受け入れていたならば、娘が障害児であるということが彼らにとってどれほど大変なことか許容することもできたでしょう。もしも、親密な関係を壊す代わりに、一緒に居続けていたら、誰もがもっと良い解決方法を見つけていたことでしょう。

ヘリンガー　（ブルーノに）両親がこのように一緒に立っているのを見るのはどんな感じですか？　自分の場所に行って立ち、どういう感じか確かめてください。

（ブルーノはコンステレーション中の自分の場所へ行く）

ヘリンガー　さあ妹を見て、言ってください。「愛しい妹、私があなたの兄です」彼女に言いなさい。彼女の名前はなんですか？

ブルーノ　マリアです。

ヘリンガー　言いなさい。「愛しいマリア、私があなたの兄です」そう言いなさい。

ブルーノ　愛しいマリア、私があなたの兄です。

第2子†　あなたを愛しています。

ヘリンガー　（ブルーノに）それからこう言うのです。「あなたの運命を尊重します」

ブルーノ　あなたの運命を尊重します。

ヘリンガー　「そしてあなたに何が起ころうと、私はあなたのそばにいます」

ブルーノ　そしてあなたに何が起ころうと、私はあなたのそばにいます。

ヘリンガー　「そして私は自分の運命をも受け入れます」

ブルーノ　そして私は自分の運命をも受け入れます。
ヘリンガー　ここで、あなたに勧めたいことが他にもあります。簡単ではないでしょうが、それには癒す効果があります。2〜3歩前に進んで、あなたも妹も、少し近づいて、両親に頭を下げるのです。自分の感覚とつながって、愛を込めて。両親に、そして彼らがあなたのためにしてきてくれたことすべてに対して頭を下げるのです。頭を下げなさい！
（2人ともお辞儀をする。ブルーノがすすり泣きを始める）
ヘリンガー　それが癒す感情です。言いなさい。「愛するお父さん、愛するお母さん」
ブルーノ　愛するお父さん。
ヘリンガー　「あなたを誇りに思います」
（ブルーノは躊躇する）
ヘリンガー　言いなさい。
ブルーノ　あなたを誇りに思います。
ヘリンガー　「愛しいお母さん」
ブルーノ　愛しいお母さん。
ヘリンガー　「あなたを私の母として誇りに思います」
ブルーノ　母としてあなたを誇りに思います。
ヘリンガー　まっすぐに立って、両親を見つめて、目を見つめるのです、あなたの父親と母親の。
（両親に）どんな気分ですか？
（両親とも満足げにうなずく）
ヘリンガー　そうです。今あなたがたは自分たちの尊厳を感じられます。
ヘリンガー　（ブルーノに）あなたも今、自分の尊厳を同様に感じられるでしょう。そしてあなたの子どもたちに対して父親としての尊厳を感じられるでしょう。
（コンステレーションの参加者に）自分の席へ戻ってください。
（グループに）この働きかけがなされた、その深い敬意に気づきましたか、かかわった皆に表された敬意に？　そして私たちはずっと解決に向けて作業し続けていました。過去を不必要にかき回して捜すのではなく、ブルーノに人生を十全に生きる力を与える解決法へ向けての、目的を持ったステップを重ねるだけでした。そしてそれは、彼の現在の家族に良い影響を与えるものでもあるのです。
何か質問はありますか？
参加者　彼に自分の状況についてもっと話させるよりも、なぜあなたは彼のワークをかなり厳しく体系化したのでしょう。最初から明白だったから、あなたは彼の生まれた家族から始めたのですか？

ヘリンガー　いいえ。私は彼がもつれてしまったものが何かあるかどうかを見たかったのです。彼が妹の話を始めるや否や、私にはそのことがはっきりしました。

家族に障害児がいると、通常それには重大な意味があります。妹が若くして死に、母親がその後、命にかかわる事故にあったと彼が話したとき、その重大さはより明白になりました。それは重要な情報で、私はそれに働きかけました。もしそれが何か他のことだったとしたら、私たちは後になって見つけていたことでしょう。私はいつも明白に現れているものから働きかけ、それらはいつもいくつかの出来事から成っています。ブルーノの母親は死にました。それが1つの出来事です。彼の妹が死にました。それも1つの出来事でした。妹はダウン症でした。これもまた1つの出来事でした。これらが解決に必要だったすべてです。

解決に向かって働きかける代わりに、もし患者にありとあらゆることを話すことを許してしまうと問題は混乱してしまいます。しかしもしあなたが、出来事があなたに影響を与えることを許したら、あなたはそこにあるエネルギーをすぐに感じることができるでしょう。それ以上の質問の必要がなくなり、あなたはエネルギーの存在、あるいは欠乏を感じなくてはならないだけです。ブルーノが自分の家庭に起きたことを話したとき、私たちはエネルギーを感じることができました。私はそのエネルギーとともに働きかけたのです。

妹の代理をした参加者　私はこのワークの強烈さに驚きました。

ヘリンガー　もちろんです。あなたはコンステレーションの一部でした。あなたはそれがどのように働くのかをじかに経験しました。コンステレーションで自分の位置が変わるごとに、自分の感情が変わっていくことも経験しました。私たちにはこれがどうやって起こるのかははっきり分かりません。コンステレーションでは、役をする誰もが他の人たちの運命と感情に参加します。そしてそれがなぜか、私たちは分かりません。そして私たちにそれができるなら、子どもがどれほどより強く家族の感情や運命にもつれてしまうのかちょっと考えてみてください。

別の参加者　あなたがその仕事において、いかに確信に満ち、明確であるか、いかにまっすぐに本質に向かい、本質でないものにそらされることを拒否することか、私は驚きました。

ヘリンガー　そのやり方をどうやったら学べるか教えてあげられます。知りたいですか？

参加者　もちろんです。

ヘリンガー　あなたは習ってきたことのすべてを忘れなくてはなりません。それが1番目です。その次にコンステレーションの中の全員を、愛と尊敬とともに観察します。このケースではブルーノと母親、妹に対する愛と尊敬でした。彼らが3人の主要人物でした。それから解決がそれ自身を示すか待ち、見るのです。この基本的な姿勢によって、解決がしばしばかなり早く現れます。もちろん、学べるテクニックはいくつかあります。例えば、このような状況での大切なテストとして、誰かが死んだとき、システムの中で何が起きるのかを見るために、死んだ人を部屋の外へ出すことをします。家族のメンバーの死は、この家族の解決への試みを代理しました。でもそれが良い方法ではなかったので、私たちはより良い方法を探しました。

ブルーノは、彼の家族が解決を見つける試みを示しました。彼は、彼らの関係の内なるイメージを持っていました。でもそれは、母と妹という家族2人を死に導く悲劇的な解決法でした。彼が、この内的イメージを皆に見えるように、ファミリー・コンステレーションの形態で立てたとき、私たちはそれを変えることができ、より良い解決のために働きました。この解決は、彼の家族の中で何かを変えることを必要とせず、ブルーノにポジティヴな影響を与えるでしょう。彼の父親は変わる必要がなく、ここで何が起きたのかを知る必要すらありません。しかし、ブルーノがこの新しいイメージを、自分のハートとマインドの中に愛とともに持ち続ければ、すべてが良い方向へ変わることができるのです。

（ブルーノに）この新しいイメージをたずさえて帰宅したなら、あなたの子どもたちが輝いていることを見るでしょう。それがこのワークというものです。かなりシンプルで根本的です。

参加者　もう1つ実践上の質問があります。もしブルーノが、個人的にあなたを訪ねてきたとしたら、最初のセッションでこのように彼に働きかけますか？　もしそうなら、彼をまた更なるセッションで見ていきたいですか？

ヘリンガー　いいえ。もうセッションは必要ありません。重要なことはすべて起こりました。しかしながら、彼には気づかなければならないことが1つあります――彼には休憩中にそのことを話しました。体系的なコンテクストから、今の今まで彼の妹が与えられるべき敬意が払われていないので、彼の娘が妹の運命ともつれ、妹を模倣する可能性があります。今日、彼が家に帰ったら、彼が死んだ妹への認識と敬意によって、家族に起こった変化を見るでしょう。彼が妹のことを愛情とともに思い出すようになったまさにその事実は、彼の娘へポジティヴな影響を持つでしょう。

セラピーの経過は弾道曲線に例えられるでしょう。最初、エネルギーレベルは素早く上昇し、それから頂点に達し、そして落ち始めます。それがピークの時にやめるべきです。その後に起こることはエネルギーの無駄です。そうするとそのエネルギーは、解決のために集中されず、説明と分析に使われます。

参加者　あなたはまさに最初のセッションから、このように働きかけるのですか？

ヘリンガー　たいていそうです。

ブルーノにはもうこれ以上はしないでしょう。必要なことはすべてなされましたから。もちろん、それは彼の強さと両親のサポートに信頼があるということを意味します。両親と妹と、彼は可能な限り最高の支えの中にいます。

別の参加者　私は他の人たちと話していた休憩中に、誰かが喋りすぎるとき、起きたことからどれほどのパワーが失われてしまうかに気がつきました。

ヘリンガー　そのとおり。それがワークが終わったとき、あなた方が話し続けたり、質問し続けたりすると、起こることの良い例です。古代の中国で老子という人が『道徳経／Tao Te King』という小さな本を書きました。その中に、他人を助けてあげたいと思う人に対してのモットーのような文章がありました。老子は言います。「賢者は1つの仕事を終えると、次に移る」それは私がセラピストとして行うことです。出来事の後にディスカッションや分析はいらないのです。それが終わったら、それは終わったのです。

父親の代理をした参加者　私にとっては大変な緊張でした。特に終わりころは。

ヘリンガー　ありがとう。あなたのおかげで重要なことを1つ思い出しました。第一に、あなたがファミリー・コンステレーションで誰かの代理人をするとき、あなたがしているのはコンステレーションを立てている当事者への奉仕であるということです。それがたった今あなたのしたことです。それが緊張だったにせよ、あなたはブルーノへの愛からそうしたのです。

二番目に、コンステレーションで立っているとき、あなたは誰か他の人の感覚を感じています。そのワークの間に感じたことが、あなた自身の感情であると思わないように気をつけなくてはいけません。これはとても重要です。「たった今感じたように私が感じられるなら、それは私に何か関係があるからに違いない」と決して思ってはいけません。これは強調しておきます。なぜならもしあなたが、他人の感覚を自分のものとして考えるのを自分に許すなら、状況は混乱し、まともでなくなります。ワークが終わったら、他人の家族体系下で経験したすべては背後に置き去り、自分自身に立ち返らなくてはなりません。よろしいですか？

いつあなたは緊張を感じたのですか？　息子があなたに、彼の父親として頭を下げたときですか？

父親の代理人　はい、そう思います。

ヘリンガー　どうしてそれがそんなにきつかったのか、分かると思います。

人々は、彼らに与えられるべき尊敬を受け入れることがときどき困難です。しかし、息子があなたに頭を下げていたときに、彼の所に行って、立ち上がらせることは大きな間違いとなっていたことでしょう。息子にとってそれはちょっと早すぎだったでしょう。彼には、あなたを誇りに思えるようになれる必要がありました。それがあなた方の間の愛が再び流れ始めるための唯一の方法でした。

（ブルーノに）彼の感じ方から、現実の生活でもあなたの父親は尊敬や愛を受け取るのが苦手だと思われます。本当ですか？

（ブルーノうなずく）

ヘリンガー　そうです。彼の代理人がそれを感じました。

（父親の代理人に）でも、それに辛抱しなくてはならなかったのは、あなたにとっても良かったのです。おかしなふうに聞こえるかもしれませんが、子どもがあなたを父親として敬うことを、あなたに許可させるものとは、謙虚さなのです。人は自分の個人的な利益のために父親になるのではなく、愛にふさわしい、適切な成就を通して父親になるのです。人が父親になるのは、その人が良いとか悪い人だからということではなく、そのあらゆるリスクも含めて、この成就を受け入れ、同意するからです。私はそれを最上級の敬意をもって扱います。他に何か話したいことがありますか？

父親の代理人　いいえ。今は。

参加者　私は本当のところ、あなたが問題は何なのかと彼に尋ねると期待していました。それが必要でさえなかったことに驚きました。

ヘリンガー　秘密を教えてあげましょう。解決に向けて働きかけているときにだけ、直感は働くのです。もしあなたが問題に集中してしまうと、あなたの物の見方は狭くなり、制限されるようになります。あなたは細部を見ますが、全体に逃げられます——木々のために森を見ることができません。しかし、もしあなたが解決の方向を見るなら、あなたは常に全体とつながりを持ち続け、正しい道があなたを差し招いてくれます。そしてあなたはそれに向かってまっすぐに進みます。必要なものはすでに持っているのだから、他のことはすべてを忘れてしまって良いのです。

別の参加者　娘の誕生後に両親は彼らの親密な関係を急にやめてしまった、妻は償いの形としてその関係を犠牲にしたとあなたが言ったとき、それは私に大きな印象を与えました。もしそれが私に起きたことだったらどうかと思ったり、そしてそれから、それは単なる理論ではないかと思ったりしました。でもその後、コンステレーションで起きたことや、ブルーノの言ったことによってそれは確かなものになりました。

ヘリンガー　両親の間に関係が一切残されていないこと、そしてそれが娘の誕生と関係していると私たちには明白だったので、質問する必要は何もありませんでした。しかし、母親が取った行動をそうさせたかのが何であろうと、彼女にはそれより良い方法など分からなかったのです。彼女は助けを欠き、その年令で子どもを生むという危険を冒した事実は尊重されませんでした。

参加者　そのことには深く感銘を受けました。

父親に頭を下げるなら死んだ方がまし

ヘリンガー　さて次の人に移りましょう。誰か重い病気にかかっている人に働きかけることにします。なぜなら、そこが私たちに最良のことができるところであり、またそうすることで私たちが最も学ぶことができるからです。

ハーマン　働きかけたいです。私は骨髄癌です。

ヘリンガー　分かりました。あなたとやりましょう。私の隣に来て座ってください。それは深刻な病気です。病気になってどれくらいたちますか？

ハーマン　1年です。

ヘリンガー　どのような治療を受けていますか？

ハーマン　化学療法です。あといろいろな心理療法のグループにも参加してきています。

ヘリンガー　結婚はしていますか？

ハーマン　はい。

ヘリンガー　子どもは？

ハーマン　いません。

ヘリンガー　何か特別な理由があって子どもがいないのですか？

ハーマン　私たちは子どもが欲しかったのですが、できなかったのです。

ヘリンガー　あなたの現在の家族か、生まれた家族に何か特別なことはありましたか？

ハーマン　唯一思い当たるのは、私の父と父の兄弟たちとの関係が悪いことです。彼らは会社の共同経営者だったのですが、彼らは別れてしまい、お互いにすべてのつながりを断ちました。

ヘリンガー　父親の父親はどうですか？

ハーマン　祖父のことは何も知りません。父親はほとんど何も祖父について話しませんでした。私には全く分かりません。

ヘリンガー　変ですね、祖父について何も話さないというのは。あなたの生まれた家族を立ててみましょう。あなたの父親、母親、あなた自身、あなたの兄弟姉妹です。何人いますか？

ハーマン　私には妹が1人いるだけです。

ヘリンガー　あなたの両親の一方でも、以前結婚していたとか、誰かと親密な関係にあったことはありますか？

ハーマン　私の知る限りではないです。そんなことはないと思います。

ヘリンガー　死産の子どもや、幼くして死んだ子どもはいましたか？

ハーマン　いいえ。

（ハーマンが生まれた家族のコンステレーションを立てる）

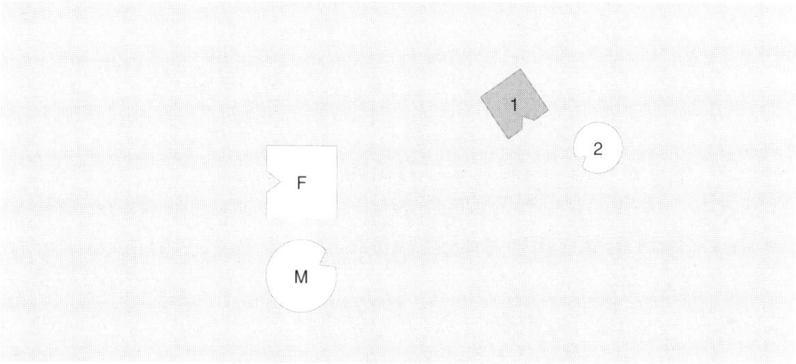

図1

F	父親
M	母親
1	**第1子、息子**（＝ハーマン）
2	第2子、娘

ヘリンガー　父親は何を感じていますか？

父親　人々が私は存在すると言うのです。

（グループに笑いが起る）

ヘリンガー　どう感じているのですか？

父親　積極的にかかわっていない感覚というか、あまり……。（彼がため息をつく）

ヘリンガー　（グループに）父親は行くように引っ張られています。見えますか？　彼は行かなくてはならないのです。ここでの問題は、彼が誰の後を追っているのか？

母親はどう感じていますか？

母親　なんて可愛い子どもたちを授かったのかと、子どもたちを見るのが嬉しくてたまりません。唯一のことは、私が彼らからずいぶん遠いということです。夫は好きにすれば良いです。残ろうが行こうが、何の違いもありません。

ヘリンガー　（グループに）彼女の反応はとても変です。そこには愛がありません。分かりますか？　全く愛がありません。1人が去るように引っ張られ、そしてもう一方が自分の居場所に残るというケースをたくさん見てきました。ここで起こっているのが、それではないかと私には思えます。行くように引っ張られているのは本当は妻の方で、しかし夫が妻の代わりにそれをします。それは愛と呼ばれます。

彼女の表現が分かりますか？　意地が悪いように見えます。もし夫が出ていったら、彼女は勝利を収めるでしょう。あなたがこのようなコンステレーションの中にいる代理人なら、起こることやあなたが感じることに対して、あなたは何の影響も与えません。もしあなたが悪にもつれている人の代理人をするとき、その人の感じるとおりにあなたは感じるのです。

父親　私はどうしてここで何も感じないのでしょうか？

ヘリンガー　あなたを反対向きにしましょう。あなたが家族と向き合うようにし、あなたの妻は家族に背を向けています。そこで何が起こるか見てみましょう。

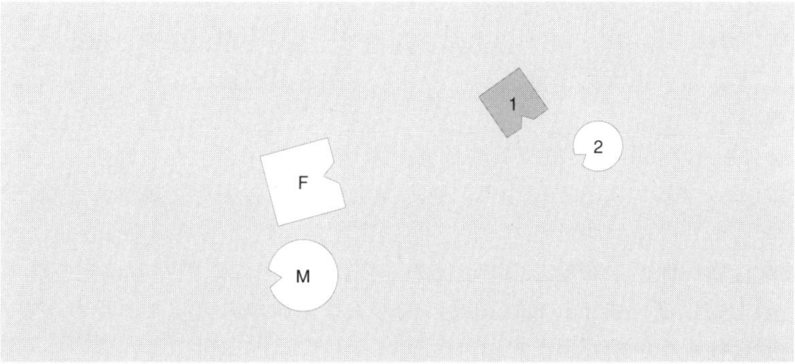

図2

父親　（妻に向かって冗談めかして）また逆向きになろう。

（そうすると夫が家族に背を向け、妻が家族に顔を向ける）

ヘリンガー　どうか真剣でいてください。さもないとハーマンのために最善を尽すことができなくなります。子どもたちはどんなふうに感じていますか？

第1子　もし彼がまた背を向けたら激怒しますよ。

ヘリンガー　そのとおりです。娘はどう感じていますか？

第2子　最初、家族の中で私と兄が本当に結婚したカップルのように感じました。

ヘリンガー　妻は今どう感じていますか？　良くなりましたか？　悪くなりましたか？

母親　まだ放り出されたくありません。私は子どもたちと一緒にいたいし、逆を向きたいです。

ヘリンガー　たった今どこを見ていましたか？

母親　夫の方でしょうか？

ヘリンガー　いいえ。あなたの前に誰かいました。誰がいますか？　あなたは何を見ていますか？

母親　私自身の人生、私の歴史でしょうか。

ヘリンガー　それは想像です。役に立ちません。

ヘリンガー　（ハーマンに）あなたの母親が見ているのは誰で、彼女に去らせたいとさせているのは誰なのでしょう？　誰の後をついていこうとしていますか？

ハーマン　彼女の妹は3年前に死にましたが…。

ヘリンガー　いえ、その人ではありません。

ハーマン　彼女の母親が数年前に死にました。

ヘリンガー　いいえ。それはもっと深刻で、もっと早い時期で起きたことです。しかし、あなたの家族がそのことを知るのを禁じられているのは明らかです。

（グループに）ここに家族の秘密があります。子どもたちは自分たちが本当のカップルであるかのように感じており、もしまた父親が背を向けたら子どもたちは激怒するだろうし、母親は父親が行こうが残ろうが気にせず、彼女は誰か他の人を見ていて、それを口にしません。彼女の秘密を尊重し、その力動に従います。私は彼女の代理人を家族から去らせ、それがどんな影響を与えるか見てみます。

（ヘリンガーは母親を家族から引き離す）

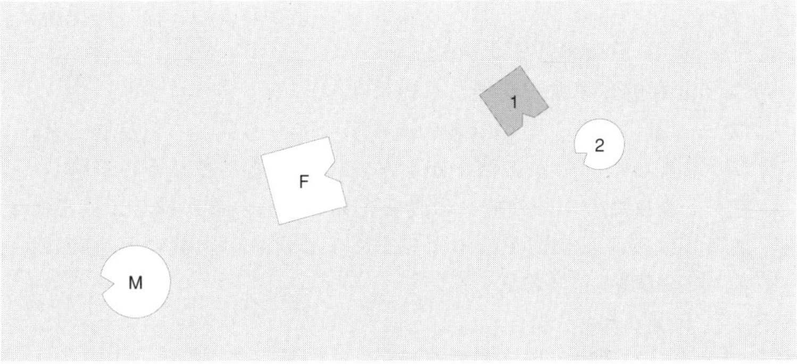

図3

ヘリンガー　そこではどんな感じですか？　より良いですか？　悪くなりましたか？

母親　良くなりました。

ヘリンガー　ぴったりですね。それがこの問題の真実です。私たちの知らない何かが、あなたを家族から引っ張り出しているのです。夫はどんな気分ですか？

父親　家族に向き合ったとき、突然非常に大きな重苦しさと悲しみを感じました。

ヘリンガー　子どもたちの方へ行って、前に立ちなさい。子どもたちは父親の方を向きなさい。

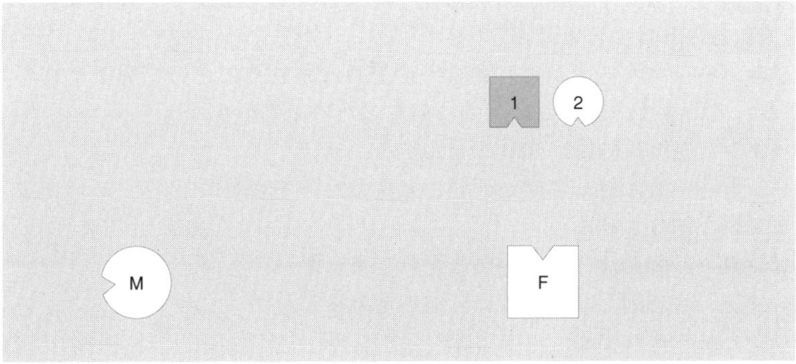

図4

（父親と子どもたちはお互いに温かく微笑み合う）

ヘリンガー　（ハーマンに）コンステレーションの中の、自分の場所に行って立ちなさい。どう感じますか？

ハーマン　変な感じです。全然なじめません。

ヘリンガー　誰にでも、その父親の愛が子どもたちにとって良いことは見ることができました。しかし何かがあなたにそう感じさせるのを難しくさせています。あなたのための癒しの動きを見つけられるか探してみましょう。彼の左側に行って、愛情を持って見つめてください。彼の方を向いて、彼を見て、言いなさい。「お父さん」

ハーマン　お父さん。

ヘリンガー　「お願い、残ってください」

ハーマン　お願い、残ってください。

ヘリンガー　「そしてもし私が残っても、私を祝福してください」

ハーマン　もし私が残っても、私を祝福してください。

（長い中断）

ヘリンガー　何が正しい言葉でしょう？

ハーマン　私は怒っています。

ヘリンガー　分かりました。どういうわけか、あなたはそれほどまでに深刻な病気にもかかわらず、愛に背を向け、怒りに戻っています。彼に言ってください。「あなたの代わりに私が行きます」

ハーマン　あなたの代わりに私が行きます。

ヘリンガー　もっと大きな声で。

ハーマン　（怒りを込めて）あなたの代わりに私が行きます。

（長い中断。ハーマンは怒ったまま）

ヘリンガー　（グループに）彼は怒ったまま死ぬでしょう。彼にはもつれから逃れることはできません。

ヘリンガー　（ハーマンに）あなたの怒りはあなたにとって健康よりも重要になっています。あなたは父親に何をしたのですか？

ハーマン　（反抗的に）知りません。

ヘリンガー　彼に対して何か悪いことをしたのですか？

ハーマン　知りません。

ヘリンガー　例えば、彼を軽蔑したりしましたか？

ハーマン　（断固として）はい。彼を憎みました。

ヘリンガー　それです。

ハーマン　彼は……。

ヘリンガー　彼が何をしたか知ることは今の私たちを助けになりません。重大なこととは、それがどのような理由であろうと、あなたの怒りがあなたの健康に与える影響です。再度、妹のそばに行って立ってください。

ヘリンガー　（グループに）憎しみと和解し、愛を取り戻すのは、病気の進行に影響を与え、もしその病気自体が不治だとしても、死んでいくことをより楽にします。彼のために今最も良いことは、父親の前にひざまずき、敬意とともに頭を下げることです。でも彼には自分自身にそんなことをさせることはできません。彼は怒りの中に死ぬ方が良いのです。

（ハーマンに）正しいですか？

ハーマン　いいえ！

ヘリンガー　やりますか？

ハーマン　試してみます。

ヘリンガー　試すのではありません！　やりますか？

ハーマン　（断固として）はい。

ヘリンガー　よろしい。では、手伝いましょう。ひざまずいて、床につくまで低く頭を下げて、そして両手を身体の前に伸ばし、手のひらは仰向けにするのです。ええ、そのように。深く呼吸してください。言いなさい。「愛しいお父さん」

ハーマン　愛しいお父さん。

ヘリンガー　「敬意とともにあなたに頭を下げます」

ハーマン　敬意とともにあなたに頭を下げます。

ヘリンガー　もう一度。普通の声で。

ハーマン　愛しいお父さん、敬意とともにあなたに頭を下げます。

ヘリンガー　そうです。それが正しい言葉です。深く呼吸して。「愛しいお父さん」

ハーマン　愛しいお父さん。

ヘリンガー　「敬意とともにあなたに頭を下げます」

ハーマン　敬意とともにあなたに頭を下げます。

ヘリンガー　「私の父親としてあなたを誇りに思います」

ハーマン　私の父親としてあなたを誇りに思います。

ヘリンガー　「そして、あなたは私をあなたの息子とします」

ハーマン　そして、あなたは私をあなたの息子とします。

ヘリンガー　「私は敬意とともにあなたに頭を下げます」

ハーマン　私は敬意とともにあなたに頭を下げます。

ヘリンガー　しばらくはそのまま、そうしていてください。とても静かに、おだやかに、そして深く呼吸しなさい。くつろいで、手放しなさい。正しいと感じたとき、起き上がって自分の場所に戻りなさい。

（長い中断）

口を通して深く呼吸して。それが流れさせるのに一番良い方法なのです。吸う息とともに父親を受け止め、吐く息とともにあなたの愛を彼に向けて流れ出させるのです。
（長い中断）
では戻って、妹の隣に立ち、父親を見てください。尊敬を表すしぐさとして、少し頭を傾けてください。そしてまっすぐ立ちなさい。

（ハーマン、妹の脇に立つ）

ヘリンガー　父親にとってこれはどんな感じなのでしょう？
父親　受け入れるのが難しく、信じるのが難しいです……。
ヘリンガー　信じることの何が難しいのです？　あなたを本当に尊敬し、誇りに思っているかがですか？
父親　そうです。
ヘリンガー　ええ、それはあり得ますね。
（グループに）代理人が経験していることを正確に報告するとき、このワークではごまかすというのは非常に困難です。癌に冒されている人々が、両親の前で頭を下げ、ハートを開くよりは、死んでいく方が楽だと見いだすことを私は幾度も観察してきました。彼らは怒りのうちに死ぬ方が良いのです。
（ハーマンに）父親をもう一度見て、言いなさい。「お願いです」
ハーマン　お願いです。
ヘリンガー　「もう少し時間を下さい」
ハーマン　もう少し時間を下さい。
ヘリンガー　「お願いです」
ハーマン　お願いです。
ヘリンガー　「もう少し時間を下さい」
ハーマン　もう少し時間を下さい。
ヘリンガー　これが私たちの捜し続けていた動きです。あなたのハートはちょっとだけ開きました。今なら自分のハートにあなたの信頼をおくことができるでしょう。
（グループに）彼はまだ父親の所へは行けません。彼にはまだ父親を抱きしめることはできません。それはただのゲームでしかないでしょう。何も良いことなどなさないでしょう。
（ハーマンに）よろしい。この時点ではこのままにしておきましょう。あなたのハートに私も信頼をおくことにします。よろしいですか？
ハーマン　どうぞ。（彼はその話し方と同様に誠意なく微笑む）
ヘリンガー　いや、やめておきましょう。あなたの微笑がそうするなと言っています。

ハーマン　いいえ、そうしてください！

ヘリンガー　気をつけなさい！　あなたが信じているものは、実際に起きていることほど重要ではないのです。私はあなたと言い争いたいのではなく、あなたを助けたいのです。だからこそ、私はすべての兆候を真剣に受け止めているのです。あなたの微笑みは不誠実でした。ハートは開いたのに、すぐにあなたは不誠実な微笑みでそれを覆い隠してしまいました。もし私が見なかったふりをすれば、私はあなたと遊んでいただけになってしまうでしょう。しかし、あなたのような病気を抱えている人とゲームをしている余裕はありません。癌は憎しみによってつちかわれ、愛に尻込みするのです。

　良いですか？　以上です。

ハーマン　それを感じることができます。ありがとう。

ヘリンガー　（グループに）私たちを恐れさせ、不安と心配で私たちを一杯にするものについて少しお話ししたいと思います。

　私たちは、畏怖されるべきもの、非常に恐ろしいものとして現れているものと調和しているときにだけ、大地と調和しています。私たちがそれらと調和しているとき、私たちを恐れさせるものは、愛より強くさえあるポジティヴな影響を持つようになります。だからこそ、それがどんなものであろうと、セラピストはそれと調和し、同意していなくてはなりません。私は癒す力と同様に破壊的な力とも調和しています。私がハーマンの病気と調和しているがゆえに、彼を真剣に受け止めることができ、彼も私を真剣に受け止めることができるのです。そして彼は自分の病気を真剣に受け止めることができるのです。彼が死に換わって生を選ぶチャンスを持つのは、自分を愛から引き離し、憎しみへ向かわせるその力に対して、正直に直面することができるときだけです。

参加者　このようなワークはどれほど続くのでしょうか？　継続していくでしょうか？

ヘリンガー　いいえ。以上で終わりました。

参加者　私が言っているのは、例えば来週とか……。

ヘリンガー　いいえ。これで終わりました。ハーマンは自分が何をすべきか分かっています。もし今これ以上私たちがしたら、私たちがしてきた働きかけを徒労に終わらせるだけでしょう。これでおしまいです。

もう１人の参加者　去らなければならなかったのは父親ではなく、母親だったという考えはどうやって持ったのですか？　最初それは逆のようでした。

ヘリンガー　すでに話したように、彼女が表現した中にそれを見ました。私は代理人から情報を得て、それをテストしたとき彼女の気分は良くなりました。このようなことを見たのは初めてではありません。しかし、ここでは皆さんにとってもそれが明白でした。

別の参加者　ファミリー・コンステレーションに参加する人が、自分とは何の関係もないものを感じる事実を、どう説明なさいますか？

ヘリンガー　私には説明できません。それがそうであり、それが起きていることで、またファミリー・コンステレーションの参加者が、その家族に起こっていることを本当に感じているのかどうかをテストするのは可能だということは分かります。それが、私が働きかける必要のあるすべてです。

参加者　どうして、彼の父親に対する怒りの感情を出させなかったのですか？たいていの心理療法は人に感情を表に出すことを奨励します。

ヘリンガー　私は原初療法（プライマルセラピー）を何年もやりました。ですから感情が流れることを許す癒しの効果はよく知っています。代理人の反応が、父親と子どもたちの間で愛は受け止めやすいと示し、ハーマンもその時はしばしそれを感じましたが、次に彼は怒りに戻りました。その怒りは父親に対する彼の個人的なものではなく、家族体系の中の誰か他の人の感情でした。それはもつれです。彼のような深刻な病を患いながら、無駄にできる時間はありません。愛や生に対してハートを開くことを学ぶか、彼が引き起こしたのではない憎しみに捕われたままでいるか。私が確信しているのは、医学的治療に加えて、彼にできる最善のことは、彼をもつれさせている体系的ないかなる諸力からも彼自身を脱出させることです。これは生死にかかわる問題です。

　よろしいですか。休憩前にもう1つワークしますか？

参加者数人　はい。

小児麻痺のその後、困難な妊娠、そして出産

ヘリンガー　クリスタ、あなたとワークしましょう。前に来てもらえますか？

　（マックス、クリスタの夫に）こちらに来て彼女の隣に座ってくれますか？　そうするとあなたも一緒に参加できるので。

　（クリスタに）あなたの病気は何ですか？

クリスタ　私のエネルギーが流れ出ていっている感じがしてもうかなりになります。たぶん小児麻痺のせいです。私の声帯はもう40年も麻痺しているので囁くことしかできません。それが小児麻痺のせいだったということを

医者たちは最近になって発見しました。喉全体が麻痺しています。横隔膜もそうです。医者たちは当時そのことが分かりませんでした。

ヘリンガー　小児麻痺になったのはいつですか？

クリスタ　14歳の時です。

ヘリンガー　家族に何が起きたのですか？

クリスタ　私は堅信礼を受けました。

ヘリンガー　それがそんなに強烈な結果をもたらすことはありません。現在のあなたの問題は何ですか？

クリスタ　私の娘が堅信礼を受けて以来、私のエネルギーはだんだん減っていっているようなのです。6ヶ月前には、すでにまっすぐ立つことが難しくなっていました。その後、私のエネルギーは消えてしまい、私は倒れました。それが腎盂炎から始まりました。もう力を取り戻すことができないような気がしています。

ヘリンガー　今の家族のコンステレーションを立てましょう。あなたの生まれた家族の中での重要な人たちは後で見ていきましょう。あなたの今の家族のメンバーは？

クリスタ　夫、私と娘です。

（クリスタはグループの中から家族の代理人たちを選んだ）

ヘリンガー　娘の誕生の際、何が起こりましたか？

クリスタ　私はひどい妊娠中毒症でほとんど死にかかっていました。医者たちは私の生存の可能性は15％、娘はゼロと言いました。たぶん私の曾祖母が出産で死んだことをお伝えすべきですね。

ヘリンガー　それは重要です。少し前に行ったセミナーで、妊娠中の精神病の女性がいました。彼女の母親は出産時に死にました。その後のコンステレーションで、彼女の反対側に死んだ母親を配置し、私は彼女に、子どもを母親に見せ、祝福してもらうようにと言いました。突然、強烈で愛にあふれたつながりが世代を超えて生まれたのです。後でたぶんこのような働きかけをあなたともするでしょう。でも今は、あなたの現在の家族を立ててみましょう。

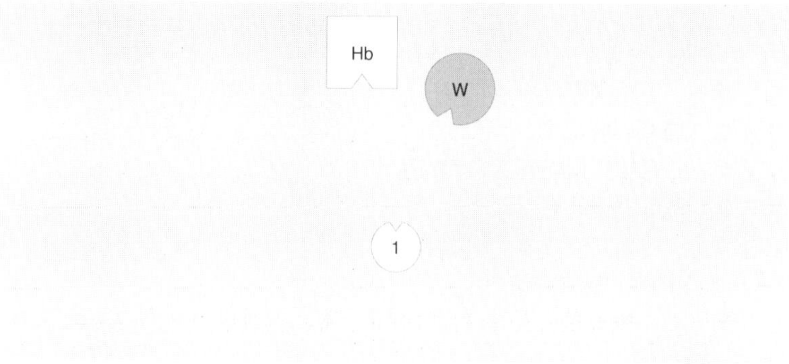

図1

Hb	夫
W	**妻（＝クリスタ）**
1	唯一の子ども、娘

ヘリンガー　夫はどう感じていますか？

夫　前にいる娘とはつながりを感じますが、私はもっと妻の方に向きたいです。

ヘリンガー　妻はどう感じていますか？

妻　とても寒いです。彼女が、私に代理人をすることを頼んだごく最初から震えを感じ始めて、いまだに感じています。夫の隣に立てばもっと良く感じられるかと思ったのですが、そうなりません。

ヘリンガー　（クリスタに）あなたは、彼女が話したように、時々震えを感じることがありますか？

（クリスタうなずく）

（グループに）クリスタの代理人は事前にこのことを知らされていませんが、代理人がクリスタと同じように感じるのが分かりますね？

娘はどう感じていますか？

娘　両親といて、何の助けもない感じです。両親のどちらとも、どんな関係を私が持っているのか分かりません。

ヘリンガー　（クリスタに）あなたの曾祖母には何があったのですか？

クリスタ　七人目の子どもを出産する時に死にました。彼女は私の父の、母方の祖母でした。

ヘリンガー　彼女をコンステレーションに入れて、何が変わるかを見ることにします。

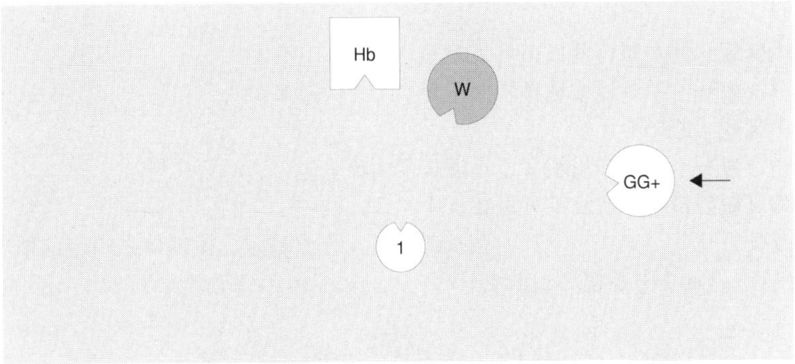

図2

GG † 出産時に死んだ曾祖母

ヘリンガー 何が変わりましたか？
妻 今は誰かがそこにいます。サポートを得ています。それ以前は本当に1人きりに感じていました。
ヘリンガー 娘は今どんな感じですか？
娘 彼女は私も助けてくれています。私は彼女を見ています。私の両親はずっと目をそらしていますが。
ヘリンガー （クリスタに）あなたの父親とその母親を加えましょう。

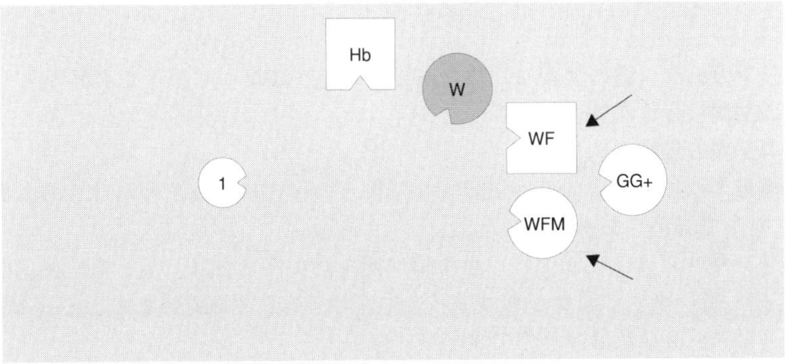

図3

WF 妻の父親
WFM 妻の父親の母親

ヘリンガー　（妻の父親に）これはあなたにはどう感じられますか？
妻の父親　何かが背後にあります。
ヘリンガー　それは心地良いですか？　悪いですか？
妻の父親　悪いです。
ヘリンガー　父親の母親はどう感じますか？
妻の父親の母親　彼女は近過ぎます。
ヘリンガー　（グループに）出産時に死んだ女性は、家族体系の中に相当な不安や恐れを引き起こします。

（ヘリンガーは死んだ曾祖母を父親の母親の左側に配置した）

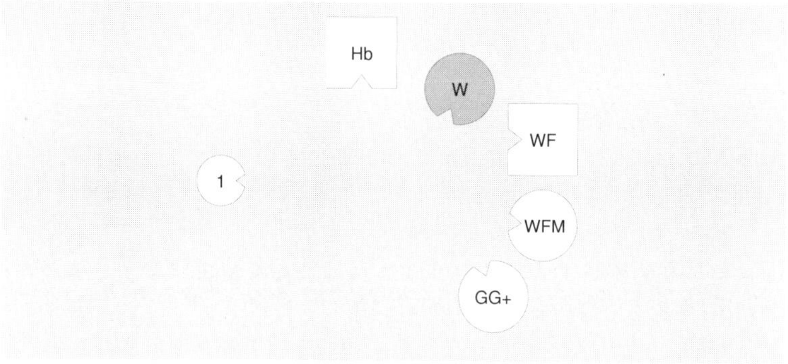

図4

ヘリンガー　（妻の父親に）彼女が見えるようになってどうですか？
妻の父親　良くなりました。
妻の父親の母親　私もです。
曾祖母†　私もここで良い気分です。彼らの後ろに立っていたときも、彼らに対して温かさを感じました。
ヘリンガー　（グループに）出産時に死んだ女性たちは、子どもや孫に好感を持っています。彼女たちは子どもや孫の幸福を望んでいます。
（妻に）あなたは今どうですか？
妻　良いです。私の右側が暖かく感じ始めました。左側からはたくさんの力とエネルギーが来ています。
ヘリンガー　さて、私はこれから何もかもを変えることにします。ファミリー・コンステレーションでは、通常まず夫が最初に来て、次に妻が、それから子どもたちが、年齢順に時計回りに配置されます。しかし、妻がこのように深刻な問題を抱えているときは、彼女がまず先で、その次に彼女の夫です。

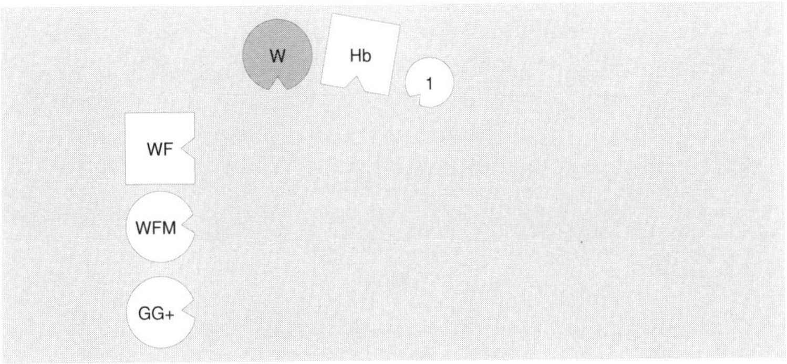

図5

ヘリンガー　どうですか？
妻　エネルギーが周囲にあります。
ヘリンガー　エネルギー？
妻　両側に同時に生があります。さっきまで、私はまるで真ん中で分断されているように感じていました。それから、左側が温かくなり、そして今は右側も温かいです。ここには難なく立っていることができます。
ヘリンガー　（グループに）皆さん、分かりましたか？
（クリスタに）エネルギーがあなたのキーワードでした。行ってあなたの場所に立ちなさい。
クリスタ　奇妙です。娘が生まれた後、私の左腕が麻痺していました。
ヘリンガー　行って、コンステレーションの中に立って、あなたの正しい場所を見つけるよう試してください。もしあなたが彼らを近づけたり離したかったりしたら、動かしても良いです。

（クリスタはコンステレーションの中の自分の場所へ行き、夫の近くに寄り、彼女の父親、祖母、曾祖母を近くに来るよう差し招いた）

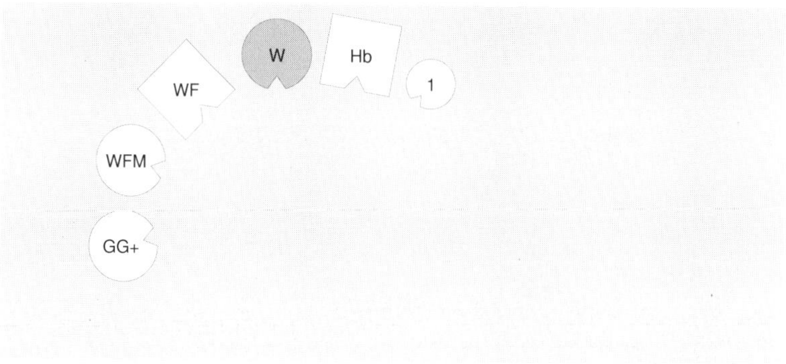

図6

ヘリンガー　今、夫はどんな感じですか？
夫　良い感じです。
ヘリンガー　娘はどうですか？
娘　はい、ここは大丈夫です。
ヘリンガー　（グループに）私は、娘を母親の影響のある領域から引き出し、父親の領域に入れました。母親のシステムはこの子どもにあまりにも大きな重荷を負わすでしょう。
（クリスタの夫、マックスに）あなたもコンステレーションの中の自分の場所に立って、どれくらい気持ち良いか感じてみませんか？

（マックスは自分の場所に行き、満足そうにうなずく）

ヘリンガー　（クリスタに）あなたの曾《ひい》おばあさんを見て、彼女に言いなさい。「もし私がとどまっても、どうぞ私を祝福してください」
クリスタ　もし私がとどまっても、どうぞ私を祝福してください。
ヘリンガー　むしろもっと親しみのあるように言っていいのです。エネルギーとともに彼女に言いなさい。「お願い……」
クリスタ　（力強く）お願い、もし私がとどまっても、どうぞ私を祝福してください。
ヘリンガー　そうです。
クリスタ　お願い、もし私がとどまっても、どうぞ私を祝福してください。
ヘリンガー　言いなさい。「私はとどまります」
クリスタ　私はとどまります。
ヘリンガー　「私の夫とともに」
クリスタ　私の夫とともに。

ヘリンガー　「そして私の子どもとともに」
クリスタ　そして私の子どもとともに。
ヘリンガー　「そして、もし私がとどまっても、私を祝福してください」
クリスタ　そして、もし私がとどまっても、私を祝福してください。
ヘリンガー　では、それをおばあさんに言いなさい。
クリスタ　もし私がとどまっても、私を祝福してください。
ヘリンガー　そしてあなたの父親にも。
クリスタ　もし私がとどまっても、私を祝福してください。
ヘリンガー　そうです。

（彼女が曾祖母にもたれかかることができるように、ヘリンガーは彼女を曾祖母の前に背中を向けて配置する。曾祖母はやさしく両手をクリスタの肩に置く）

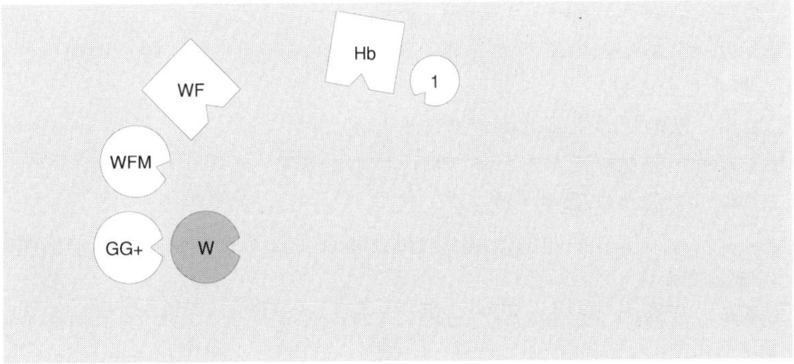

図7

ヘリンガー　曾おばあさんからエネルギーと強さをもらいなさい！
（しばらく中断）では戻って、夫の隣に立って、あなたの曾おばあさんをもう一度見て、言いなさい。「もし私がとどまっても、私を祝福してください」
クリスタ　もし私がとどまっても、私を祝福してください。
ヘリンガー　今、ここにはエネルギーがありました。よろしい。以上です。

異性のメンバーへの同一化

ヘリンガー　（ダニエルに）では、あなたに働きかけましょう。休憩の時に私たちは話し合いました。さあ、こちらに来て、私の隣にお座りなさい。あなたの家族について知りたいことがあります。あなたの両親は結婚していますか？

ダニエル　はい。

ヘリンガー　子どもは何人いますか？

ダニエル　息子が3人います。

ヘリンガー　あなたの両親のどちらかが、以前結婚していたか、親密な関係にあったことはありますか？

ダニエル　いいえ。

ヘリンガー　あなたの両親のどちらかの生まれた家族に、何か特別なことが起こりましたか？

ダニエル　私の父の母親は癌で死にました。

ヘリンガー　彼女が死んだとき、何歳でしたか？

ダニエル　60歳か65歳でした。

ヘリンガー　では、その情報はそれほど重要ではありません。誰か出産時に死にましたか？

ダニエル　死産の子が1人いたと思います。でもそれについては何も分かりません。

ヘリンガー　誰の子どもでしたか？

ダニエル　私の母の子どもだと思うのですが、でも確かではありません。

ヘリンガー　ではあなたの兄弟か姉妹になったのでしょうね。

ダニエル　ええ。

ヘリンガー　男の子でしたか？　女の子でしたか？

ダニエル　分かりません。

ヘリンガー　どちらだったと思いますか？

ダニエル　たぶん女の子です。

ヘリンガー　その死産の子はあなたの前ですか、後ですか？

ダニエル　私の前です。

ヘリンガー　すぐ前ですか？

ダニエル　ええ、そう思います。

ヘリンガー　良いです。その体系を立ててみましょう。死産の子どもを今は考慮に入れないで、後で加えましょう。

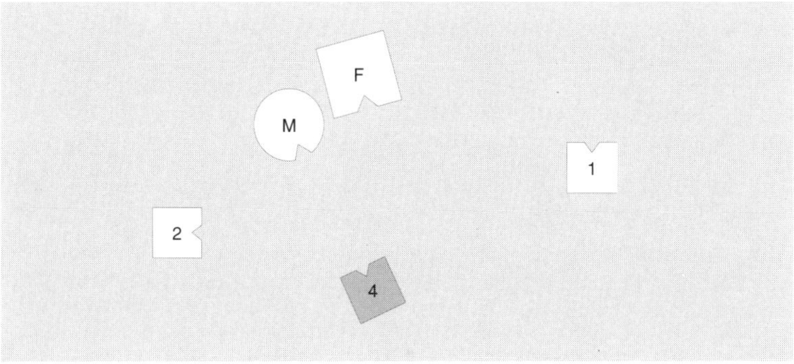

図1

F	父親
M	母親
1	第1子、息子
2	第2子、息子
4	**第4子、息子**（＝**ダニエル**）

ヘリンガー　父親はどんな感じですか？

父親　いったい何があって長男をあのように離れさせたのかと思っていたところです。もう1つは、妻が私と次男のつながりを邪魔しています。私はつながりを持ちたい。

ヘリンガー　母親はどう感じていますか？

母親　かなり途方にくれています。私には夫も長男も次男も見ることができません。唯一見えるのは三男だけです。

ヘリンガー　長男はどう感じていますか？

第1子　私の背後にとても嫌な感じがしています。ただ両親が見ることができるだけで、他は何も見えません。それも目の端でちょっと両親を見ることができるだけです。

ヘリンガー　次男はどんな感じですか？

第2子　彼の（長男）の所に行って、後ろに立ちたい気分です。

ヘリンガー　（ダニエルの代理人に）末の息子はどうですか？

第4子　ここに立たされたとき、私は母に近すぎると思いました。むしろ兄弟と一緒にいたいです。

ヘリンガー　（ダニエルに）ここであなたの死産の姉をコンステレーションに加えてください。あなたが正しいと思う場所に彼女を配置してください。

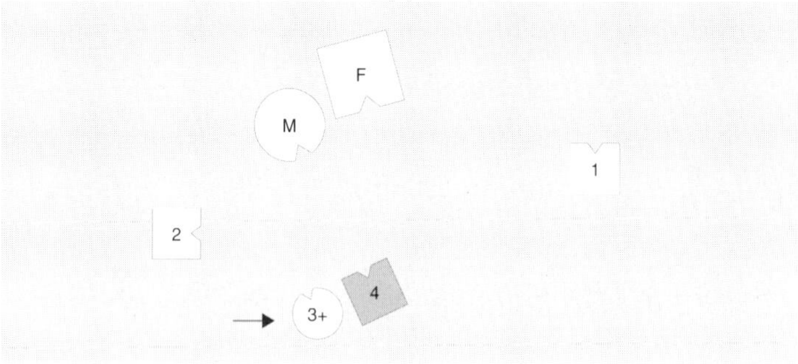

図2

3†　　第3子、娘、死産

ヘリンガー　末の息子にとって何が変わりましたか？
第4子　とても怖いです。近すぎるし、ひどく不安定です。
ヘリンガー　姉はどう感じているのでしょう？
第3子†　ここは場違いに感じます。
ヘリンガー　両親はどんな感じですか？
母親　この子（娘）が好きです。
父親　何か加えられましたが、状況は本当には変わっていません。
ヘリンガー　(ダニエルへ)あなたの状況をグループの皆に簡単に説明しても良いですか？
（ダニエルうなずく）
ヘリンガー　（グループに）休憩中、彼は自分の身体が真ん中から半分に引き裂かれているような感じがすると私に話しました。彼は自分が男なのか、女なのか、自分の性的な同一化について確信が持てないのです。これは女性の代理をする女の子がいないために、男の子が女の子と同一化しなくてはならない家庭に時に起こることです。これがまさに彼の状況です。女の子は両親の所へ行かなくてはなりません。
（死産の娘の代理人に）両親の前に座り、彼らに寄りかかりなさい。

（ヘリンガーは母親を父親の左側に配置し、両親2人ともに片手を子どもの頭の上に優しく置くように求めた。それから兄弟を、両親の向かい側に年齢順に配置する）

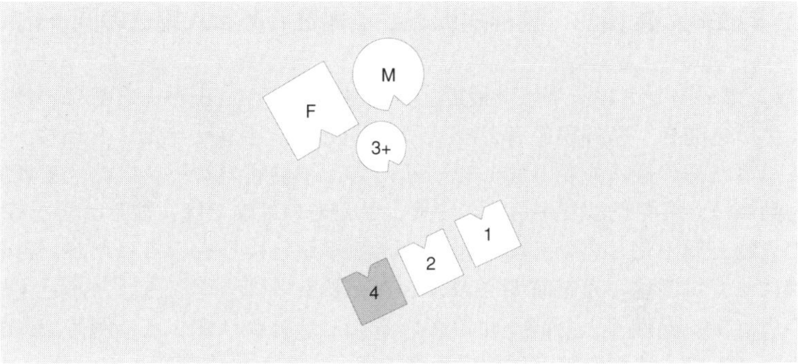

図3

ヘリンガー　これでどう感じますか？
父親　私は誇れる父親です。
母親　良い気分です。
ヘリンガー　末の息子はどう感じますか？
第4子　これでリラックスできます。すべておさまっています。
（両親が微笑み合う）
ヘリンガー　（グループに）今、彼は同一化を捨てることができます。なぜなら彼の姉が正当な居場所を与えられたからです。もう彼女の身代わりをしなくても良いのです。誰か他の人の、女の子の代わりをせず、彼は自分自身でいることができます。
（彼の姉に）その子のここにいる気分はどうですか？
第3子†　ここが私にふさわしい場所です。
ヘリンガー　そのとおりです。
ヘリンガー　（ダニエルに）あなたの場所に行って立ってみますか？

（ダニエルはコンステレーションの中の彼の場所に行き、周囲を見回す）

ヘリンガー　他の兄弟たちはどうですか？
第1子　素晴らしいです。
（他の兄弟たちも互いに微笑み、うなずき合う）
ヘリンガー　良いですね。以上です。

同性間の愛情や、精神病における異性である人物との同一化

ヘリンガー　（グループに）最近、グンタード・ヴェーバーと私は一緒にセミナーを開き、精神病患者25人とその医師、サイコセラピストたち、そして患者たちの両親を招きました。私たちは精神病のケースにおける家族の力動について発見したかったのです。私たちの理論では、彼らは異なる2人の人物と同一化しているのではないだろうかというものでしたが、その仮説はすぐに間違いだと証明されました。私たちはすぐに、ほとんどすべての患者が、異性の人と同一化していることが分かりました。例えば、あるカップルで、彼らの娘が父親の死産の双子の兄弟の代理をしていたことを、ファミリー・コンステレーションが示しました。

ダニエルの家族にもう1人女の子がいたとしたら、たぶんその子が死産した女の子と同一化していたでしょうし、ダニエルがする必要はなかったでしょう。しかし、あの家族には男の子だけだったので、その内の1人が死んだ女の子を代理しなくてはならなかったのです。

さて、ここでの問題はそれについて何をするかです。経験は、ホモセクシュアルへの性向を変えることができたり、変えられるだろうとすることは、考えられないということを示しました。なぜなら、主に男性同士のホモセクシャルの関係では、異性間の関係とほぼ同じように、後に断つのが難しい絆ができるからです。家族の状況の結果としてホモセクシャルになる人は、誰もが困難な重荷を背負っており、彼が手にできる唯一の建設的な選択は、それを進んで自主的に受け入れることだけです。他の選択はすべて否定的側面を永続させます。

（ダニエルに）しかし、あなたにできることがあります。1年間、あなたは、死んだ姉にこの世の素晴らしく、美しいものを見せてあげていると想像するのです。愛を込めて。愛が同一化を無効にします。私が誰かと同一化しているとき、それはまるで自分が代理をしている人そのもののようです。私はその人を自分とは別の人だと認識せず、すなわちこれは愛が私たちの間を流れられないことを意味します。私がその人を愛し始めるや否や、相手を自分とは別のものと認識し、同一化は解消します。私は愛する人と一体であることと、別個であることの両方を感じます。

姉が手助けしてくれると信頼しなさい。

ヘリンガー　（グループに）何か質問はありますか？

参加者　同性愛のケースで、子どもが異性の人と自分を同一化しているとあなたは言いました。これはいつもそうであるという意味ですか？　もしそうなら、これは同性愛の問題に全く新しい次元を加えることになるでしょ

う。異性化願望についてはどうですか？　同じことが当てはまりますか？

ヘリンガー　家族体系の力動の点からいえば、異性化願望と同性愛に違いはありません。

異性との同一化が、いつも同性愛を引き起こすとは限りませんし、すべてのホモセクシャルの人が異性の誰かと同一化していることもありません。それは1つの観察に過ぎませんが、私はこれまでに、何かの理由で体系から排除されてしまった人の代わりをしなければならなかった、何人ものホモセクシャルの人たちに働きかけてもきました。たぶん部外者との同一化は、ホモセクシャルの人たちが一般的にアウトサイダーと見なされている理由の1つなのでしょう。しかし、この種の同性愛は通常、異性の人と同一化しているときと同じような苦悩を引き起こしません。これであなたの質問に答えていますか？

別の参加者　私にとってはまだ答えられていません。それらだけが同性愛の理由ということでしょうか？　同性愛は他の社会では、全く違った見方で認められているという事実をどのように説明なさいますか？　例えば古代ギリシャなどでは、全くノーマルなこととして見なしていましたが。

ヘリンガー　私は、自分で見たことのない事柄について話すときには細心の注意を払います。私たちの全員がダニエルのケースで何が起きたかを見ました。そしてそれらを見たので、私たちはそれについて話すことができます。一般化は、どのようであっても危険です。私が話すことを、あなたに盲目的に受け入れて欲しくはありません。それについて考えることにオープンでいて、自分自身で観察してください。それは熟考するに値します。なぜなら、たくさんのホモセクシャルの人たちの重荷を軽くする助けをしてきたからです。それが彼らに、自分たちの運命を異なる見方で見ることを可能にします。彼らが同性愛者であることを変えることができるか、変えるべきかというのはまた別の問題として。

母親の恋人より父親の方を選ぶ決意

ダニエル　（翌日）私の母にはアメリカへ消えた友人がいたことを思い出しました。

ヘリンガー　母親にはボーイフレンドがいたのですか？

ダニエル　ええ。彼が短い期間現れて、その後いなくなったとき、そのことに気づきました。母が本当に結婚したかったのはその人だったのです。いまだに信じています。

ヘリンガー　子どもが自覚しないにもかかわらず、また親の側にもそのつもりがなくてさえ、子どもが親の恋人の代理をすることはよくあることです。

あなたの家族には男の子が3人いて、どの男の子がその役をしたのか私には分かりません。恋人の代わりになった男の子はきっと父親と衝突するようになり、大人の男性となっていくことが難しくなります。彼は父親を父親として受け入れられず、父親も彼に対して息子として必要なものを与えることができません。なぜなら、同一化が彼らを競争相手にするからです。

その男の子にとっての解決とは、母親の目を見つめて言うことです。「彼が私の父親であり、彼を私の父親として誇りに思います。私は他の男性とは関係ありません」。また、彼は父親に言う必要があります。「あなたが私の父親で、あなたが私の父親であることを誇りに思います。あなたが私にとって正しい人で、他の男性は私には関係ありません。私はあなたの息子です」

ダニエル　変ですね。私はたびたび自分が競争相手の役をしていると感じていました。

知識は行動を引き起こすべく

ダニエル　昨日、父の家族が自分にとってどれほど重要か分かりました。この家族の中では祖父がいなくなりました。何が起きたのか誰も話しません。何かが欠けています。

ヘリンガー　それについて今始めたくはありません。あまりにたくさんのことを一度にしようとするのは良くないのです。あなたが自分の父親の後ろに祖父を見ることができ、あなたがその2人を一緒に尊重できればそれで十分です。このワークの導く原則とは、知識はできるだけ早く行動に変容されなくてはならないということです。行動を起こすことを可能にするための十分な知識が得られたら、直ちに調査をやめて行動し始めなくてはなりません。もっと見つけようとすることは、行動に必要なエネルギーを分散させ、そして知ることが行動することの代用品になります。

「あなたより私の方が」

ヘリンガー　（アーネストに）来て、私の隣へ座りなさい。あなたの問題は何ですか？

アーネスト　5年前にメラノーマ（黒色腫）の手術を受けました。3年前それが再発し、今は急性静脈炎を患っています。手術は別として、治療は……。

ヘリンガー　それは知る必要はありません。あなたの家族体系が何を明らかにすることができるか見たいですか？

アーネスト　ええ、見たいです。

ヘリンガー　あなたは結婚していますか？

アーネスト　はい。

ヘリンガー　子どもは？

アーネスト　1人います。これからもう1人生まれる予定です。

ヘリンガー　子どもたちのためにも良くならないといけませんね。分かっていますね？

アーネスト　はい、分かっています。

ヘリンガー　もしあなたが良くならなければ、子どもたちはあなたの後をついていこうとするでしょう。それは、今、このことについて何かをするには良い理由です。

アーネスト　確かにそうです。

ヘリンガー　あなたの生まれた家族に何か特別なことは起きましたか？

アーネスト　4人の子どもがいました。母方には特に何もありませんでした。そこは大家族で……。

ヘリンガー　あなたの兄弟は？　誰か死んだか、死産の子どもは？

アーネスト　父は皮膚癌にかかり、妹も兄もそうなのです。

ヘリンガー　何と、それは多いですね！　あなたの父親の家族はどうですか？

アーネスト　父の父親は父がまだ7歳か8歳のとき死にました。

ヘリンガー　何によってですか？

アーネスト　戦争のときの手榴弾の破片が身体のどこかに入っていて、それが動き始めたそうです。敗血症になって、かなり急に死にました。

ヘリンガー　あなたの父親の兄弟姉妹は何人いましたか？

アーネスト　半分血のつながった姉が1人です。

ヘリンガー　その半分血のつながった姉はどこからきたのですか？

アーネスト　父の父親の最初の結婚からです。彼女は私の父よりも年上です。

ヘリンガー　あなたの祖父の最初の奥さんには何が起きたのですか？

アーネスト　私が知っているのは、彼女は出産直後に窓から飛び降りたということです。どうしてかは知りません。

ヘリンガー　彼女は重要人物です。でもまずあなたの現在の家族から始めましょう。あなたと奥さん、子どもを立ててください。子どもは何歳ですか？

アーネスト　彼女は4歳です。

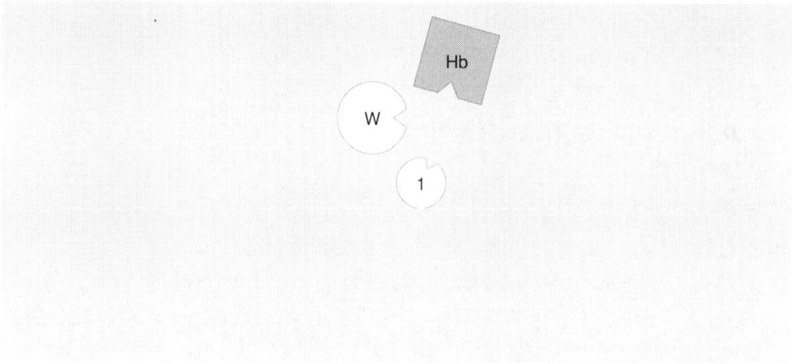

図1

Hb	夫（＝アーネスト）
W	妻
1	第1子、娘

ヘリンガー　夫はどう感じていますか？
夫　なんだか取り囲まれたような感じです。一方では心地良いのですが、もう一方ではそうではありません。
ヘリンガー　妻はどう感じているのでしょう？
妻　狭すぎです。そして私は真正面を見ています。
ヘリンガー　娘はどんな感じですか？
第1子　私は母からもっと離れて立ちたいです。

（ヘリンガーは夫をコンステレーションから離す）

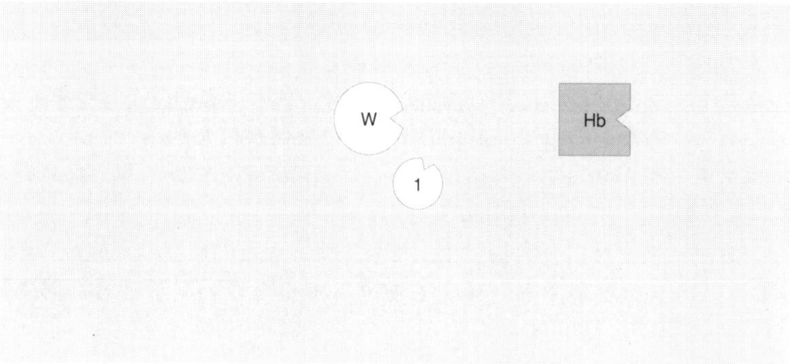

図2

ヘリンガー　（夫に）今はどういう感じですか？

夫　今度は遠すぎます。

ヘリンガー　それがどんなものか正確に感じてください。良くなりましたか、悪くなりました？

夫　少しましです。

（父親がグループから外れるとすぐ、母と娘は微笑み合った）

ヘリンガー　（グループに）おかしいですね！　見ましたか？

（母と娘、どっと笑い出す）

見ましたか？　彼が行くと、彼女たちは自由を感じます。

ヘリンガー　（アーネストに）こんなぐあいですか？

（アーネストうなずく）

これについて何か言わなければいけないことは？

アーネスト　今は何も言えません。

ヘリンガー　ええ、それは大変でしょう。

アーネスト　ふーっ……。

ヘリンガー　あなたの妻の家族には何が起こりましたか？

アーネスト　彼女の父親は癌で死にました。

ヘリンガー　死んだのは何歳のときですか？

アーネスト　正確には知りませんが、60歳か70歳だったと思います。でも彼と彼の妻はその前に離婚していました。

ヘリンガー　なぜ離婚したのですか？

アーネスト　私が推測する限りは、彼の妻が追い出しました。

ヘリンガー　彼の妻が追い出した？

アーネスト　彼女は夫にスイスでの仕事を見つけました。

（グループに笑いが起きる）

ヘリンガー　（グループに）母親が夫にしたのと全く同じことを、母親の娘が自分の夫にしています。正確な繰り返しです。

ヘリンガー　（アーネストに）あなたの妻の父親もコンステレーションに加えましょう。

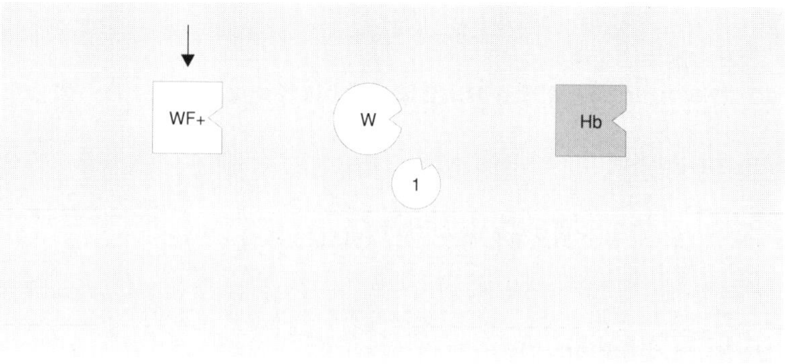

図3

WF † 　妻の父、死亡

ヘリンガー　妻は何かが変わりましたか？
妻　後ろに動いて父親にもたれかかろうとする衝動を感じます。
ヘリンガー　良いです。そうしなさい。

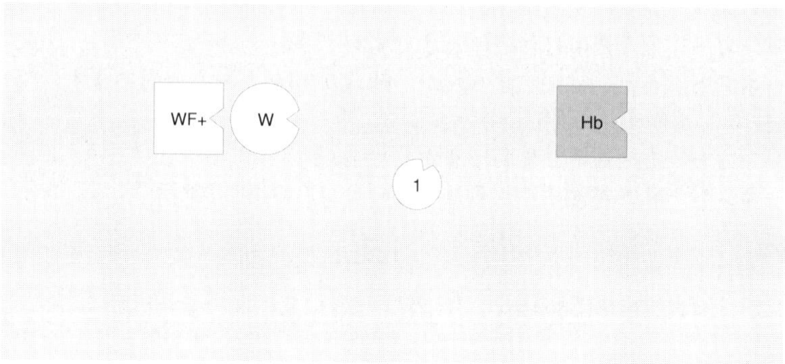

図4

ヘリンガー　正確な力動はたぶんこのように見えるはずです。

（ヘリンガーは妻の父親を反対向きにし、彼女を彼の後ろに配置した。彼女が彼を追っている）

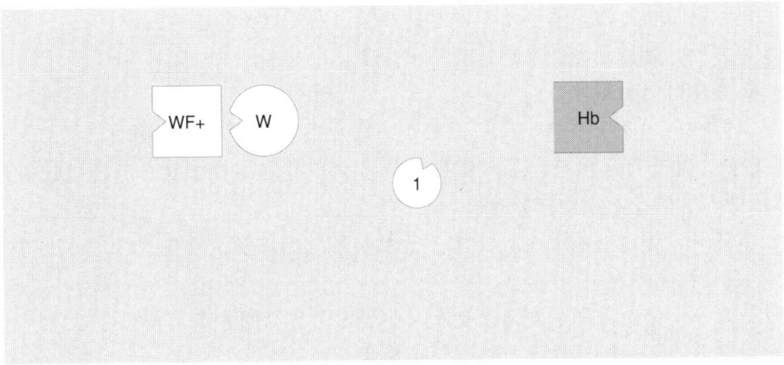

図5

ヘリンガー　妻の父親はどんな感じですか？
妻の父親†　こちらを向く方がずっと良いです。
ヘリンガー　妻はどう感じていますか？
妻　良くなりました。後ろから父を抱きしめたいです。
ヘリンガー　（グループに）彼女の力動は「あなたについていく」です。そして誰が去ります？　彼女の夫です。男は心優しき生き物です。誰かがそれを言う時です！
（グループに笑いと拍手が起こる）

（ヘリンガーは夫を反対向きにし、娘を隣に配置した）

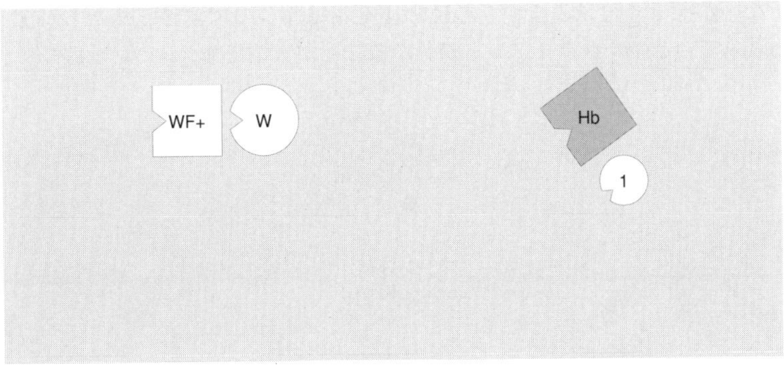

図6

ヘリンガー　今、夫はどう感じますか？

夫　良くなりました。もうそれほど独りぼっちではありません。

ヘリンガー　娘はどういう感じでしょう？

娘　私も良い気分です。

ヘリンガー　（アーネストに）これがあなたの家族の中の力動の隠れたシステムです。見てのとおり、これは良いシステムではありません。私は起こり得る最悪のものをあなたに見せました。

アーネスト　妻は妊娠しています。それが私たちに解決法を見つける助けをするかもしれません。

ヘリンガー　それは何も変えません。そしてここで何も変えませんでした。

アーネスト　でも娘は私のために何かを変えました。

ヘリンガー　何を？

アーネスト　もうそんなに独りぼっちではありません。

ヘリンガー　確かに。しかし父親の寂しさを慰めるのは子どもにとって良い場所ではありません。問題は、あなたの妻に何がされ得るかです。

アーネスト　彼女は父親を手放し、彼の元を去るべきです。

ヘリンガー　いいえ、それはうまくいきません。

アーネスト　それじゃ、彼女は父親の後をついていきたいと思うのをやめるべきです。

ヘリンガー　ここで彼女の母親をグループに追加すべきでしょう。それでもっと見えるようになるでしょう。彼女を加えてください。

（グループに）コンステレーションをこのように立てると、よく最初に現れるものは、その体系が陥りやすい極端な状況です。問題がいかに深刻かということを見ることができるのはその時です。それから、私たちは別の解決法がないか探そうと試みます。しばしばそれはないのですが、私たちが探そうと試みているのをクライアントが分かることが大切です。

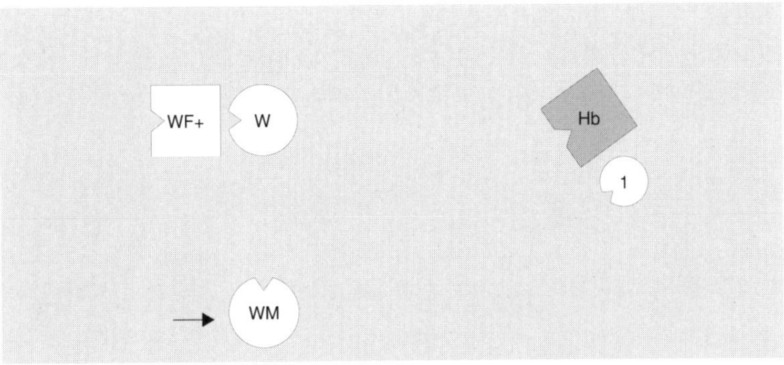

図7

WM　　　妻の母親

ヘリンガー　妻は今どう感じていますか？
妻　良くなりました。母の所へ行きたいです。
ヘリンガー　良いですよ。そうしなさい。

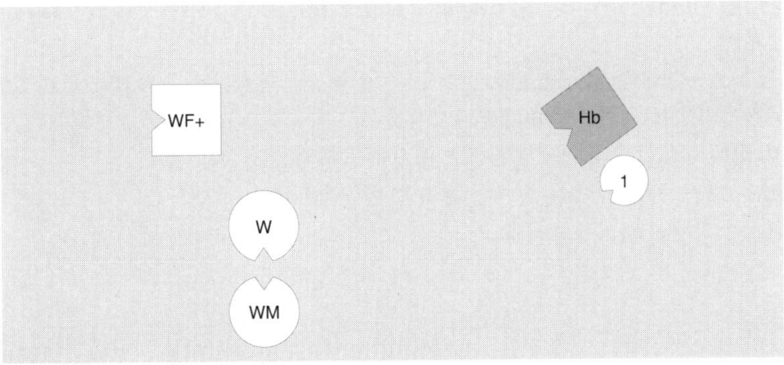

図8

ヘリンガー　（グループに）アーネストの妻役が今代理している、怒りでいっぱいの人は誰でしょう？　追い出された彼女の父親です。彼女の怒りの対象は誰であるべきですか？　彼女の母親です。そして実際、彼女の怒りの対象となっているのは誰ですか？
（グループから）彼女の夫です。これが二重転位と呼ばれるものです。
ヘリンガー　（妻の父親に）今どう感じていますか？

妻の父親　左側に妻の現存を感じました。
ヘリンガー　それでは反対を向いて。あなたの娘を隣に配置して、あなたの妻を反対向きにしますので、あなたの妻はあなたから顔をそむけています。

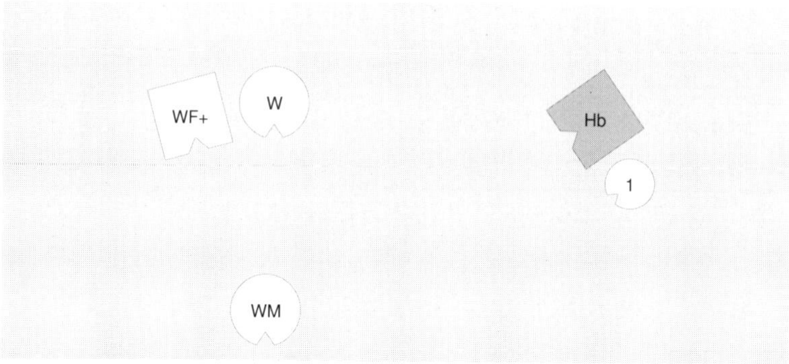

図9

ヘリンガー　さあ、どうですか？
妻　腹が立ってきました。私は母に目をそむけて出ていってほしくはありません。
ヘリンガー　それは子どものジレンマです。子どもは両方の親に対して忠節があるのです。妻の母親はどうですか？
妻の母親　私は自分の家族とほとんど何も接触がありません。
ヘリンガー　そのとおりです。さらにもう少し離れてください。

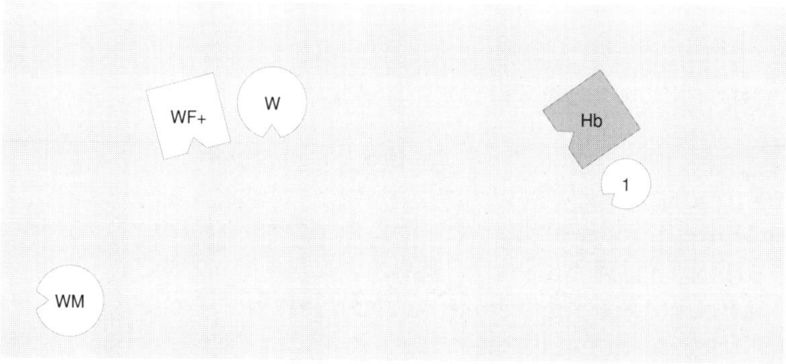

図10

ヘリンガー　(グループに) 私たちは彼女の家族に何が起きて、なぜ彼女が出ていく衝動を持つのか分かりません。しかし今のところそれはそのままにしておきましょう。そしてこの家族のための解決法を探します。

(妻に) 解決法を見つけましょうか？

妻　はい。(彼女は笑う)

(ヘリンガーは解決法を立ち上げる)

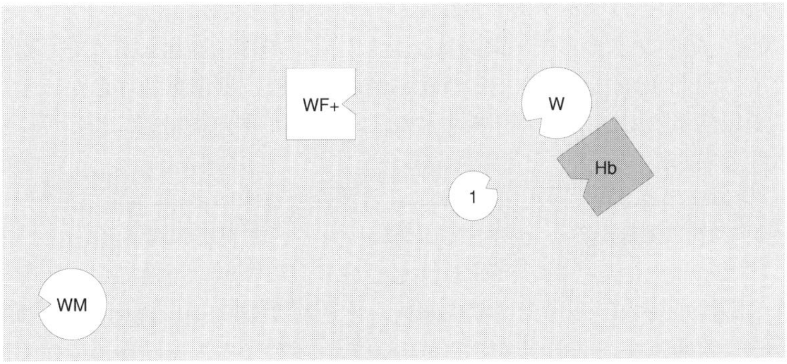

図11

ヘリンガー　これでどう感じますか？

妻　良くなりました。もっと楽に呼吸ができます。ここが私の正しい居場所だという気持ちが自然にわいてきます。今までは、自分が本当に属しているのがどこか分かりませんでした。

夫　妻が私を受け入れる用意がもっとあるのを今は感じます。彼女が私の脇に立っています。この近しさは良い気分です。前は本物ではありませんでした。

第1子　今、両親がいます。

妻の父親†　親しい気分です。(彼は笑う)

ヘリンガー　(アーネストに) 行って自分の場所に立ってみますか？

(アーネストはコンステレーションの自分の場所へ行く。夫と妻は微笑み冗談を言い合う)

ヘリンガー　時には良い解決法が見つけられます。

(アーネストに) 私はまず始めに、あなたの現在の家族体系にある、最も明白な問題から働きかけました。私たちは、あなたの癌が、生まれた家族の力動と関係しているのかどうかを見つけ出すために、あなたが生まれた家族も立てなくてはならないでしょう。しかし一度に多くをやり過ぎるのは良くないのです。それで良いですか？

アーネスト　はい。

ヘリンガー　よろしい。では以上です。

ファミリー・コンステレーションは内なるイメージを通して働く

ヘリンガー　このワークについて何か質問はありますか？

参加者　先のファミリー・コンステレーションでは、関係する人たちが自分でする何かがいつもありました――例えば父親に敬意を払うとか、愛を感じ表現するとか。でもアーネストのケースでは解決は完全に彼の妻によるものです。彼にできることは何かありますか？

ヘリンガー　私が思うに、アーネストと彼の妻はずっと長い間、彼が行くことが安心になるだろうと知っていたのですが、お互いに愛し合っているために、どうやってそれと直面したものか分からなかったのです。代理人が同じ感情を持つのを見て、この感情が体系的なもので、個人的ではないと彼らに教えます。これは大きな救いです。今アーネストは妻について違ったイメージを得て、そしてそれはすでに作動しています。彼は彼女に、何が起きたのかを話すことができます。

（アーネストに）ただ何が起きたのかをそのまま彼女には話してください。どんな説明や解釈もなしで。

（グループに）本当に起きていることを何かが正確に反映しているとき、説明は必要ありません。ここで起こったことを彼女に説明する以上のことをアーネストがする必要はありません。代理人が何を感じたかを聞けば、自分の感情への彼女の理解も変化するでしょうし、違う方法でそれらと自由に対処することでしょう。でもアーネストの妻への関係はもうすでに変わっていて、彼が帰宅したとき、彼女は彼の中の変化にほぼ間違いなく気がつくでしょう。なぜなら彼もまた、自分たちが個人的な関係よりもっと大きなものを扱っていると知っているからです。私にはこれ以上できないし、その気もありません。

このワークはセラピスト側に多くの抑制を要求します。「それについてもっと何かする」ということやその類のことは、どんなことをしても差し控えなくてはいけません。

（後で分かったことだが、アーネストの妻は聴衆の中にいた）

「正しいこと」

参加者　技術的な質問があります。ファミリー・コンステレーションで役割を果たす人をあなたが選択するのと、クライアントが選択するのでは何か違いはあるのでしょうか？　それともう1つ。あなたはよく「正しい」という言葉を使います——例えば「正しい場所」というように。これは一連の原則に基づいたものですか？　それともあなたがその瞬間に観察しているその結果によるものですか？　あなたの教えの1つは、敬意は下から上へ表されなければならない、子どもたちは親のことを尊敬し、誇りに思わなくてはならない、と学びました。

ヘリンガー　誰が代理人を選ぼうと、また誰が選ばれようとそれはたいした問題ではありません。クライアントが選ぼうが、私が時間節約のために選ぼうが何の違いもありません。誰がどの役をやっても良いのです——もちろん本人が同意すればですが。

私にとって「正しい」とは、コンステレーションの中にいるそれぞれが、自分の場所で居心地良く感じていることを認めたときです。それがすべてです。法則は、誰もがその人が所属する居場所にいる結果として生まれ起こるのです。しかしながらこれは、異なるコンステレーションでのたくさんの要因と相違によります。私は、自分の基本となる方位感覚を、観察した体系の中で機能している原則に置いていますが、それが当てはまらないと分かったときはそれから外れます。

正確に言うなら、これは「私の」原則では全くありません。確かに、子どもたちが自分の両親を尊敬しないことは自由ですが、しかし、しなければ結果が伴います。その逆に家族のそれぞれが「正しい」場所にいるとき、尊敬と愛は自然に流れますが、その根源的な流れは上から下へ向かい、下から上ではありません。

シンボルを使うファミリー・コンステレーション

参加者　グループを使わず、シンボルであなたがワークしているとき、私たちが見た、様々なカップルや参加者が表現した感情の力動をあなたはどのように発生させるのですか？

ヘリンガー　私はこのように、グループとだけワークします。このようなワークは、グループの中でだけ本当に可能だということを理解できるでしょう。個人のセラピーでこの強烈さに達しえたことはこれまでにありません。しかしグループなしでワークしなければいけないなら、セラピストがシンボルを使って働きかけをすることは時として可能です。最も有効なワークの方法の1つに、靴を使うということが証明されました。クライアントはグループで人を配置するように、何足かの靴を配置します。クライアントとセラピストは関係する人たちがその靴の上に立っているようにイメージします。クライアントとセラピストはまた、歩き回ったり、靴の横に立ったりしてその人がどのように感じているか感じます。これが1つの可能性です。同じことが他の場合同様ここでも当てはまり、もしクライアントとセラピストが、自分のハートやマインドやスピリットがその状況によって導かれるのを許すなら、難しい状況からでさえ最高のものを作り出すことができます。

参加者　靴がどのように感じているかを言うのは誰ですか？——あなたですか？　クライアントですか？

ヘリンガー　これはかなりの注意が必要です。幻想と解釈がその場に入り込むや否や、あなたはすぐに間違った進路を取っていると気がつくでしょう。しかし、私の同僚は、彼が靴を使ってワークするとき、代理されている人が感じていることが何かをすぐに感じ取るためには、ただ靴の横に立ってさえいればよいと言っています。彼はそれを信頼できます。それはまた実践を重ねて学べることでもあります。しかしクライアントが靴の横に立ち、当人がどう感じているか感じるのがもっと良いです。クライアントの方がセラピストたちよりその人たちに近いのですから。

1人の兄は生後間もなく死亡、もう1人の兄は自殺してしまった

ヘリンガー　（フリーダに）あなたの問題は？

フリーダ　私の兄が6ヶ月前に自殺したのです。私は自分が危険にさらされている気がします。両親は私も……。

ヘリンガー　あなたは自殺しようとしたことがあるのですか？

フリーダ　いいえ。でも考えています。

ヘリンガー　分かりました。次はあなたとワークしましょう。家族のメンバーは誰ですか？

フリーダ　今は私の両親と私だけです。

ヘリンガー　どのように兄は自殺したのですか？

フリーダ　ハイウェイをまたぐ橋から飛び降りました。

ヘリンガー　彼は何歳でしたか？

フリーダ　27でした。

ヘリンガー　あなたのコンステレーションは4人で立てることにしましょう——あなた、あなたの父親と母親、そして死んだ兄です。

フリーダ　母はもう1人の子どもを生後6日で亡くしています——私の兄です。

ヘリンガー　もちろん彼も必要になります。後で加えることにしましょう。

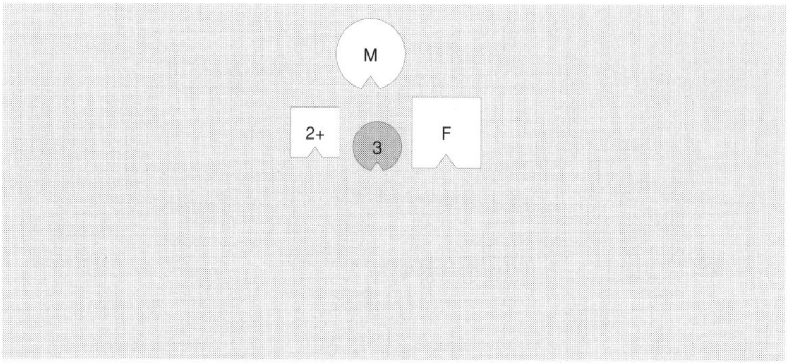

図1

F　　　父親
M　　　母親
2†　　　第2子、息子（27歳で自殺）
3　　　**第3子、娘**（**＝フリーダ**）

ヘリンガー　（グループに）この家族全員が同じ方向を向いています。気づきましたか？　たぶん皆死んだ子どもの方を向いているのです。

（フリーダに）この子が死んだことで誰かが責められましたか？

フリーダ　ええ。その子は妊娠7ヶ月目で生まれたのです。母は父が自分を手荒く扱ったために子どもが未熟児で生まれたのだと責めます。その子はミルクを飲まず、餓死したのです。

ヘリンガー　この子をコンステレーションに入れます。

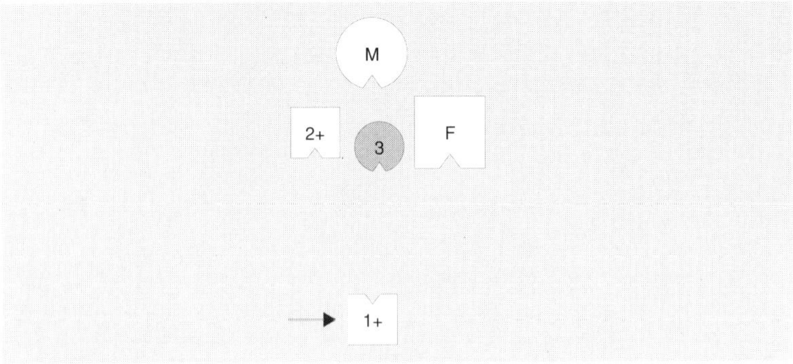

図2

1† 第1子、息子、未熟児で生まれ、生後6日で死亡

ヘリンガー 父親はどう感じていますか？

父親 最初のコンステレーションから完全に1人きりで、私の真正面をただ凝視しています。今は死んだ子どもに引かれる感じがしています。妻に対しては怒りを感じ始めています。

ヘリンガー 母親はどう感じていますか？

母親 ひどい気分で、本当に病気のようでした。今は少なくとも見るものができました。でもまだ気持ちは良くありません。

第2子† 母が私の後ろに立っているのが本当に不愉快です。彼女が私の肩に手をかけたときはもっと最悪でした。

第3子 私は父からもっと離れたかったし、右側の兄の方に引かれる感じがしました。でも今は変わって、別の子どもがあそこにいます。今は私と父親の間にもっと距離があります。

ヘリンガー この子の死に、誰が罪悪感を持っているのでしょう？ 母親です。そして彼女の代わりに死んだのは誰でしょう？ 息子です。

（第1子に）どう感じていますか？

第1子† ひどい気分でした。その嫌な感覚は母から来ました。でも母だけではないです。最初、それは家族全員から来て、そしてその後、それは本当に母から来ていたとはっきりしました。

（ヘリンガーは母親を家族のグループから外へ出す）

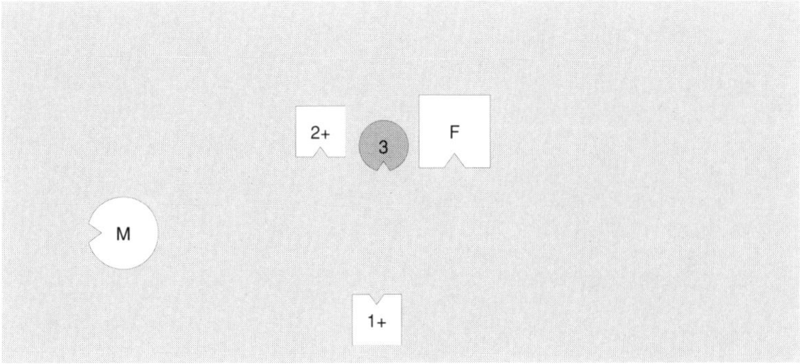

図3

ヘリンガー　（母親に）気分はどうですか？
母親　良くなりました。私の右側にあった重荷がなくなりました。
ヘリンガー　では、解決法を見せましょう。

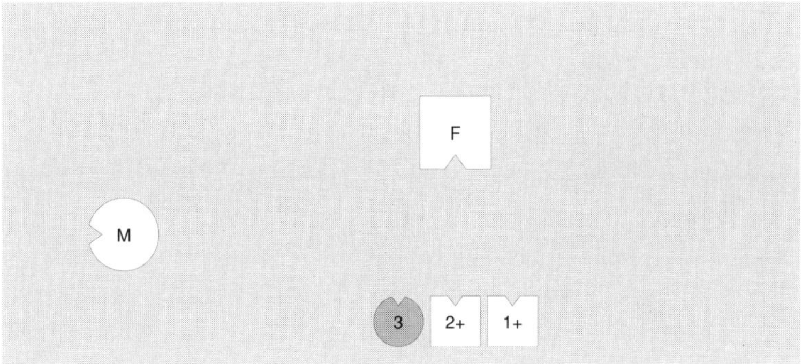

図4

ヘリンガー　これは父親にとってはどうですか？
父親　ほっとした気分です。
第1子†　母親に引かれる感じがします。
第2子†　安全だと感じます。
第3子　今ぴったりします、これが正しいです。

（ヘリンガーは幼くして死んだ子どもを母親の前に背中を向けて配置する）

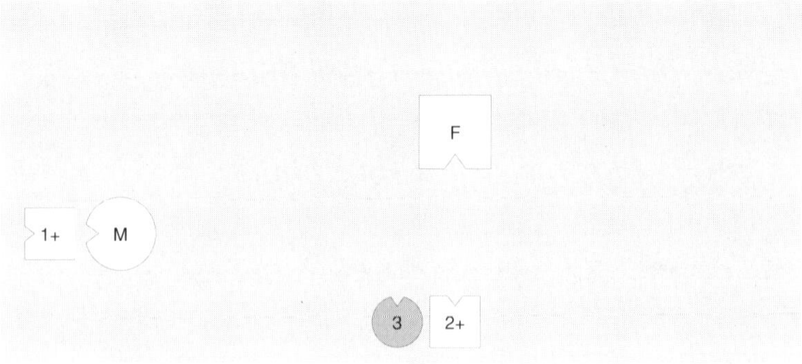

図5

ヘリンガー　これらがその力動です。母親は死んでしまった子どもに言っています。「あなたの後についていきます」

（母親に）この位置でどう感じますか？

母親　とても愛にあふれています。ずっと良い気分です。

第1子†　やや良い感じです。正しいとは言い切れませんが……。

（ヘリンガーは母親を、幼くして死んだ子どもの右側に配置する）

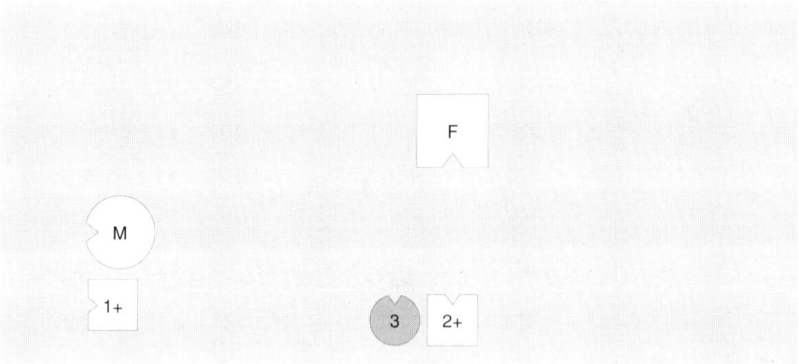

図6

ヘリンガー　これでどうですか？

第1子†　良くなったかもしれません。

ヘリンガー　彼にとって正しい場所は父親や兄弟たちの隣でしょう。彼がそこにいないとき、兄弟はどんな感じがしますか？

第1子†　右側が空っぽの感じです。
第3子　私は完全に当惑しています。
ヘリンガー　彼が兄弟たちから離れているとき、兄弟たちは彼の後を追うように引かれます。もう1つの解決法をお見せしましょう。

（ヘリンガーは母親を夫の左側に配置し、死んだ子どもを両親の前に座らせ、もたれかからせる）

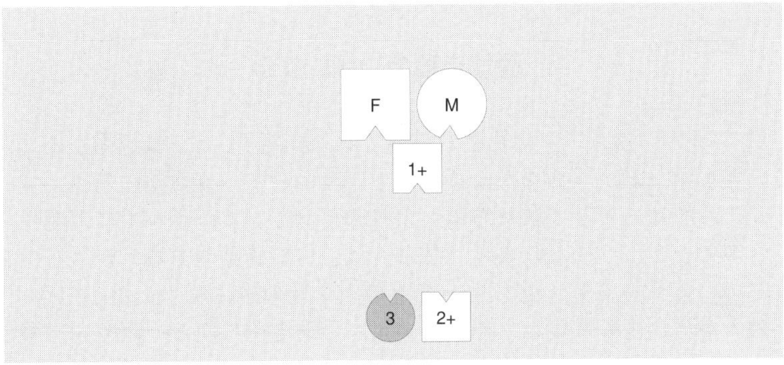

図7

ヘリンガー　（両親に）子どもの頭に片手を軽く乗せなさい。
（母親は泣き出す）
ヘリンガー　（母親に）子どもを見なさい。夫にもたれて、子どもに言いなさい。「私の愛しい子」
母親　私の愛しい子。
ヘリンガー　もう一度。
母親　私の愛しい子。
ヘリンガー　深い呼吸を、口からしなさい。
ヘリンガー　今どう感じていますか？
母親　良くなっています。今は他の人も目に入ります。
ヘリンガー　（幼くして死んだ子に）どんな気分ですか？
第1子†　良いです。
ヘリンガー　（自殺した第2子に）どんな気分ですか？
第2子†　私が母を見ているのはこれが初めてです。
ヘリンガー　（グループに）子どもが死ぬと、両親はその苦痛や自分たちの運命を直視するよりも、自分たち自身を責め、他の誰かを責める方が楽だと思います。これは彼ら２人にとっては過酷な運命でした。このようなケースでの解決法は、両親が互いに寄り添って、「この痛みを２人で負います」と言い、そして自分たちのハートの中に子どもの居場所を与えることです。ここで起きたことは、彼らは子どもを忘れて、自分たちのハートの中から締め出したのです。

（フリーダに）自分の場所へ行って、立ちなさい。それは良い気分ですか？

フリーダ　はい。

ヘリンガー　よろしい、ではここまでです。

愛が自殺の動機になる

ヘリンガー　（グループに）私の経験では、自殺はしばしば「あなたについていきます」とか「あなたより私の方が良い」という力動に基づいています。これを知ることで私たちは、より愛情深く、より恐れずに問題を扱うことができるようになります。私たちは、自殺衝動のある人が後を追おうとしている人を探し、愛をもってその人を場の中に戻すことができます。その人が再び視界に現れ、その人の正しい居場所に戻るや否や、自殺の危険性は消えます。これはまた、死んだ人の後を追おうとしている他の人の代わりに、「あなたより私の方が良い」という力動を通して誰かが自殺傾向となるときにも当てはまります。他にも、例えば罪を償おうとする願いなど、人を自殺傾向にしてしまう状況があります。このケースで私たちがとても明確に見たように、人が自殺衝動を持つのは通常、愛のためです。

参加者　今まであなたはいつもクライアントを通して解決法に向かって働きかけていました。ここでは、それは彼女の母親を通してでした。でもフリーダがクライアントです。彼女は何をしたら良いのでしょう。

ヘリンガー　実際のクライアントは母親でした。私は母親のために――そして家族全体のためにしました。よろしいですか？

痛みへの防御として誰かを責めること

フリーダ　質問があります。どういうわけか私は罪の意識を感じます。兄が自殺するのを止めることができたはずなのにと感じています。そして……。

ヘリンガー　だめです、だめです。あなたはたった今、私が説明した、全く同じ動力を表しています。自分自身や誰かを責めることで、あなたは自分の苦痛や、運命の力と向き合うことを避けているのです。それは安っぽい解決法です。運命に頭を下げるより楽なのです。

あなたにできることは、死んだ兄にあなたが彼の決断を尊重することを伝えることです。私たちが見たように、それは本当のところ自由な決断ではありませんでしたし、それでもあなたは彼の運命と難しい状況を尊重するのです。そうすれば彼は自分の死がいっそうの苦しみを引き起こすという心配の必要がなくなります。よろしいですか？
（フリーダうなずく）
このことは考慮する必要がありました。それは抜け落ちていました。

質問に答えることの拒否

参加者　私には何かがまだはっきりしていません。どうしてその自殺はそんなに時間が経ってから起きたのですか？　もし死んだ子どもの後を追うならば、どうして彼はもっと早くしなかったのですか？

ヘリンガー　この質問の良い点は何でしょう？　これが誰を助けますか？これは、私たちが解決のために必要とする以上を探し出そうとする好奇心からの質問です。もしも私たちが、こうしたすべての仮定的可能性についての討論に巻き込まれるようなことがあったら、それはワークからエネルギーを奪い取ってしまうでしょう。ですからこれには答えない方が良いでしょう。
（参加者うなずく）

別の参加者　罪があると感じる原理は、何かカトリック教徒やクリスチャン特有なものですか、それとも特定の文化に基づくものですか？　オーストラリアのアボリジニーたちも私たちと全く同じような問題を持つのでしょうか？

ヘリンガー　これも同じ様な質問です。もし私がこの質問に答えたとして、どうフリーダの助けになるのでしょう？　私にはここで役立つものが見えます。それで十分です。よそで何が起ころうとどうでもいいのです。あなたが実際にオーストラリアのアボリジニーとワークするときに、自分独自の観察をすれば良いのです。

ファミリー・コンステレーションでの手順

母親が自殺したとき

別の参加者　患者が心理療法的な意味で不安定になり、そこから母親が自殺したということが分かったとき、あなたは原則としては母親の歴史もそのコンステレーションに加えますか？　それとも考慮に入れないですか？

ヘリンガー　それこそが、私たちが働きかけている基本的な現象です。家族のメンバー全員は運命共同体を形成します。私たちがすること、私たちの苦しむことが、世代を越えたその共同体の他のメンバーたちに影響を与えます。しかし、それらの影響のすべての複雑さは、ここで私たちにできることをはるかに超えているので、あなたがたった今見たように、私は通常、可能な限り少ない人数で始めます。誰かが加えられる必要があると私に見えるとき、その人を中に入れます。より小さなグループの力動から、それを拡大する必要があるかどうかを知ることができます。もし母親が自殺したのだとしたら、彼女が家族から去るための体系的な圧力の下にあったことはかなり確かです。次に私は彼女が誰についていきたかったのか見つけようとし、彼女の家族に何が起きたのか尋ねます。その人物を発見したところで、その人も加えます。しかし、解決に必要とする以上の人に働きかけることは決してありません。システムの全員に働きかけることは、混乱を招くだけですので、できないのです。

クライアントがグループの中に入るのはいつ？

別の参加者　私は技術的な質問があります。クライアントが自分の居場所に立つのは、他の全員が正しい場所にいるときだけなのでしょうか？

ヘリンガー　通常はそうです。他の人たちが状況を鏡の中のように映しているとクライアントに理解できると、その方が最初からコンステレーションの中にいるよりも強力な効果があります。家族の中には、知られて良いものは何か、口にされて良いものは何かに関する強いタブーがあるもので、通常第三者の方がどのように体系が彼らに影響を及ぼしているのかを正確に説明しやすいのです。

あるケースにおいては、私はクライアントがコンステレーションの中に立つことを全く許しません。例えば、クライアントがひどく内気だったり、恥じていると私が見たら、クライアントにただ傍観させることで彼らを守ります。

生きている人に対して死者がとれる距離は？

参加者　あなたは死んだ兄を生きている妹の隣に立たせました。兄の決断にふさわしい敬意を示すためには、私はもう少し彼らの間には距離があるべきだと感じました。なぜあなたはあのようにしたのですか？

ヘリンガー　彼女に、彼が彼女の近くに立つ必要があったからです。

（フリーダに）正しいですか？

（フリーダうなずく）

彼女がうなずいたことはあなたの質問に答えています。それぞれの家族が異なっているので、ルールや原則にはとても限定された価値しかありません。私たちが理論的な考察にのめり込んでいき、実際の力動から離れていたら、私たちは、彼女に合わない違ったやり方をしていたことでしょう。彼が彼女の近くに立たなければならなかったのは、その力動からはきわめて明らかでした。彼らがもしその近さを望んでいなかったとしたら、自発的に離れていたでしょう。私はその瞬間の力動に完全に任せています。

ヘロイン依存症の娘：男性要素の欠けた家族

ヘリンガー　（ジョージに）あなたの問題は何ですか？
ジョージ　私にはヘロイン依存症の娘がいるのです。
ヘリンガー　分かりました。あなたの家族のコンステレーションを立てることにしましょう。家族には誰が属していますか？
ジョージ　妻と私と、２人の間の娘が１人、あと妻には前の結婚での子どもが２人います。
ヘリンガー　どうして彼女の最初の結婚は壊れたのですか？
ジョージ　彼らはあまりにも違い、気持ちが離れたのです。妻は、本当は別の人と結婚したかったのですが、何かの理由で最初の夫と結婚しました。
ヘリンガー　なぜ他の誰かと結婚したかったのですか？
ジョージ　どうも彼女はもっと強く、ある他の男性に執着していたようです。
ヘリンガー　その男性もここに必要です。あなたは以前に深い関係にいたことはありますか？
ジョージ　いいえ。
ヘリンガー　奥さんの最初の結婚での子どもたちは誰の元で育ちましたか？
ジョージ　私の妻の所です。ですが息子は成長するに従って彼女から離れました。彼女の娘もそうです。程度は同じではないですが。

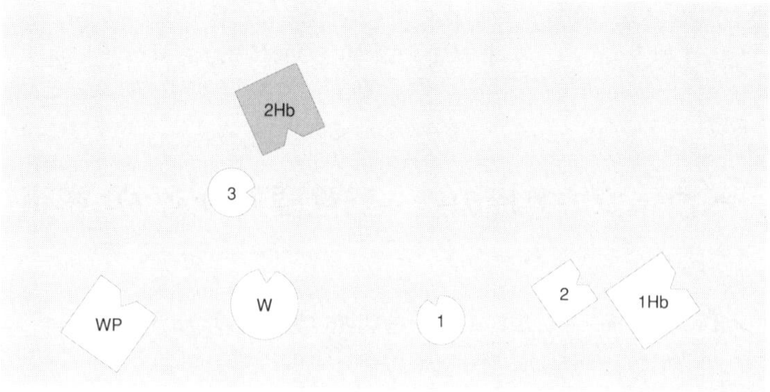

図1

W	妻
2Hb	**妻の2番目の夫、3の父親**（＝ジョージ）
1Hb	妻の最初の夫、1と2の父親
1	第1子、娘
2	第2子、息子
3	第3子、娘、2番目の結婚から生まれた唯一の子ども
WP	妻のパートナー

ヘリンガー　夫はどう感じていますか？

夫　2つの感情があります。私は腹が立っています。なぜなら私たちは自分たちの子どもをお互いに張り合うためのチェスのポーンのように使っているからです。無力に感じます。それについて私には何もできないからです。妻のボーイフレンドの喉をつかんで、消えうせろと言いたいです。

ヘリンガー　妻はどう感じていますか？

妻　たくさんの温かさが私の左側から、私の友人からきています。

（彼女が笑う）驚きだわ。自分の子どもたちの1人しか見ることができなくていらいらします。夫は遠いです。

ヘリンガー　ここでの解決は明白です。解決法は1つしかありません。

（ヘリンガーは妻とその友人を反対向きにし、彼女を彼の後ろに配置した）

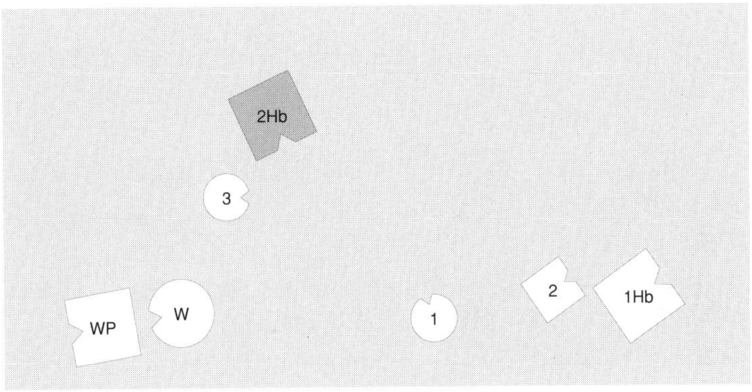

図2

ヘリンガー　これが解決法です。今の夫の気分はどうですか？

夫　彼らがあちらを向いた途端、緊張がとけました。今は1人っきりで悲しいです。

ヘリンガー　娘はどう感じていますか？

第3子　さっきまではひどい気分でした。全くの独りぼっちでした。とても無力な感じでした。あまりにも弱くて、何をやったとしても、誰かを傷つけることすらできないと感じていました。今は少しましです。今も虚空を見つめていますが、少し落ち着いた気分です。

（ヘリンガーは娘を父親の隣にし、妻の最初の夫を反対に向かせ、彼の子どもたちを隣に立たせた）

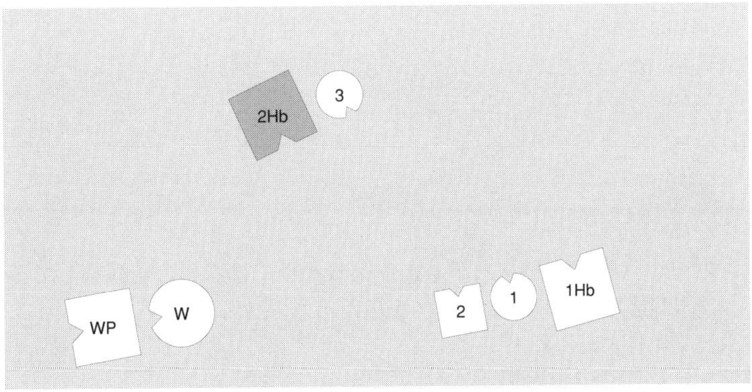

図3

ヘリンガー　（娘に）そこでの気分はどうですか？　父親の隣で？
第3子　良くなりました。もっとはっきりして。ここで安らぎを見つけられる感じがします。
ヘリンガー　息子はどうですか？
第2子　今は良い感じです。さっきまでは押し出された感じがしました。あれは正しくありませんでした。
最初の夫　私もです。今はずっと良いです。
ヘリンガー　母親はどうでしょう？
妻　気分が良くないです。罰せられた感じです。
ヘリンガー　当然ですか？
（彼女うなずく）
妻のパートナーの方はどんな気分ですか？
妻のパートナー　最初のコンステレーションでは良い気分でした。それからあなたが私を反対向きに変えたとき、皆から遠ざけられたと思いました。あなたが彼女も同じ向きにしたとは気づきませんでした。彼女を見たとき、突然とても温かい感じがして、彼女は私の隣に立つべきだと思いました。
ヘリンガー　私たちはそのように配置できます。

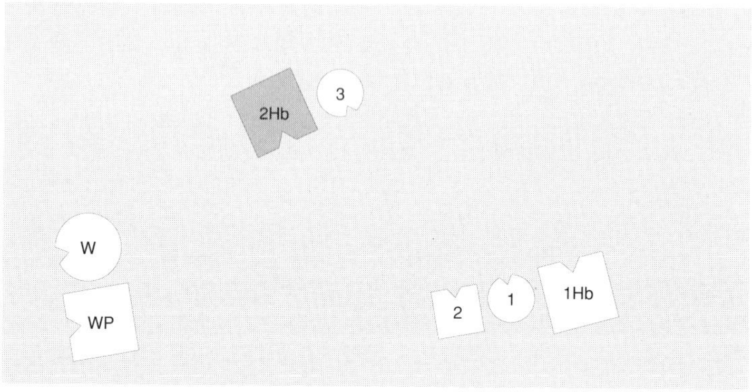

図4

ヘリンガー　（妻と妻の友人があまり嬉しそうではないのを観察して）
愛の夢は現実よりもいくぶんバラ色だったりするのです。
（グループから大きな笑いと拍手）
（ジョージに）自分の場所に行って立ってみますか？

（ジョージは彼の場所、娘の右に立った。彼は彼女の左側に移りたい）

ヘリンガー　だめです。あなたはそこにいなさい。
ジョージ　妻が遠すぎます。彼女が見えるべきです。彼女は私のもっと近くに立つべきです。
第3子　いいえ。(首を横に振る)
ヘリンガー　(グループに) 娘には誰も頼れる人がいません。

(ヘリンガーは彼女を異父兄と異父姉の隣に配置した)

図5

ヘリンガー　どうですか？
第3子　父の横に立っていたときにどう感じたかを話すことから始めたいと思います。ジョージ本人が来て彼の場所に立つまでは、もっと安全な感じがしていて、そして彼が私にいくらかの安全を確保してくれるだろうと望んでいました。でも彼が「妻がもっと近くに来るべきだ」と言ったとき、「いや、それは正しくない」と思いました。ここで、兄と姉の隣で私のいる位置を確かめることができると感じます。どこに助けを求めて良いか、またそれを父からもらえるかどうか分からないにしても、私は彼らと同じレベルにいます。少なくとも私は兄姉と同じレベルにいます。
ヘリンガー　私はこれまで多くの依存症のパターンを見てきました。依存症状の子どもの母親は、往々にして夫を見下し、父親から良いものは何も得られない、母親からしか得られないと子どもに教えています。これが起きると、子どもは母親から、とても多くの害あるものを受け取ります。依存症とは、父親から受け取ることを許さない母親への子どもの復讐です。父親が母親同様に、子どもに与えることが許され、子どもが、母親が見ている前で、父親から受け取ったとき、依存症が治ったのを私は実際にいくつか見てきました。

このケースではそれは不可能です。気づきましたか？　父親は子どもが父親に求めているものを彼女に与えていません。この子どもは、必要としているものを父親からも母親からも得ることができません。兄姉が彼女に残されたすべてです。

（妻の最初の夫に）彼女があなたの子どもたちの隣にいるとき、どんな感じがしますか？

最初の夫　どちらでも違いはありません。

ヘリンガー　（グループに）彼がこれまでのところ、この中で最も信頼できる人です。そこは子どもが安全な所で、彼女が行くべき所です。

ヘリンガー　（ジョージに）納得しましたか？

ジョージ　はい。でも現実の生活の中で実行するのは難しいです。

ヘリンガー　（グループに）ジョージ自身に父親がいなかったのではないかと疑います。彼もまた自分の父親から力を得ることができません。

（ジョージに）あなたの家族の中はどのようでしたか？

ジョージ　私は父親と一緒には育ちませんでしたし、妻も父親と一緒には育ちませんでした。

ヘリンガー　それです。この家族の中にはこの娘を助けるための男性の力がありません。じゃあ彼の父親を加えて、どう変化するか見てみしょう。

（ヘリンガーはジョージの父親を彼の後ろ、わずかに右側へ配置した）

ヘリンガー　今娘はどのような気分ですか？

第3子　彼のことがもう少し好きになり始めました。（彼女、大声で笑う）

ヘリンガー　（娘に）では、あなたの父親の隣へ行ってください。

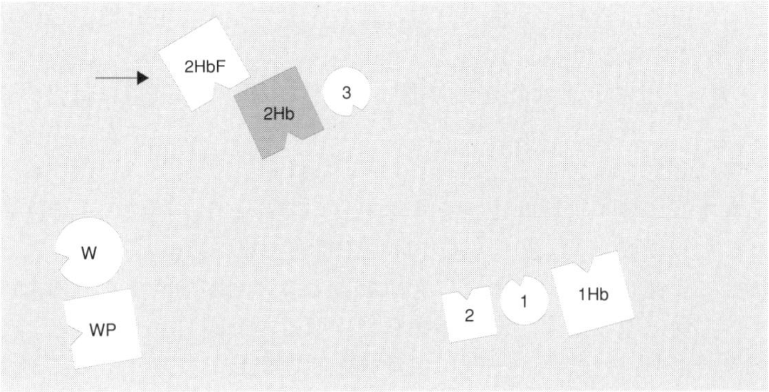

図6

2HbF　　2番目の夫の父親

ヘリンガー　どうですか？
第3子　さっきより良くなっています。
ジョージ　私にとっても良いです。
ヘリンガー　では、あなたが娘の面倒を引き受けて、妻に自分の道を行かせることはできますか？
ジョージ　（ためらいがちに）ええ。はい……。
ヘリンガー　良いです。ここまでです。

何か質問はありますか？
参加者　どうして父親の右側に娘を配置したのですか？
ヘリンガー　彼女を母親から守るためです。
別の参加者　私にはあまり正しそうには見えません。私ならジョージをそんな簡単にはそのように行かせたりはしないでしょう。彼にはもっとアドバイスが必要ではないかと思うのです。
ヘリンガー　私は彼のハートを信頼します。

母親が自分の夫についていくように、子どもたちは父親についていく

別の参加者　あなたは、父親が彼に与えられるべき敬意を与えられるとき、依存症にはならない、またもしなったとしても、治ることができると言われました。私は自分の場合はどうなのだろうと思っています。私には父がいませんでした。父は、私が4歳の時に戦争で死にました。私は父をとても尊敬していましたし、幼い子どもらしく彼をとても恋しがったようです。

父と父の家族は素朴な家柄で、母は彼らを見下しがちでした。この状況で私は何ができるのでしょう？

ヘリンガー　まず、あなたが繰り返したようには、私は実際には言いませんでしたが、それはこの場合重大なことではありません。あなたの疑問の方がもっと重要です。

あなたは心理エクササイズをすると良いでしょう。想像の中で、あなたはあなたの父親の隣に立ち、心を開いて母親を見つめ、言うのです、「父は私にとってあなたと同じように大切な人です。父が与えてくれるものを私はすべて受け取ります。あなたから受け取るのと同じように」と。それから彼の苗字を言います――仮にスミスと呼びましょう――そしてあなたの母親に言います。「私はスミスです」。あなたが想像の中でできるようになったなら、現実の生の中でもそれをしなさい、あなたの母親が生きている間に。これを、愛を込めて真にするのはとても難しく、大変な勇気を必要とします。

夫婦間の関係での愛の法則は、通常女性が男性についていくことを要求します。これによって私が意味するのは、彼女は夫の家族、言語、文化、おそらく彼の宗教についてでさえも、彼についていくということです。そして彼女は子どもたちが父親についていくことを許さなくてはいけません。なぜそうなのかを私は説明することはできません。父権制とかそういったものとは一切関係ありません。しかし、突然広がるその調和と、家族の中で感じられるポジティヴな感情とエネルギーによって、妻と子どもたちが男性についていかなければならないことは誰にも分かるはずです。

私が知る限り、例外は唯一、父方の家族が運命によって過酷な重荷を負わされている場合です。このケースでは、子どもたちは父親の影響の領域を離れ、母親の方へ行かなくてはならず、そして父親の家族の影響の領域を離れ、母親の家族の領域に行かなくてはなりません。

ある神経症の患者が母親と一緒にグループに参加したことがありました。私たちが彼女の家族を立てているとき、母親が言いました。「私の子どもたちは半分アラブ人です。私はアラブのシリア人と結婚しました」。父親は家族と一緒にドイツに住んでいました。私は彼女に言いました。「あなたの子どもたちはシリア人です。分かっていましたか？」その母親が一度もそのことについて考えたことがないのは明白でした――彼女は自分の娘がどの宗教に属するものなのかさえ知りませんでした。それから私はその娘にたずねました。娘は答えました。「イスラム教徒です」それは、その時までずっと母親に秘密にされてきたことだったのです。それから私たちは、ファミリー・コンステレーションを立てるように、2つの国をそれぞれの関係で配置しました。シリアの代理をしていた男性が言いました。「私は自分がとても寛大に感じます」それに対し母親も言いました。「まさにそのとおりです」そのコンステレーションの中で、ドイツは栄誉ある場所を与えられていましたが、優先順位は明らかに父親の文化、言語そして宗教にありました。このことが明るみに出て、娘が自由にそれを認め、受け入れることが許されたとき、彼女はすっかり幸せになり、自分が正しい場所にいると感じたのです。

妻が夫についていくということについて、私が言った言葉は次の補足なしには不完全です。「男性は女性らしさに仕えなければならない」。これらのどちらの前提も愛の法則に属し、双方が一緒に均衡を創っています。

参加者　私にはもう1つ質問があります。もしシリア人がドイツに住んでいたとしても、彼はそれでもやはりシリア人であり、シリア人の父親です。彼はシリアに妻を連れて帰るべきではないのですか？

ヘリンガー　分かりません。

別の参加者　私も質問があります。聖書に、男は妻のために両親の元を去らねばならない、とあります。格言に「息子が結婚すると、両親は息子を失う。娘が結婚すると、両親は義理の息子を得る」というのがあります。それはあなたが言われてきたことの逆ではありませんか？

ヘリンガー　私に言えるのは、「かわいそうな人！」です。

参加者　父親がドイツに移民して、そこでまるで自国であるかのように暮らしている家庭で育った人はどうしたらいいのでしょう？　私の父はチェコ人で、私が生まれる前からドイツに住んでいました。彼は自分の家族とは完全に離れていて、母親が死ぬまでに彼女と再会することはありませんでした。

ヘリンガー　あなたはチェコ語を話せますか？

参加者　いいえ。

ヘリンガー　それでは学ばなければなりません。親が異なる2つの国の出身なら、子どもたちは2つの祖国を持つことになるのです。これはとても重要なことです。母親の国は尊重されるべきですが、父親の国に優先順位があります。

参加者　私は多少混乱していると感じます。まるで身体が2つに分けられたように。

ヘリンガー　（グループに）これは私が今説明したことを確認してみる良い機会です。

（参加者に）チェコ共和国とドイツ、そしてあなたを代理する人を選びなさい。あなたが適切だと感じる場所に彼らを配置しなさい。

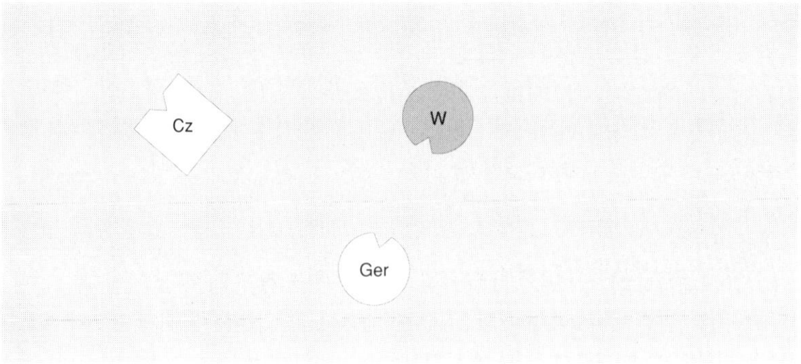

図1

W　　　女性
Cz　　　チェコ共和国
Ger　　　ドイツ

ヘリンガー　チェコ共和国はどのように感じていますか？
チェコ共和国　悪いです。締め出された感じがします。
ヘリンガー　ドイツはどうです？
ドイツ　私に見えるのは1人だけです。その女性だけです。
ヘリンガー　女性はどんな気分ですか？
女性　良くないです。チェコ共和国が恋しいです。私がドイツを見たときに目にするものがあまり好きではありません。
ヘリンガー　（チェコ共和国を反対に向けて、女性にたずねる）どこなら一番良く感じられると思いますか？　あなたはどこに行きたいですか？
女性　私はチェコの近くに寄りたいです。

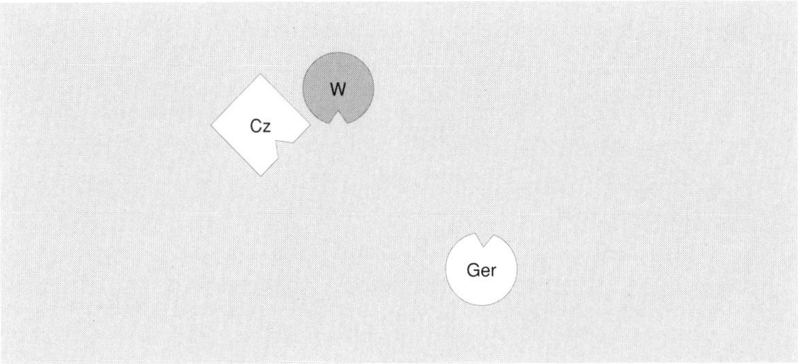

図2

ヘリンガー　今のチェコ共和国はどんな気分ですか？
チェコ共和国　良くなりました。でもドイツに引かれる感じがします。
ヘリンガー　ドイツはどう感じていますか？
ドイツ　何かを失ってしまった。

（3人全員の幾通りかの試みの後、次のコンステレーションが導き出された）

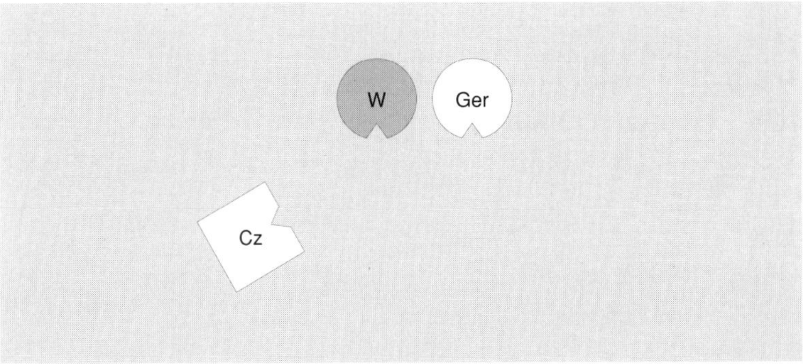

図3

ヘリンガー　（女性に）自分の場所に立ちたくありませんか？　違う位置を試してみて、あなたにとってそれぞれの国に最も良い距離を見つけてみなさい。

（彼女はチェコ共和国にとても近く立ち、笑う）

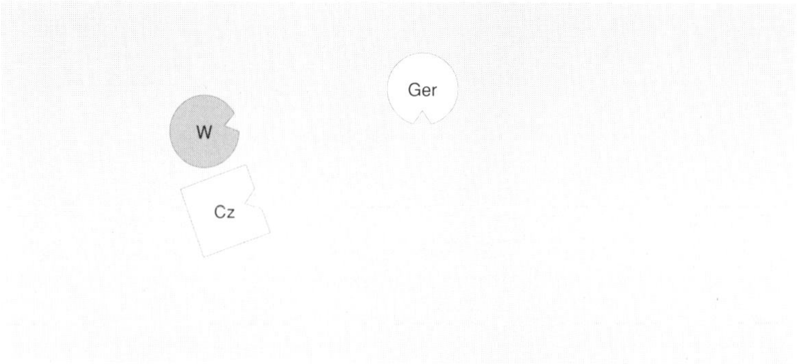

図4

（グループに）私が説明していた力動が今は分かりますか？　子どもが力強く成長するためには、子どもは父親について、父親の国と家族に行かねばならないのです。

（グループに笑い）

良いです。ここまでです。

別の参加者　別の質問をします。あなたの考えによると、私の息子はスペイン人です。彼は6歳で、私は彼の父親とは一切連絡をとっていません。それは子どもにとってどうなのでしょう？

ヘリンガー　その子のスペイン人の祖父母はいますか？

参加者　ええ。おじいさんが1人。

ヘリンガー　父親にも家族がいるということを人はしばしば忘れてしまいます。

参加者　息子にはおじたちもいます。

（グループに笑い）

ヘリンガー　良いでしょう。

男性への配慮がない

ヘリンガー　私の隣に座っているハイディにこれから働きかけることにします。

（ハイディに）皆さんにあなたの問題を簡単に話してくれますか？

ハイディ　私は乳癌です。2週間前に手術をしたのですが、それが癌だとはっきり知ったのはその時初めてです。私の母も乳癌で9年前に死んでいます。(笑)

ヘリンガー　あなたは結婚していますか？

ハイディ　結婚しています。2人子どもがいます。上の子、息子は別の男性との子どもです。その彼もコンステレーションの中に入れなければならないだろうと期待しています。(笑) でも、その人とは結婚しませんでした。夫はその子を養子にしました。

ヘリンガー　その子にとってそれは悲しいことです。

ハイディ　夫との子どもは1人、娘がいます。夫にももう1人、以前の関係からの子どもが1人いますが、私はそれにかかわっていません。

ヘリンガー　なぜ最初の男性と結婚しなかったのですか？

ハイディ　私が望みませんでした。子どもができただけで十分だと感じました。それに彼が私にふさわしい人だとは思いませんでした。

ヘリンガー　おや？　あなたの夫についてはどうなのです？　彼は以前結婚していたとか、誰かと親密な関係にありましたか？

ハイディ　彼の最初の子どもの母親とは親密な関係にありました。彼は結婚したかったのですが、彼女が拒みました。

ヘリンガー　あなたの現在の家族から始めましょう。あなたとあなたの以前のパートナー、その人との間の子ども、それからあなたの夫、彼の以前のパートナー、そして彼らの子ども、それからあなたの現在の結婚での子どもが必要です。あなたの夫の以前のパートナーは誰かと結婚しましたか？

ハイディ　いいえ。彼女は独りで子どもを育てました。

ヘリンガー　あなたの最初のパートナーは結婚しましたか？

ハイディ　知りません。連絡は途絶えてしまいました。どうあろうと私たちは結婚しませんでした。

ヘリンガー　子どもが生まれると、それは結婚のように両親を深く結び付けます。あなたが、今しているように、軽々しくそれを扱うことはできません。ある意味で彼があなたの最初の夫です。

その状況をよく見てみましょう。あなたの現在の家族を立ててください。

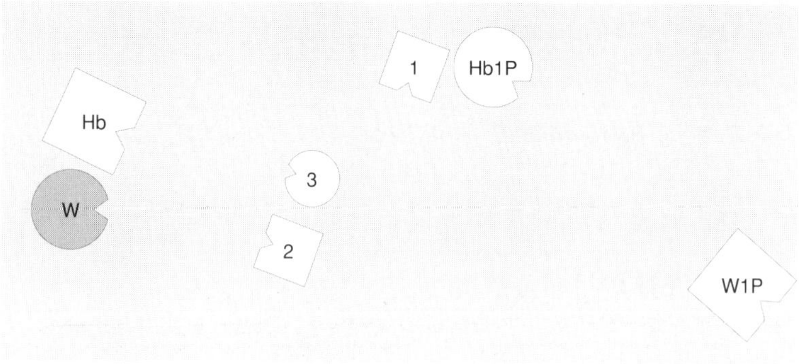

図1

Hb	夫、1と3の父親
W	**妻、2と3の母親**（＝ハイディ）
W1P	妻の最初のパートナー、2の父親
Hb1P	夫の最初のパートナー、1の母親
1	第1子、息子、母親に育てられた
2	第2子、息子、今の夫に養子縁組された
3	第3子、娘

ヘリンガー　夫の気分はどうですか？

夫　自分がまるで閉ざされた輪の中にいるように感じます。最初のパートナーとも、最初の子どもともつながりがありません。

ヘリンガー　妻はどう感じていますか？

妻　子どもたちが道をふさいでいます。彼らが最初のパートナーから私を引き離しています。彼らが私たちの仲を裂いています。

ヘリンガー　息子はどうですか？

第2子　自分の父の所へ行きたいです。

ヘリンガー　あなたの今いる場所をどう感じますか？　どんな気持ちですか？

第2子　狭すぎます。

第3子　私は母に近すぎます。彼女が近すぎ、父が遠すぎます。

ヘリンガー　このような家族では、最初の男性の息子が、新しい家族の中で彼の父親を代理するのはとてもよくあることです。彼は、自分の父親の、母親や養父に対する感情を引き受けます。娘は自分の父親の最初のパートナーを代理し、その女性の、彼女の父親や彼女の母親に対する感情を引き受けます。必ずしも鉄則ではありませんが、頻繁に目にすることです。もう一方で、夫や妻のかつてのパートナーたちが、認められず、尊重されなければ、ほとんどいつも、次の結婚での子どもたちによって代理されます。

夫の以前のパートナーはどんな気分ですか？

夫の最初のパートナー　私は以前のパートナーを見たいです。それから、彼の妻の以前のパートナーが私に背を向けて立っているのでいらいらします。

第1子　私は誰かとつながっていると感じません。自分がどこに属すのか分かりません。

妻の最初のパートナー　私は自分が排除され、裏切られ、孤立していると感じ、そして怒っています。

ヘリンガー　この家族の息子も同じような感情を持つでしょう。では、このシステムが何らかの秩序に調整できるか調べてみましょう。

（ヘリンガーは妻を夫の左側に、彼の以前のパートナーを右側に配置した）

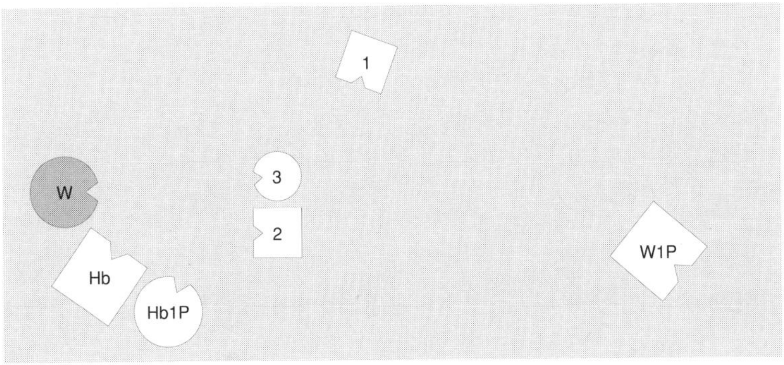

図2

ヘリンガー　（第1子に）どんな気分です？　笑っていましたね。

第1子　私は彼女の隣に、父に向かい側に立ちたいと期待していました。そこがいたい所です。そこならそんなに1人きりだと感じないでしょう。

ヘリンガー　妻は今どう感じていますか？

妻　まるで負けていくような感じです。ここでは全然良い感じがしません。

ヘリンガー　夫はどうでしょう？

夫　彼女が近すぎます。

ヘリンガー　誰ですか？

夫　彼女です。（彼は現在の妻を指差し、以前のパートナーに近づく）

ヘリンガー　（グループに）彼の最も強い忠誠は彼女に対してです。

（ヘリンガーが解決法を配置する）

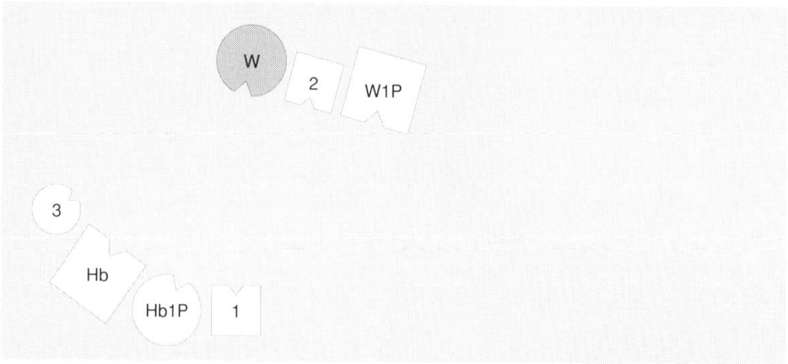

図3

ヘリンガー　今はどんな気分ですか？
（妻の夫はそれでよろしいというようにうなずく）
妻　良いです。
第1子　大丈夫です。
第2子　ええ、これが良いです。
第3子　良いです。
妻の最初のパートナー　これで良いと思いますが、彼女には起こったことの償いをしてもらいたいです。彼女は私の左隣に立っているべきです。
（妻は笑う）
ヘリンガー　私はこれを深追いしたくありません。
（ハイディに）自分の場所に行って立ってみたいですか？
ハイディ　（しばらく中断の後）あそこは私の居場所じゃありません。私の娘と夫はどこにいるんです？
ヘリンガー　もっと良い解決法をみつけられるか、やってごらんなさい。しかし、自分のためにも、他の人たちのためにも、あなたがコンステレーションの中に立って、どのような感じなのか、あなたが見なくてはなりません。あなただけが巻き込まれているのではないのです。

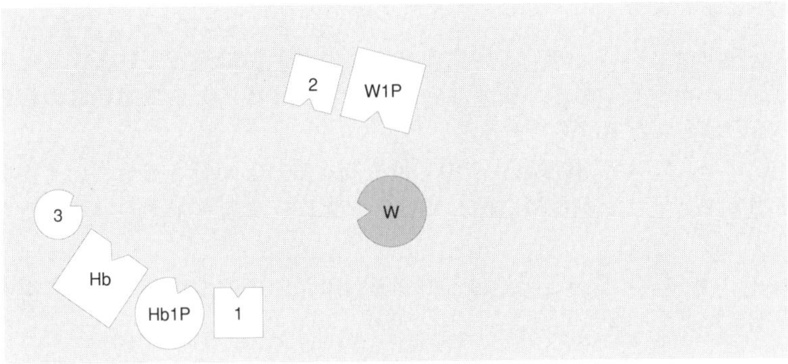

図4

ヘリンガー　彼女の夫は今、何と言わなければならないでしょう？

夫　かなり奇妙です。彼女は自分がどこに属すのか知るべきです。でもそれはそこにはありません。

ヘリンガー　（ハイディに）あなたはこれらの男性たちとの機会を捨ててきました。

（グループに）彼女がかかわる男性たちをどう扱っているか分かりますか？　どんな配慮もありません。彼女には、以前のパートナーや、夫が感じているかも知れないことを考えるなど、思い浮かばないのです。まるで自分のしたいように完全に振る舞えるかのように、彼女はどちらの男性にも感情も思いやりも一切示しませんでした。そしてその結果、あぶはち取らずに終わってしまったのです。

（ハイディに）癌は時に償いの形です。私の観察では、それを私がそう認めるものはかなり限られてはいますが、乳癌はしばしば男性を不当に扱ったことへの償いです。

（グループに）彼女は以前のパートナーをひどく尊敬を欠いて扱っていました。ある意味で、彼は、本当は彼女の最初の夫でした。彼女は息子に対しても配慮のない行動をとっています。なぜなら彼女は息子から父親を奪ったからです。そして彼が養子にされたという事実は、一度ならず二度までも実の父親が彼から取り上げられたということを意味します。別の家族と暮らさなければならないだけでなく、父親の姓すらあきらめなければなりませんでした。

（ハイディは子どもの市民権籍や後見の法的権利を提起し抗議する）

ヘリンガー　状況の合法性は別のレベルです。法律上がどうあろうと、あなたの息子はまた彼の父親の息子でもあります。私は、このようなことの後、何年もかけてお互いを見つけ出そうとしていた多くの父親と息子にワークしてきました。そしてたとえ彼らが一度も会ったことがなかったとしても、彼らの絆がどれほど強いものでありえるのか、私は知っています。そのつながりがあなたの息子に重要なのか、または父親にとって必要なのかを決めるのはあなたではありません。

（グループに）これは家族の中で母権制が継続して行き渡っていく古典的な例です。子どもが危機に瀕《ひん》しているときに、決断を下すのは女性たちです。

（ハイディに）今は、これはこのままにして、あなたに効果が現れるのを待ちましょう。

過去よりも現在の優先

ヘリンガー　（グループに）ハイディがしてきたことの結果に、本人も家族も苦しんでいますが、彼女の生まれた家族にかかわるに違いない何か、もう1つの家族体系の力動がここでも同様に作用していることを忘れないでいることが重要です。ある意味で、彼女に違うように選ぶ自由はありませんでした。しかし、今の家族のためには、現在のものに光を投げかけて、彼女にもつれの結果を経験するチャンスを与える前に先の体系に戻っていたとしても、何も良いことをなし得なかったでしょう。現在を第一に解決することなくして、過去に解決法を探し求めるのは良いことではありません。

もう1つ、考慮されなくてはならない別の側面もあります。それは階級の問題です。現在は過去よりも優先されます。したがって現在の家族は生まれた家族に対し優先されるのです。現在の家族に解決されるべき何か重大なことがあるとき、生まれた家族の未解決の問題はその意義とパワーの一部を失います。

後に子どもたちによって代理される以前のパートナーたち

参加者　どうか鉄則についてもう一度説明していただけませんか？

ヘリンガー　あなたが言われているのは、パートナーの片方もしくは両方に、過去に親密な関係があった家族では、以前のパートナーは、普通その結婚で生まれた子どもによって代理されるという私の観察です。子どもたちはその家族の中で、前のパートナーを助ける行動を取り、彼らを不当に扱ったことに対し、しばしば両親を苦しめます。子どもたちは以前のパートナーと、特にその人たちが敬意を欠いて扱われたときに、同一化します。家族の体系が立てられると、以前の絆が存在しているかどうかをいつでも見ることができます。1つの関係の結果から子どもがいるとき、そのパートナーの間には強い絆がいまだに存在すると仮定することができ、そしてこれはその後の関係でいつも配慮されなければいけないことです。

ハイディの家族では、娘が彼女の夫の以前のパートナーと同一化していて、彼女の息子は母親の以前のパートナー、このケースにおいてはつまり自分の父親と同一化していました。同一化は多くの場合、新しいパートナーが昔のパートナーへの不当な扱いを認め、彼らが受けるに足る敬意を払うとき、解消されることができます。

今までに私が行ってきたすべてのワークの中で、これらの力動に対しての例外はたまにしか見たことはありません。だからこそ、このようなことが表面化したとき、私はいつでもそれに働きかけることから始め、それが解決したときに次の問題に進むのです。またそれが、私が家族のコンステレーションを立て始める前に、両親のどちらかに以前に親密な関係があったかどうかをいつも尋ねる理由でもあります。

別の参加者　以前のパートナーを代理する子どもは、代理される人と必ず同じ性別でしょうか？　あるいは女の子が母親の以前のパートナーを代理することはできますか？

ヘリンガー　家族の中に男の子がいない場合は、女の子が母親の以前のパートナーの代理をするかもしれません、そして女の子がいなければ、男の子が父親の以前のパートナーの代理をするかもしれません。その時、その男の子がホモセクシャルになる危険性があります。逆のケースで、女の子がレズビアンになるか危険性があるかどうかは分かりませんが、男の子のケースではそれを間違いなく観察してきました。

結婚中に生まれた私生児

参加者　結婚の枠組みの中で私生児として生まれた子どもたちには何が起こりますか？

ヘリンガー　子どもは生物学的な父親に属します。

参加者　これが繰り返し起こるとき、その時何が起こりますか？　私の父は結婚の間に私生児を作り、私の夫もそうでした。

ヘリンガー　それが繰り返されるという事実が、それがあなたの生まれた家族の中で解決していないこと、そしてあなたがあなたの母親の経験を何か体系的なやり方で、繰り返していることを暗示します。たぶんそれはあなたの母親への忠誠でしょう。でもその力動を明確に見るために、私たちはそれを立ててみるべきでしょう。ここで、私はかなり厳しいことを言わねばなりません。時に人は二度と正すことができないことをします。愛は驚くほど柔軟で、寛大ですが、しかしそれは私たちがしたい放題できて、深刻な結末にならないと期待するという意味ではありません。

人が再び正しく戻すためにできることは、父親と母親では異なることを私は見てきました。結婚の間に男性が別の女性と子どもを持ったとき、彼の最初の結婚は終わり、彼はその結婚から離れ、その子どもの母親の所に行かなくてはなりません。新しい家族体系が古いものに対し優先します。もし彼がそうしないと、その結果は誰にとっても大変悲惨なものとなります。たとえ彼に最初の結婚でどんなにたくさんの子どもがいようと、もし子どもができた結果で新しい関係に入るのなら、彼は事実上、彼の家族を離れ、この女性と子どもの元に去ってしまったのです。そして彼はそれに従って行動しなくてはなりません。もちろん彼はいまだに、結婚で生まれた子どもたちの父親であり、彼らに対して責任がありますが、彼のパートナーシップは新しい女性とだけしかありません。これは妻に大変な重荷を課しますが、それ以外は通常もっと悪いのです。

もし結婚している女性が別の男性と子どもを作ったら、その子どもは生物学的な父親に属します。明らかに彼女の結婚は終わりです。たとえ表面的には存在し続けたとしても、以前とは違うでしょう。彼女がその別の男性の所に行けるかどうかは確かではありませんが、子どもにとって唯一安全な場所は生物学上の父親の元です。そのような子どもが母親の夫の存在をどのように感じるのか、またその夫が子どもについてどのように感じるのか、想像することができます。私は、うまくいかせようと試みたカップルに働きかけたことがありますが、望んでもいない人が押し付けられてしまった、そのより深いレベルを子どもはいつでも感知しています。そして、その子は自分を母親の荷物のようにも感じます。

参加者　もう1つ別のケースがあります。2人が結婚しました。その妻は別の男性によって娘を持ちました。両親はそのことを秘密にしていました。娘は今26歳です。彼女は知らされるべきですか、そうではないでしょうか？

ヘリンガー　もちろん、知らされるべきです。誰が自分の両親なのか知ることは、基本的人権の1つです。そして子どもはどんな努力を払っても本当の父親の所に行かなくてはなりません。そこが彼女にとってのただ1つの安全な場所です。

別の参加者　それらの法則はどこからきているのですか？　例えば、子どもは生物学上の父親の元へ行かねばならないというようなものです。どう説明されますか？

ヘリンガー　人はそれを法則と呼びますが、私は呼びません。私は順序や、体系的力動を話します。それ以外の選択肢はもっと悪いと分かっているだけで、私は2つの悪のうちのひどくない方を取ります。通常それは結局は良くなります。それは観察の結果であり、純粋に現象学的なことです。

(グループに笑いと拍手)

中絶と子どもは無関係

参加者　両親は子どもに流産や、中絶された兄弟姉妹のことを話すべきでしょうか？

ヘリンガー　いいえ。流産や中絶は両親の親密な領域に属し、それは子どもたちには何の関係もありません。子どもはそれについて知らされるべきではないし、もし聞かされたなら、言われてしまったことを忘れるべきです。

もし子どもたちが愛を持って両親の方を向き、彼らの秘密を尊重するなら、忘れることは可能です。一方、死産した子どもたちはすでに家族の一員なので、子どもたちに話されるべきでしょう。

参加者　もし子どもたちが流産や中絶について質問をしてきて、答えが得られなかったらどうなりますか？

ヘリンガー　両親には、自分たちの親密な生活を一緒に守る責任があります。それは子どもの側の思慮の足りない質問です。

解決法がない場合はどうなるか？

参加者　昨日あなたが、「もうこれ以上進めません。ここでやめるしかありません」と、言われたように、ファミリー・コンステレーションから何も解決策が現れないとき、その後どうなりますか？　とりわけ過酷な運命を持った人は、それを扱う特別な力を与えられている、と一度あなたが言われるのを聞きました。昨日の講義の中ではそれについて何も話されませんでしたし、またこのセミナー中も何もそのことについては話されていません。それについて何か話していただけませんか。

ヘリンガー　セラピストがしなくてはならない最もつらいことの1つは、問題への解決法が何も見つからないだろうということが突然明らかになって、ワークを打ち切ることです。しかし、もしセラピストが打ち切ると、未解決の問題の全エネルギーがクライアントとともにとどまり、そしてこのエネルギーが、もし引き継ぐことを許されれば、解決法を捜し求め続けるでしょう。これには何年もかかることがあり、そして他者が口を出そうとするどんな試みも物事を悪くするだけです。私は、クライアントにはいつでも問題に対処する能力があるという原則に基づいて行動しています。もし誰かにできるものなら、そのクライアントにできます。その人自身と同じほどに、その運命を背負い、解決することができる人は他に誰もいません。例えば、誰かが間もなく死ぬというような、何か恐ろしいことが表面化するとき、その本人は深く安心しているというのはよくあることです。彼らはあるレベルで、自分が間もなく死んでいくということを、そしてそれがとうとう明るみに出たのだとすでに知っているために安心しているのです。変化したことは、その人が直接、明確にそれに目を向けることができるようになったのは、これが初めてだということだけです。

大事故に遭った息子
「あなたの代わりに私が行きます、愛するお父さん」

ヘリンガー　（イザベルに）あなたの問題について簡潔に話してください。

イザベル　2年前、私の息子は大事故に遭い、彼は今、重度の身体障害があります。私はそれが夫の家族と関係があると思います。なぜなら夫の母が事故で死んだからです。夫の姉も、回復はしましたが、ひどい事故に遭いました。

ヘリンガー　息子は何歳ですか？

イザベル　31歳です。

ヘリンガー　あなたの現在の家族体系から始めましょう。そして他の人たちは必要になったら後で加えます。子どもは何人ですか？

イザベル　2人です。

ヘリンガー　あなたかあなたのご主人は以前結婚していたか、誰かと親密な関係にあったことはありましたか？

イザベル　いいえ。

ヘリンガー　よろしい。まず、あなたの夫、あなた、そして子どもたちで家族のコンステレーションを立てなさい。それから夫の母親を加えてください。

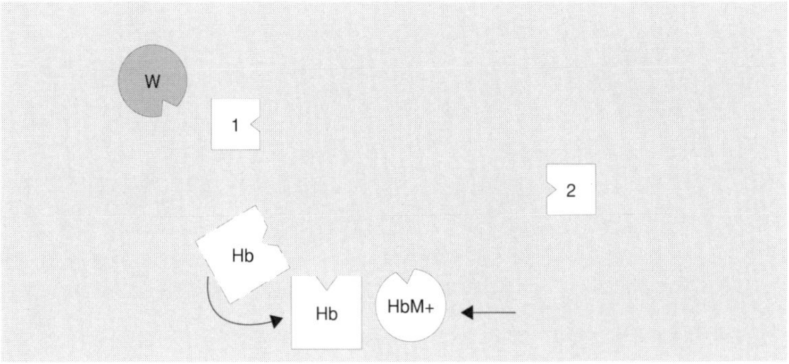

図1

Hb	夫
W	**妻**（＝イザベル）
1	第1子、息子、事故で重度身体障害がある
2	第2子、息子
HbM †	夫の母親、事故で死亡

ヘリンガー　父親はどう感じていますか？　そして彼の母親がグループに加えられたとき、何か変わりましたか？

夫　足下がふらふらして、全然気分が良くありません。母がグループに入ってきてもっとひどくなりました。

ヘリンガー　行って彼女の隣に立ちなさい、近くに。どういう感じですか？

夫　良くなりました。もっと安定した感じがしますが、周りとのつながりがほとんどないようです。

ヘリンガー　（イザベルに）彼の母親の家族には何かあったのですか？

イザベル　彼の母親は戦争で夫を亡くしました。

ヘリンガー　彼もグループに入れます。

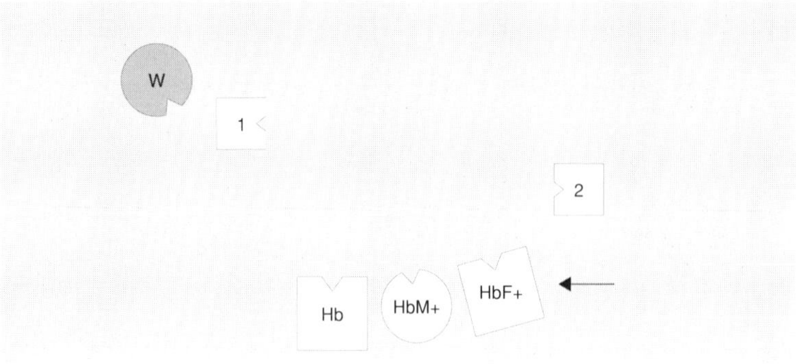

図2

HbF † 夫の父親、戦争で行方不明

ヘリンガー 長男はどんな気分ですか？
第1子 母とのつながりを感じることができません。そして祖母は脅迫しているように思えます。
ヘリンガー あなたをこの影響の領域から外します。

（ヘリンガーはコンステレーションを変える）

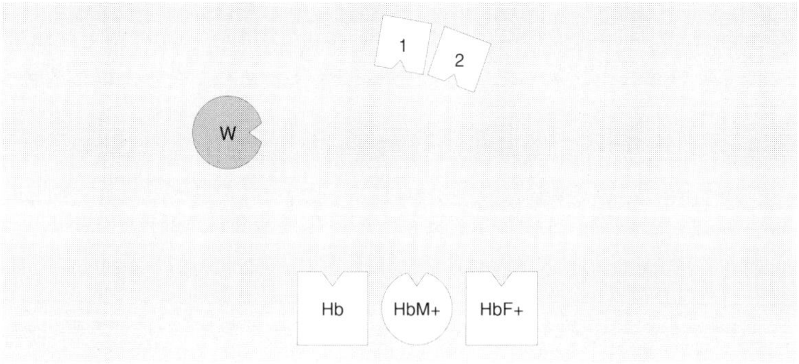

図3

ヘリンガー 妻は今どう感じていますか？
妻 さっきより良いです。さっきはひどい感じでした。まるで長男が私から私の心臓を絞り出しているようでした。私はもう全く夫と接触がありません。彼の母親がグループに加わったとき、脅迫されたように感じました。

今は私から息子へ何かが流れていような感じがします。やや自由な感じです。

（彼女が深呼吸をする）

ヘリンガー　息子たちはどうですか？

第1子　良くなりました。

第2子　私も良くなりました。さっきまでは道に迷ったかのようでした。

ヘリンガー　夫はどんな気分ですか？

夫　私の正しい居場所にいません。妻の方に引き寄せられる感じがします。

（彼は妻の隣へ立ち、幸福そうに微笑む）

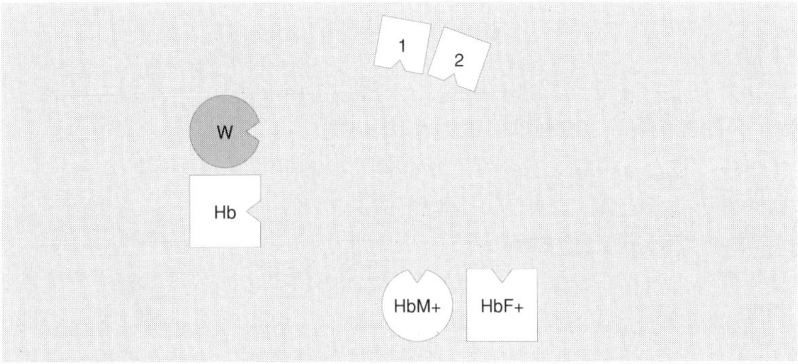

図4

ヘリンガー　（イザベルに）私には、あなたの夫は彼の両親の後を、死へと追っているように思われます。でもその代わりに、彼の息子が事故に遭ってしまいました。それが私が持つイメージです。息子は父親に言っています。「あなたの代わりに行きます」。しかし、死んだ人たちが視界に入り、認識されるなら、すぐにもあなたの夫はとどまることができ、息子もとどまることができます。

イザベル　彼がその人たちを認識するとすぐに……？

ヘリンガー　彼が死んだ人たちを認識し、怖がらずに心を開いて、はっきりと見るならすぐにです。彼は今そうしています。そうしているとあなたにも分かるでしょう。彼の変化に気がつきましたか？

イザベル　ええ。

ヘリンガー　死んだ人たちが尊重されるとき、あなたの子どもたちは自由になります。しかし子どもたちは母親の影響の領域に移らねばなりません。

なぜなら父親の影響の領域は子どもたちに重すぎる荷を負わすだろうからです。良いですか？　では、行ってグループの中のあなたの場所に立ってください。

（イザベルが自分の場所に立つ）

ヘリンガー　（夫の横に立つイザベルに）では、あなたたち２人で息子の面倒をみると夫に断言しなさい。彼に言いなさい。
イザベル　（夫に）私たちは2人一緒に息子の面倒を見ることができます。
ヘリンガー　それについて夫はどう感じますか？
夫　受け入れがたいです。彼女がそう言う前は、私は本当に力強く感じ、ここに立っていました。でも彼女が今言ったことを受け入れるのは難しいです。
ヘリンガー　（イザベルに）彼にこう言ってみなさい。「私たちの息子をあなたが面倒をみるのを私は手伝います」
イザベル　私たちの息子をあなたが面倒をみるのを私は手伝います。
ヘリンガー　（夫に）この方が良いですか？
夫　はい。この方が良いです。
ヘリンガー　（グループに）彼が主な責任を負います。妻は彼を支えることはできますが、彼の責任を分担することはできません。彼は彼女の助けを受け入れることはできますが、息子は父親のために、そして彼の身代わりとしてそれをしたので、根本的な責任は彼が負います。
（イザベルに）これで明確になりましたか？
イザベル　はっきりしました。それが今の状況です。
ヘリンガー　オーケー、ここまでです。

ヘリンガー　（グループに）何か質問はありますか？
事故に遭った息子の代理人　誰かが、自分が犠牲者の役をしていると気がついたとき、その人の権利は何でしょうか？　犠牲者にとって正しいこととは何でしょうか？
ヘリンガー　それは私たちがまだ話していないことです。とても重要な質問です。
もし息子がここにいたら、私は息子から父親に「愛するお父さん、私はあなたのために進んでそうしました」と言わせたでしょう。それが真実であり、それが明るみに出たとき、それは彼を強くします。意味が分かりますか？
事故に遭った息子の代理人　ええ。そうすると息子はなぜ父親が自分でそうしなかったのかを心配する必要がないですね。

ヘリンガー　そう、その必要はありません。彼が運命をひっくり返すことはできませんが、もし後で振り返ってみて彼の動機が分かるなら、彼が運命に甘んじることが容易になります。そうすれば両親から面倒を見てもらうことを、彼はまたはっきりした意識で受け入れることができ、それはとても大切です。なぜなら彼の内なる子どもが、さもなければ、両親にあまりに重い荷を負わしていると感じるかもしれません。しかし、愛に動機づけられていたともし彼が気づけば、両親の世話と思いやりを受け入れることができるでしょう。

父親の代理人　コンステレーションの最後の状況について、私も1つ言いたいです。身体障害のある私の息子があのように私と向きあっているのを見ることは、私にとてつもない強さの感覚と、とてもとても強い忠義の感覚をくれました。

ヘリンガー　これはイザベルへの重要なフィードバックです。

参加者　短い質問をしたいです。このような役割をどちらの子どもが取るのかというルールはありますか？

ヘリンガー　だいたいは最初の子どもですが、厳格なルールではありません。

別の参加者　ここにいて、起きたことを見て、私はどんなに感謝しているか言いたいです。イザベルの息子は私の息子と学校で一緒でした。私がここで見たことは、実際に起きたことに完全に一致します。

拒食症の少女
「代わりに私が行きます、大好きなお父さん」

参加者　あなたは少し前に拒食症のケースを話されました。それについてもう少し、そして何が原因なのか、話してもらえますか？

ヘリンガー　この部屋に拒食症の女性がいます。彼女の家族のコンステレーションを立てて、その力動を見ることができます。

（ジュリアに）あなたはそうしたいですか？

ジュリア　はい。

ヘリンガー　（グループに）彼女は退院を許されたばかりなので、かなり栄養状態が良いように見えます。

ヘリンガー　（ジュリアに）自分のことは何も話さなくて良いです。ただ生まれた家族のコンステレーションを立ててください。家族には誰がいますか？

ジュリア　父、母、私、4人の兄弟姉妹です。私の以前のボーイフレンドも入れたいのですが。彼に会うまでは本当には拒食症ではなかったのですから。

ヘリンガー　彼は必要ありません。拒食症はあなたの生まれた家族だけにかかわっています。あなたの両親のどちらかが以前に結婚していたとか、親密な関係にあったことはありますか？

ジュリア　どちらも実際に深い関係はありませんでしたが、父には人生に大切な女性がいました。2人は事実上の関係はないのですが、彼女はいつも背後にいます。

ヘリンガー　コンステレーションに彼女は必要です。

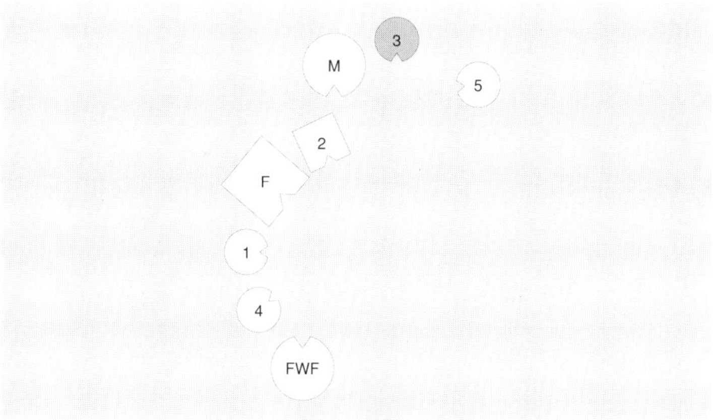

図1

F	父親
M	母親
1	第1子、娘
2	第2子、息子
3	**第3子、娘**（＝ジュリア）
4	第4子、娘
5	第5子、娘
FWF	父親の女友だち

ヘリンガー　父親の気分はどうですか？

父親　あれは誰ですか？（彼の友だちである女性を指差す）

ヘリンガー　秘密の女友だちです。

父親　彼女がここに来て以来、気分が良いです。

（グループ内に笑い）

それまで、女性を探し始めるころだと考えていました。

ヘリンガー　母親はどう感じていますか？

母親　ひどいです。この家族体系の中で何をしているのか分かりません。

ヘリンガー　長女はどう感じていますか？

第1子　父の側は良い感じですが、むしろ母を私の後ろにしたいです。

第2子　全然気分が良くないです。私は父と母の間に立っています。母は私の後ろにいて、私は前に押し出されている感じがしています。それは良くありません。

第3子　私が母を助ける必要があると感じます。

第4子　私は母の所に行きたいです。母の前に立っているので兄に腹を立てているし、私の隣にいる女性がここで何をしているのか分かりません。

ヘリンガー　ここで1つ実験してみましょう。

（ジュリアの代理人に）部屋を出て、ドアを閉めてください。

（彼女は退室し、ドアをバタンと閉める）

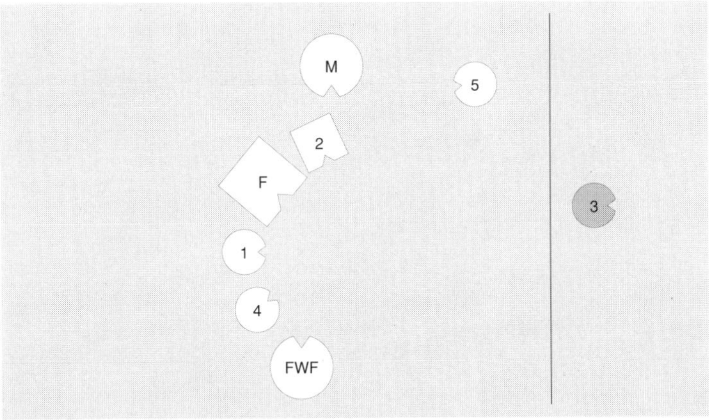

図2

ヘリンガー　夫には何が変わりましたか？

父親　耐えられません。我慢がなりません。

ヘリンガー　何がです？

父親　彼女が行ってしまったことに。彼女は私の子です！

ヘリンガー　（グループに）拒食症の力動は、「あなたの代わりに私が行きます、愛するお父さん」です。もし娘が行けば、父親は家族とともに残ることができます。ここでの力動は次のようなものです。父親は他の女性に心を引かれていますが、もし拒食症の娘が出ていってしまうと彼はとどまらなければなりません。それは極端な解決法です。しかし、拒食症はそう働きます。明確ですか？

コンステレーションの参加者数名　はい

ヘリンガー　もっと良い解決法を探してみましょう。ジュリアを呼び戻してください。

（ヘリンガーは父とその女友だちを家族から少し離した所に配置し、家族に背を向けさせた。母と子どもたちが向かい合った）

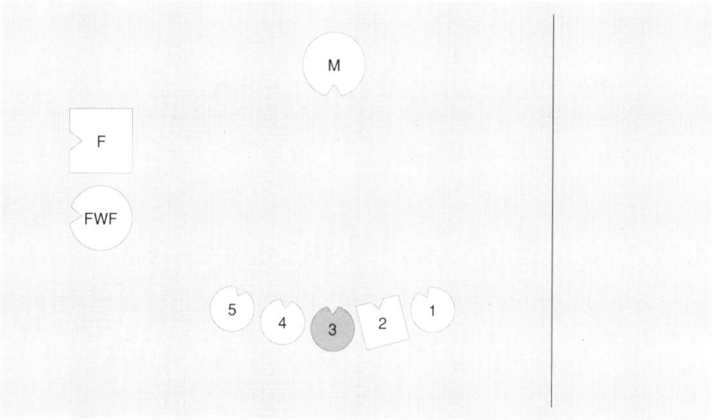

図3

ヘリンガー　今の母親の気分はどうでしょう？

母親　ほっとしました。

第1子　私は混乱しています。

第2子　さっきより良いです。

第3子　列の中に立っているのが良いです。

第4子　このようだと良いです。でも確信はありません。

第5子　混乱しています。

ヘリンガー　父親の気分はどうですか？

父親　「この友人との関係から何か得られるのだろうか？　新しい始まりなのだろうか？」と「決して何にも達しはしない」との間を行き来していま

す。

ヘリンガー　それは美しい夢にしか過ぎません。

（父がうなずく）

父親の女友だち　さっき私がいた場所では本当にとても良い気分でした。皆を見ることができて、彼らが自分の家族だと感じました。でもここでは全然良くないです。

ヘリンガー　もう1つの解決法を試しましょう。

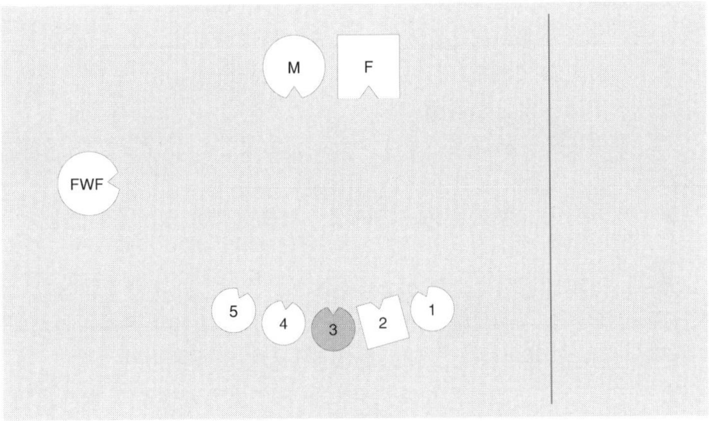

図4

ヘリンガー　これでどうでしょう？

母親　良くなりました。

父親　やあ、子どもたち！

第1子　愛情深い感じです。

第2子　彼が遠ざかったとき、私は怒り出し始めているところでした。今は良いです。

第3子　良いです。

第4子　このようだと大丈夫です。

第5子　私も大丈夫です。

ヘリンガー　（グループに）妻は夫を一度も完全には受け入れたことがありませんでした。夫と女友だちの間に意識的に割り込んだことがなかったのです。夫もまた、妻のことを一度も完全には受け入れたことがありませんでした。この状況では、父親を家族の中にとどめておくために、子どもたちの内の1人が父親の代わりに去ることを望みます。

（ジュリアに）行って自分の場所に立ってみますか？

（ジュリアがコンステレーション内の自分の位置に行く）

ジュリア　物事の中心をこんなにも感じます。もちこたえるのがつらいです。
ヘリンガー　苦しみや死は楽なのです。それを感じますか？
（彼女が強調してうなずく）
では、あなたの母親を見て、言ってください。「お母さん、私は残ります」
ジュリア　お母さん、私は残ります、お母さん、私は残ります。
ヘリンガー　「たとえお父さんが行っても、私は残ります」
ジュリア　たとえお父さんが行っても、私は残ります。
ヘリンガー　では、自分の言葉で言ってください。
ジュリア　お母さん、私は残ります。たとえお父さんが行っても。
ヘリンガー　どんな感じですか？
ジュリア　ええっと、私のためにこのような結果になるとは、信じられません。
ヘリンガー　母親にとってはどうでしたか？
母親　良いです。さっき、娘が出ていったときは私も行きたかったです。
父親　もっと自由に感じるし、罪の意識も少なくなりました。
ヘリンガー　（ジュリアに）母親の隣に行って立ちなさい。本当に近くに。そして言いなさい。「お母さん、私は残ります」
ジュリア　（しっかりしたはっきりした声で）お母さん、私は残ります。
ヘリンガー　（グループに）良い響きではありませんでしたか？
（グループ内に笑い）
ジュリア　ここに立っているとずっと楽です。
ヘリンガー　そのとおり。昨日私たちが話していたとき、私はあなたに何と言いましたか？　あなたの正しい居場所はどこですか？
ジュリア　ここです。母の隣です。
ヘリンガー　（グループに）多くのセラピーの理論に反して、拒食症の人たちは母親と一緒にいると安全です。私たちはたった今それを証明しました。少なくともそうしたと願います！　よろしい。ここまでです。

食べ過ぎる発作の後に吐くこと

参加者　質問しても良いですか？　最近では拒食症と過食症はたいてい交互に起こるようです。純粋な拒食症というのはあまり一般的ではなくなり、とても多くの拒食症が過食症に変わります。
ヘリンガー　過食症と拒食症は異なる体系的力動を持っています。過食症では、家族の力動は子どもが母親から受け取ることができても、父親から受け取ることができないというものです。子どもは母親への忠誠のために母親から受け取りますが、受け取ったものを父親への忠誠のために吐き出します。このようにして、子どもは両方の親に忠誠にとどまります。

過食症のためのセラピーは、もし患者が協力することに乗り気であればとても簡単なのですが、たいていそうではありません。過食症の人が食べる発作がきているのを感じたときは、やみくもに買いまくり続け、欲しい食べ物すべてを買うべきです。そしてそれからテーブルの上に食べ物すべてを並べ、ティースプーンを取り、彼女の父親の膝上に座っているとイメージします。最初の一匙食べるとき、父親を見なければなりません。そして言います。「お父さんと一緒だとおいしいね。喜んでお父さんからもらいます」。そして楽しんで食べるのです。次の一口も同じことをしなければなりません。そしてその次も。とても意識的にこれをやることが重要です、単なる儀礼的にならないように。その状況を続けるなら、言葉は変えても良いでしょう。

拒食症が過食症になるとき、それはその元々の食欲不振の人がとどまる決心を本当にはしていなかったということを意味します。彼女はとどまるために食べ、そして去るために吐き出してしまったのです。解決法は、食べたものを吐きたくなったときはいつでも父親に言います。「お父さん、私は残ります」

より高い神意と恩寵との調和

ヘリンガー　私が人々を助けようとしているときに取る基本的なアプローチについて話したいと思います。それは問題の解決を求める誰にとっても重要なものです。

長続きする解決は、心理療法的なテクニックによるものではなく、より高い神意と恩寵によってもたらされます。これを経験する人たちは、自らの力と強さを超えた何かとつながり、調和していることに突然気がつきます。私がワークの中でしようとしていることは、人々がこのより高い力との調和の中に入る助けをすることです。私自身、それに導かれ、従っていることを感じます。それが、私よりももっと大きなものが私を通してワークすることを可能にしています。

これは、このような大きなグループの中で、自分の問題について直接ワークする時間がないだろうと知る人たちに、話していることでもあります。彼らは自分たちが不運だったと感じるかもしれませんが、それが本当に正しいのかどうか、私たちには分かりません。

2頭の野生の馬が自分の土地に住みついたのを見つけた農夫についての中国のお話があります。「何てついてるんだ！」と人々が言ったとき、農夫はただ言いました。「事の成り行きを見ましょう」

次の日、彼の息子が馬をならし始めたとき、息子は投げ出され、脚の骨を折ってしまいました。「なんと不運な」と人々が言ったとき、農夫は答えました。「成り行きを見ましょう」

その次の日、戦争のために若者を徴集しに、皇帝の使者が農場に到着しました。

お分かりのように、誰も決して確かではいられないのです。

（グループ内に笑いと拍手）

ヘリンガー　このセミナーはほとんど終わりです。私たちが離ればなれになる前に、物語を話したいと思います。それは、相手が罪のあがない、または癒しのために奮闘しているとき、それに対抗する者は真実に到達しようと奮闘しているという、哲学的な物語です。しかしここでもまた、敗者なしには明白な勝者は存在しません。私たちがまだその水を飲んでいる限りは、泉を征服したとどうして主張できるのでしょうか？

この物語を聞いているときに、私たちは一方を支持する必要はありません。従って、聞いている間、一方に味方してどちらかを選ばなくてはならないという必要性からの、驚くほどの自由を感じることができます。反対や否定のパワーの支配下に私たちがいるときのみ、私たちは再び一方を支持しなくてはならないのです。

知識と知恵と

細部の観察者が予言者に尋ねました
「部分はどのようにして
全体の中での自らの場所が
分かるのでしょうか？」

「そして部分の知識は
大いなる全体の豊かさを知ることと
どのように違うのでしょうか？」

予言者は答えました
「ちりぢりの部分は全体となります
中心からの引力に応じることで

全体が部分を集めることを許すことで」

「その全体が
それらを美しく現実のものにします
しかしながら、私たちにとって、その全体は
あまりにも明白です
穏やかなる無
つながることへの衝動が
永久に隠されていると

全体を知るために
その多くの部分は
知られることも
語られることも
把握されること
なされることも、
見せられることも必要はありません」

1つの門をくぐると
私には街にあるすべてに手が届きます
私は銅鑼《どら》を鳴らし
その1つの音が反響し
そして、それがより小さい鐘々を鳴らします
私はりんごを1つもぎ
それを手で持ち
その素性の詳細は知らないけれど、私は食べます」

学者は異議を唱えました
「真理の全体を望む者は誰であろうと
すべての部分も知るべきだ」

賢者は答えました
「過ぎ去ったものからだけ
すべての部分は知られ得るのです
真実は虚空より生じ
存在に出現します
それはいつも新しく
それ自身の内にそのゴールを隠しています

種が木を隠すように

ゆえに、もっと知ろうと待ち
行動をためらう者は誰であろうと
役立つものを逃し
まるで、向こう見ずを大めに見てもらうかのごとく
彼は品物のための代金を間違え
木々からの薪だけをやりくりします」

学者は考えました
「この全体への答えには
もっと何かあるはず」
そして彼は考えたことを求めたのですが
やはり失敗しました

予言者は言いました
「全体とは新鮮なりんご酒の樽のようなものです
甘く、そして濁っている
発酵し、透き通るためには時間が必要です
すると、それらの愚か者にも十分に飲めるようになるでしょう
一口ではなく、酔っ払うほどに」

友人からの質問への答

問題と運命の体系的次元

ノーバート・リンツ　バート、あなたの仕事のやり方は、経験の発展と融合の長いプロセスのその頂点です。あなたのことをよく知らない人たちは、あなたが学び続けるにつれ、あなたの仕事がどれほど変わり続けているか、新しい状況と数々の挑戦にあなた自身をどれほどさらし続けているかに時に驚嘆しています。しかし、ただ記録としてでは、何が最も重要なステップでしたか？

バート・ヘリンガー　それははるか昔に始まったことなので、正確に思い出すのは難しいです。私がエリック・ベーネのスクリプト（脚本／台本）分析に集中的に取り組んでいたとき、非常に重要な洞察を得たことを思い出します。ベーネは、個々人の生はある特定のパターンに従っていて、それはその個人にとって特定の意味を持つ物語やおとぎ話、小説や映画を用いることでそれらのパターンを理解することは可能であると信じていました。クライアントは、彼らが5歳か、もしくはそれ以下の年令のときの自分にとって重要だった物語と、現在の自分にとって重要な2番目の物語と比べて、共通する要素をはっきりさせます。共通する要素を明らかにしていくことは、彼らの人生の中で作用しているスクリプトへのより良い理解を与えることができます。ベーネは、そのスクリプトが多くの場合、幼児期における両親のメッセージに基づいていると信じていましたが、私はそれが真実のすべてではないということを発見しました。

リンツ　どうやってそれを発見したのですか？

ヘリンガー　いくつかのスクリプトが、親のメッセージとは関係のない幼児期の経験に触れていたので、それが明らかになりました。例えば、ランペルスティルツキンの物語は、父親のせいでもらわれていった、母親のいない娘の経験を描いています。クライアントがこの物語を選ぶとき、私は彼らに誰がもらわれていったかを尋ねました。それはいつも、家族の中の誰かが実際にもらわれていっており、クライアントは、その人の感情を一緒に引き受け、それに従って行動することを無意識に決断してしまうと分かったのです。そう、これが、人生のスクリプトは、内在化された親のメッセージではなかったという一例です。スクリプトのあるものは個人的経験の記憶であり、または家族の中の誰かの経験が内在化されたものであったりします。

リンツ　そこからあなたはどのようにスクリプト分析の作業を発展させてきたのですか？

ヘリンガー　私は、クライアントたちによって選ばれる物語は彼ら自身のことではなく、家族の中の誰か他の人のことを言及しているのではないかという洞察を探り続けました。例えば、ワークショップに参加していた人が、オセロの物語に深く感銘を受けました。突然私は、その物語が彼自身のことを言及するのはあり得ないと気がついたのです。なぜなら、オセロが経験したことは、子どもには経験しようがないからです。それで私は彼に聞きました。「あなたの家族の男性の誰が、嫉妬から人を殺したのですか？」。彼は答えました。「私の祖父です。妻が不貞をしたので、彼女の愛人を祖父は銃で撃ち殺しました」。その時から、私は物語がクライアント自身の経験に関係していたか、誰か別の人のかをだんだん識別できるようになりました。そしてこれが、個人的な問題と運命の中の体系的な側面に私を導きました。私たちが気づいていようがいまいが、大変多くの苦しみが、自分たちが個人的に経験したことによるものではなく、私たちの家族体系の中の誰か他の人が経験したか、苦しんだことにより引き起こされているのです。

リンツ　では、これがあなたに、私たち全員はより大きな社会的組織の不可欠な部分だという体系的な観点を喚起させたのですね。この洞察はあなた個人による観察を通して発達したのですか？

ヘリンガー　そればかりではありません。エリック・ベーネがスクリプトについて話していたとき、体系的な側面をすでに含んでいましたが、彼はそのすべての重要性を認識することに失敗し、そして後に、交流分析家たちがすっかりそれを除外しました。もしベーネが私にこの進路を取らせなかったら、これを知っていただろうかは分かりません。

リンツ　あなたが私たちのある行動には体系的に決められているものがあると知って以来、どのようにあなたの理解はさらに発達したのですか？

ヘリンガー　体系的感情の重要性を理解するようになったことが2番目のステップだと私は思います。その感情を感じているのは私たち自身でありながら、私たちの感情のいくつかは、実は家族の中の他の人のものであるということを理解するようになりました。その当時、私は原初療法をたくさんしていました。ある時、グループで、1人の女性が表した感情が、彼女の幼児期の経験という観点からでは私には理解できませんでした。彼女は1人の男性といましたが、この女性は自分が何をしているか全く気づかないまま、彼を非常に無作法で軽視する態度で扱っていました。そのころの私は、このような状況にどう対応して良いか分からなく、後に自分の理解不足を残念に思いました。

リンツ　現在の知識を持ってなら、どのように違う対応をしたでしょうか？

ヘリンガー　私は彼女が表現した感情は、彼女自身の個人的感情だと自動的に仮定したのですが、その仮定は彼女のためになるどのような解決策へも導いてはくれませんでした。後になって、このことを再考したとき、その女性は、実際は他の誰かに属す感情を、彼女の夫に対して表していたのだと、私は理解するに至りました。それまで私は、感情には2つのグループしかないと決めてかかっていました。実際の出来事や、感情を傷つける出来事への即時の反応としての原初的感情、それから例えば、実際には怒っているのに悲しく感じたり、また感謝をしているのに不機嫌だったりする、原初的感情の代わりをするか、原初的感情に対して防御するどちらかの感情です。

リンツ　二次的感情のことを言っているのですか？

ヘリンガー　ええ。この女性の反応を再考したとき、見せかけの感情と私が呼ぶもの――知らずに誰かから引き継ぎ、その状況に何の関係もない人へ向けられる感情の存在を認識しました。ある女性がパートナーに対して怒っていた、似たようなケースとして、彼女の祖父はバーを持っていて、彼はよく常連客の前で祖母の髪の毛をつかんで引きずりまわし、公然と祖母に恥をかかせていたということが分かりました。その女性がパートナーに対して表していた感情は、祖母が祖父に対して抱いていた感情でした。

それからもう1つ別の観察をしました。夢もまた、時に夢を見た人とは何の関係もなく、夢は、本当は夢を見た人の家族の中の誰か他の人のものかもしれないということが分かりました。もしあなたが、そのような夢の内容を、夢を見た人のものと見なすとしたら、間違った理解に導くことにもなり、彼らにふさわしくない扱いをするかもしれません。だから良いですか。私たちが見る夢、私たちが感じる感情は、時に体系的な側面を持ち、他の誰かの運命の中での私たちのもつれを明かしているのです。

教師と影響

リンツ　エリック・ベーネはあなたのサイコセラピストとしての成長に大きな影響を与えたと言われました。その他には誰かいますか？

ヘリンガー　たくさんいました。私の最初の教師は南アフリカ人のグループダイナミクスのセラピストたちで、彼らはアメリカでトレーニングを受けていました。グループダイナミクスのトレーニングセミナーは、英国国教の聖職者たちにより、当初教会で仕事をしている人たちのために開かれましたが、彼らはすべての宗教や人種の人たちもコースに招いていました。私は、正反対の人々が互いの尊重を通して和解することが可能になると、彼らが示したそのやり方に深い感銘を受けました。そして、それはナタールの黒人アフリカ人のための大きな学校の校長としての私の権限においてすぐに実行できるものでもありました。ですから、私は本当にグループダイナミックの方法から始めたのです。そのころは、サイコセラピーについては考え始めてもいませんでした。

リンツ　何があなたをサイコセラピーに導いたのですか？

ヘリンガー　1969年にドイツに戻ったときに、私はグループダイナミクスのトレーニングコースを開講したのですが、すぐに私はそれが自分を満足させるものではないと気がつきました。そこで私はウィーンへ行き、精神分析学者としてのトレーニングを受けました。これから私は非常に多くを得ました。トレーニングの終わりごろには、私の精神分析の先生がアーサー・ヤノフの著書『原初からの叫び／The Primal Scream』を紹介してくれました。それはまだドイツ語では出版されていないものでした。ヤノフが、中心的感情について語ったその率直性は私に深い感銘を与えました。

私は自分のグループダイナミクスのコースで、彼の方法を密かに試してみて、すぐに私はそのパワーを認めました。私はその時、自分の精神分析が終了したら、ヤノフの原初療法に入る決心をしました。そして2年後、私はヤノフと彼の最初のアシスタントとともに9ヶ月を過ごしました。どのように感情を扱うかについて非常に多くを学びました。そしてそれ以来、強烈な感情の爆発にも決してうろたえることはありません。もちろん、感情に動かされることはありますが。

リンツ　しかし、あなたはそれに巻き込まれることはありませんね。

ヘリンガー　私は自分を距離を置いて保てます。しかし、すぐ原初療法にもそれ自体に弱点があることを理解しました。

リンツ　それは何ですか？

ヘリンガー　主に、まるで感情が私たちを客観的真実へと連れていってくれるかのように、クライアントとセラピストはしばしば自分たちを、感情によってのみ導かれることを許すという事実です。私はこれをとても素早く見抜き、それから自分を守ることに注意しましたが、肯定的な側面は持ち続けました。印象深かったことの1つは、クライアントが完全に自分自身でいることを強いられるという事実です。クライアントは、自分たちの感情から自分をそらすかもしれない討論に引き込まれることは許されず、また感情を表したときには、クライアントは一切フィードバックを受け取りませんでした。

リンツ　あなたはその後の仕事で、原初療法の経験をどう活用しましたか？

ヘリンガー　しばらくの間、原初療法のセラピストとして徹底的に働きました。徐々に、原初療法で表面に現れる強い感情というのは、ほとんどの場合、別の感情、すなわち、子どもの母親や父親への根源的な愛情を隠すために使われていることに私は気づきました。怒り、憤激、悲しみ、そして絶望の感情は、通常、幼い子どもの父親や母親へ向かう遮られた動きによって引き起こされた痛みをかわすことにだけ役立ちます。

リンツ　「父親または母親へ向かう子どもの遮られた動き」ということであなたが意味するのは厳密に言うと何なのでしょう？

ヘリンガー　何かを愛すると、あなたは自動的にそれに近づきたくなります。幼い子どもが母親や父親のほうへ進みたいときに、もしかしたら子どもは入院しているか、保育器の中にいる、あるいは母親か父親が死んだために、そうできないと、その子どもの自発的な両親へと向かう動きは遮られ、両親への愛情は苦痛へと変わります。最も感情的な痛みは遮られた愛であり、実はこの痛みが愛のもう1つの面であるということが、根本的に重要な観察です。痛みは実は愛の1つの形態でありながら、それがあまりにも強烈なので、子どもはそれを感じたくありません。その後の人生でその人は、父や母や、他の愛する人へ向かって進む代わりに、一定の距離を置くことを好み、そして愛の代わりに怒りや絶望、悲しみを感じます。もし、私たちがこれらの感情が遮られた愛と理解するならば、私たちは表面的な感情の中に立ち往生せず、本来の愛へ向かう動きを回復する作業をすることができます。セラピストは、クライアントが母親、または父親へと向かう動きの遮られたポイントを見つける助けができ、原初療法や催眠療法のいずれかの方法を使うか、あるいはファミリー・コンステレーションと共同して、クライアントがその動きを完結することを助けます。愛の遮られた動きは完結されることを許され、それとともに深い安らぎと満足がやって来ます。そして、多くのこの幼少期の傷から生じた――苦悩や強迫行動、恐怖症、過敏症や、その他の神経症的症状――はただ消えます。

リンツ　この手順でのあなたのセラピストとしての役割は何ですか？　あなたはどうやって、愛する者へと向かう動きが遮られたポイントをクライアントが「見つける」助けをするのですか？

ヘリンガー　それは重要な質問です。私は自分の内側で自分とクライアントの母親や父親とをつなげます。そして自分が彼らの代理に過ぎないと深く気づいたままでいるので、親へ向かうクライアントの動きに同行することができます。クライアントが親に手を届かせたら、彼らに引き継がせ、私は退きます。ある意味で、私は何もしません。両親がその仕事をします。

リンツ　そのような強烈で親密な作業の後、クライアントがあなたに感情移入をし過ぎるのを防ぐためにどうしていますか？

ヘリンガー　もちろん、感情転移を制限することは重要な問題です。クライアントが遮られた動きを完結することを私が手伝っているとき、クライアントは私についてのすべてを忘れています。クライアントは、自分の親という可能な限り最高の保護の中におり、私は身を引いているために、感情転移の危険はないに等しいのです。逆に言うと、感情転移の危険が最も高いのは、両親へ向かう動きが未完結で、そしてセラピストが自分自身を親の場所に置くときです。

リンツ　あなたの仕事内容の発展には、他のどんなセラピー的なアプローチが重要でしたか？　例えば家族療法の役割は何ですか？

ヘリンガー　およそ1974年から1988年の間、私は原初療法とスクリプト分析の統合を実験していました。その間、私は家族療法に強烈に興味を持ちました。それは1970年代の新しい発展でした。私はアメリカ合衆国に飛び、4週間ルース・マックレンドンとレス・カディスの大きなワークショップに参加しました。彼らからはとてもたくさん、特にファミリー・コンステレーションについて学びました。彼らはファミリー・コンステレーションでとても深い感銘を与えるワークをしていて、直感を通して良い解決法を見つけ、クライアントに代わりとなるものを実験させていました。しかし問題は、それがどうして起きたのか私には理解できず、彼らはそれを説明できなかったことでした。彼らは当時、基本的なパターンに気づいてなかったのではないかと思います。

リンツ　それは何年のことですか？

ヘリンガー　1979年のことです。その後、私はルース・マックレンドンとレス・カディスがドイツに来てマルチ・ファミリー・セラピーの2つのコースをするように手配をしました。彼らは、両親と子どもたち、5家族同時に、5日間にわたって働きかけることになりました。あまりに感銘を受けたので、私は家族療法についてのみ集中することを考えました。それがその時点で一番良いと思われたのです。しかし、それまでの自分の仕事を振り返って見ると、私がたくさんの人々を助けることができていたことが分かり、やって来たことを続けると決めたのですが、私は家族療法のことを忘れることができませんでした。そして、問題や運命の中の体系的側面に、より一層気づくようになっていきました。何も全く積極的に変えようとしなくても、私の仕事内容は1年以内に大きく変化して、私の以前の経験を含めた上で、家族療法の形態を成すようになりました。

リンツ　その後あなた自身がファミリー・コンステレーションで仕事し始めましたね。

ヘリンガー　ええ。でもその前に、私はテア・シェーンフェルダーのファミリー・コンステレーションの2つのコースを受けました。彼女の仕事もまたとても感動的で、なぜそれが機能するのか、まだ完全には明確にはなっていませんでしたが、私はその方法についてより良い理解を得るようになりました。そのころ私は、罪がないことと、罪に関する講義を書きました。それを書いている間に、家族体系に先に来た人が、後から来た人に対して優先順位を保っているときに、愛は最大に成就するという、原点となる階級の存在に気づきました。

リンツ　これは「見せかけの感情」や「遮られた動き」に並ぶ、もう一つのあなた独自の貢献ですね。

ヘリンガー　この前後関係において「独自」ということで私たちが本当に意味するのは何でしょう？　私に洞察はありましたが、たぶん他の人たちにもそれはあったでしょう。ですから私はそれに対する所有権を全く主張しません。しかし、この洞察は私に、家族関係の中のある無秩序を認識し、解決することができる、とても役に立つ道具を与えてくれました。そのうちに、その他のパターン、例えば、後から来た誰かによる排除された家族の一員の代理や、家族や拡大家族システムの中での埋め合わせと体系的均衡の必要というものも同様に知るようになりました。

ファミリー・コンステレーション

リンツ　あなたが始める前に、すでに多くのセラピストがファミリー・コンステレーションを用いて仕事をしていたとあなたは言いました。あなたのやり方は何が違うのでしょうか？

ヘリンガー　いくつかの違いがあります。例えば、セラピストの中にはコンステレーションに参加している人に、前かがみになったり、ある方向を見たり、特定の姿勢をとるように言う人がいます。彼らはこれをファミリー・スカルプチャー（家族彫刻）と呼びます。私はこれをしません。ファミリー・コンステレーションを立てている人や、代理人としてその中に加わっている人は、何か高次な力とつながっていると私は信じています。私は彼らに、この力の影響にできるだけ自由に反応してもらいたいので、何の指示も与えません。代理人たちが落ち着いて、中心が定まり、そして彼ら自身が起きていることと同調するのを許すとき、セラピストからの指示なしで、彼らは必要なことすべてを自発的にします。これは、私が彼らにどうするかを言うよりも、はるかにパワフルで説得力があります。また、事前に用意しておいたプランに従って、ファミリー・コンステレーションを立てるなら、それは決してうまくはいきません。家族の中で作用している隠された力動は、コンステレーションの間に少しずつ、段階的に現れ、それは普通、驚くものです。

リンツ　ファミリー・コンステレーションの中で、体系的な力動が本当に現れるという事実を、あなたはどのように説明されますか？

ヘリンガー　それを説明することはできませんが、それが起こるのを私たちは見ることができます。ファミリー・コンステレーションの参加者が、互いに関係に従って配置されると、彼らはもはや本来の自分自身ではなくなり、彼らが代理している人の症状や感情を身体で経験します。時として、彼らはその身体的症状に苦しむことさえあります。少し前の、病気の人のためのワークショップに、癲癇《てんかん》を患っている男性がいました。彼は自分の家族のコンステレーションを立てることを希望しました。彼がするのを病気が邪魔してできなかったので、彼の奥さんに代わりにやってもらいました。コンステレーションのあるポイントで、彼の代理人はまるで癲癇の発作のように痙攣し始め、そして家族の状況を私たちが解決するまで、彼はそれを止めることができませんでした。だから分かりますか。それは直接的、即時的な認識と感情の1つの例です。私たちが物事の普通の経過で知ったり、感じているものの上にある、それを超えた感情なのです。

リンツ　ここではある種の集合的無意識が作用しているのですか？

ヘリンガー　分かりません。それに名前をつけないように、私はとても気をつけています。私にはただ、コンステレーションが家族の中の隠れた力動を観察する、1つの方法を示していると分かるだけです。コンステレーションがいつもその家族についての客観的歴史的真実を明かすとは確信させられていませんが、建設的な解決法を指し示すという点では信頼できます。コンステレーションの中の参加者が、家族の力動に反応しているのか、あるいはもしかしたら役者が役を創っているのかを理解するのは普通可能です。時々、人々はそれに対して戦ったり、十分に代理としてそこにいることを妨げる自分自身の何かともつれることがあり、すると私は彼らをコンステレーションから外さなければなりません。

見ること

リンツ　あなたはよく、何かがはっきり「見える」と言います。何があなたをはっきりと見たり、理解する方法に導いたのですか？

ヘリンガー　実際の現象の表面を超えた部分を見るようなある見方です。その全状況とその意味全体の中で、その瞬間何が起こっているのかをそれは見るのです。

リンツ　すると単なる観察とは違うのですか？

ヘリンガー　それは観察ですが、通常の科学的観察とは違います。科学的観察では私たちの焦点は狭められ、興味をもたれるのは特定の細部となります。それには全体や、より大きな状況への気づきを失うという危険を冒す恐れがあります。私が言っている「見ること」とは、もっと幅が広いのです。それは、単一で表面的な現象の上をはるかに超えた、全体に向けられています。誰かがコンステレーションを立てるとき、私はその家族関係の中でのその人を見ます。私はコンステレーションを全体としてとらえるので、家族のメンバーの誰かが失われていないかを見ることができます。私はグループでこれを確かめ、「あなたの印象はどうですか？　誰か失われている人はいますか？」と言うと、私が見ているのと同じ見方で彼らは見ているとよく言います。ですから、これは私だけにとっての認識ではないのです。全体への自分の知覚を信頼できるようになる、ゆえに見えるようになるための少しの訓練が必要なだけです。

「見ること」の条件

でもこの「見る」ということに関連して、1つとても重要なポイントがあります。もし、誰かがこのやり方で「見る」として、その後にその見たことを、口に出そうが出すまいが疑うなら、その「見る」能力は消えます。例えば、その人が「そんなはずがない」とか「私が想像しているに違いない」と自分自身に言ったり、疑い始めたり、心配に感じると、見たことは無駄になります。時々、末期の人に働きかけている若いセラピストたちが、誰かが死の近くにいることを「見る」と、この知覚したものは彼らを怖がらせ、自分たちが見てしまったことを言うことに気が進まなくさせます。しかし彼らが見たものを見なかったふりをするなら、彼らは見る能力を失います。

リンツ　誰かが死に近いと、どうやって見ることが可能なのですか？　どうして確信できるのですか？

ヘリンガー　ええ、それはただ……。

リンツ　あなたが話していた条件のようなものですか？

ヘリンガー　ええ、そうです。重症の人たちに働きかける中で多くの人が、死が近いとき、それを見ることができることを経験しています。しかしセラピーでは、もう1つの基準があります。私たちはクライアントに気づいたことを告げることができ、その言葉の効果を観察し、また、クライアントも同様にします。例えば、もし私が誰かに、死が近いと思うと告げて、そして彼が「はい」と言い、彼が真実だと分かっていることを話すことができると深く安心するなら、そこで、彼がすでに知っていながらあえて認めようとしなかった何かを私が見たということが明白です。また、時々私はパートナーの関係が終わりだと見て、当事者にそのことを伝えると、彼らはそれがついに公になったと安堵のため息をつきます。このように、「見ること」は、フィードバックを通じて実証され、訓練されるものであり、また経験とともに成長する、信頼する勇気でもあります。

ミルトン・エリクソンの催眠療法

リンツ　あなたの仕事に影響を与えたセラピストは他にいますか？

ヘリンガー　はい。ミルトン・エリクソンの弟子たちには大きな借りがあります。

リンツ　彼らの仕事のどういう側面を、特に重要なものとして見なしますか？

ヘリンガー　まずエリクソンは、それぞれの個人をあるがままに認め、受け入れ、彼ら自身の言語や考慮される体系において、出会おうとしました。第二に、彼はクライアントのさまざまなレベルでのメッセージを、表層のレベルではクライアントの言ったことを聞くことによって、より深いレベルでは彼等のボディランゲージや最小限の身ぶりを観察することによって、尊重し、応えました。人はよく言っている言葉とはかなり違っているシグナルを送りますが、セラピストはこれらのレベルの間を見、識別するのです。これはクライアントを驚かし、クライアントは時々「どうしてそれが分かるのですか？　それは私が言ったことではありません」と聞きます。しかし私は、ボディランゲージでそれを観察していたのです。

リンツ　エリクソンの弟子の中で誰が一番重要でしたか？

ヘリンガー　ジェフ・ツァイグとステファン・ランクトンが私の主な教師たちです。その前に、私はバーバラ・スティーンと、ビバリー・ストイの2つのワークショップに出ました。彼女たちが私にミルトン・エリクソンの手法である、神経言語プログラミング（NLP）と、彼の教えの物語と彼のワークを紹介しました。当時、私も同じようにできれば、と願いましたが、できませんでした。しかし、その2年後、グループの中で初めて、私にセラピー的な物語が浮かびました。「より偉大な、より小さなオルフェウス」。後にこれは「2種類の幸せ」という話に発展しました。

物語

リンツ　いつ物語を使うのですか？　何か明確な決まりはありますか？

ヘリンガー　クライアントが行き詰まって、どこにも到達しなくなったとき、あるいは何かが道をふさいでいると気づいたときです。ふさわしい話がよくひょいと頭に浮かびます。私の物語の多くはこのように始まりました。これらにはしばしば驚くような効果があります。

リンツ　どんな効果ですか？

ヘリンガー　物語の大きな利点の1つは、間接的に働くことです。もし私がクライアントに対して何かを直接に、例えば何ができるかとか、何をすべきかを言うと、彼らは私と直接かかわります。たとえもし、私が言っていることが正しいと彼らに分かっていても、彼らはある一定の距離を保たなくてはなりません。彼らはこれを自分の尊厳においてします。しかし、私が彼らに物語を話すなら、もはや彼らは私とではなく、物語の中の登場人物を相手にしています。時々私がしているもう1つのやり方は、私が本当に意図している相手ではなく、グループ内の別の誰かに物語を話すことです。それは、私の差し出すものが彼らにとって役立つかどうかを決めるたくさんの自由を人々に与えます。

リンツ　それらの啓発な機能とは別に、あなたの物語の中にはリラックス効果があります。ワークショップでいつ物語を使うか、具体的なプランを立てていますか？

ヘリンガー　いいえ。ハードワークの後にはペースを変える必要が見えます。そこで、すぐに使える適切な物語があるか、新しいものを考え出せるかを考慮します。これは静かで、穏やかな雰囲気を作り出し、次のステップへの準備をする方法です。要点を例示するために、私が働きかけをしてきた他の人たちについての話をたくさんしますが、これらの物語はリラクゼーションのためのブレイクを与えることにもなります。よろしいですか、私はワークショップを劇のように展開させようとしています。まずアクションがあり、次に熟考のための時間があり、時々、その作業が特に深刻なときには、冗談や楽しい逸話を入れます。

リンツ　そうした時間はバランスを創る助けにもなりますね。

ヘリンガー　バランス、そうです。また、逆の要素がもたらされるので、深さも加えられます。理想的には、このワークはもっぱら深刻でもなく、楽しいだけでもなく、そして理論のみでもなく、また作業だけでもない、これらすべてのことが一緒に混ざりあっています。充実した人生のように。

個人的経験

リンツ　あなたの人生を振り返ってみて、教師たちの影響は別として、あなたのセラピーの発展の役を担ったものとして、あなたはどんな個人的な経験を重要視しますか？

ヘリンガー　最も大きなものの1つは、南アフリカでのズールー族の人々との経験でした。私は何年間も彼らの中で暮らし、全く異なった種類の人間との交流を精密に熟知するようになりました。それは大いなる忍耐と相互の尊敬によって特徴づけられていました。ズールー族の人々は、恥ずかしい思いをさせる状況に誰かを追い込むなど、夢に思うことすらないでしょう。深い礼儀正しさが、誰もがお互いに面目を失わず、誰もが自分自身の尊厳を保つことを保証するのです。私はまた、ズールー族の親の子どもたちに対して持つ純粋に自然な権威と、子どもたちの親への従順で疑いのない尊敬によって、深く感銘を受けました。例えば私は、誰かが自分の両親について悪く言うのを1度も聞いたことがありません。それは想像もできないことでした。

リンツ　当時あなたはカトリック伝道の聖職について働いていました。この特別な環境からどれくらいの影響を受けましたか？

ヘリンガー　それは私に、広範囲にわたる要求を課した強烈な仕事の時期で、私はいまだにその影響を自覚しています。最大限の自己修養なくしては、必要とされていたことをなし遂げることはできなかったでしょう。私は南アフリカ共和国の多くの学校の校長で、私自身が多くの教科を、特に英語を教えました。何年にもわたり、私は教区のだいたい150校の全学校組織の長でした。この教育と運営の経験が私のワークショップを大いに助けました。大学に進学した多くの黒人系アフリカ人が、私たちの学生であったことは、今でもなお私の喜びです。

リンツ　あなたが1970年代初めに聖職を離れて、職業を変えたとき、何か抵抗はありませんでしたか？

ヘリンガー　私が去ったとき、宗教界からも私自身の内側からも抵抗はありませんでした。それはまるで、自分がそこを超えて育ってしまったみたいなものであって、それゆえにやめたというよりも、肯定的発展として経験しました。

リンツ　ではあなたの退任は完全に平和的だったのですか？

ヘリンガー　ええ。聖職についていた当時のことを肯定的な気持ちで振り返っていますし、そこの友人たちとは今も連絡を取り合っています。私がそこで得たものに感謝し、そこでなされた仕事を深く尊重しています。

洞察

リンツ　体系的心理療法に、あなたはどんな要素を加えましたか？　それらを手短に言ってもらえますか？

愛

ヘリンガー　私が見てきたものの中で最も重要なことは、人間のすべての行いの背後には、奇妙なことのようかもしれませんが、すべての私たちの心理的症状の背後に、愛が作用しているということです。これは、クライアントの愛がどこかという決定的なポイントを見つけるのが、セラピーの本質であるということを意味します。このポイントを見つけたとき、あなたは問題の根と、解決へ導く道の始まりを見つけたのです。解決もまたいつでも愛をもってなされなければなりません。

私が原初療法に携わっていたときに、これを初めて見て、その後、スクリプト分析と家族療法で再び見ました。私は、感情によってされる多くの療法は、例えば、セラピストがクライアントに向かって「怒りを出しなさい」というとき、基本的にポイントを逃していると気づきました。しかし、私の観察はさらに先に進みました。私はまた、セッションの中でセラピストから、自分たちは親のことを怒っているとか、または親を殺したいとさえ親に言うように励まされていたクライアントは、そのすぐ後に、自分自身に厳しい罰を課していたことを観察しました。子どもの魂は親の品位を落とすのに耐えられません。この、愛の広大さのすべてを、これを見たとき初めて私は完全に理解しました。だから、私はいつも愛を最初に探すことから始め、それを脅かすものすべてからそれを守るのです。

バランスと埋め合わせ

もう1つの重要な発見は、システムの中で実際に、与え受け取ること、そして得ることと失うことのバランスを取る必要がどれほど大切であるかということです。それは非常に強く、すべてのレベルで家族に影響を与えます。否定的な面では、不運を通した埋め合わせの願望として表現されます。例えばもし私が誰かを傷つけたら、次に私は同様に自分自身を傷つける何かをします。またもし私が何か肯定的な経験をしたら、何か悪いことでその代償を払います。

リンツ　この矛盾する行動の原因は何でしょうか？

ヘリンガー　罪悪感を避ける願望と、所属しないことへの脅威です。償いへの切望は確かにとても強いので、幸運の中でも、不運の中でも、まるでどんな不均衡も自分の所属を脅かすかのようです。私は、多くの問題が埋め合わせへのこの本能的な必要を通して起きることを、そしてポジティヴな解決へと導く唯一の方法は、より高次のレベルで埋め合わせをする異なった方法を見つけることだということを突然理解しました。それは感謝を通しての、そして自分に与えられたものを、愛と尊敬とともに受け入れることを通しての埋め合わせです。

リンツ　埋め合わせのあなたのセラピー的原型にあなたを導いた、外部からの影響はありますか？

ヘリンガー　イワン・ボスゾルメニイ・ナギィの本『見えない忠誠心／invisible loyalties』は私を軌道に乗せてくれましたが、すぐに私は、埋め合わせの必要が家族の中でどのように作用するのか、自分自身で見つけ出すことに興味を持つようになりました。また私は、ボスゾルメニイ・ナギィはネガティヴな影響のある本能的な埋め合わせについてのみを説明していると気がつきました。しかし、解決へ導く埋め合わせは、異なった、より高次のレベルにおいて到達されるのです。

所属するための同等の権利

リンツ　その他に何か基本的洞察はありましたか？　そして、あなたのセラピーの主要なゴールは何でしょうか？

ヘリンガー　もう1つの重要な発見は、家族の誰もが、生きていようが死んでいようが、所属する同等の権利を有するということです。この基本的な法則は、家族体系のすべてのメンバーは、彼らが何をしようと、所属するための同等の権利を有し、全体としての家族体系に等しく重要であると定めています。それを破ることのその結果からは免れられません。メンバーのそれぞれが居場所と責任を持ち、必要でない人は誰もいなく、誰一人として忘れられてはいけません。

この権利への否定、もしくは承認に対する私たちの重大な反応が、すべてのメンバーの平等性がどれほど深く家族の魂に根ざしているか示しています。家族の1人が除外されたり、忘れられたりすると、その家族は償われなければならない深刻な間違いが犯されたかのような反応をします。例えば、道徳上の理由で誰かが所属することを否定されたり、また、誰かが他の人たちよりも自分にもっと所属する権利があるかのように振る舞ったり、例えば、誕生時に死んだ赤ん坊のように、その運命が不安を作り出すために無視されたり、拒否されたときに、それが起こります。理由がどうであろうと、もしメンバーの1人が別の人よりもより重んじられたり重視されたり、より良くか、より悪いものと見なされるとしたら、魂はそのことに耐えられません。唯一、殺人者たち*は、家族体系から、彼らの行動がいまだ偉大なる全体に所属する、はるかな領域の中へ移行することを許されるだろうし、確かにそうされるべきなのです。

1人のメンバーの除外は、家族の中で、しばしば自覚のないまま、別の人間がその拒絶された人の感情を繰り返し、その運命を追体験することで償われます。除外への償いが、家族の中での破壊的なパターンの主要な原因です。家族体系に所属するという基本的な権利は、社会や道徳教育によって外側から押し付けられるものではなく、もっと深い、より本能的なものであると理解することが重要です。それは私たちの魂と、社会を作り、維持する私たちの生物学的な必要に深く錨《いかり》を下ろしています。家族の一員の除外を正当化する、どのような浅はかな試みもこのはるか昔からの、そしてもっと基本的な法則に対しては完全に無力です。

セラピストとして私が出会った、最も破壊的な家族のパターンは、すべて所属する権利の侵害により起きており、そして癒しは、除外された人を家族の気づきの中に戻すことで訪れました。その人たちが認められ、再び

*訳注：現在の研究では殺人者も家族システムに所属することが分かっています。

受け入れられると、平和が戻り、除外のための償いをしていた後のメンバーは自由を取り戻します。この平等性についての相互理解によって、夫と妻、子どもたちと両親、健康な人と病める人、去っていった人と後からやって来た人、そして生きている人と死んだ人という、離れていた家族が愛とともに再統合することができます。

セラピストとして、私は和解のために働きます。私は、見下された人や忘れられた人、その行いが非難されるべき人も、褒めたたえられる価値ある人と同様に、すべてのメンバーの所属する権利を守ります。誰もが平等です。別れていたものが再統合することを懸命に試みる力と私は同調しています。何よりも、私は絶縁しているものと再会するものを見いだそうとしています。

家族の中の病気の原因と癒し

リンツ　どの問題に対して、あなたの体系的療法の形態が特に効果的であると証明されましたか？

ヘリンガー　明らかに、体系的なもつれによって起こされた問題や症状に対してです。

リンツ　それでどの症状が体系的心理療法に最もポジティヴに反応するのでしょう？

ヘリンガー　私は最近、身体的な症状や命を脅かす病気に働きかけ始めるようになりました。例えば癌のような、ある種の深刻な病気は、病気を進行させ、癒しを妨げるような体系的な要因があると分かりました。その体系的なつながりは「あなたについていきます」の力動で表されます。それは、誰かが家族の中の病気の人や死んだ人の後を、病気や死に至るまでついていこうとするとき、魂の内側で密かに語られている言葉です。またそれは「あなたより私のほうが良い」という力動でも表されます。例えば、家族の中で誰かが以前のメンバーの後を追いたいと思っていることを子どもが知ると、その子はその人の場所に行くことで、その人が行くことを妨げることを望みます。深刻な病気の中で私が観察してきた3つめの体系的な力動は、先に私たちの話題にのぼっていた、ネガティヴなものを別のネガティヴなものによってバランスを取ろうとする、償いと埋め合わせへの無意識の願望です。私たちがこれらの基本的な力動について知るなら、それらのパワーを奪い、多くの苦しみを軽減することができます。他の症状は、幼児期の父親や母親へ向かう動きが遮られたことに関係しています。例えば心臓の痛みや頭痛はたいてい、うっ積した愛の表現で、腰痛はしばしば真の尊敬を持って父親や母親の前で頭を下げることを拒否することで引き起こされます。

重要な手順

リンツ　あなたにとって最も重要なファミリー・コンステレーションにかかわるセラピー的な手順とは何でしょうか？　重要性の順にそれらをどのように説明しますか？

主導する

ヘリンガー　家族の状況についての私たちのイメージが、ファミリー・コンステレーションの中で現れる、実際の家族の力動とどれほど大きく相違しているか私は見てきました。それは、人々が私たちに語る家族の状況が、コンステレーションで私たちが見るものと食い違うとき、私たちはその話を信じることはできないと意味します。

誰かが家族のコンステレーションを立てると、私の知覚と経験は、家族の順位がどのように乱されたか、そのイメージを与えてくれ、どのようにそれを直すことができるかという強い予感をしばしば得ます。解決のための私の探究で、このイメージに私は導かれ、自分の経験をクライアントに役立てられるようにします。クライアントの助けで、私たちは中間の、そして最終のコンステレーションを立て、そしてその次に、代理人へ与えるその効果が助けになるかどうか、それともさらにもう少しのステップが必要かどうかを確認します。

リンツ　それでは、あなたはクライアントと同じように、自分自身の内面のイメージも使うのですね？

ヘリンガー　ええ。いつもです。ひとたびクライアントが自分の家族のコンステレーションを立てたら、彼らだけで解決策を見つけるようにほうっておくことはできません。家族のタブーが強すぎて、その家族が見ることを禁じているものを人は簡単に見ることはできません。例えば、自分たちだけにされた人は、自分で一番良いと感じるコンステレーションを普通発見できません。なぜなら彼らには自分自身で体系的解決を見つけることはできないのです。もしそうできるなら、彼らは私の所に助けを求めてやって来ることなどなかったでしょう。私が言ったり、することが正しいとクライアントが信じると私は期待していませんが、彼らの家族の力動について、彼らの概念でワークを支配するのを私は許したりはしません。解決が見つけられたとき、私は代理人が立っていた位置にクライアントを立たせます。その方法、彼らが新しいコンステレーションの中に立つのはどういう感じかを体験することによって、その解決法が自分にとって正しいかどうかを確かめることができます。

極限まで行く

リンツ　あなたはよくクライアントの注意を最終のコンステレーションの結果、その解決法に向けますが、これらは時々とても受け入れがたいようですが。

ヘリンガー　私はクライアントを、家族の中の力動の最も極端な結果と立ち向かうように勇気づけます。時々、それらの力動がひどい結果もたらすことがあります。例えば、親や祖父母が軽蔑されていたり、避けられていたり、尊敬されるべきなのに否定されていたりすると、子どもは時に失敗したり、死ぬような体系的なプレッシャー下にいます。私はクライアントに、解決をもたらしかねないそのステップと、正直に立ち向かうように勇気づけます。例えば、尊敬を取り戻す、親の前での頭の下げ方を見つけなくてはなりません。あるいは誰かが殺人を犯したなら、その人は家族を離れる必要があります。

リンツ　具体的に言うとどんな意味ですか？

ヘリンガー　殺人者は、自分が所属することが家族の他のメンバーに害を及ぼす原因となるとき、自分の所属の要求を放棄しなければなりません。例えば、軽薄に自分の子どもをよそにやったり、養子に差し出したりした母親は子どもに対しての権利を喪失します。子どもが自由を感じるためには、その母親は密かに保持していた、子どもに関するいかなる権利の主張も放棄する儀式をしなければならないでしょうし、彼女には、自分の子どもを生存させてくれている養父母を敬う必要があるでしょう。頻繁にあることとして、そのような子どもの実の父親は軽蔑されていて、その子どもは母親に父親を認めてもらう必要があります。自分たちの行動の結果を見ることは、非常に深刻なセラピー的な干渉となり、クライアントはそれらを直視するために大変な勇気を必要とします。しかしながら、私たちの行いの結果に向き合い、解決のために何が必要かを見ることは私たちに力を与え、決断することを必然で可能なものにします。

　ところで、このことはもう1人の私の教師である、フランク・ファレリーを思い出させます。彼は、彼の『挑発的セラピー／provocative therapy』の中で、最極限にまで達する問題を非常に印象的に見せてくれます。彼は私に1つの道筋を見せてくれました。彼に深く感謝しています。

現実を信頼する、たとえそれがショッキングでも

リンツ　しかし、確かにあなたのセラピーグループの参加者の何人かは、あなたが彼らと向き合ったその直接的なやり方に深いショックを受けています。

ヘリンガー　実は私がクライアントと向かい合うのではありません。現実が

彼らと向かい合うのです。私は、目に見えるものとなった現実と参加者が向かい合うことができる状況を創り出す手助けをしているだけです。

リンツ　あなたに見ることができる？

ヘリンガー　もちろん、それはクライアントが自分ですでに分かっていることです。現実は、真実を見たくない人にとってのみショッキングです。例えば、不治の末期の病を抱えたある女性がワークショップにいました。彼女は自分の家族のコンステレーションを立てることを求めましたが、私は最も適切なコンステレーションにはたった2人がいるだけで、彼女自身と死だと言いました。それは何人かの参加者にはひどくショッキングに聞こえましたが、その女性は自分が死につつあるのを知っていたので、ほっとしていました。彼女は自分に小さな女性を選び、死のためには背の高い女性を選びました。彼女は2人を向い合せに、互いの体が触れるくらいとても近くに配置しました。クライアントの代理をしていた小さな小柄なほうの女性が死を見上げて言いました。「温かい感情が私の中にはあり、私の顔に死の温かな息を感じます」。死もその女性に温かい感情を抱いていました。それから私はクライアントの代理をする女性に、死に何が明らかな真実であるかを告げるように言いました。「敬意を持って、あなたに頭を下げます」。彼女はそう言い、死とその女性は優しくお互いの両手を取り合い、深い慈愛とともにじっと見つめ合い、立っていました。そのコンステレーションは、その女性に彼女の状況の現実と向き合わせたのです。それは彼女の病気を変えはしませんでしたが、死ぬために何をすれば良いのかを理解する助けとなりました。

これは、どのように現実が現れるかの1例で、それが明るみに出たために効果が現れました。死が悪であるという態度から働きかけるセラピストは、死の現実を明るみに出すことを恐れるでしょう。私がこのように何かを明るみに出すとき、現実はありのままに、完全な真剣さを持って現れます。誰もそれに異議を唱えません、少なくともクライアントは。この種の現実はある人たちをおびえさせ、そのような人たちは干渉したがり、クライアントを慰めようとするかもしれません。例えば、それほど病気ではないとか、死という事実と向き合うよりも何か——回復する方法はあるに違いない、と言って。このような状況では、私はそれについての人間の幻想を信頼するよりも、現実を尊重し、信頼します。それがある人々には厳しいのでしょう。私にとって、それは謙虚さであり、現実にあるものへの、とても深い基本的な信頼です。

リンツ　あなたが説明されたような状況で、もしある人に誰かを慰めることを許したとすると、それの何がそんなにいけないのですか？

ヘリンガー　現実が、意見や、独断的な思い込みのレベルにまで落とされるでしょう。それは人間の幻想のほうが現実よりも重要だとしてしまいます。私のワークが直接的で、焦点が合っているのは、現実のどんな矮小化《わいしょうか》も許さないからです。

リンツ　もしあなたが独断や現実を軽視することを大目に見たら、クライアントにはどんな影響があるのでしょうか？

ヘリンガー　それはクライアントを弱くさせるでしょう。真実とは、それが一方でどれほどひどく見えようと、それが見られ、認識されるときに力と自由を与えてくれるのです。

例を1つあげましょう。私はかつてある女性に、彼女の結婚は救いようがない、子どもたちは皆夫の所へ行かなければならない、そして彼女は独りでいなければならないと言いました。ある人たちはそれに干渉し、もっと楽な解決策を提案したがりましたが、私はそれを許しませんでした。彼女の結婚は救いようがないと言ったのは、それが私の意見だからではなく、そのコンステレーションを通して彼女と私の間で明白となったからです。私は単に私たち2人が見たものを話しただけです。参加者の1人が後になって、私がその女性に対して厳しすぎると考え、その夜3時間も自分の内側で私と格闘していたと私に明かしました。しかし、その女性が翌日、幸せそうな笑みを顔に浮かべてグループに来たのを見て、クライアントのための心配と、内側での私との闘いは、彼が彼女の現実を見落としていたためだと気づきました。

リンツ　そのような極限まで行くリスクを冒しているとき、あなたは自分自身をどう感じていますか？

ヘリンガー　第一に私は、現実を明るみに出す者として自分を見ています。助けて癒すのは私ではなく現実です。時に現実は過酷です。時にはそれはとても美しい。多くのセラピストがクライアントは現実を直視できないと思っていて、それで彼らはクライアントを弁護と幻想で保護します。私は現実を信頼し、クライアントがそれに対処すると信頼しています。人々に決断を促すのは私ではなく現実です。彼らがどのように現実に対処するかを決めるにせよ、私は現実を変えることはできないし、試みもしません。

リンツ　クライアントがそれら現実と向き合うとき、彼らの内側では何が起きているのでしょうか？

ヘリンガー　何の幻想も残っていません。だから彼らのヴィジョンと行動は新たな真剣さや新しい力を獲得します。たとえ彼らが自分の洞察に反して行動しても、彼らは今、自分がしていることを分かっていて、もはや盲目的に動かされることはないのです。それが違いです。

クライアントが問題の説明をするのをやめさせる

リンツ　なぜあなたはたいてい、クライアントに自分の問題について短い説明しか許さないのですか？　多くの人がこれにうろたえます。

ヘリンガー　クライアントが説明できる問題は、実は全く問題ではありません。なぜなら、もし彼らが、それが何なのかを本当に分かっているとしたら……。

リンツ　もはやそれは存在しないだろう……。

ヘリンガー　そのとおり。それで誰かが問題について語ることは、十分にも、正確にも、完全にも状況を説明してはいないと私は想定しています。もし、その人が言わねばならないこと全部に耳を傾けると、私は彼らの問題についての不正確な説明を正当化し、増強する機会を彼らに与えてしまうでしょう。ですから私は問題を説明するのをやめさせ、例えば、結婚しているか、親のどちらかが以前に結婚したことはあるか、兄弟姉妹は何人いるか、その中で死んだ人はいるか、家族や子どものころに他に何か重大な出来事はなかったかとか、実際の出来事についてのみを話させます。

リンツ　では、あなたはただ事実だけを話させる。

ヘリンガー　どんな解釈もない、事実だけです。事実が私に、彼らの魂の中で何が起きているのか、そして問題やもつれの原因について語ってくれます。それらが私に必要とするすべての情報を与えてくれます。

エネルギーとともに進む

リンツ　でも中には山のような事実を持ち出す人もいます。イメージが明確化するための情報を十分得るのはいつですか？　どれが大切な事実でしょう？

ヘリンガー　出来事や事実はエネルギーで満たされています。だれかが出来事について話すとき、それがエネルギーで満たされているかどうか、そして広範囲に影響を及ぼしているかどうかの感覚を得ます。兄弟や姉妹の幼い時の死は、通常エネルギーで満たされた出来事です。また母親が出産時に死ぬとき、それには普通何世代にもわたる強い影響があります。このような出来事はいつでも真剣に受け止められ、認識されなければなりません。なぜならそれらは恐怖を生み出し、ゆえに秘密にされやすいからです。しかし彼らに力を与えるのはまさにこの秘密になっていることなのです。このような出来事について誰かが話しているとき、私は普通それがエネルギー的に満たされているかどうかを感じることができ、そしてクライアントが特定の人の名前をあげるとき、その人が誰かに代理されているか、もう1人別の家族によって真似されている人か、たいてい感じることができます。

リンツ　どうしてそんなに確信できますか？

ヘリンガー　私はそれについて感覚を得ます。それからコンステレーションを通して私の知覚をテストします。私の最初の感覚をいくぶん修正する他の要因はしばしば現れますが、ひとたび重要な人の名前があげられると、それで作業を始めるのには十分です。コンステレーションは私たちに必要な他のすべての情報を提供します。

最小でワークする

リンツ　コンステレーションに関して、他にもあなたにとって重要な点はありますか？

ヘリンガー　最小でワークすることが重要と証明されました。厳密に必要なことだけをします。時々それは完璧性を控えることを意味し、コンステレーションの開いた形態がそれ自身の終結を探すと信頼することです。さもなければ、エネルギーは好奇心や理論的な知識の中に消失し、不可欠な過程が失われます。解決が見え次第、私はやめるのを好みます。エネルギーが一番強烈なとき、そのピークでやめようとします。ピークでやめることによってエネルギーが論議に消えることはなく、それは損なわれず行動のためにとどまります。これはまた私が、ワークが終わった後での細かな論議を中断する理由でもあります。

リンツ　そのような論議にどのような影響がありますか？

ヘリンガー　コンステレーションの焦点を弱め、他の参加者たちにエネルギーを彼ら自身にそらせ、解決から問題へそらせる機会を与えます。

リンツ　それで次の人とすぐにワークをし始めたり、別のことを話し始めるのですか？

ヘリンガー　ええ、すぐに次のことに進みます。

ワークの中断

リンツ　コンステレーションが行き詰まり、解決が現れないときはどうしますか？

ヘリンガー　そういうことは時々ありますが、コンステレーションが機能していないときは中断することが必要です。さもなければコンステレーションは茶番となり、参加者はコンステレーションの現実を明るみに出す力に信頼をなくします。コンステレーションを中断しなければならないとき、それについての論議を許さないと、普通建設的な効果があります。コンステレーションをやめることがとても耐え難い人もいるようですが、2～3日後クライアントが解決のために何が必要かを発見することはよくあります。中断と、その結集したエネルギーなしでは、それは不可能だったでしょう。

リンツ　それではコンステレーションを中断することにはセラピー的効果も

あり得るのですか？

ヘリンガー　ええ。クライアントにとっては力になり得ます。同じことが、私たちの限界を正直に認めることにも当てはまります。時々私は「今ここで私にできることはありません。ですからやめなければなりません」と言います。たとえ参加者にとってその状況が耐え難いものであってもです。私は、私たちの限界のその現実を尊重することが、究極的には、癒しの方法のその現実を尊重する助けをすると信じています。グループ中の誰かが助けとなる観察をしたり、誰かに助けとなる言葉が浮かんだりすることはしばしば起こります。ですから私がすべてをコントロールしようとはしていません。流れに乗るのです。グループの他のメンバーは私と一緒に泳ぎ、同じ流れに乗り、私たちの中でポジティヴな解決への道を示すであろう交換が起こります。

好奇心から守る

リンツ　それは良いイメージですね。時として、あなたが曖昧な答や冗談めかした意見で、質問に答えることを避けているのを見かけました。なぜですか？

ヘリンガー　私はいつでもそれらを尋ねた人にとって重要な質問に答えています。それは敬意の問題です。しかし誰かがただ私を試すためだけに質問するときには、私は曖昧さや冗談を通して、また時には向き合うことで、撤退します。

リンツ　誰かが好奇心から質問したときは？

ヘリンガー　無意味な好奇心は、他の人に対する敬意の欠如を表します。私が無駄な好奇心から質問することはありませんし、好奇心に満ちた質問には答えません。

結果を確かめない

リンツ　あなたは時々、自分のワークについてのフィードバックを必要とも望んでもいないような印象を与えます。なぜですか？

ヘリンガー　私はフィードバックを必要とします。しかし最も重要なフィードバックは、ワークそれ自体の間、クライアントが受ける衝撃とそれが引き起こす変化を見るときにやって来ます。私のワークは症状に限定されていないので、症状がその後、消えたかどうかを尋ねることはしません。私が目指すものは症状を排除することではなく、クライアントが現実と、そして家族の中に作用しているポジティヴな力とつながっていくのを助けることです。それは彼らにたくさんの新しいエネルギーを与えます。このワークが症状にどの程度有益に影響するかはまた別の問題で、私の第1の関心事ではありません。症状はまずは医師や精神科医の責任で、必要だと感じるとき、私は深刻な症状のクライアントに医師や精神科医に相談するよう勧めています。

リンツ　ワークの結果について尋ねないのはセラピー的な理由があるからですか？

ヘリンガー　それは私のハートにとても近づく、重要な質問です。私はフィードバックを求めません。しかし、誰かがワークの後に良い感じになっているというフィードバックをもらうのは、私にはいつでも嬉しいことです。しばらく時が経って、回り道をしてフィードバックが来るときは最高です。私が尋ねない理由は、私の知りたい思いが、クライアントと彼らの魂の間や、クライアントと彼らの運命の間に、もしくはクライアントと導く偉大なる魂との間に、微妙に自分のことを挟んでしまうという、私の深い自覚です。私が誰かに働きかけているとき、私はその人の運命と魂とそして偉大なる魂と調和するように試みます。分かりますか。これが私の絶対的に基本の信念です。私がワークをするのではなく、偉大なる力がそれをするのだと私は知っています。ですからワークが終わると、引き続く質問もしないで身を引き、完全なる信頼を持ってクライアントをそれらの力に委ねるのです。もし私が好奇心を持って質問するとしたら、それは私がそれらの力をもはや信頼していないということでしょうし、それは私たち双方にとっても良くないことでしょう。私たちがこれらの力を疑い、私たちがワークしなければとか、私たちにできると信じるなら、それらの力は私たちを見捨てます。

リンツ　クライアントが大いに喜んで、セラピーは成功だったとあなたに伝えるとき、それはオーケーですか？　それともあなたの邪魔になりますか？

ヘリンガー　喜びは生きることの基本的な質で、私は大好きですが、そのように表現されるフィードバックに力づけられる誘惑から私は距離を置きます。

リンツ　それがあなたにルールを探させようとしたり、そしてあなたがその瞬間経験しているものよりもルールに頼らせようとする危険性もあるということですか？

ヘリンガー　それは同じことです。まるでルールを知ることが自分に偉大なる力をコントロールできるようにするかのようで、それもまた力強く感じる誘惑でしょう。私が幸福感に満たされたフィードバックに自分を影響させるや否や、自分の足下の地面と明晰性を失います。そして私はエネルギーを失い、もはや自由ではありません。知るものができる限り少ないとき、私は自分に最も近く、自分の中心に定まっています。ですから私はクライアントが問題を解決するために何をしたかは知りたくないのです。そうすれば彼らと完全に自由な、先入観のないやり方でワークすることができます。

今この瞬間が重要

リンツ　あなたの精神療法について深く考える人々は、しばしばこのように尋ねます。「ヘリンガーはいったいこれらのことをどこから得るのか？」または「どうやって彼はこのように物を見るようになったのか？」と。

ヘリンガー　たくさんの人たちから私は学んできました。

リンツ　それについてはもう私たちは話してきました。

ヘリンガー　いいえ、少し意味が違います。私が言っているのは、クライアントや加害者のことです。究極的には彼らが最大の教師です。クライアントが真摯な必要を持ってやって来るとき、私は通常それが現れた瞬間に問題の核をとらえます。私はその状況や、それに巻き込まれた人たち全員に、特に家族から除外された人たち、加害者に対しては開いたままでいます。私が彼ら全員への精神的なイメージを得るとき、そして彼らに敬意と愛情を感じると、それはまるで解決に必要なことを彼らが私に教えてくれるかのようです。そして私はそれをクライアントに提供することができるのです。何年か経って、多くの家族の中で繰り返す基本的なパターンを認識するようにもなりました。

リンツ　経験ですね。

ヘリンガー　ええ。自分の経験が繰り返すパターンを認識する助けをしています。例えば、親の以前のパートナーが後に子どもによって代理されることを私は繰り返し見てきています。

リンツ　2度目の結婚をしたときに……。

ヘリンガー　または、以前に婚約者がいたとか、別の大切なパートナーがいたとかいうときに……。

リンツ　他に発見したパターンはありますか？

ヘリンガー　時々洞察を得た後で、初めのうちは、むしろ得なければ良かったと思いました。例えば、私は一度、多くの論争を引き起こしたあるパターンに気づきました。それは男性と女性の関係で、愛を束縛するパターンです。それは「女性が男性の言語、文化、宗教、家族に従うとき、そして彼女が自分たちの子どももまた同様に父親に従うことに同意するとき愛は成就する」という言葉で説明されます。表面的には、この言葉は熱狂的性差別主義的、反動的に聞こえますが、実はとても深い構造を説明しています。そして、それに続くそれ以上に急進的な言葉があります。最初の言葉を聞いた後では、その含みを聞けるほど十分に静かにしていられる人はそう多くはいませんが、それは「男性性は女性性に奉仕する」です。私がこの構造を最初に見たとき、人々がどのように反応するか私には分かっていたので、それらを公に言葉で表現することは気が進みませんでした。論争を避けるために黙っていることはできたし、または、見たことを話し、その結果を受け入れることはできたのですが、見てしまったものを無視することはできませんでした。そのような洞察が私にやって来ると、私は自分が見たものを人に話します。それが彼らに与える影響に興味はありますが、それで彼らが何をしようと私は妨害しません。私はそのような洞察を、守らなければならない自分のテーゼとしても、また絶対的な真実としても見なしていません。それは私の所に訪れたものであって、何も変えずに次に手渡すものです。人がそれに同意しようがしまいが、私にとって問題ではありません。

リンツ　ではここで、私が頻繁に耳にする「まるでそれが自明の真理であるかのように表明することのできる確信をヘリンガーはどこから得るのか？」についてはどうでしょう。

ヘリンガー　私はいつでも現実を、与えられた瞬間に見たとおりに、そしてその瞬間に集中しているとき他の誰もが見ることができるように、説明しています。私にとって、現実とは、一瞬に自らを現し、そしてその瞬間次のステップのための方向を示すものです。私が現実をこのような方法で見ているとき、私は見たことを完全な信頼とともに述べ、その効果の即効性を注意深く観察することでその有効性を確かめます。同じことが異なる状況下で起きているとき、それがまるで永遠の真実であるように私は言いません。そうではないのです。その新しい瞬間に何が明かされているのか、私は再び見ます。その次はまた少しだけ違うかもしれません。そうしたら私はその新しい瞬間に、見たとおりにそれを説明します。それが先の洞察と違っていても、また、たとえ矛盾するものだとしても、私は全く同じ確信を持ってそれを説明します。なぜなら、今の瞬間は他の何をも許さないので。

リンツ　では、一連のルールは作らないのですか？

ヘリンガー　全然。よく人が、あなたは一昨日これとこれとこれを言ったと私に念を押しますが、彼らがそのようにするとき私は誤解されたと感じます。暗に彼らは、私が今の瞬間に焦点を合わせていないと言って責め、毎瞬新たに現れる現実への私のかかわり合いの価値を引き下げます。私は毎回新たな観察をしています。なぜならある瞬間の真実は、次の瞬間の真実にとって代わられるからです。だからこそ、私が言うことはその瞬間においてのみ有効なのです。この瞬間の真実への焦点が、私が言う「現象学的精神療法」で意味することです。

リンツ　でもそれはあなたがパターンについて今言われたことと矛盾しませ

んか？

ヘリンガー　確かに。（笑）それが起きるとき、私は矛盾と向き合います。そして1つの言葉と他とを比較検討するのです。

リンツ　物事へのこの見方は、最近まであなたが一切出版してこなかった理由の1つですか？

ヘリンガー　長い間、自分のワークについて書きたいと思っていましたが、私が見てきたことの多くは不完全でした。例えば、良心に関する私の洞察。しばらくして、それらがたとえ不完全であっても、ある側面を理解し、伝えるには十分であることに気がつきました。それらはそのようにも働きます。

リンツ　他に何か、そのような方法であなたが物事を理解できるようにするものはありますか？

ヘリンガー　カルロス・カスタネダは彼の最初の本『ドンファンの教え』で知識の敵について短いテーゼを書きました。彼は恐れを知識の第一の敵として名付けました。誰かが恐れを克服するときにだけ、その人は現実をはっきりと見ることができるのです。

リンツ　そして人はどう恐れを克服するのですか？

ヘリンガー　あるがままの世界と、あるがままのすべてのものと調和することによってです。死、病気、自分の運命、他人の運命、世界の終焉、世界のはかなさと調和している人は、恐れを克服し、明晰性を得るのです。

リンツ　お答えをありがとうございました。

ヘリンガー　こちらこそありがとう。強烈で刺激的なやり取りでした。（終）

謝辞

本書は、始まりから英語での出版にたどり着くまでに、長く骨の折れる旅をしてきました。多くの友人たちの協力と助言に感謝を申し上げたい。

Dr. グンタード・ヴェーバーとDr. ノバート・リンツは、本書執筆にあたり、すべての段階を通して私に随行し、豊富なデータを明確な形式に整えてから提出するまで納得してくれませんでした。

その資料の収集に尽力してくれた、ミヒャエル・アンガマイアー教授とハインリッヒ・ブロイアー教授に感謝します。彼らはまた、この本に書かれている最初のコースを主催し、ビデオにそれを収録してくれました。2番目のコースはフレドリッヒ・フェアリンガーによって、3番目はヴェレーナ・ニシュケによって収録されました。

ドイツ語版の最終的な編集はDr. ノバート・リンツがしてくれました。彼はまた、本書の最後に記載されているインタビュー「友人からの質問に対する答え」を監修しました。私の真摯な感謝をこのすべての助力者に贈ります。

この本の英訳はモウリーン・オベアリ・ターナーがしました。ドイツ語の原文に記述されている多くの概念に相当する言語が英語には存在しないので、困難な仕事でした。それにもかかわらず、モウリーン・オベアリ・ターナーは明瞭で読みやすい英文にしてくれました。彼女の価値ある仕事に深く感謝します。

私の編集者であるツァイグ・タッカー・アンド・タイセン社のスージー・タッカーは、その改善と修正のために数えきれないほどの提案をし、骨の折れる苦労をして原稿を仕上げました。彼女の明晰な視点と熟練した編集者の腕前が、危うくも消滅しかけていたプロジェクトを新たに生き返らせました。

ハンター・ボーモントは、私のワークが英語へ移行し始めた初期から緊密にかかわってくれました。私たちのディスカッションは、私の文章を明瞭にし、区別化し、正確さをもたらしました。それは、私のワークのさらなる発展のための貴重な起動力であることを証明しました。また彼は自らの洞察と明確な記述も惜しみなく与えてくれました。ある意味で彼は英語でワークするうえで私とコラボレートしてくれていました。彼はこの原稿をすべて見直し、その努力のおかげで本書はより良いものとなりました。

訳者あとがき

私が初めてファミリー・コンステレーションを見たのは、1999年2月の凍てついたスイスでのことでした。このセラピーの基盤を、その豊かな経験と洞察によって構築したバート・ヘリンガーのこれこそが引退前の最後のワークショップになると聞いて（結局、引退は見送られたのですが）、すでに500人を超える参加者が申し込んでおり、定員満杯で参加できないと断られていたにもかかわらず、主催者に頼んで、拝んで、ウエイティングリストの末尾にいれてもらったのです。そのワークショップのためだけに、日本からスイスに飛ぶと泣きつくその熱意が岩をも通したのか、ワークショップの1週間前に、参加オーケーの連絡を受け取りました。

ワークショップでの最初は何が起きているのかさっぱり分からなかったのが、3日目になって何かとてつもないことが起きていると皮膚から沁み入るように感じ、私の目も耳も釘付けとなり、気がつくと私は全身でのめり込んでいました。

ステージ上には、クライアントも代理人も含めて10数名の人たちが立っていました。家族も親戚も虐殺され、1人生き残ってしまったクライアントのユダヤ人男性と、7名の加害者としてのナチスの党員、7名の虐殺された犠牲者のユダヤ人たちが向かい合って立ったとき、罪悪感で崩れ落ちていくナチスの党員たちを次々に支え、抱きとめたのは彼らに殺されていったユダヤ人たちでした。死という、境界を超えたその果てで彼らは和解し、1つに溶け合い、融合していました。善や悪で分けることが何かとても安っぽく感じられてしまう、神聖な領域での出来事がステージの上で起きていました。

バートはまるで、神に選ばれた荘厳な交響曲を奏でるオーケストラの指揮者としてそこにいるかのようでした。

本書が日本で出版されることが決定してから、翻訳に5年の歳月がかかりました。校正はもう6校目なのか、7校目なのか分からないほどです。この間に私の母が他界し、その3年後に父が他界しました。母の病室で翻訳をしていました。父の介護の時間を割いて翻訳を直していました。生きているうちに2人に完成を見せたかったけれど、父と母が教えてくれた命の意味が本書の翻訳の中に込められています。

この翻訳の過程には、とてもたくさんの方々の力をお借りしました。友人の坂部映巳子さん、感謝の言葉を書ききれません。初対面から私の話に耳を傾けてくれて惜しみないサポートを買って出てくれた足立紀子さん、多忙な時間を割いてくださった庄野ひろ子さん、長原博子さん、飯島明子さん、本当にありがとうございました。ドアを開いてくれたMadhukar Thompsonに、あきらめるなと背中を押してくれたHaraldにgratefulness。門廣真紀さん、ディープヤマン、伊藤菜奈子さん、支えてくださった皆さんの名前を書ききれません。ずっと感謝しています。和尚エン

 タープライズジャパンのプラギャーナには、心の底からの謝辞を捧げます。彼の5年間に及ぶありえないほどの忍耐と底知れない温かい励ましがなければこの翻訳は完成しませんでした。

そして、私の生命にこの機会を与えてくれたBert Hellingerに。
Gratitude from the bottom of my heart.

2007年6月

チェトナ小林

ヘリンガー・インスティテュート・ジャパン

訳者プロフィール

チェトナ小林

本名小林真美。札幌生まれ。20代で瞑想の師、和尚よりチェトナの名前を授かる。26才渡米、ニューヨークに3年滞在後、インド、ドイツ、アメリカ経由で帰国。語学教室開設。93年レイキ指導を始める。99年ファミリー・コンステレーションとバート・ヘリンガーと出会う。レイキ指導のための海外ツアー開始、世界20数カ国をまわる際にバート・ヘリンガーのワークショップにヨーロッパ、アメリカで参加。2001年に氏の日本で初めてのワークショップを開催。2002年、氏より正式にヘリンガー・インスティテュート・ジャパンの名称を授かる。

ヘリンガー・インスティテュート・ジャパン
札幌市西区西野6条10丁目1－71
TEL　011（662）9576　　FAX　011（667）8609
URL　www.HellingerInstituteJapan.com
e-mail　chetna@HellingerInstituteJapan.com

愛の法則

——親しい関係での絆と均衡——

2007年9月26日　初版第一刷発行

著　者——————バート・ヘリンガー

翻　訳——————小林　真美

装　丁——————スワミ・バヴェン

発行者——————スワミ・ディヤン・プラギャーナ

発行所——————和尚エンタープライズジャパン 株式会社

東京都渋谷区幡ヶ谷3–71–19　〒151–0072

電話03-3299–8801　FAX 03–3299–8803

振替00140–8–354600

URL http://www.kt.rim.or.jp/~oshobook

印刷所——————株式会社 平河工業社

ISBN978-4-900612-29-7　C0011

《和尚講話録》

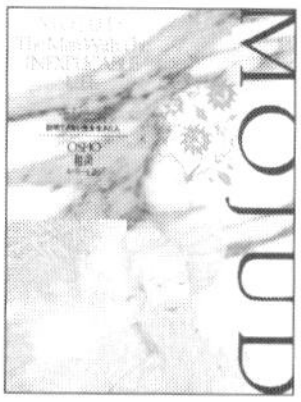

モジュッド　—説明できない生を生きた人—
和尚

ハートの「信頼」の扉を開く、スーフィーの絵本。モジュッドという名の男が導かれた不思議な冒険。この物語を生きなければそれは分からない。

本体3204円＋税

これこれ千回もこれ
和尚

和尚が語る禅のエッセンス、エキセントリックな禅の講話。「禅ほど大胆なものはない。自らの実存に耳を傾けるだけのガッツのある個人のものだ」(本文より)　和尚に導かれ、瞑想を体験する。

本体2331円＋税

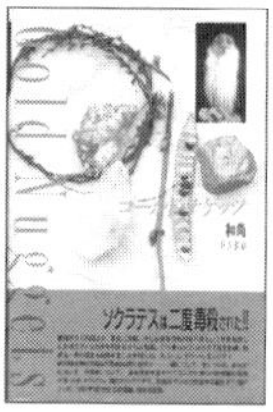

ゴールド・ナゲッツ
和尚

愛、家族、瞑想、生きることについて——どのページを開いても、覚者からの言葉の金塊。

「素晴らしいイラストが添えられた和尚の金言のコレクションだ」　シカゴ・リヴュー・プレス紙

本体2136円＋税

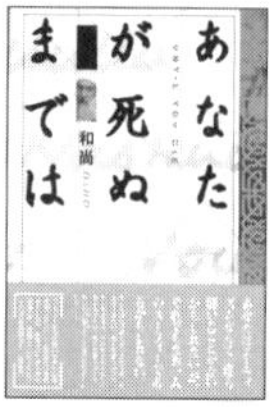

あなたが死ぬまでは
和尚

スーフィーの講話。「あなたが死ぬまでは、何一つ可能ではない。あなたは死ななければならない。そうしてこそ初めて、何かがあなたにも与えられよう」(本文より)

本体2300円＋税

私が愛した本
和尚

既知の書物から知られざる名著まで何10万冊と読破した、現代のブッダ、和尚が愛する158冊の本の香りを分かち与える。

本体1748円＋税

《サニヤス・瞑想・セラピー》

和尚と過ごしたダイアモンドの日々
—ザ・ニュー・ダイアモンド・スートラ—
マ・プレム・シュンニョ

神秘家、和尚の側にいた弟子が綴る、和尚の周りで起こった外側のこと。そして内側で起こったこと——内なる旅への助けとなる和尚の講話を引用。

本体2718円+税

一万人のブッダたちへの百話
マ・ダルマ・ジョティ

和尚が聴衆を前に語り始めた初期に弟子となった著者が和尚のケアテイカーとして身近で授かった覚醒したマスターの教え、気づきをもたらす百の逸話。

本体1200円+税

タントラライフ—変容のヴィジョン—
ラダ・C・ルーリオ

タントラは新しいもの、予測できないもの、驚くべきものに常にオープンであれという招待だ——自分のエネルギーと結びついて従う勇気を持つことだ。

本体1905円+税

マスターズタッチ —サイキックマッサージ—
マ・サガプリヤ

二本の弦に共鳴《レゾナンス》が起こるように、それは人と人との間にも起こる。ひとりの中の瞑想の質は、もうひとりのそれと出会い共鳴し合うことができる。
魂のためのボディワークの教科書。

本体2136円+税

オーラソーマ —奇跡のカラーヒーリング—
ヴィッキー・ウォール

若い女性を中心に人々を魅了する105本のボトル。その美しいボトルを生み出した著者が、ボトルの誕生を語り、ボトルの情報について詳説する。

本体1700円+税

ドルフィン・コネクション —多次元的な生き方—
ジョーン・オーシャン

イルカとクジラとの出会いは私の人生を変えた。この本は私の体験談であり、私が出会ったイルカ達への賛歌だ。　**ジョーン・オーシャン**

本体1700円+税

《クリスタル》

クリスタル・エンライトンメント

カトリーナ・ラファェル

クリスタル3部作の第1弾

クリスタルに興味を持った人への入門書、またヒーリングを学ぼうとする人にとっても、貴重な教科書として定評がある。全米ベストセラー

本体1800円＋税

クリスタル・ヒーリング

カトリーナ・ラファェル

クリスタル3部作の第2弾

チャクラへのレイアウトをカラー写真で紹介。
ヒーラーを目指す人のために役立つ実践書。

本体1900円＋税

クリスタリン・トランスミッション

カトリーナ・ラファェル

クリスタル3部作の完結編

新時代を生きる私たちのためのテクニックや知識を紹介。12のチャクラシステム、太陽の瞑想、タントリック・ツイン、女神イシスの伝説ほか。

本体2000円＋税

クリスタル・ジャーニー

ジェーンアン・ドウ

『クリスタル・エンライトンメント』では、カトリーナの協力者としてともに情報を収集した著者が、113種類のクリスタルや新しく発見された石を分類して解説。クリスタル・ヒーリングの新情報。

本体2200円＋税

《ヴィンテージ・バイク修復術》

走れインディアン

フレッド・ヘイフェリー

インディアンというヴィンテージ・バイクを部品から修復するというのは神秘的なことだ。バイクは人の最良の部分が集合した化身だから。「今日、人生はよいものだと決めた」（本文より）

本体1800円＋税